Unterricht in Beispielen

Ehrenwirth compacts

2. Jahrgangsstufe

Deutsch · Mathematik
Sachunterricht

Herausgeber:
Hans Gröschel
Robert Gutmann
Horst Lott

Ehrenwirth

CIP-Kurztitelaufnahme der Deutschen Bibliothek
Unterricht in Beispielen : Ehrenwirth compacts ; Deutsch, Mathematik, Sachkunde / Hrsg.: Hans Gröschel ... – München : Ehrenwirth.
NE: Gröschel, Hans [Hrsg.]
N.F.
Jahrgangsstufe 2 (1983).
ISBN 3-431-02564-1

ISBN 3-431-02564-1

Druck: Pera-Druck, Gräfelfing
Umschlag: Walter Rupprecht-Freigang
Printed in Germany 1983 a

Inhalt

* Mit kopierfähiger Arbeitsvorlage

Vorwort zur neuen Folge »Unterricht in Beispielen«

Das große Interesse, das die 1. Folge der Sammelbände »Unterricht in Beispielen« gefunden hat, und die zunehmende Nachfrage nach einer Fortführung dieser Reihe haben den Ehrenwirth Verlag bewogen, eine neue Folge der »Ehrenwirth-compacts« herauszugeben.
Auch die neuen Sammelbände zur Erleichterung der Vorbereitungsarbeit enthalten ausgewählte »compacts« aus den Grundschulmagazinen der vergangenen Jahre, die z.T. überarbeitet und durch zusätzliche kopierfähige Arbeitsvorlagen erweitert wurden.
Die Gründung des »Ehrenwirth-Grundschulmagazin« im Jahre 1974 war ein wirkungsvoller Beitrag zu den bildungspolitischen Diskussionen und Aktivitäten im Rahmen der Bemühungen um die Reform der Grundschule. Das Grundschulmagazin bietet auch heute noch Grundschullehrern aus allen Ländern der Bundesrepublik, aus Österreich und der Schweiz neben den praxisstützenden und praxisfördernden theoretischen Beiträgen in jedem Heft für alle Jahrgangsstufen der Grundschule mit seinen »compacts« konkrete, auf das funktional Notwendige bezogene Unterrichtsvorbereitungen für alle Fächer und Fachbereiche dieser Schulart.
Dieser Sammelband für die 2. Jahrgangsstufe enthält 67 »compacts« aus den Fächern Sachunterricht, Deutsch und Mathematik mit kopierfähigen Arbeitsvorlagen.
Diese Unterrichtsvorbereitungen in der modernen Form der »compacts« können nach den Ergebnissen einer vergleichenden Gegenüberstellung der verschiedenen Lehrpläne der Bundesländer und einer entsprechenden didaktischen Interpretation der lernzielorientierten Inhalte grundsätzlich in allen Grundschulen bzw. Primarstufen im deutschsprachigen Raum verwendet werden.
Herausgeber und Verlag, die nicht zuletzt durch viele Leserzuschriften zu diesen Sammelbänden veranlaßt wurden, bedanken sich hier besonders bei allen Autoren für die durch neue Lehrpläne und im Interesse einer möglichst einheitlichen Darstellung notwendigen Überarbeitungen und bei allen unseren Beratern aus Praxis, Lehrerbildung und Schulverwaltung für ihre Mitarbeit.
Die nachfolgend dargestellten Leitgedanken sollten Sie bei der Arbeit mit »compacts« immer beachten:

compacts

»compacts« sind lernzielorientierte, auf das Notwendige reduzierte Unterrichtsvorbereitungen, die, auf zwei Druckseiten dargestellt, grundsätzlich für eine Unterrichtszeiteinheit von 45 Minuten angelegt sind.
Die didaktisch-methodische Strukturierung der »compacts« erfolgt nach folgenden Gestaltungskategorien:

1. Didaktische Information

Hier werden zunächst die notwendigen Voraussetzungen für die Bewältigung des Lernvorhabens bei den Schülern und eine knappe, gegliederte Darstellung des Sachverhalts oder der Sachstruktur angegeben.

2. Lernziele

In den Lernzielen wird das unterrichtliche Vorhaben durch die von der Thematik des unterrichtlichen Vorhabens abgeleiteten Grobziele, die notwendigen Feinziele und die sinnvollen Lernzielkontrollen konkretisiert und operationalisiert.

3. Lernhilfen

Die hier angegebenen Lernhilfen (Film, Funk, Schulbuch usw.) sind so ausgewählt und so in den Unterrichtsverlauf einbezogen, daß ihre Beschaffung oder ihr Ersatz für den Lehrer keine unzumutbaren Schwierigkeiten darstellen.

4. Unterrichtsverlauf

Das Schema für die Gliederung des Unterrichts ist mit seinen drei wichtigsten Phasen bewußt einfach gehalten:
1. Phase (Motivation, Hinführung, Einstimmung, Problemstellung usw.)
2. Phase (Erarbeitungsphase, Informationsphase, Problemlösung usw.)
3. Phase (Verarbeitungsphase, Ergebnissicherung, Transfer, Anwendung usw.)
In einer weiteren Phase werden Hinweise auf mögliche weiterführende Lernvorhaben gegeben.

5. Literaturhinweise

Da alle »compacts« aus den schulpraktischen Erfahrungen der Autoren resultieren, werden nur solche Literaturhinweise aufgenommen, die sich ausschließlich auf den Gesamtkomplex des Themas mit seinen Inhalten und Verfahrensweisen beziehen.

6. Arbeitsvorlagen

Die vielen »compacts« nachgestellten Arbeitsvorlagen sind ein weiterer Beitrag dieser Sammelbände zur Arbeitserleichterung für den Lehrer. Die Vorlagen, in enger Anlehnung an Tafelanschriften und Hefteintragungen, können als Arbeitsblätter oder als Folie kopiert werden.

Mit den Autoren hat sich die Redaktion bei den Unterrichtsvorbereitungen um eine klare und eindeutige sprachliche Gestaltung in kurzen Sätzen, um eine übersichtliche Druckgestaltung bemüht. Sie sollen die für die praktische Umsetzung der »compacts« wichtige Schwerpunktbildung schon optisch erkennen lassen und die Einlesezeit verkürzen. »Ihre compacts ermöglichen einen perfekten Unterricht«, schrieb uns ein Leser – und diese Feststellung hat uns sehr nachdenklich gemacht; denn Perfektionismus kann – gerade im Bereich von Erziehung und Unterricht – ein Zeichen von Verarmung sein.
Wir sind sicher, daß wir mit unseren »compacts« den Lehrern der Grundschule eine echte Arbeitshilfe bieten. Aus dem Wissen aber um die Verantwortung, in die wir mit diesen »compacts« gestellt sind, möchten wir hier unsere Leser bitten, diese Modelle nicht – oder nicht immer – mit unbefragter Selbstverständlichkeit zu übernehmen, sondern in ihnen ein Orientierungsmuster für eigene Entscheidungen unter Berücksichtigung des jeweiligen örtlichen Umfeldes zu sehen.
Wenn Sie auf der Suche nach eigenen Denkwegen und Handlungsmöglichkeiten die Erfahrungs- und Vorstellungswelt Ihrer Kinder mit einbeziehen, dann werden Sie mit diesen »compacts« als Lehrer so lehren können, wie Ihre Kinder lernen möchten.

München, im Januar 1983

Hans Gröschel
Robert Gutmann
Horst Lott

Heinz Uchronski

Partnerarbeit – wie geht das eigentlich?

1. Didaktische Information

1.1 Während im 1. Schuljahr noch die Familie im Mittelpunkt der Betrachtung stand, wird im 2. Jahrgang eine Erweiterung des sozialen Umfelds des Kindes vorgenommen, indem es mit den Sozialformen des Unterrichts konfrontiert wird. So soll der Schüler Schwierigkeiten bei der Anwendung und Durchführung von Klassen-, Gruppen-, Partner- oder Einzelarbeit aufdecken und analysieren lernen. Das ist aber nur möglich, wenn diese Sozialformierungen anfangs wie Lerngegenstände behandelt und trainiert werden. Dazu ist es notwendig, die Kinder in die Rolle des Beobachters zu versetzen, der aus der Distanz den Vollzug einer Unterrichtsform registrieren kann. Hier bietet sich die Darstellungseinheit an.
Bei der Beobachtung sozialen Verhaltens spielt die Erfahrung, die in ähnlichen Situationen erworben wurde, eine entscheidende Rolle. So sind also frühere Erlebnisse der Schüler im Unterricht Voraussetzung für verständiges Beobachten. Deshalb ist es in diesem Fall von Vorteil, wenn in Physik das Thema »Stromkreise« schon behandelt wurde.

1.2 Die Sozialform der Partnerarbeit ist vor allem dort sinnvoll, wo eine Zweiteilung vorteilhaft ist. So wird bei nachfolgender Stunde das Verhalten dargestellt. Diese Spielszenen sind nicht verbindlich, es könnte ebenso der Umgang mit den Stäben im Mathematikunterricht, das Partnerdiktat beim Rechtschreiben o. ä. zum Anlaß genommen werden, kooperatives Verhalten zu zeigen.

1.3 Vielerlei Störfaktoren beeinträchtigen das Lernen. Unruhe, Beschädigungen und Handgreiflichkeiten sind in einer Klasse unvermeidbar und entstehen meist dadurch, daß die Kinder sich aus den »Zwangssituationen« des Stillsitzens und Aufmerksamseins befreien wollen. Allmählich soll darauf hingearbeitet werden, daß alle für ein erträgliches Arbeitsklima sorgen müssen. Das bedeutet, daß sich jeder an die Regeln der verschiedenen Sozialformierungen halten soll, zu denen auch die Partnerarbeit gehört.
Partnerarbeit ist dadurch gekennzeichnet, daß eine Anzahl von Schülerpaaren sich selbständig um die Aneignung von Lerninhalten bemüht. Die in Partnerschaft vereint Lernenden stellen ein gemeinsames Endprodukt her. Diese Arbeitsform verpflichtet also die Schüler, im mitmenschlichen Bezug zu lernen und ihre Kenntnisse und Fertigkeiten in das gemeinsame Bemühen miteinzubeziehen. Somit unterscheidet sich Partnerarbeit wesentlich vom Helfersystem, bei dem einer führt und gibt, während der andere ausführt und nimmt.

2. Lernziele

2.1 Grobziele
– Probleme menschlichen Zusammenlebens erkennen
– Auseinandersetzung mit Interessenkonflikten
– Wecken der Konfliktlösungsbereitschaft

2.2 Feinziele
Die Schüler sollen
– erkennen, daß sie in besonderen Situationen auf Partnerarbeit angewiesen sind;
– Schwierigkeiten der Partnerarbeit erkennen und erörtern;
– nach Konfliktlösungen suchen;
– Vorschläge für gute Partnerarbeit unterbreiten;
– Kompromiß als mögliche Lösung einsehen;
– Gegnerschaft unter Kameraden als aufhebbar erkennen.

2.3 Lernzielkontrollen
– Erarbeiten von Regeln für richtige Partnerarbeit
– Wertung der Spielszenen, Ausfüllen des Arbeitsblattes
– Eine weitere Lernzielkontrolle stellt die zukünftig richtige Durchführung von Partnerarbeit dar.

3. Lernhilfen

– Zwei Schüler, die den Inhalt der Szenen bereits kennen und vorspielen können
– Material für die Spielszenen, hier: Lämpchen, Batterie, Drähte, Kabel, Schalter
– Arbeitsblatt (kopierfähige Arbeitsvorlage) Tafelanschrift

4. Unterrichtsverlauf

4.1 Hinführung
Tafelanschrift: Partnerarbeit
Schüler äußern sich. Wer ist mein Partner?
Problemfrage: Partnerarbeit – wie geht das eigentlich?
Schüler berichten ihre Erfahrungen bzw. Vorstellungen
– *Zielangabe:* Weil wir in nächster Zeit öfter Partnerarbeit machen wollen, lernen wir heute, wie das geht.

4.2 Erarbeitung
1. Teilziel: Vorbereitung des Spiels
– L: Zwei von euren Mitschülern wollen euch verschiedene Szenen vorspielen. Weil Partnerarbeit ja immer von zwei Kindern ausgeführt wird und meistens in der Schule stattfindet, brauchen wir eine Schulbank. Auf der Bank liegt das Material, das die Kinder jeweils für ihre Arbeit brauchen.
Benennen des Versuchsmaterials

Herrichten der »Bühne«
– Klären folgender Voraussetzung zum Verständnis des Spiels
L: Bevor es nun losgeht, erzähle ich euch den Anfang der Geschichte: Zwei Buben, Thomas und Florian sitzen in der Schule nebeneinander. Im Sachunterricht lernen sie gerade etwas über den elektrischen Strom. Der Lehrer hat ihnen Versuchsmaterial mitgebracht. Es reicht allerdings nicht für jeden Schüler, zwei sollen immer zusammenarbeiten und einen Stromkreis aufbauen. So auch Thomas und Florian. Was sich dabei ereignen kann, wollen wir uns ansehen.
– L: Ihr müßt bei den Szenen gut aufpassen, denn wir spielen nicht zum Spaß. Schließlich wollen wir ja lernen, wie Partnerarbeit geht. Ihr seht vier Szenen. Nach jeder wollen wir besprechen, was euch aufgefallen ist.

2. Teilziel: Darstellung der Spiele
1. Spiel: Einer macht alles allein.
Thomas: Wir sollen hier also einen Stromkreis aufbauen! Laß mich nur machen, ich kenn mich da aus.
Florian: Ich will auch mal probieren!
Thomas: Du kannst es doch nicht. Setz dich hin und schau zu!
In der Tabelle an der *Tafel* wird nach jeder Szene festgehalten, was sich ereignet hat:

Partnerarbeit	1. Spiel	2. Spiel	3. Spiel	4. Spiel
Beobachtung	Einer macht alles allein			
Bewertung	ja/nein	ja/nein	ja/nein	ja/nein

2. Spiel: Statt Arbeit Streit!
Thomas: Nimm die Finger weg, das geht dich nichts an, ich kann es ja viel besser!
Florian wehrt sich und wird handgreiflich, das Glühbirnchen fällt zu Boden, beide schreien und raufen, bis der Lehrer eingreift.
Eintrag des 2. Spieles in die Tabelle an der Tafel
3. Spiel: Beide halten sich nicht an die Anweisung.
Thomas: Schau, Florian, das Kabel kann man als Schleuder benutzen. Was könnten wir sonst noch damit machen?
Florian: Ich baue eine lange Schlange mit den Drähten.
Eintrag des 3. Spieles in die Tabelle
4. Spiel: Beide arbeiten richtig.
Thomas: Komm, das machen wir zusammen. Schraub' du bitte das Lämpchen in die Fassung.
Florian: Soll ich dir beim Einbau des Schalters helfen?
Thomas: Bitte, ich weiß da nicht so gut Bescheid!
Florian: Hoffentlich brennt das Lämpchen!
Thomas: Wenn nicht, suchen wir nach dem Fehler und probieren es noch einmal.
Florian: Schließ' jetzt den Schalter! Es brennt, das haben wir aber prima hingekriegt!
Thomas: Ich weiß nicht, ob ich das allein geschafft hätte!
Eintrag des 4. Spieles in die Tabelle

4.3 Verarbeitung
3. Teilziel: Besinnung
Im Gespräch wird der Spielablauf der einzelnen Szenen wiederholt, die Tafelanschrift dient hierbei als Gedächtnisstütze.
L: Bei welchem Spiel haben wir nun etwas von richtiger Partnerarbeit gemerkt? Warum?
Was hat uns an den anderen Szenen gestört?
Unter die Beobachtung wird nun die Bewertung mit ja/nein an der Tafel vermerkt.
Schüler werten das 4. Spiel positiv und erkennen, daß echte Partner sich helfen, andere nicht stören, sich ergänzen, gegenseitig etwas lernen.
– *Teilwiederholung:* Wir suchen Wiewörter, die zu den Kindern der jeweiligen Szene passen.

4. Teilziel: Aufstellen von Regeln für gute Partnerarbeit
L: Damit wir das falsche Verhalten von Thomas und Florian schnell vergessen und uns das richtige merken, wollen wir uns einige Regeln aufschreiben, die wir dann in unserem Zimmer aufhängen wollen.
Aus der Tafelanschrift ergeben sich folgende Regeln, die auf Plakatkarton geschrieben werden:
Richtige Partnerarbeit:
– Ich arbeite mit meinem Partner zusammen.
– Ich helfe meinem Partner, mein Partner hilft mir.
– Ich führe die Arbeitsanweisungen aus.
– Wir lernen voneinander und erreichen das Ziel gemeinsam.

4.4 Transfer
Schüler suchen weitere Bereiche, in denen Partnerarbeit möglich, ja sogar nötig ist. Hierbei soll ihnen verständlich werden, wie gegenseitige Lernhilfe in Partnerschaft zu einem guten Abschneiden im Klassenverband verhilft. Bloßes Berichtigen ohne Lernhilfe reicht jedoch für erfolgreiche Partnerarbeit nicht aus.
Das wird vielleicht an folgenden Beispielen deutlich:
1. Arbeitskarten nach dem Verfahren des Lottospiels:
Auf diese Weise können mathematische Aufgaben gelöst werden, Zifferblätter der Uhrzeit zugeordnet werden oder Bilder von Pflanzen, Tieren usw. mit dem richtigen Namensschild bezeichnet werden.
2. Übungen in Form des Partnerdiktats
3. Gemeinsamer Umgang mit den Stäben oder sonstigem konkreten Material im Mathematikunterricht führt schneller zum Ergebnis.
4. Auch im Werkunterricht kann deutlich werden, wie lohnend partnerschaftliches Verhalten ist.
Diese oder ähnliche Übungsarbeiten bereiten anspruchsvollere Formen vor, wobei dann auch neues Wissen in Partnerarbeit gewonnen werden kann.

4.5 Gesamtzusammenfassung
Ausfüllen des Arbeitsblattes (kopierfähige Arbeitsvorlage)
Eintrag der Regeln siehe 4. Teilziel

Literatur
Bauer/Engelhardt/Glöckel/Knoll/Rabenstein: Fachgemäße Arbeitsweisen in der Grundschule. Bad Heilbrunn 1971: Klinkhardt
R. Rabenstein/F. Haas: Erfolgreicher Unterricht durch Darstellungseinheiten. Bad Heilbrunn 1968: Klinkhardt

Verfasser: Heinz Uchronski

Sachunterricht

Blatt ________

Name ______________________________

Datum ______________________________

Partnerarbeit – geht das . . .

. . . so?
1. Spiel:

ja/nein ________________

Regel:

. . . so?
2. Spiel:

ja/nein ________________

Regel:

. . . so?
3. Spiel:

ja/nein ________________

Regel:

. . . so?
4. Spiel:

ja/nein ________________

Regel:

Welche Eigenschaftswörter passen zu den einzelnen Bildern? Schreibe sie daneben!
angeberisch, eingebildet, traurig, unkameradschaftlich, streitsüchtig, rücksichtslos, laut, unfolgsam, verspielt, unaufmerksam, hilfsbereit, folgsam, kameradschaftlich, leise

Ferry Speigl

Was ist besser, Gruppenarbeit oder Einzelarbeit?

1. Didaktische Information

1.1 Die Organisation einer Schulklasse zu Beginn eines Schuljahres beschäftigt jeden Lehrer. Keine Klasse ist eine homogene Einheit, schon gar nicht im ersten und zweiten Schuljahr. Darum muß schon bald das Verhältnis des Schülers zum Lehrer und zum Mitschüler im Sozialgefüge der Klasse so geregelt werden, daß eine individuelle Entfaltung seiner Fähigkeiten und eine Erziehung zur Gemeinschaftsfähigkeit möglich ist. Durch die vor allem zu Beginn des ersten Schuljahres vorherrschende Ichbezogenheit ist eine eigentliche Zusammenarbeit in einer echten Arbeitsgruppe fast nicht möglich. Deshalb ist eine bestimmte soziale Reife erst notwendig, die im Laufe des ersten Schuljahres durch bestimmte Arbeits- und Verhaltensweisen aufgebaut werden kann.
Dazu gehört vor allem die Zuwendung der Kinder zueinander, das untereinander Kontaktaufnehmen durch Spiele, Unterrichtsgespräche im Kreis, gemeinsames Basteln mit dem Partner und mehreren Schülern, Gruppenbildungen im Turn-, Musik- und Bewegungsunterricht, aber auch zu Hause beim Anfertigen der Hausaufgaben usw. Ein ganz wesentlicher Gesichtspunkt ist das Einüben sogenannter »schlichter Tugenden« wie Freundlichkeit, Rücksichtnahme, Hilfsbereitschaft, Ehrlichkeit, Selbstbeherrschung . . .
Erst dann kann Partnerarbeit und, wenn die funktioniert, Gruppenarbeit im eigentlichen Sinne eingeführt werden. Dann wird sich einmal die Frage stellen: Ist Gruppenarbeit oder Einzelarbeit besser? Voraussetzung für die Behandlung dieser Unterrichtseinheit ist, daß Gruppenarbeit eingeführt ist und daß vielleicht in einer vorausgehenden Einheit noch einmal die Regeln für die Arbeit in der Gruppe besprochen werden (siehe Tafelanschrift).

1.2 Gruppenarbeit sollte nicht bloße Gruppenbeschäftigung sein. Sie ist erst recht nicht gegeben, wenn die einzelnen Schüler dieser Gruppen für sich alleine arbeiten, sondern sie geschieht nach bestimmten Regeln, weist einen Erfolg auf und ermöglicht die so häufig geforderte Individualisierung des Unterrichts. Der erziehlichen Bedeutung der Gruppenarbeit kommt ein besonderer Wert zu. Das Arbeiten der einzelnen steht im Dienste der Gemeinschaft. Gruppenarbeit verlangt aber, soll sie nicht mißlingen, notwendige Voraussetzungen. Bestimmte Arbeitstechniken mit den unerläßlichen Arbeitsmitteln müssen vorher eingeschult werden. Auch muß vorher Partnerarbeit als Zusammenarbeit zweier Schüler eingeübt werden.
Einzelarbeit ermöglicht eine selbständige Auseinandersetzung mit Lerninhalten, wobei auch diese, soll sie produktiv sein, gelernt werden muß. Schon vom Beginn des ersten Schuljahres an wird der Lehrer planmäßig auf bewußtes und selbständiges Arbeiten hinzielen, in dem er z. B. bestimmte Arbeitstechniken einführt und das Arbeiten mit Arbeits- und Unterrichtsmitteln ermöglicht.

2. Lernziele

2.1 Grobziel
Die Schüler sollen erkennen, daß auf manchen Gebieten Gruppenarbeit, auf anderen wiederum Einzelarbeit bessere Ergebnisse bringt.

2.2 Feinziele
Die Schüler sollen
– die Begriffe Gruppenarbeit und Einzelarbeit kennen und anwenden;
– verschiedene Situationen analysieren, verbalisieren und bewerten können;
– begründen, warum im Einzelfall die Gruppenarbeit oder die Einzelarbeit besser ist;
– die Regeln für Gruppenarbeit kennen und anwenden können;
– zwischenmenschliche Beziehungen, wie Kommunikation in der Gruppe, Hilfe für die Schwächeren, Rücksichtnahme anbahnen.

2.3 Lernzielkontrollen
Im Anschluß an die Erarbeitung werden die Erkenntnisse auf vergleichbare Situationen übertragen. Eine weitere Kontrolle ist immer dann gegeben, wenn gemeinsame Unterrichtsvorhaben mit den Schülern geplant und das »Wie machen wir es?« (Einzel- oder Gruppenarbeit?) besprochen werden.

3. Lernhilfen

Notizblock – Arbeitsblatt mit einem Puzzle zum Ausschneiden – Schere – Zeichenblatt – Tafelanschrift – Folie

4. Unterrichtsverlauf

4.1 Problemstellung
– *Vorstellen der Situation*
Der Lehrer nimmt auf einen Fall in einer anderen Klasse Bezug.
L: Petra will an einer Gruppenarbeit nicht mitmachen, da sie behauptet, alleine kann ich das besser! Es ging um ein Spiel, wo die Gruppe innerhalb von drei Minuten möglichst viele Wörter suchen sollte, die mit einem großen oder kleinen D d beginnen.
– *Analyse der Situation*
Die Schüler äußern sich: Warum will Petra in der Gruppe nicht mitarbeiten? Wie kommt Petra dazu?

Dabei werden die Begriffe Einzelarbeit und Gruppenarbeit wiederholt.
– *Herausstellen der Problemfrage*
Was ist besser, Gruppenarbeit oder Einzelarbeit?
Die Tafelanschrift wird schrittweise aufgedeckt.

4.2 Untersuchen des Problems
L: Wir probieren es aus, ob Petra recht hat!
Die Klasse ist in Gruppen eingeteilt. Die Hälfte der Klasse arbeitet alleine, die andere in den Gruppen.
– *Spiel 1:*
L: Suche innerhalb von drei Minuten möglichst viele Wörter, die mit einem großen oder kleinen D d beginnen und schreibe sie auf deinen Notizblock! (Weiteres Aufdecken der Tafelanschrift)
Wertung des Spiels:
Die Ergebnisse werden in einem Lehrer-Schüler-Gespräch ausgewertet: In der Gruppe bekommen wir mehr Beiträge! Die Gruppenarbeit hat aber nur einen Sinn, wenn sich alle an die Regeln halten!
Wenn notwendig, werden die Regeln an Hand der Tafelanschrift wiederholt. Das Ergebnis wird an der Tafel von den Schülern durch Ankreuzen festgehalten.
– *Spiel 2:*
Arbeitsblatt:

Schneide die Teile aus und setze das Puzzle zusammen!
Es ergibt ein Rechteck!

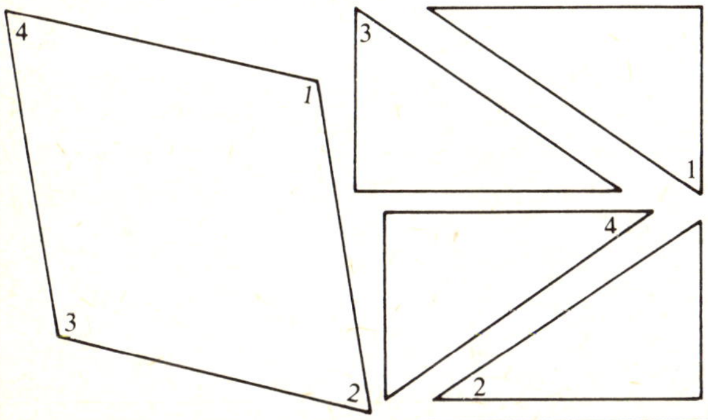

L: Schneide möglichst schnell das Puzzle aus und setze es richtig zusammen! (Tafelanschrift) – Die Nummern helfen dir!
Es können auch andere Puzzles verwendet werden, wie z. B. Teile eines Hampelmannes.
Wertung des Spiels:
Wenn alle in der Gruppe zusammenhelfen, können wir vielleicht schneller zum Ergebnis kommen! Einzelne Schüler sind aber fast gleich schnell fertig als die, die in der Gruppe zusammengearbeitet haben. Es kann also nicht eindeutig festgelegt werden, ob hier die Gruppenarbeit oder die Einzelarbeit besser ist. Das Ergebnis wird wieder an der Tafel festgehalten; beide Spalten werden angekreuzt.
Spiel 3:
L: Zeichne auf ein Zeichenblatt dein Lieblingstier!
Wertung des Spiels:
Eine Gruppe versucht, das Problem zu lösen, in dem einer nach Anweisung der anderen Schüler deren Lieblingstier zeichnen sollte; bei einer anderen Gruppe zeichnet jeder auf das gleiche Blatt sein Lieblingstier. Die Schüler besprechen sehr ausgiebig das Problem und erkennen deutlich, daß hier die Gruppenarbeit wenig Sinn hat, sondern Einzelarbeit die richtige Arbeitsform ist. Das Ergebnis wird an der Tafel festgehalten.
Tafelanschrift:

Was ist besser, Gruppenarbeit oder Einzelarbeit?	EA	GA
Spiel 1: Wer findet am meisten Wörter, die mit einem D d beginnen?		
Spiel 2: Schneide das Puzzle aus und setze es möglichst schnell zusammen!		
Spiel 3: Male dein Lieblingstier!		

4.3 Diskussion der Ergebnisse
– *Werten des Gesamtergebnisses*
Unter dem Gesichtspunkt der Problemfrage: Was ist besser, Gruppenarbeit oder Einzelarbeit?
Wertung nach der Quantität: Bei bestimmten Unterrichtssituationen ist es besser, in der Gruppe zu arbeiten, weil wir z. B. schneller zu einem Ergebnis kommen, mehr und bessere Beiträge erhalten usw.; bei anderen wiederum ist die Einzelarbeit günstiger.
Wertung nach der Qualität: In der Gruppe kommen die zwischenmenschlichen Beziehungen wie ›Miteinander in der Gruppe beraten‹, den Schwächeren helfen, niemand blamieren, jeder kann mitmachen . . .« zum Tragen.
– *Rückkehr zu den Voraussetzungen:*
L: Das alles gilt aber nur, wenn wir die Regeln für die Gruppenarbeit einhalten!
Tafelanschrift:

Regeln für die Gruppenarbeit
- Jeder Schüler soll mitarbeiten!
- Laß jeden Schüler ausreden!
- Rede nicht zu laut!
- Einer schreibt und spricht für alle!
- Die guten Schüler helfen den schwachen!
- Erkenne die Meinung des anderen an!
- Nehme auf die anderen Schüler Rücksicht!

4.4 Übertragen auf vergleichbare Situationen
Das Problem wird an Hand einer Folie auf andere Situationen ausgeweitet.
Folie:

Wann möchtest du lieber in der Gruppe, wann alleine arbeiten?		
	GA	EA
In der Spielstunde bei einer Probearbeit beim Malen beim Lesen beim Schönschreiben wenn wir eine Wanderung planen in Mathematik beim Schreiben eines Diktates Versuche im Biologieunterricht		

Literatur beim Verfasser

Verfasser: Ferry Speigl

Brigitte Widder

Peter spielt nicht mehr mit

1. Sachinformation

1.1 Kinder erfahren bereits im vorschulischen Alter, daß sie durch bestimmte Verhaltensweisen ihrerseits das Verhalten der Umwelt, der anderen Menschen, beeinflussen können. Schon seit dem Säuglingsalter erfährt das Kind, lange Zeit unbewußt, daß etwas, was es tut, zu bestimmten Wirkungen seiner Umwelt führt. Dem Grundschulkind kann diese Wechselwirkung bewußt gemacht werden, und es kann lernen, durch sein Verhalten das Verhalten seiner Mitmenschen bewußt zu beeinflussen. So wird reflektiertes Handeln zum Instrumentarium des sozialen Zusammenlebens, die Kinder lernen die soziale Realität, in der sie leben, zu befragen.
Die geplante Unterrichtsstunde ist in der 1. oder 2. Jahrgangsstufe durchführbar. Sie verlangt von den Kindern keine besonderen schulischen Vorkenntnisse; trainiert werden Fähigkeiten aus dem Bereich des sozialen Lernens: Empathie, Rollendistanz und die Fähigkeit, über Verhalten zu sprechen und über Verhalten nachzudenken. Die Beherrschung gewisser Techniken der Gesprächserziehung (Miteinander sprechen, dem anderen zusprechen, zuhören, zustimmen oder entgegnen) ist, wie in allen Stunden, Unterrichtsprinzip.

1.2 Mit dem Lernziel »Grundformen des Miteinanderlebens in der Schule erfahren . . .« wird Schule als Handlungs- und Erprobungsfeld verstanden, in dem Formen der Interessendurchsetzung, der Konfliktbewältigung, der Selbststimmung zum Ernstfall werden. Soziales Verhalten ist an Normen und Werten orientiert, die kritisierbar sein sollen, die Verhalten aber auch stabilisieren und stützen können.
Dieses soziale Verhalten zu trainieren ist in dem Umfang möglich, in dem soziale Strukturen durchschaut werden und die Fähigkeiten zur Kommunikation, zur kritischen Reflexion und zur Entscheidung reichen. Der Unterrichtsakzent liegt bei der Aufgabe, bei den Kindern Verständnis für Konflikte zu wecken, sie allmählich zur selbständigen Konfliktbewältigung, zur Argumentation und zum Engagement zu befähigen. Beim kognitiven Durchdringen der sozialen Situation können Handlungsdispositionen für diese Situation gefunden werden.

Der Aufbau von Empathie gehört zu den zentralen Aufgabenbereichen im Zusammenhang mit der Förderung der sozialen Kompetenz. Die Kinder müssen begreifen, daß es nötig ist, sich in andere Menschen einzufühlen, sollen sensibel für den anderen werden und sollen lernen, ihr Verhalten an der sozialen Wahrnehmung zu orientieren.

2. Lernziele

2.1 Grobziel
Die Schüler sollen lernen, sich in andere einzufühlen, und begreifen, wie man einen Mitschüler von einer Abwehrhaltung abbringen kann.

2.2 Feinziele
Die Schüler sollen
- sich bei der Konfrontation mit der Konfliktsituation, mit dem Problem, identifizieren;
- lernen, über Gefühle anderer nachzudenken;
- begreifen, welche Gefühle die konflikttragende Person bewegen;
- die Vergleichssituation erfassen und das Tierverhalten interpretieren;
- ein Ziel für die Beziehung eigene Person – Tier verbalisieren;
- Verhaltensstrategien in bezug auf dieses Ziel entwickeln;
- in Hinsicht auf das Vorhaben Verhaltensweisen als geeignet oder ungeeignet einschätzen;
- ein Ziel für die Beziehung eigene Person – konflikttragende Person verbalisieren;
- gefundene Verhaltensstrategien auf die Konfliktsituationen übertragen;
- im Rollenspiel versuchen, einen Mitschüler von seiner Abwehrhaltung abzubringen und dabei die gefundenen Verhaltensweisen anwenden;
- erkennen, daß schon die Person ›Peter‹ (konfliktauslösende Person) zur Vermeidung des Konflikts beitragen kann.

2.3 Lernzielkontrollen
Eine meßbare Lernzielkontrolle ist für diese Stunde nicht vorgesehen; beobachtbar ist das Verhalten der Kinder bei ähnlichen Situationen, die aber wiederum immer erneut zum Thema des Unterrichts, zum Gegenstand einer kritischen Reflexion werden müssen.

3. Lernhilfen

- Geplantes Rollenspiel
- Bekanntes Gemeinschaftsspiel (Kreisspiel o.ä.)
- Bilder für die Gruppen bzw. Tafel – Arbeitsblatt

4. Unterrrichtsverlauf

4.1 Hinführung
– Aufbau der Ausgangssituation:

L: Ich erzähle dir von Peter, er ist so alt wie du: Peter und seine Klassenkameraden freuen sich riesig, sie dürfen nämlich am Ende der Turnstunde ihr Lieblingsspiel spielen.
Vermutungen der Kinder: Wahrscheinlich spielen sie ...
L: Peters Klasse darf ›Heute gehn wir mal nach Hummel-Hammel-Dorf‹ spielen (Es muß sich um irgendein Spiel handeln, das als Gemeinschaftsspiel in der Klasse aktuell ist und für diese Stunde auch im Klassenzimmer spielbar ist.) Doch mitten im Spiel ereignet sich etwas.
Vermutungen der Kinder. Anweisungen zum Rollenspiel: Ich will es euch nicht verraten. Ihr alle seid jetzt die Kinder aus Peters Klasse und dürft ›Heut gehn wir mal nach Hummel-Hammel-Dorf‹ spielen. Ein Kind spielt den Peter, ein Kind den Lehrer aus Peters Klasse. Ihr werdet sehen, was geschieht.

4.2 Darbietung der Konfliktsituation
Ein instruiertes Kind spielt Peter: Er schreit mitten im Spiel: »Ich spiele nicht mehr mit, wenn ich nicht drankomme,« Peter läuft weg, hockt sich hin und vergräbt den Kopf in den Armen. Das Spiel wird abgebrochen.

4.3 Konfliktanalyse
1. Teilziel: Erfassen der Situation
Situationsbeschreibung
L: Ihr habt erlebt, was in Peters Klasse los war. Gespräch der Kinder
Tafelanschrift: Peter spielt nicht mehr mit.

2. Teilziel: Situationsentscheidende Gefühle erfassen
Artikulation der Beweggründe
L: Sicherlich ist es dir auch schon einmal wie dem Peter ergangen. Du bist nicht drangekommen und du weißt deshalb, was Peter fühlt.
Gespräch der Kinder ergibt: Peter ist wütend, beleidigt, verärgert, traurig, enttäuscht ... (wird an der Tafel notiert)

3. Teilziel: Aufbau einer Vergleichssituation zur Entdekkung von Verhaltensstrategien für die Mitspieler
L: Vergeßt jetzt eine Weile den Peter.!
Ich lege auf jeden Gruppentisch ein Bild, überlegt und sprecht miteinander.!

Gruppengespräche
Auswertung: Analyse des Tierverhaltens
Hilfsimpulse: Alle Tiere verhalten sich ähnlich. – Alle Tiere haben ähnliche Gefühle
Ergebnis: Die Tiere haben Angst oder sind erschrocken. Sie flüchten deshalb oder begeben sich in Abwehrhaltung.
L: Stell dir vor, es ist dein Hase, der sich so ängstlich zusammenkauert, du wolltest doch dann sicherlich etwas erreichen!.
S: Ich hätte wahrscheinlich gern, daß mein Hase wieder zu mir kommt, daß er wieder zutraulich ist...
Verbalisieren von Verhaltensstrategien: Ich würde dem Hasen gut zureden, ich würde ihn locken, ich würde ihn streicheln usw.

4.4 Konfliktbewältigung
Lehrer teilt Arbeitsblatt aus:

gut zureden	streicheln
auslachen	wegschicken
anschreien	abwarten
bitten	trösten
holen	hänseln
schimpfen	in Ruhe lassen

L: Ich habe viele Beispiele aufgeschrieben, wie du dich evt. verhalten könntest.
Es ist sicherlich auch allerlei dabei, das dir nicht geeignet erscheint. Rahme grün ein, was dir geeignet erscheint für dein Vorhaben! Bitte wiederhole noch einmal, was du eigentlich erreichen willst!
S: Wir wollen erreichen, daß es dem Tier wieder gut geht, daß es wieder zutraulich ist.
Stillarbeit evt. Partnerarbeit
Auswertung: Der Hase kommt vielleicht wieder, wenn ich ihm gut zurede usw.
Die negativen und positiven Verhaltensweisen werden sortiert an die Tafel geschrieben.

4. Teilziel: Übertragung der gefundenen Strategien
Lehrer deutet auf die Überschrift an der Tafel: Auch Peters Kameraden wollen sicherlich etwas erreichen!
Exakte Verbalisierung: Peters Freunde wollen, daß Peter wieder mitspielt. Dem Peter geht es wie den Tieren, man muß ihm helfen.
L: Du weißt jetzt sicherlich, wie Peters Kameraden erreichen könnten, daß Peter wieder mitmacht und das Spiel weiter gehen kann. Wir wollen das spielen.
Es wird das Rollenspiel wieder aufgegriffen, (vgl. 4.1)
Die Kinder versuchen, mit den vorher gefundenen Verhaltensstrategien Peter wieder zu versöhnen.

5. Teilziel: Kritik an der konfliktauslösenden Person
L: Ihr wißt jetzt, wie man einem Kameraden in einer ähnlichen Situation helfen kann. Aber auch Peter selbst müßte sich ein bißchen zusammenreißen!
Gespräch ergibt: Peter sollte nicht gleich beleidigt sein.
Es können nicht alle Kinder drankommen. Man muß sich auch beherrschen.

Literatur bei der Verfasserin

Verfasserin: Brigitte Widder

Christine Schuster

Was kann der Schwächere gegen den Stärkeren tun?

1. Didaktische Information

1.1 In dieser Unterrichtseinheit geht es um zwei etwa gleichaltrige Buben, von denen einer aber erheblich größer und kräftiger ist als der andere. Die beiden raufen auf dem Schulhof miteinander, andere Kinder stehen dabei und beobachten die Szene. Hieraus wird sich die Frage entwickeln, welche Möglichkeiten der Schwächere hat, um aus dieser Notlage herauszukommen.
Einige Aspekte sollen dabei von vornherein ausgeschlossen werden:
– Es geht nicht um die Frage nach dem Motiv für den Streit.
– Der Stärkere soll nicht der Verlierer sein. Es geht hier ja um die Möglichkeiten des Benachteiligten, des kräftemäßig Unterlegenen.
– Bei dem Stärkeren handelt es sich nicht um einen wesentlich älteren Schüler. Hier soll der Umgang der Kinder unter sich beschrieben werden.
– Bei dem Stärkeren handelt es sich nicht um einen Erwachsenen. In diesem Falle wäre der Schwächere noch weit machtloser – es müßte nach völlig anderen Strategien gesucht werden.
Auch nach diesen Einschränkungen läßt sich das Verhalten des Schwächeren nicht eindeutig voraussagen. Es bestehen verschiedene Möglichkeiten, z.B.:
– Er kann davonrennen.
– Er kann sich wehren.
– Er kann zur Lehrerin laufen.
– Er kann sich mit anderen Kindern zusammentun.
– Er kann sich schlagen lassen.
– Er kann dem Stärkeren etwas schenken.
– Er kann versuchen, sich mit ihm zu einigen.
Die Reaktion des Stärkeren auf die Handlung des Schwächeren ist ebensowenig festlegbar. Auch hier kann man nur Vermutungen anstellen. Es läßt sich daher nicht angeben, wie der Kampf zwischen den Buben nun wirklich endet. Es geht vielmehr um das Abwägen wahrscheinlicher Möglichkeiten und deren wahrscheinliche Konsequenzen zum Zwecke der Konfliktlösung, um die Einübung einer Konfliktlösungsstrategie für Fälle, in denen die Reaktionen des Partners nur vermutet werden können.

1.2 Die hier dargestellte Situation ereignet sich mehrmals täglich auf dem Schulhof und ist wahrscheinlich für viele Schüler von recht vitalem Interesse. Die Kinder dieser Altersstufe würden gewiß die Vermittlung einer Patentlösung bevorzugen. Sie sind daran gewöhnt, daß Erwachsene für sie entscheiden und ihnen sagen, was richtig oder falsch ist. Ob solch eine Lösung, gäbe es sie, auch befolgt würde, erscheint fraglich, zumal eine einfache Übertragung in den seltensten Fällen glücken kann.
Ein Problem nach allen Seiten hin zu durchleuchten und nach dem Argumentieren aller gefundenen Aspekte zu einer vielleicht guten Lösung zu gelangen, ist schwierig, ungewohnt und muß immer wieder geübt werden. Nach so genauer Überlegung und stichhaltiger Begründung sollten die Kinder ihre Wahl jedoch mit Überzeugung treffen. Das wäre ein erster Schritt zur Internalisierung der eigenen Lösung.

2. Lernziele

2.1 Grobziele
Die Kinder sollen im Gespräch Möglichkeiten aufzählen, wie ein schwächeres gegen ein stärkeres Kind ankommen kann. Sie sollen sich begründeter Weise für eine Möglichkeit entscheiden.

2.2 Feinziele
Die Schüler sollen
– das Problem der Stunde finden und formulieren;
– Verhaltensmöglichkeiten des Schwächeren aufzählen;
– sich für eine Möglichkeit entscheiden und ihre Wahl begründen;
– die wahrscheinlichen Konsequenzen jeder Möglichkeit aufzeigen und verbalisieren;
– sich erneut für eine Möglichkeit entscheiden;
– die beiden Wahlergebnisse miteinander vergleichen und Vermutungen über den Grund von Änderungen äußern.

2.3 Lernzielkontrollen
Formulierte Begründungen – Entscheidungen und Konsequenzen

3. Lernhilfen

Bilder, die die Ausgangssituation und mögliche Konsequenzen gefällter Entscheidungen erhellen – Stimmzettel – Tafelanschrift

4. Unterrichtsverlauf

4.1 Motivationsphase
Präsentation eines Bildes (s. Abb. 1 auf der nächsten Seite)
Schüler sprechen sich über das Bild aus.
L: Da ist der kleine Bub aber ziemlich machtlos.
– *Problemstellung:*
Was kann der Schwächere gegen den Stärkeren tun?
Die Frage wird an der Tafel fixiert.

Abb. 1

4.2 Erarbeitungsphase
– Hypothesenbildung:
Schüler bringen Vorschläge mit vorläufigen Begründungen.
Tafelanschrift: (nach den Vorschlägen der Kinder)

1. Er kann davonrennen.
2. Er kann sich wehren.
3. Er kann zur Lehrerin laufen.
4. Er kann sich mit anderen Kindern zusammentun.
5. Er kann sich schlagen lassen.
6. Er kann dem Stärkeren etwas schenken.
7. Er kann ihn bitten aufzuhören.

1. Teilziel: Entscheidung
Wenn du der Schwächere wärst, für welche Möglichkeiten würdest du dich entscheiden? Schreibe die Zahl deiner Wahl auf diesen kleinen Zettel.
Jeder Schüler bekommt einen Zettel, auf den er die Nummer des Satzes seiner Wahl schreibt. Der Gruppenleiter sammelt die Zettel ein und bringt sie zum Pult.
Begründung: Jedes Kind darf im Gruppengespräch seine Meinung sagen und begründen. Vielleicht kann er die anderen überzeugen.
Während dieser Zeit werden die Wahlzettel verdeckt an die Tafel geheftet.
L: Ich bin gespannt, ob ihr euch geeinigt habt und wie ihr euere Vorschläge begründet.
Schüler berichten und begründen.

2. Teilziel: Konsequenzen
L: Der Stärkere wird nicht nur zuschauen, wie der Kleine etwas unternimmt. Überlege zu jeder Möglichkeit, wie die Geschichte weitergehen könnte!
Schüler formulieren angenommene Konsequenzen. Dabei wird deutlich, daß jede Entscheidung verschiedene Wirkungen haben kann.
Vorläufiges Ergebnis: Wir können nicht genau sagen, was passieren wird. Wir können nur vermuten.
– Zuammenfassung:
L: Ich habe euch auf Bildern aufgemalt, wie die Geschichte vielleicht weitergehen könnte. Kannst du die richtigen Bilder zu den Möglichkeiten kleben? (Abb. 2)
Schüler beschreiben die Bilder und ordnen sie der passenden Möglichkeit zu. Sie werden zu den jeweiligen Sätzen an die Tafel geklebt.

3. Teilziel: 2. Entscheidung
L: Vielleicht hast du während der Gespräche deine Meinung geändert und würdest dich jetzt gern für eine andere Möglichkeit entscheiden. Vielleicht findest du aber auch, daß du dich beim ersten Mal richtig entschieden hast. Schreibe noch einmal die Nummer des Satzes auf einen Zettel, den du jetzt für die beste Möglichkeit hältst!

4.3 Verarbeitungsphase
Die zweite Wahl wird der ersten gegenübergestellt.

4. Teilziel: Vergleich:
Die Tafel wird aufgeklappt, beide Wahlergebnisse werden sichtbar.
Ergebnis 1: Das Resultat hat sich verändert, weil jeder inzwischen Gelegenheit hatte, seine Meinung nocheinmal genau zu überlegen und die möglichen Folgen zu bedenken.
L: Nicht alle Kinder haben sich für den gleichen Vorschlag entschieden.
Ergebnis 2: Es gibt keine Möglichkeit, von der man sagen kann, daß sie die richtige ist, weil man immer nur vermuten kann, was der andere tun wird.

Verfasserin: Christine Schuster

Abb. 2

Ferry Speigl

Hier ist kein Platz für Mädchen!

1. Didaktische Information

1.1 Ein zentraler Begriff für die Sozialisation des Kindes ist die Rolle, deren unterschiedliche Ausformungen Buben und Mädchen schon vom ersten Tag ihres Lebens an durch die Erwartungen der Gesellschaft begegnen. »Im frühkindlichen Alter wird die erwartete Rolle aufgrund der völligen Abhängigkeit und der darauf basierenden engen Bindung an den Übermittler dieser Rollenkonzeption vom Kind unkritisch und unreflektiert übernommen. Dadurch wird selektiv die Ausbildung bestimmter Fähigkeiten, Temperamente, Haltungen, Dispositionen, Bedürfnisse und Motive, des kognitiven Stils und bestimmter Werte gefördert oder gehemmt. Das Ergebnis dieser Rollenakzeptanz ist ein bestimmtes, fixiertes Verhalten im sozialen System, die Rollendurchführung. Im Laufe des Einübungsprozesses nähert sich das Kind immer mehr dem gewünschten und vorhergesagten Verhalten an.«
Die Geschlechtsrollenidentität bildet sich etwa zwischen dem dritten und siebten Lebensjahr aus. Damit ist es eine wichtige Aufgabe des Lehrers der Grundschule, mit den Kindern den Prozeß ihrer eigenen Sozialisation zu reflektieren und zu versuchen, die im Lernprozeß erworbenen Erkenntnisse auch in Handlungen umzusetzen.
Das Thema dieser Unterrichtseinheit entstammt aus dem Erfahrungsbereich der Schüler, die häufig im Sportunterricht ein geschlechtsrollenkonformes Verhalten erleben, wenn die Buben z. B. Fußball und die Mädchen Völkerball spielen. An Hand dieses Themas soll versucht werden, erstarrte Verhaltensmuster zu ändern, wobei zwei Schwerpunkte gesetzt werden: Die geschlechtsspezifischen Verhaltensweisen in der Familie und der Einfluß der »geheimen Miterzieher«. Nicht angesprochen wird das Problem des Lernens der Rolle durch Verstärkung und Imitation.

1.2 Das kann natürlich nicht in einer einmaligen unterrichtlichen Behandlung des Themas geschehen, sondern müßte in jedem Schuljahr einen festen Platz im Soziallehreunterricht haben. So ist in der 1. Jgst. das Thema »Sollen Buben mit Puppen spielen?« in der 3. Jgst. »Peter oder Hanni – wer soll bei der Hausarbeit helfen?« und in der 4. Jgst. »Warum gehen nicht alle Viertkläßler auf das Gymnasium?« im regional ausgearbeiteten Lehrplan vorgesehen.
Voraussetzung für ein Gelingen der Unterrichtseinheit ist in erster Linie, daß in der Klasse häufiger Soziallehreunterricht stattfindet, in dem problemlösendes Verhalten, sozialintegrative und kommunikative Arbeitsformen eingeübt werden. Es muß beachtet werden, daß alle sozialerzieherischen Bemühungen im Unterricht nur Ersatz für die eigentliche Sozialerziehung im Alltag, in der Schule und in der Familie sein können. Darum sollten auch die Eltern der Schüler bei der Behandlung des Themas miteinbezogen werden, damit vermieden wird, daß die Schüler aufgrund des Unterrichts mit ihren Eltern in Konflikt geraten. Ein eigener Elternabend, zumindest aber ein Elternbrief vor Beginn des Unterrichts erscheinen notwendig.

2. Lernziele

2.1 Grobziel
Die Auflockerung von Geschlechtsrollenfixierungen soll zu Verhaltensänderungen bei den Schülern führen.

2.2 Feinziele
Die Schüler sollen
- erkennen, daß Mädchen und Buben in Persönlichkeitsmerkmalen, Fähigkeiten und Verhaltensweisen Unterschiede aufweisen;
- erkennen, daß ein Geschlechtsrollenverhalten schon in der Familie gelernt wird;
- erkennen, daß noch andere Sozialisationsagenten wie Film, Fernsehen, Bücher usw. Geschlechtsrollenvorschriften übermitteln;
- die starre Rollenfixierung in Frage stellen und neue Verhaltensformen gewinnen.

2.3 Lernzielkontrollen
Eine Lernzielkontrolle ist für diese Stunde nicht vorgesehen, da ein verändertes Verhalten der Kinder erst in anderen Situationen, beim nächsten Sportunterricht oder in Spiel- und Freizeitsituationen, z. B. beim Bauen einer Hütte, Versorgen einer kranken Puppe, überprüft werden kann.

3. Lernhilfen

Fragebogen – Text an der Tafel – Arbeitsblatt

4. Unterrichtsverlauf

4.1 Vorbereitung
Vorbereitender Arbeitsauftrag:
Die Schüler füllen zu Hause einen Fragebogen aus.
Fragebogen:

1. Welche Fußballer oder Fußballerinnen kennst Du?
____
2. Spielt Deine Mutter Fußball? __________

Wenn nein, warum nicht? ______

3. Suche Bilder von Fußballern und Fußballerinnen in der Zeitung!
4. Wer schaut bei Euch die Sportschau an?
______

5. Womit spielen Buben oder Mädchen?
Buben Mädchen
______
______

6. Welchen Beruf möchtest Du ergreifen?
______

7. Verhalten sich Deine Eltern anders zu Mädchen als zu Buben?
______

4.2 Problemstellung
– Vorstellen der Situation:
Der Lehrer trägt folgendes Problem vor:
Monika kann aus ihrer Klasse am schnellsten laufen. Sie würde gern mit den Buben Fußball spielen. Die Mädchen finden das komisch und lachen. Die Buben lassen sie nicht mitspielen. »Mädchen können das nicht«, sagen sie. Monika ist enttäuscht. Also spielt sie eben mit ihren Puppen.
– Analyse der Situation:
Die Schüler lesen nochmals den Text (s. Arbeitsblatt) und berichten über diesen Fall und andere, die sie selber erlebt haben.
– Herausstellen der Problemfragen:
z. B. Warum lassen die Buben die Mädchen nicht Fußballspielen? – Warum spielen die Buben Fußball und die Mädchen mit Puppen?
Eintrag auf dem Arbeitsblatt

4.3 Problemlösung
1. Teilziel: Vermutungen der Schüler
Artikulation möglicher Ursachen (Partner- oder Gruppenarbeit, Bericht): ... weil sie nie mitspielen ... weil sie zu schwach sind ... weil sie das Spiel nicht können ... weil Mädchen nicht Fußball spielen ...

2. Teilziel: Herausstellen von zwei wesentlichen Ursachen
– Mädchen und Jungen werden in der Familie unterschiedlich erzogen:
Zuerst wird jetzt der Fragebogen ausgewertet. Mit den Schülern wird in einem Unterrichtsgespräch deutlich gemacht, daß Erwachsene häufig Mädchen und Buben unterschiedlich behandeln. An Hand etwa folgender Fragen könnte die Schülermeinung eingeholt werden:
Wer muß mehr im Haushalt mithelfen? – Wer wird mehr bestraft? – Werden Buben und Mädchen anders bestraft? – Bekommen Buben und Mädchen die gleichen Bücher, das gleiche Spielzeug? – Wer hat mehr Freiheiten? – Welche Eigenschaften sollte ein ›richtiger‹ Bub und ein ›richtiges‹ Mädchen haben?
Die Schüler sollen versuchen, ihre Meinung zu begründen.
Ergebnis: Erwachsene behandeln Mädchen und Buben unterschiedlich. Die Kinder passen sich dem an.
– Mädchen und Buben werden in ihrem Verhalten auch durch ›geheime Miterzieher‹ beeinflußt:
Anhand eines oder mehrerer Beispiele wird die Beeinflussung eines bestimmten Verhaltens durch das Fernsehen (Werbung, Kindersendungen, Filme), Bücher, Spielzeug, Kindergarten, Schule aufgezeigt.
Ergebnis: Nicht nur die Familie behandelt Buben und Mädchen anders, sondern sie werden auch durch andere ›Instanzen‹ beeinflußt.
– Zusammenfassung:
Das Arbeitsblatt wird besprochen und ausgefüllt.

4.4 Problemwertung
3. Teilziel: Rückkehr zur Problemfrage und Aufzeigen der Konsequenzen
L: Warum lassen also die Buben die Mädchen nicht beim Fußball mitspielen?
Die Schüler lesen ihre Sätze vom Arbeitsblatt vor.
L: Wie können wir das ändern, was können wir tun?
Möglichkeiten: Die Mädchen mitspielen lassen. Ihnen das Spiel erklären, ihnen das Spiel lehren. Gründung von mehr Damenmannschaften. Mehr Damenfußball im Fernsehen ... Unterstreichen der geeigneten Sätze auf dem Arbeitsblatt

4.5 Ausweitung
Die starren Verhaltensweisen können verändert werden: Buben kochen, wickeln Babys, spielen mit Puppen ... Mädchen spielen mit Autos, Fußball ...

Arbeitsblatt:

»Warum lassen die Buben die Mädchen nicht Fußball spielen?«
Monika kann in ihrer Klasse am schnellsten laufen. Sie würde gerne mit den Buben Fußballspielen. Die Mädchen finden das komisch und lachen. Die Buben aber lassen sie gar nicht mitspielen. »Mädchen können das sowieso nicht«, sagen sie. Monika ist enttäuscht. Also spielt sie eben mit ihren Puppen.

Buben spielen Fußball! *Mädchen mit Puppen!*
Warum ist das so?
Weil nur mein Vater Fußball spielt.
Weil nur Männer über Fußball reden.
Weil im Fernsehen nur Männer Fußball spielen.
Weil in der Zeitung nur Fußballer abgebildet sind.
Muß das so sein?
Wie können wir das ändern?
Wir lassen die Mädchen mitspielen.
Wir lachen sie aus, wenn sie was nicht können.
Wir erklären ihnen das Spiel.
Wir lernen ihnen Fußballtricks.
Wir lassen die Mädchen nicht mitspielen.
Wir machen ihnen Mut.

Literatur
Harder R./Schütte I.: Puppenwagen – Sheriffstern. Soziale Geschlechtsrollen als Thema einer Unterrichtseinheit; in: Politischer Unterricht und soziales Lernen in der Grundschule. Hrsg. Silkenbrunner, R. München 1979: Diesterweg
Schäffler, M.: Geschlechtsspezifische Rollen; in: Politisches Lernen in der Grundschule. Hrsg.: Ackermann, P. München ^{2}1975: Kösel

Verfasser: Ferry Speigl

Ursula Hitz

Erklären ist besser als abschreiben lassen!

1. Didaktische Information

1.1 Obwohl der Schüler heute mehr denn je mit sozialen Gegebenheiten seiner Umwelt konfrontiert wird, ist es schwierig, ihm die oft komplexen und komplizierten Sachverhalte der Soziallehre durchschaubar zu machen. Zudem bringen die Schüler unterschiedliche soziale Erfahrungen aus Familie und Kindergarten mit. Sie sind bereits mit Einstellungen, Wertschätzungen und Beurteilungsmaßstäben, welche sich über Jahre hinweg eintrainiert haben, ausgestattet, die der Unterricht berücksichtigen und auf die er eingehen muß. Der Schüler lernt an einfachen Situationen über unterschiedliches Sozialverhalten nachzudenken und daraus Einsichten und Erkenntnisse für das eigene Verhalten zu gewinnen.

1.2 Der verbindlichen Lehraufgabe I des bayerischen Grundschullehrplans »Die Stellung des einzelnen gegenüber dem Mitmenschen, gegenüber den Institutionen...« mit der Unterrichtseinheit »Kinder als Partner« gliedert sich dieses Stundenthema ein. Der Akzent liegt dabei in der Aufgabe, erstes Verständnis für Konflikte und Schwierigkeiten im Zusammenleben der Menschen und für andere soziale Probleme, die dem Kind in seinem Lebenskreis begegnen, zu erwerben. Die Spielregeln der Fairneß, Höflichkeit und Hilfsbereitschaft im Umgang mit Menschen werden bewußt erfahren (Rollenspiel) und dienen der Vergegenwärtigung der Wirklichkeit. Das Kind soll aus der Subjektivität seiner (Zufalls-) Eindrücke herausgeführt und im distanzierenden Durchdringen elementarer »Sozialsituationen« allgemeingültige Einsichten erfahren, z.B. um jemandem zu helfen, bedarf es eigener Mühe und Anstrengung.
Als »didaktischer Hebel« für die grundlegende Veränderung im verbalen oder im kognitiv orientierten Unterricht bietet sich die Kategorie der »Betroffenheit« an. Die Schüler müssen zuerst vor allem erkennen, daß es *um sie selbst* geht, wenn Soziallehre unterrichtet wird; daß *sie selbst* unter Spannung leben, die nur von Konfliktlösungen oder mehr Gerechtigkeit profitieren. Bei diesem Thema soll dem Kind klar werden, daß »Helfen« und »Helfen« auf zweierlei »Gerüsten« steht.

2. Lernziele

2.1 Grobziel

Die Schüler sollen durch Darstellung verschiedener Verhaltensweisen im Rollenspiel und deren Analyse und Vergleich Einsicht in die richtige Art der Hilfestellung bei Schularbeiten und Hausaufgaben gewinnen.

2.2 Feinziele

Die Schüler sollen
- Verhaltensweisen durchschauen, vergleichen und gedanklich mitverfolgen;
- begründend Stellung nehmen zu den dargebotenen Verhaltensweisen;
- erklären, warum das Abschreiben-lassen als auch das Abweisen falsche soziale Verhaltensweisen sind;
- erkennen, daß Hilfe sinnvoll sein muß, wenn sie dem Freund nützen soll;
- einsehen, daß wirkliche Hilfe auch persönliche Anstrengung bedeutet;
- sich in der Bereitschaft verstärken, sich gegenseitig in sinnvoller Weise zu helfen.

2.3 Lernzielkontrolle

Arbeitsblatt: Richtige Verhaltensweise zuordnen
- Übertragung des richtigen Spielverhaltens auf eigenes Verhalten

3. Lernhilfen

Wortkarten, »Wegweiser« (s. Arbeitsblatt), Tonbandaufnahme

4. Unterrichtsverlauf

4.1 Hinführung zur Problemfrage

L: In der Familie Müller gab es Kummer! Kam doch gestern der kleine Klaus aus der Schule heim und konnte – als es Zeit dazu war – seine Hausaufgabe in Mathematik nicht machen. Und das Schlimme war, daß er sie doch ganz alleine machen mußte, das hatte nämlich der Lehrer gesagt!
Es folgt Dialog zwischen Mutter und Sohn als Tonbandaufnahme – Klaus kennt sich bei der Hausaufgabe nicht aus!

4.2 Entfaltung des Problems

1. Teilziel: Verhaltensweisen durchschauen, vergleichen und gedanklich mitverfolgen
L: Aber Klaus denkt nicht mehr daran, was der Lehrer gesagt hat. Er geht zu seinem Freund, dem Jochen, von dem will er die Hausaufgabe abschreiben.

– *Rollenspiel 1:*
Spielpartner, ein Kind – vorher instruiert – spielt Jochen, ein anderes Kind erhält Aufgabenzettel, geht damit zu Jochen:
Klaus: Ich weiß nicht, wie die Hausaufgabe geht. Zeig sie mir bitte!
Jochen: Der Lehrer hat doch gesagt, wir sollen sie alleine machen. Ich sage dir nichts.
Klaus: Du bist mir aber ein feiner Freund! Dich mag ich nicht mehr!
Klaus wird von Jochen abgewiesen.

– *Rollenspiel 2:*
w.o. Jochen wurde ebenfalls instruiert
Klaus: w.o.
Jochen: Da hast du die Hausaufgabe, schreib sie doch einfach ab.
Jochen läßt Klaus abschreiben.
Schüler äußern sich zu den Spielen.

2. Teilziel: Begründend Stellung nehmen zu dargebotenen Verhaltensweisen
L: Der Jochen kommt mir so vor, als ob er vor einem Wegweiser steht, an dem er mehrere Wege einschlagen kann!
Tafelanschrift (Tabelle ohne Eintragungen) (s. Abb.).
Konkretisierung verschiedener Lösungsmöglichkeiten:
Tafelanschrift: läßt nicht abschreiben
läßt abschreiben
Diskussion der Lösungsvorschläge:
S: Der 1. Jochen hat dem Lehrer gehorcht, dafür ist der Klaus nicht mehr sein Freund. Der Lehrer ist zufrieden; Klaus wird schimpfen.
Der 2. Jochen hat dem Lehrer nicht gehorcht, dafür bleibt der Klaus sein Freund. Klaus ist zufrieden, der Lehrer wird schimpfen.
Beide Jochen haben es nicht richtig gemacht!
Festhalten der Ergebnisse an der Tafel (s. Abb.)

– *Rollenspiel 3:*
L: Überlege dir, wie es sein muß, daß der Lehrer zufrieden ist und Klaus auch!
Schüler bringen Vorschläge.
Zwei Spielpartner, Klaus wie im Rollenspiel 1 und 2:
Jochen: (diesmal ein nicht instruiertes Kind)
Abschreiben lasse ich dich nicht, du weißt ja, was der Lehrer gesagt hat. Aber ich erkläre dir, wie es geht.
Klaus: Du bist wirklich ein guter Freund. Jetzt habe ich die Aufgabe ja wirklich verstanden!
L: Was hat der 3. Jochen vorgehabt?
S: Er hat die Aufgabe dem Klaus erklärt.
Tafelanschrift: Jochen erklärt

3. Teilziel: Erklären, warum das Abschreiben-lassen als auch Abweisen falsche soziale Verhaltensweisen sind
L: Überlege dir: Welcher Junge hat es am besten gemacht? Denke daran, was der Lehrer gesagt hat und daran, daß der Jochen ja seinen Freund nicht verlieren will!
S: Der 3. Jochen hat es richtig gemacht, weil der Klaus sein Freund bleibt, obwohl er nicht abschreiben läßt und so dem Lehrer gehorcht.

4. Teilziel: Erkennen, daß Hilfe wirklich sinnvoll sein muß, wenn sie dem Freund nützen soll
Arbeitsblatt (analog Tafelanschrift)
L: Überlege, bei welchem Spiel Klaus etwas lernen konnte!
Schüler schneiden und legen in Stillarbeit die Kärtchen.
Tafelanschrift:
Klaus
- lernt nichts
- lernt nichts
- lernt etwas

5. Teilziel: Einsehen, daß wirklich Hilfe auch persönliche Anstrengung bedeutet
L: Bei welchem Spiel ist es denn für Jochen bequem und bei welchem nicht? Begründe!
Tafelanschrift:
Jochen
- gibt sich keine Mühe
- gibt sich keine Mühe
- gibt sich Mühe, hilft

L: Du hast gemerkt, daß beim ersten und zweiten Spiel der Jochen dem Klaus nicht geholfen hat, sondern erst beim dritten Spiel. Warum?
Schüler bringen Erklärungsversuche.
TA: Erklären ist besser als abschreiben lassen!
Schüler übertragen Satz auf das Arbeitsblatt

6. Teilziel: In der Bereitschaft verstärken, sich gegenseitig in sinnvoller Weise zu helfen (evtl. Weiterarbeit)
Übertragung des richtigen Spielverhaltens auf eigenes Verhalten
L: Du kannst jetzt beweisen, daß du es richtig gemacht hast!
– Dein Nachbar spielt jetzt, daß er sich bei dieser Aufgabe nicht auskennt! Was tust du?
Aufgabe (TA): Schreibe 5 Namenwörter und 5 Tunwörter auf den Block!
Schüler erklären ihrem Nachbarn, was Namenwörter und Tunwörter sind.

Literatur beim Verfasser

Verfasserin: Ursula Hitz

Tafelanschrift

Bild
Jochen

	Jochen	Klaus	Lehrer
1	läßt nicht abschreiben gibt sich keine Mühe	bleibt nicht sein Freund, lernt nichts	ist zufrieden
2	läßt abschreiben gibt sich keine Mühe	bleibt sein Freund lernt nichts	wird schimpfen
3	erklärt *gibt sich Mühe hilft*	bleibt sein Freund *lernt etwas*	ist zufrieden

Erklären ist besser als abschreiben lassen!

Bärbel Weinhold

Konfliktanalyse: Ein ›Unfall‹ in der Pause

1. Didaktische Information

1.1 Lernvoraussetzungen

Soziales Lernen steht an erster Stelle im Soziallehreunterricht. Es wird definiert als Fähigkeit, auf die menschliche Gemeinschaft bezogen zu denken und zu handeln. Bevor man in den ersten Grundschuljahren dieses Ziel anstrebt, muß man zunächst die altersspezifischen Lernvoraussetzungen der Kinder hinsichtlich relevanter kognitiver Fähigkeiten, Kenntnisse, Einstellungen und sozialer Verhaltensweisen berücksichtigen. Bezogen auf die kognitiven Fähigkeiten des Kindes ist zu beachten, daß nach Oerter und Piaget das Denken des Kindes auf dieser Altersstufe noch durch starke Objektgebundenheit und geringe Reversibilität gekennzeichnet ist. Zudem sind die Fähigkeiten des ›role-taking‹ (Betrachten einer Situation aus verschiedenen Perspektiven; sich in die Lage eines anderen versetzen) und des kausalen Denkens (Erkennen von Verhaltensursachen und -konsequenzen) in diesem Alter noch wenig ausgebildet, können aber gerade hier in hohem Maße gefördert werden.
Im Bereich der unmittelbaren sozialen Erfahrungen zeichnen sich Tendenzen zur Stereotypisierung, zum Schwarz-Weiß-Urteil, zum unbefragten Akzeptieren von Autorität wie auch Ansätze zu Vorurteilen ab. Hierbei kann durch das Vorbild des Pädagogen und seine Erziehungsmethoden einerseits und durch kognitive Herausforderungen an die Kinder andererseits eine kausale Orientierung und das differenzierende Urteilen und Begründen angebahnt werden.
Unmittelbare Voraussetzungen zu der vorliegenden Unterrichtsstunde sind Fähigkeiten aus dem Bereich der Kommunikation: Einhalten einer inneren Gesprächsordnung (miteinander sprechen, ausreden lassen, aufeinander hören, auf den Gesprächspartner eingehen, argumentieren).
Außerdem müssen die Kinder mit dem im Soziallehreunterricht so wichtigen Verfahren ›Rollenspiel‹ umgehen können, d.h. sie sollten auf dargebotene Rollenspiele reagieren, aber auch selbst aus dem Stegreif spielen können.
Alle diese Lernvoraussetzungen können schon im ersten Schuljahr, im zweiten Schuljahr dann verstärkt, an Konfliktanalysen und an sozialen Situationen, die sich in der Klassengemeinschaft tagtäglich ergeben, trainiert werden.
Der Konflikt selbst, der in dieser Stunde behandelt wird (Ein Kind wurde in der Pause von einem anderen Schüler umgestoßen), ist für den Schüler lebensnah und ist Inhalt seines täglichen Erfahrungsbereiches.

1.2 Sachverhalt

In dieser Einheit soll zunächst der Konfliktfall selbst ›Ich habe in der Pause jemanden umgestoßen‹ aufgefaßt werden, danach durch anbahnendes ›role-taking‹ der Fall aus verschiedenen Perspektiven gesehen und mögliche soziale Verhaltensweisen gefunden werden (hier: für seine Tat einstehen – sich nicht erwischen lassen).
Durch Abwägen von Verhaltensursachen und -konsequenzen, mit Begründungen unterlegt also, soll schließlich die Entscheidung für eine vertretbare soziale Verhaltensweise (hier: sofort offen für sein Verhalten eintreten) getroffen werden.
Der Weg zu dieser Entscheidung wird dem Schüler durch Rollenspiele und Bilder erleichtert. Möglichst zahlreiche Rollenspiele gegen Ende der Stunde machen es möglich, daß viele Schüler das richtige (auch sprachlich richtige!) Verhalten in einer solchen Situation trainieren.

2. Lernziele

2.1 Grobziele

– Anbahnung der Fähigkeit, einen sozialen Konfliktfall zu reflektieren
– Einsicht in die Notwendigkeit eines reflektierten Lösungsverhaltens

2.2 Feinziele

Die Schüler sollen
– aus einer sozialen Konfliktsituation mögliche Reaktionsverhalten ableiten und diese auf ihre jeweiligen Folgen hinterfragen;
– aufgrund des Abwägens dieser Auswirkungen eine reflektierte, argumentierbare Entscheidung für eine Verhaltensweise treffen;
– aus der Erkenntnis der Diskrepanz zwischen spontaner Reaktion auf die gestellte Situation und dem reflektierten Reaktionsverhalten die Notwendigkeit einer überlegten Handlung begründen.

2.3 Lernzielkontrollen

Rollenspiele innerhalb der Unterrichtsstunde, die richtiges Verhalten darstellen

3. Lernhilfen

Vorbereitete und unvorbereitete szenische Darstellungen – Bilder – Satzkarte mit Problemfrage – Arbeitsblatt

4. Unterrichtsverlauf

4.1 Problemgewinnung

– Konfrontation mit dem Problem:
Vorbereitete Szene nach der Pause:

Ein Schüler kommt ganz aufgebracht und mit zerrissener Hose ins Klassenzimmer und berichtet auf Fragen des Lehrers, daß ihn in der Pause jemand umgestoßen hat.
L: Wer hat dich denn hinfallen lassen?
S: Das weiß ich nicht. Als ich wieder aufstehen wollte, war der schon weg!
– *Erfassen des Problems*
Schüler äußern frei ihre Gefühle und Meinungen zur Situation. Der Schüler, der gespielt hat, wird getröstet und setzt sich dann auf seinen Platz
L: Bevor wir näher darauf eingehen, wollen wir noch einmal wiederholen: Was ist da eigentlich passiert?
Lehrer heftet passendes Bild an die Tafel (TA 1).
– *Herausstellen der Problemfrage*
L: Stell dir vor du hättest den ... umgerempelt. Wie würdest du dich verhalten?
Lehrer heftet Satzkarte mit der Problemfrage an die Tafel (TA 2).
Schüler lesen die Problemfrage.

4.2 Problemlösung

– *Eruieren von Verhaltensmöglichkeiten:*
L: Überlege diese Frage mit deiner Gruppe! Unterhaltet euch darüber, wie ihr euch verhalten hättet! Schaut aber immer wieder zu unserer Frage!
Schüler berichten, wie sie sich verhalten hätten.
Lehrer heftet danach die verschiedenen Lösungen in Form von Bildern an die Tafel (TA 3).
Schüler verbalisieren noch einmal.

– *Diskussion und Wertung der Lösungsvorschläge:*
L: Ich gebe dir ein Arbeitsblatt mit verschiedenen Möglichkeiten. Kreuze an, wie du dich verhalten würdest und notiere auf deinem Block, warum du dich so verhalten würdest! (Überlege: Was passiert, wenn ich mich so verhalte?)
Schüler berichten danach über ihre Entscheidung und versuchen zu begründen.

Lehrer notiert die von den Schülern geäußerten Verhaltenskonsequenzen an der Tafel mit. Noch nicht genannte Folgen werden abgerufen: Was passiert, wenn ...
Trennung der Folgen nach (TA 4):
– Konsequenzen für den Schuldigen
– Konsequenzen für den, der umgestoßen wurde
L: Jetzt wollen wir, nachdem wir uns das alles etwas genauer durch den Kopf gehen haben lassen, die beste Lösung aussuchen. Begründe nochmals!
Kenntlichmachen mit Farbe an der Tafel und auf dem Arbeitsblatt
L: Wir haben uns fast alle für das beste Verhalten entschieden. Wenn wir aber ehrlich sind, hätten sich vielleicht auch manche so verhalten.
Lehrer zeigt auf Bild: Junge rennt weg.
L: Warum verhält man sich auch manchmal so?
S: Man hat Angst, man traut sich nicht etc.
L: Was meinst du dazu?
Abschluß dieser Stufe: Rollenspiele mit richtigem Verhalten, Kritik und Verbesserungsvorschlägen

4.3 Ausweitung

Vorbereitete Szene:
L: Zwei Kinder spielen uns jetzt vor, wie es in der Pause auch hätte ablaufen können. Wir stellen uns vor: Der X aus unserer Klasse hat den Y umgestoßen! Paß gut auf!
Es folgt Rollenspiel mit Fehlverhalten des Geschädigten: Er nimmt die Entschuldigung nicht an, stößt Schuldigen weg.
Schüler bewerten das Fehlverhalten.
Ergebnis: Wenn sich jemand entschuldigt, muß man die Entschuldigung auch annehmen.

4.4 Anwendung

– Rollenspiele – Fixierung der Ergebnisse auf Arbeitsblatt

Verfasserin: Bärbel Weinhold

Tafelbild/Arbeitsblatt:

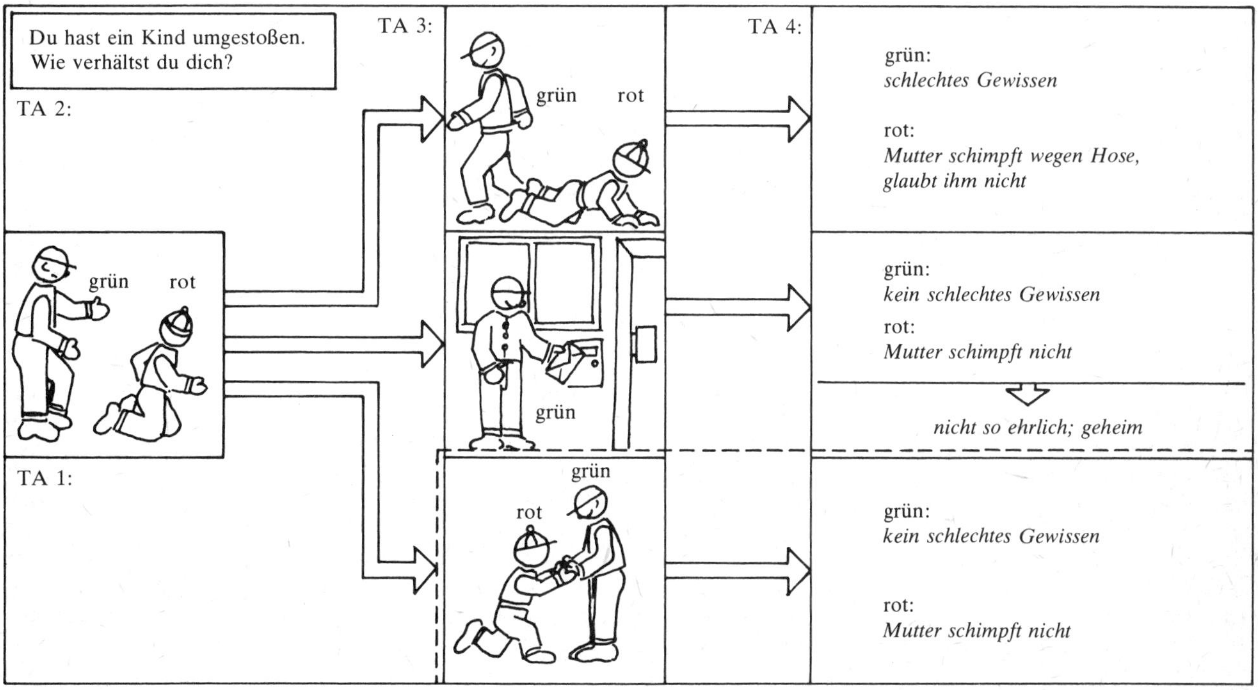

Ferry Speigl

Marion wirft eine Milchtüte weg, Karin – ein größeres Mädchen – schlägt sie deshalb

1. Didaktische Information

1.1 Das Verhalten der Schüler zueinander und die sich daraus ergebenden Probleme werden von ihnen in der Schule und zu Hause konkret erlebt. Sie müssen daher reflektiert werden. Das Reflektieren eines Verhaltens beginnt schon in der ersten Jahrgangsstufe, damit in Lernprozessen erworbene Erkenntnisse auch zu Verhaltensänderungen im Sinne kritischer Haltung und Wertung führen. Darum ist für die Realisierung solcher didaktischer Einheiten in der Klasse praktizierte Sozial- und Arbeitsformen, Fähigkeiten im Bereich kommunikativen und sozialen Lernens notwendig: Partnerarbeit, Kooperationsbereitschaft, Gruppenarbeit, Fähigkeiten zu Gruppengesprächen und Entscheidungen.

1.2 In dieser Einheit geht es darum, erste Einsichten in Machtstrukturen anzubahnen, Machtansprüche zu erkennen und die Möglichkeiten der eigenen Macht zu beurteilen. In diesem Konfliktfall (Ein kleines Kind wirft in der Pause eine Papiertüte weg und wird deswegen von einem größeren geschlagen.) handeln beide Kinder falsch; es sollen hier aber in erster Linie die Möglichkeiten des schwächeren Kindes aufgezeigt werden, wie es diesen Konfliktfall lösen kann. Sich wehren, sich verteidigen, sich beschweren, widersprechen, sich weigern, dem Konflikt ausweichen oder Hilfe holen sind Möglichkeiten, ungerechtfertigten fremden Machtansprüchen entgegenzutreten. Sich entschuldigen, Fehler zugeben, sich rechtfertigen, etwas zurücknehmen und für Schwächere eintreten sind Möglichkeiten, ungerechtfertigte eigene Machtansprüche einzuschränken. In einer weiteren Unterrichtseinheit könnten dann auch die Verhaltensmöglichkeiten des stärkeren Kindes besprochen werden. Die frühzeitige Anbahnung von Solidaritätsprozessen zu einem »Gruppengeist«, »Gruppenmoral« oder zu einem »Wir-Gefühl« ermöglichen ein leichteres Ertragen von Konflikten und Belastungen.

2. Lernziele

2.1 Grobziele

Die Schüler sollen
- erfahren, wo Schwächere und Stärkere zusammenleben, kann es zu Streit kommen;
- lernen, solche Situationen für beide Teile befriedigend zu lösen.

2.2 Feinziele

Die Schüler sollen
- Lösungsmöglichkeiten suchen, um den Konflikt zu lösen, und Konsequenzen aufzeigen;
- erkennen, daß Konflikte nicht mit Gewalt gelöst werden sollen;
- erkennen, daß der Stärkere nicht immer seine Überlegenheit ausspielen soll;
- erkennen, daß der Schwächere geschützt werden muß;
- lernen, anderen Kindern zu helfen.

2.3 Lernzielkontrollen

Durch Übertragen auf einen analogen Fall, hier auf eine Situation auf dem Spielplatz, können die erarbeiteten Verhaltensweisen nochmals angewandt werden. Im Pausehof wird es häufiger Situationen geben, wo Schwächere und Stärkere in Streit geraten und lernen können, diese Konfliktfälle für beide Teile zur Zufriedenheit zu lösen.

3. Lernhilfen

- Bildinformation
- Folie
- Notizblock
- Arbeitsblätter

4. Unterrichtsverlauf

4.1 Konfrontation mit dem Problem

– Vorstellen der Situation:
Bildinformation und Lehrererzählung: Marion, eine schwache und kleine Schülerin, wirft im Pausehof eine Papiertüte weg; Karin, eine große und starke Schülerin, schlägt sie deswegen.

Abb. 1

– Analyse der Situation:
Die Schüler berichten über diese und ähnliche Situationen, die sie schon erlebt haben. Beide Kinder verhalten sich falsch: Marion wirft die Papiertüte weg und Karin schlägt ein kleines Kind.

L: Findest du, daß sich Karin richtig verhält? Der Stärkere ist im Vorteil!
– Herausstellen der *Problemfrage:*
Tafelanschrift: Was kann der Schwächere gegen den Stärkeren tun?

4.2 Suchen von Lösungsmöglichkeiten
1. Teilziel: Diskussion mit dem Partner
L: Besprich mit deinem Partner die Möglichkeiten des Schwächeren!
Die Schüler sprechen mit dem Partner oder in ihrer Gruppe, und ein Schüler notiert die Ergebnisse.

2. Teilziel: Festhalten der Lösungsmöglichkeiten, Ergänzen und erste Abstimmung
Die Schüler berichten über ihre Lösungen, und der Lehrer hält sie an der Tafel fest:

Was kann der Schwächere gegen den Stärkeren tun?
O weglaufen
O zum Lehrer gehen
O zurückschlagen
O andere Kinder zur Hilfe holen

L: Welche Lösung gefällt dir am besten?
Die Schüler stimmen ab, und der Lehrer schreibt die Stimmenzahl zu den Lösungen.

4.3 Diskussion der Lösungsvorschläge
3. Teilziel: Begründen der Entscheidung und Aufzeigen der Konsequenzen
In einem gelenkten Unterrichtsgespräch werden die Lösungen besprochen, die Ergebnisse durch den Lehrer auf Folie und durch die Schüler auf dem Arbeitsblatt (Arbeitsvorlage) festgehalten:
1. Bild: Wenn Marion wegrennt, dann wird sie wahrscheinlich das nächste Mal wieder geschlagen.
2. Bild: Wenn Marion zum Lehrer geht, dann versucht er den Streit zu schlichten.
3. Bild: Wenn Marion zurückschlägt oder sich wehrt, dann unterliegt sie vielleicht oder verschafft sich Respekt.
4. Bild: Wenn Marion andere Kinder zu Hilfe holt, dann sind sie stärker, aber es könnte ein neuer Streit entstehen.

4.4 Wertung der Lösungen
4. Teilziel: Herausstellen der besser und weniger geeigneten Lösungen – zweite Abstimmung
L: Welche Lösungen gefallen dir am besten und warum? Male das entsprechende Bild aus!
Grundeinsicht: Streit läßt sich nicht durch Gewalt lösen. (Tafelanschrift)
Zweite Abstimmung: Das Ergebnis wird auf den Bildern festgehalten und der ersten Abstimmung gegenübergestellt.

4.5 Übertragung
Analoger Fall auf einem Arbeitsblatt: Ein großes und ein kleines Kind wollen gleichzeitig auf einem Spielplatz schaukeln. Das große Kind schubst das kleine weg.

L: Zeichne deine Lösung! Du kannst auch Sprechblasen verwenden!
Arbeitsblatt 2:

Was kann der Schwächere gegen den Stärkeren tun?
Ein großes und ein kleines Kind wollen gleichzeitig auf einem Spielplatz schaukeln. Das große schubst das kleine weg!
Zeichne deine Lösung!
Du kannst Sprechblasen verwenden!

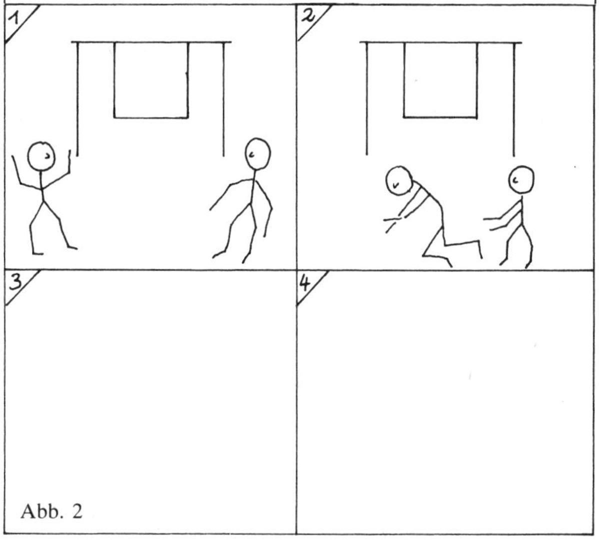

Abb. 2

– Eine weitere Möglichkeit: Karl geht im Supermarkt einkaufen. Schnell schiebt er seinen Wagen durch die Gänge. Frau Lehmann steht bei dem Regal mit den Konserven. Sie will eine Dose mit Erbsen mitnehmen, kann aber den Preis auf der Dose schlecht lesen. Ihr Wagen steht mitten im Gang. Karl sieht ihn zu spät und stößt dagegen. Da passiert es: Frau Lehmanns Wagen stößt an einen Korb mit Sonderangeboten. Ein Stapel Dosen wackelt und fällt mit lautem Krach zu Boden.
L: Kreuze an, welche Äußerungen dir gefallen!

O Was haben wir denn da angestellt?! Komm, wir heben das schnell auf!
O Das hast du mit Absicht gemacht! Heb das sofort auf, sonst setzt's was!
O Kannst du denn nicht aufpassen! Unverschämter Bengel!
O Das wollte ich nicht, lassen Sie nur, ich heb' das schon auf!
O Sie können ja auch aufpassen. Ihr Wagen stand ja im Weg.
O Ach du Schreck, da hat wohl mein Wagen im Weg gestanden.

Literatur

Beck, G.: Politische Sozialisation und politische Bildung in der Grundschule. Frankfurt 1975: Hirschgraben
Beck, G./Grauel, G.: Warum denn nicht?! Arbeitsblätter zum sozialen Lernen für Vorklassen und Eingangsklassen in der Grundschule. Frankfurt: Hirschgraben
Rainer, W./Schludermann, E.: Bildungsziel: Soziales Lernen. München 1979: Ehrenwirth

Verfasser: Ferry Speigl

Sachunterricht Blatt ________	Name ________ Datum ________

Was soll Marion tun, nachdem sie von Karin geschlagen wurde?

1.

Wenn Marion wegrennt, dann

2.

Wenn Marion zum Lehrer geht, dann

3.

Wenn Marion zurückschlägt, dann

4.

Wenn Marion andere Kinder zu Hilfe holt, dann

Gabriele Bräutigam

Wir vergleichen Einfamilienhaus und Mehrfamilienhaus

1. Didaktische Information

Die vorliegende Unterrichtsstunde beschäftigt sich mit der Grunddaseinsfunktion des Menschen, dem Wohnen. Sie ist dem Bereich der Sozialgeographie zuzuordnen und läßt sich mit der Lehraufgabe »Menschen müssen wohnen« verbinden. Ihre Behandlung kann im Anschluß an das Thema »Menschen wohnen in verschiedenen Häusern« erfolgen. Als Wohnhaustypen unterscheidet man frei stehende oder eingebaute Ein- und Mehrfamilienhäuser. Diese können sowohl vom Eigentümer selbst als auch von Mietern genutzt werden. Freistehende Einfamilienhäuser bieten ihren Bewohnern hinsichtlich der Raumanordnung und der Zusammenordnung von Wohnräumen und Gartenraum weitesten Spielraum. Allerdings erfordern sie im Gegensatz zu Einfamilien-Reihenhäusern eine größere Grundstücksfläche sowie Straßenlänge und sind somit auch unter Berücksichtigung der höheren Bau- und Heizkosten teuerer.
Mehrfamilienhäuser sind mehrgeschossige Wohnhäuser auf einem Grundstück, die von mehreren Familien gleichzeitig bewohnt werden können. Durch diesen Vorteil ist jener Haustyp besonders in Städten vorherrschend, da die zur Verfügung stehenden Grundstücksflächen besser ausnutzbar sind. Die Bewohner können durch das Angebot verschieden großer Wohnungen den Wohnraum entsprechend ihrer Bedürfnisse auswählen.
Durch Vergleichen finden die Schüler im ersten Teil der Stunde zunächst äußere (= sichtbare) Unterschiede der beiden Haustypen heraus, während im zweiten Teil die Erarbeitung der »inneren« Unterschiede bzw. Gemeinsamkeiten im Mittelpunkt steht. Hierbei soll den Schülern zur Erkenntnis verholfen werden, daß das menschliche Zusammenleben gegenseitige Rücksichtnahme und »Sich Aufeinander Einstellen« erfordert. Durch die Bewußtmachung und Besprechung möglicher Verhaltensweisen, zielt diese Unterrichtskonzeption darauf ab, die Schüler zu rücksichtsvollem Verhalten ihren Mitmenschen gegenüber anzuregen.

2. Lernziele

2.1 Grobziel
Die Schüler sollen ein Einfamilien- und ein Mehrfamilienhaus miteinander vergleichen und dabei äußere sowie »innere« Unterschiede erarbeiten.

2.2 Feinziele
Die Schüler sollen
– aufgrund von zwei Bildern (Ein- und Mehrfamilienhaus) äußere Unterschiede zwischen beiden feststellen und verbalisieren;
– herausfinden, daß rücksichtsvolles Verhalten sowohl im Einfamilienhaus als auch im Mehrfamilienhaus für ein gutes Zusammenleben notwendig ist;
– die Begriffe Miete und Eigentum erklären können;
– bei zugeklappter Tafel die Unterschiede zwischen Einfamilien- und Mehrfamilienhaus zusammenfassend verbalisieren können;
– zu rücksichtsvollem Verhalten angeregt werden.

2.3 Lernzielkontrollen
Verbalisieren rücksichtsvoller Verhaltensweisen – Ausfüllen des Arbeitsblattes

3. Lernhilfen

Bilder von Ein- und Mehrfamilienhaus für Gruppenarbeit – Wortkarten – Tonbandaufnahmen mit Klavierübungen bzw. Radiomusik sowie Äußerungen eines empörten Nachbarn – Folie mit Wäscheleine (vgl. Abb. 2) – Tafel mit der Hausordnung – Arbeitsblatt – Kontrollfolie – Tafelanschrift – Tageslichtprojektor

4. Unterrichtsverlauf

4.1 Einstieg
Jede Gruppe erhält ein Bild eines Ein- und eines Mehrfamilienhauses.

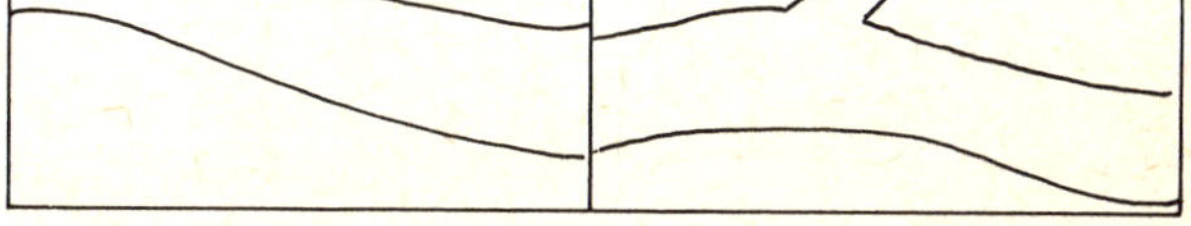

Abb. 1

Die Schüler betrachten beide Bilder, nennen die Begriffe »Einfamilienhaus – Mehrfamilienhaus« und ordnen an der Tafel die Wortkarten zu.
– *Problemstellung:* Welche Unterschiede gibt es zwischen einem Einfamilienhaus und einem Mehrfamilienhaus? (TA)

4.2 Erarbeitung

1. Teilziel: Herausfinden äußerer Unterschiede beider Haustypen
L: Besprich in der Gruppe die Unterschiede zwischen Einfamilienhaus und Mehrfamilienhaus, die du sehen kannst!
Gruppengespräch – anschließend berichten die Schüler, was sie herausgefunden haben (TA)
– Kurzzusammenfassung

2. Teilziel: Erarbeiten »innerer« Unterschiede (soziales Verhalten)
L: Neben den Unterschieden zwischen Einfamilienhaus und Mehrfamilienhaus, die du sehen konntest, gibt es auch noch unsichtbare Unterschiede!
Einsatz des Tonbandes:
Klaviermusik . . . »jetzt spielt der Hans von oben schon wieder Klavier!«
Radiomusik . . . »der Radio bei Lindners ist viel zu laut, was fällt denn denen ein! . . . Das laß' ich mir nicht mehr bieten, ich werde gleich zum Hausherren gehen und mich beschweren!«
Spontanäußerungen: In einem Mehrfamilienhaus wohnen mehrere Familien, die aufeinander Rücksicht nehmen müssen, in einem Einfamilienhaus müssen nur die Familienmitglieder untereinander rücksichtsvoll sein . . . (TA)
L: Rücksicht bedeutet, die anderen Leute nicht durch Krach stören . . . Rücksicht und Zusammenleben bedeutet aber noch mehr!
Folie:

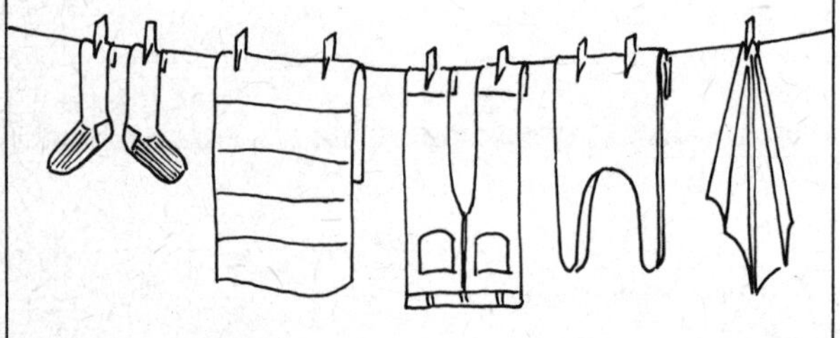

Abb. 2

S: Waschtag, die Leute müssen sich untereinander absprechen (TA)
L: Auch die Familienmitglieder einer Familie müssen sich absprechen!
Einsatz der Tafel mit der Hausordnung (Putzordnung)
S: Damit das Haus immer sauber ist, hat jede Familie eine Woche lang die Hausordnung zu erledigen, was dabei getan werden muß, steht auf der Tafel.
L: In einem Mehrfamilienhaus müssen die Menschen bestimmte Ordnungen einhalten! (TA)
Tafelbild (s. nächste Spalte oben)

Schüler erklären, was man darunter versteht.
– Kurzzusammenfassung: Schüler verbalisieren mögliche Verhaltensweisen in Bezug auf die oben dargestellten Situationen

3. Teilziel: Begriffe Miete und Eigentum
L: Eine Wohnung kostet auch Geld!
S: Miete; im Mehrfamilienhaus bezahlen alle Leute eine Miete, die Wohnungen können ihnen aber auch selbst gehören – ein Einfamilienhaus gehört den Leuten meist selbst, es kann aber auch gemietet sein.

Tafelbild:

Welche Unterschiede gibt es zwischen einem Einfamilienhaus und einem Mehrfamilienhaus?

EFH — *Miete* / *Eigentum* — MFH

Einfamilienhaus		Mehrfamilienhaus
kleiner	Ordnungen einhalten	*größer*
wenige Fenster	**Rücksicht**	*viele Fenster*
eine Glocke	sich absprechen	*viele Glocken*
ein Namenschild		*mehrere Namenschilder*
kein Aufzug		*ein Aufzug*
Garten		*Hof*
eine Familie		*mehrere Familien*

↓
gutes Zusammenleben

4.3 Gesamtzusammenfassung

L: Jetzt kannst du mir die Unterschiede zwischen Ein- und Mehrfamilienhaus genau sagen.
Schüler nennen Unterschiede.
L: Wiederhole, was die Leute beider Häuser beachten müssen, begründe!
Schüler wiederholen, verbalisieren Verhaltensweisen, begründen.

4.4 Ausweitung/Übertragung

L: Was würdest du tun, wenn . . . Begründe auch!
Schüler nennen entsprechende Verhaltensweisen und begründen.

4.5 Anwendung

Ausfüllen des Arbeitsblattes; die Kontrolle erfolgt anhand einer Folie.
Arbeitsblatt:

Wir vergleichen Einfamilienhaus und Mehrfamilienhaus

EFH ________________ MFH
____

________		________
________		________
________		________
________		________
________		________
________		________
________		________

↓
gutes Zusammenleben

▷ Kleiner – größer – Mehrfamilienhaus – Einfamilienhaus – viele Glocken – eine Glocke – ein Namensschild – mehrere Namenschilder – eine Familie – mehrere Familien – wenige Fenster – viele Fenster – ein Aufzug – kein Aufzug – Garten – Hof – Miete – Eigentum – Rücksicht.

Verfasserin: Gabriele Bräutigam

Johannes Eberle

Welche Wohnung braucht Familie Braun?

1. Didaktische Information

1.1 Im Lehrplan finden wir im Fachbereich Erdkunde als verbindliche Lehraufgabe »Menschen müssen wohnen.« Schon dem Grundschüler der 1. und 2. Jahrgangsstufe sind aus seinem sozialen Umfeld verschiedene Wohnhaustypen bekannt. Diese werden in einer dieser Unterrichtseinheit vorausgehenden Stunde genau betrachtet, so daß allen Schülern das Wohnen in einer Mietwohnung inhaltlich verständlich ist. Der Trend zum Eigenheim darf nicht darüber hinwegtäuschen, daß ein großer Prozentsatz der Schüler einer Klasse in gemieteten Wohnungen lebt. Die Einheit »Welche Wohnung braucht Familie Braun?« soll zum einen allen Schülern bewußt machen, daß die Veränderung in der Familiensituation oft den Umzug in eine andere Wohnung bedingt, daß zum anderen nicht jede Mietwohnung für jede Familie hinsichtlich Größe und Höhe des Mietpreises geeignet ist. Der Stoff dieser Stunde umfaßt erdkundliche und sozialkundliche Einsichten. Die einzelnen Faktoren haben den Sinnzusammenhang, daß nur angemessene Wohnverhältnisse ein problemfreies Wohnen ermöglichen.

1.2 Das Thema »Welche Wohnung braucht Familie Braun?« gehört zur Lernsequenz »Wo die Menschen wohnen« und ist in Verbindung mit folgenden Unterrichtseinheiten zu sehen:
– Menschen wohnen in verschiedenen Häusern. (Wohnhaustypen)
– Welche Wohnung braucht Familie Braun?
– Familie Meier zieht in ein Eigenheim.
– Wie wohnen Menschen in anderen Ländern?
Der Begriff »Grundriß« wird kurz an Hand des Tafelbildes erklärt, jedoch nicht vollinhaltlich gesichert.

2. Lernziele

2.1 Grobziel
Die Schüler sollen sich mit dem Problem des Wohnens zur Miete auseinandersetzen.

2.2 Feinziele
Die Schüler sollen
– Einsichten gewinnen, welche Probleme sich für eine Familie bei der Suche nach einer geeigneten Wohnung ergeben;
– auf Grund einer vorgegebenen Familiensituation die für eine Familie notwendigen Räume in einer Mietwohnung kennen;
– Informationen aus vorgegebenen Mietangeboten entnehmen, inhaltlich vergleichen und die eigene Meinung verbal begründen;
– die Größe der Wohnung mit der Funktion der einzelnen Räume in Beziehung setzen (Ausschneiden von nicht unbedingt benötigten Räumen).

2.3 Lernzielkontrollen
– Verbalisieren der gewonnenen Einsichten
– Selbständiges Durchführen von Aufträgen auf dem AB

3. Lernhilfen

– Overheadprojektor und Folie mit Text und Bild
– Grundriß einer Wohnung an der Wandtafel
– 2 Arbeitsblätter

4. Unterrichtsverlauf

4.1 Problemstufe
Motivation durch *Bild* und *Text* mit OH-Projektor:

Herr Braun ist Schlosser. Er sucht für seine Familie eine Wohnung. Familie Braun hat drei Kinder. Thomas ist 1 1/2 Jahre alt. Die zwei Mädchen, Bärbel und Hilde, sind Zwillinge und 8 Jahre alt. Herr Braun möchte für die neue Wohnung nicht mehr als 350 DM für die Miete ausgeben.

Text ist abgedeckt. Schüler sprechen über die Familie.
L: Familie Braun steht vor einem Problem!
Lehrer deckt Text zum Bild auf.
Stilles und lautes Lesen, freie Äußerungen zum Text
Klärung des Sachverhalts im Unterrichtsgespräch
Ergebnis: Seit Thomas geboren wurde, ist die alte Wohnung zu klein. Familie Braun hatte bisher nur ein Kinderzimmer.
Schüler erkennen: Ausgangspunkt für die Wohnungssuche ist eine zu kleine Wohnung.
Problemstellung:
L: Du weißt sicher, was Familie Braun unternehmen kann, um eine neue Wohnung zu finden.
Schüler sammeln in Gruppen Vorschläge:
– In der Zeitung eine Annonce aufgeben.
– Aus der Zeitung Wohnungsangebote heraussuchen.
– Bei Freunden und Bekannten fragen, ob jemand für sie eine Wohnung weiß.
L: Wie könnte so eine Annonce aussehen, die Familie Braun aufgibt?

Schüler formulieren mündlich, Lehrer schreibt auf OH-Projektor mit.
L: Eine Frage wird Familie Braun vor allem beschäftigen!
TA: Welche Wohnung braucht Familie Braun?

4.2 Problemlösung

1. Teilziel: Nicht alle Wohnungen eignen sich für Familie Braun.
Lehrer teilt Annoncen auf dem Arbeitsblatt aus
Arbeitsblatt:

Vermietungen

Vermiete Wohnung mit 4 Zimmern, Küche, Bad an kinderloses Ehepaar.
Bis 11. Oktober Einfamilienhaus mit 4 Zimmern, Küche, Bad, ZH zu vermieten. Miete 500,– DM
Günstig! Schnelle Vermietung! 4 Zimmer, Küche, Bad, ZH monatl. Miete 350,– DM.
2 Zimmer, Küche, Bad zu vermieten. Preis nach Absprache!
Kleine Wohnung mit Kochnische, 2 Zimmern und Bad/WC günstig zu vermieten.

Entdeckendes Lernen in Gruppenarbeit:
L: Jede Gruppe schaut die Angebote genau an und überlegt, welche Wohnung für Familie Braun geeignet ist.
Ergebnis: Gruppensprecher tragen Ergebnisse des Gruppengesprächs vor. Im impulsgesteuerten Gespräch werden auch folgende Punkte angesprochen:
– an kinderloses Ehepaar
– Einfamilienhaus, Miete 500 DM
– Günstig! Schnelle Vermietung!
Einsicht: Familie Braun wird sich für Angebot drei entscheiden, da die monatliche Miete den finanziellen Möglichkeiten der Familie entspricht.
1. Teilzielwiederholung:
Verbalisieren der gewonnenen Einsichten

2. Teilziel: Welche Zimmer braucht Familie Braun?
Folie:

Wohnzimmer, Küche, Bad, Arbeitszimmer, Hobbyraum, Bügelzimmer, Spielzimmer, Kinderzimmer, Eßzimmer, Schlafzimmer

L: Suche aus den angegebenen Zimmern die heraus, die Familie Braun unbedingt braucht! Schreibe sie auf den Block!
Einzelarbeit
Schüler tragen ihre Ergebnisse vor und begründen ihre Wahl. Im impulsgesteuerten Klassengespräch werden folgende Punkte erarbeitet:

Leitimpulse:
– Du hast das Arbeitszimmer nicht aufgeschrieben!
– Frau Braun will ein Bügelzimmer!
– Die Kinder könnten doch alle in einem Zimmer wohnen!
– Heute haben viele Leute einen Hobbyraum!
– In einem Spielzimmer könnte man eine Eisenbahn aufstellen! usw.
2. Teilzielwiederholung:
L: Erzähle in einem Satz, welches Zimmer Familie Braun unbedingt braucht.
Satzreihen bilden
Arbeitsblatt: Streiche bei Aufgabe 1 die Zimmer durch, welche Familie Braun nicht unbedingt braucht.
(Kopierfähige Arbeitsvorlage)

3. Teilziel: Welche Funktion hat jeder Raum?
L: Familie Braun besichtigt die neue Wohnung. Die Familienmitglieder können sich nicht einig werden, in welche Räume sie welche Zimmer einrichten. Jeder möchte die größeren Zimmer für sich beanspruchen.
– Verteilen der Räume:
L: Besprich dich in deiner Gruppe, wie du die Zimmer verteilen würdest! Die Wohnung findest du im Grundriß auf deinem Arbeitsblatt. Schreibe die Zimmernamen in den Grundriß ein!
Neue Organisationsform: Halbkreis um die Tafel
Lehrer klärt mit den Schülern die verschiedenen Meinungen ab und trägt an der Tafel die Namen der Zimmer ein.
Tafelbild: Grundriß wie auf dem Arbeitsblatt
– Funktion der Räume:
Impulsgesteuertes Klassengespräch: Wenn Familie Braun Besuch bekommt, bewirtet sie ihn in einem bestimmten Zimmer.
S: Die Familie Braun empfängt den Besuch im Wohnzimmer.
L: Begründe!
L: Im Wohnzimmer sitzen Herr und Frau Braun meist nur am Abend.
Schüler nennen Gründe.
L: Bärbel bringt ihre Schulfreundin mit. Mutti sagt: Zum Spielen geht ihr nicht ins Wohnzimmer.
Entsprechend wird die Funktion aller Räume mit den Schülern überlegt.
3. Teilzielwiederholung:
L: Sprich zu jedem Raum einen Satz und erzähle, was du in dem Raum tun kannst! – Ordne auf dem Arbeitsblatt die Zimmer und die Tätigkeiten richtig zu!

4.3 Zusammenfassung

– Rückschau auf die Problemfrage und Ergebnisfeststellung:
L: Lies noch einmal die Frage, die wir uns heute gestellt haben und gib eine Antwort!
– Festigung der gewonnenen Einsichten:
Schüler nehmen beide Arbeitsblätter und lesen wichtige Aussagen vor.

4.4 Ausweitung

L: Familie Braun wünscht, daß sie in dieser Wohnung recht lange wohnen kann.

Verfasser: Johannes Eberle

Sachunterricht	**Name** ____________________
Blatt ________	**Datum** ____________________

Welche Wohnung braucht Familie Braun?

(1)

Wohnzimmer, Eßzimmer, Küche, Bad, Hobbyraum, Arbeitszimmer, Spielzimmer, Bügelzimmer, Schlafzimmer, Kinderzimmer

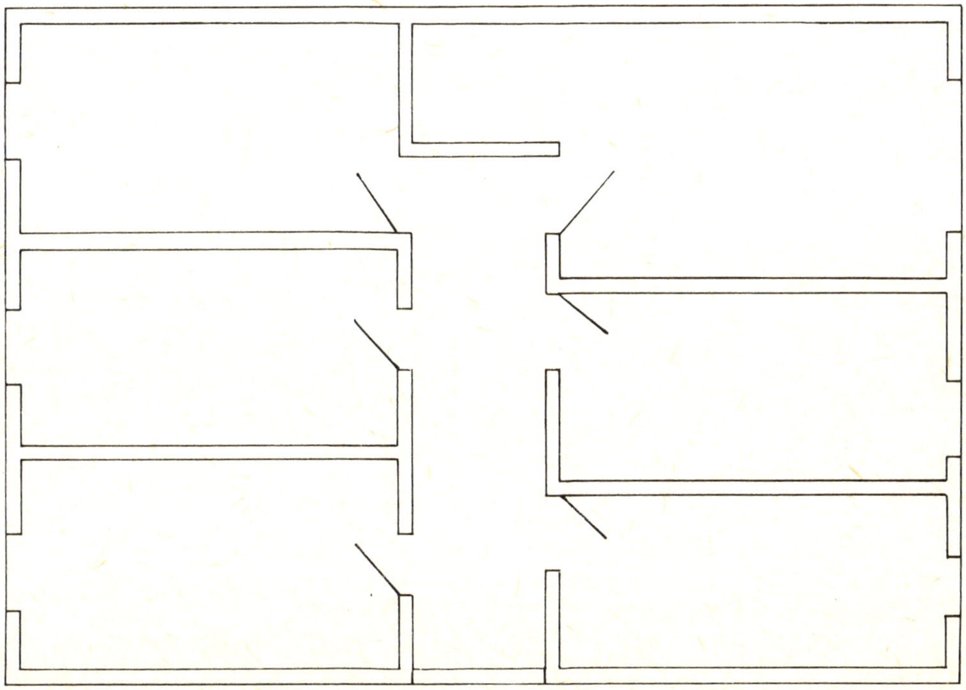

(2) **Ordne richtig zu!**

Wohnzimmer	spielen
Schlafzimmer	waschen
Kinderzimmer	kochen
Küche	duschen
Bad	essen
	fernsehen
	abspülen
	sich unterhalten
	schlafen
	Hausaufgaben machen

Ursula Hitz

Wie richtet Peter sein Zimmer zweckmäßig ein?

1. Didaktische Information

1.1 Vorausgegangen sind:
– Zeichnerische Darstellungen von Seitenansichten und Draufansichten von Puppenmöbeln und anderen Gegenständen bzw. Darstellungen von Seitenansichten und Draufsichten Dingen bzw. Gegenständen zuordnen
– Kennenlernen und Vergleichen von Querschnitt und Längsschnitt eines Hauses bzw. einer Wohnung (Puppenhaus und Modell aus Pappe) und deren Übertragung in einen Grundriß (Verebnung)
– Die Information bzw. Erkenntnis der Abhängigkeit (Relation) von Familiengröße und Wohnungsgröße (3-Personen-Familie/3-Zimmer-Wohnung)
– Die zweckmäßige Anordnung der Räume zueinander
Ferner wurden die Kinder in vorausgehenden Unterrichtsstunden mit dem Wohnungsproblem der Familie M. vertraut gemacht und haben sich mit ihren »Sorgen« identifiziert (zu kleine Wohnung, Peter hat kein eigenes Zimmer!)

1.2 »Sozialgruppen« und ihr »Raumbezug« lassen sich in vereinfachter Form gegenüberstellen und geben einen ersten Einblick in die Inhalte des Fachbereichs Erdkunde. So wird in dieser Unterrichtseinheit die Relation Familien – Wohnungsgröße (3-Personen-Familie/3-Zimmer-Wohnung) verdeutlicht. Die Situationen, in denen die »naturhaften Bedingungen des jeweiligen Lebensraumes im Zusammenhang mit den Bedürfnissen und Aufgaben des Menschen« aufgezeigt werden, sind in Anlehnung an die »Grunddaseinsfunktionen« geordnet.

2. Lernziele

2.1 Grobziel
Die Schüler sollen
– sich mit den Problemen Peters identifizieren und eine zweckmäßige Einrichtung des Kinderzimmers auf einem Grundriß darstellen und diesen Einrichtungsvorschlag begründen;
– die unterschiedlichen Sichtweisen des Zimmers lesen und erklären können: Grundriß, Draufsicht (zweidimensional), Schrägsicht, Raum (dreidimensional).

2.2 Feinziele
Die Schüler sollen
– die Problemsituation, in der Peter steht, erkennen, sich mit ihr und dem Kind identifizieren und diese lösen;
– die Funktionen erkennen und begründen, die das Zimmer erfüllen soll (Arbeitsplatz, Spielfläche, Ruhe- und Schlafecke . . .);
– die Bedeutung der Symbole wiederholen;
– eine Schrägsicht des Zimmers erklären;
– das Zimmer (Grundriß) nach erarbeiteten Kriterien zweckmäßig einrichten (Symbole);
– Lagebeschreibungen formulieren, die Einrichtung des Zimmers kritisch beurteilen und begründen, Vor- und Nachteile abwägen;
– den Grundriß (Plan) lesen und auf das Räumliche (Dreidimensionalität) übertragen.

2.3 Lernzielkontrollen
Arbeitsblatt: Ein Zimmer nach eigenen Vorstellungen einrichten (Grundriß, Symbole)

3. Lernhilfen

Tonbandaufnahme – Wortkarten (Bezeichnung der Möbel) – Grundriß des Zimmers für jede Gruppe mit den Symbolen (Grundriß 70 × 60 cm) – Schrägsicht des Zimmers (Möbel stehen ungeordnet) – das Zimmer als Modell (dreidimensional)

4. Unterrichtsverlauf

4.1 Anknüpfung
L: Du hast eine Familie kennengelernt.
Schüler berichten von dem Problem der Familie M.: zu kleine Wohnung, Peter hat nur ein Bett zum Schlafen, kein eigenes Zimmer; die Familie suchte sich eine 3-Zimmer-Wohnung.
L: Ich habe die Familie M. wieder besucht. Höre gut zu, was sie diesmal besprochen haben!
Es folgt *Tonbandaufnahme:* Die Zufriedenheit von Vater, Mutter und Sohn über die neue Wohnung kommen zum Ausdruck. Peter ist glücklich, daß er endlich ein eigenes Zimmer hat, genug Platz zum Spielen und Ruhe, um die Hausaufgabe zu machen. Das Gespräch endet mit der Frage Peters: »Welche Möbel brauche ich denn für mein Zimmer? Das habe ich mir ja noch gar nicht überlegt!«

1. Teilziel: Die Problemsituation, in der Peter steht, erkennen und sich mit ihr identifizieren, Versuch einer Lösung
Schüler wiederholen mit eigenen Worten, erkennen die Problemlage Peters: Wir müssen Peter helfen!

4.2 Erarbeitung
2. Teilziel: Funktionen, die das Zimmer erfüllen soll, nennen und begründen

L: Heute müssen wir Peter helfen! Du kennst jetzt sein Problem!
S: Peter weiß nicht, welche Möbel er für sein Zimmer braucht.
Tafel: Welche Möbel braucht Peter?
Kurze Überlegungsphase in Partnerarbeit
Schüler machen Vorschläge und begründen:
Tafel (Wortkarten – Möbel):

[Schreibtisch] zum Hausaufgaben machen
[Bett] zum Schlafen und Ausruhen
[Regal] und [Spielkiste] für die Spielsachen und Bücher
[Schrank] für die Kleider
[Stuhl], [Hocker] für den Besuch, für Freunde

L: Alles braucht im Zimmer Platz. Peter braucht auch hier deine Hilfe. Er hat noch nie ein Zimmer eingerichtet.
Tafel: Wie richtet Peter sein Zimmer ein?
Schüler bestimmen die »Örtlichkeiten« und begründen:
– Der Schreibtisch sollte am Fenster stehen, denn dort ist es hell (Tageslicht ist besser als künstliches Licht!).
– Das Bett steht an der Wand oder in der Ecke – es darf dunkler sein, im Bett schläft man oder ruht sich aus . . .
– Das Regal hängt über dem Bett oder steht am Boden, je nach Größe.
– Der Schrank steht an der Wand, nicht am Fenster . . .

3. Teilziel: Die Bedeutung der Ziele wiederholen
L: Damit ich dem Peter zeigen kann, wie er sein Zimmer nett einrichten kann, darfst du es heute in der Gruppe tun.
Lehrer zeigt Plan des Zimmers als Grundriß.
Schüler erklären: Mauern, Fenster, Türe . . .
L: Die Möbel für das Zimmer von Peter sollen so aussehen.
Schüler deuten und erklären: Das soll das Bett sein. Von oben sieht das Bett aus wie ein Rechteck . . . (analog die weiteren Möbelstücke)

4. Teilziel: Eine Schrägsicht (Schiefsicht) des Zimmers erklären
Es wird eine »Fehleinrichtung« des Zimmers als Überlegungsgrundlage und Motivation gezeigt

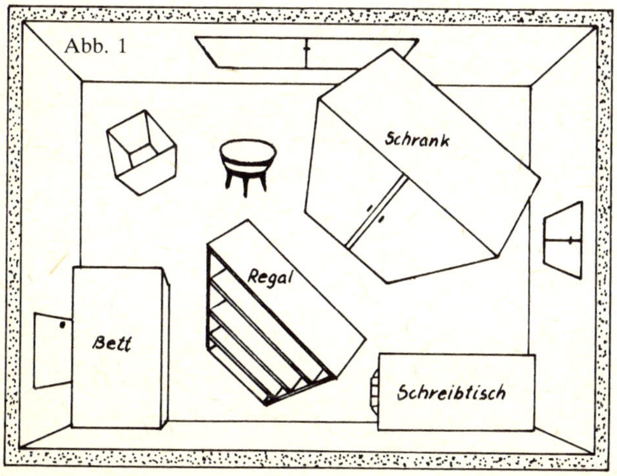

Schüler korrigieren: Das Bett soll nicht vor der Tür stehen. Der Schrank darf nicht mitten im Zimmer stehen . . .

5. Teilziel: Das Zimmer (Grundriß) nach erarbeiteten Kriterien zweckmäßig einrichten (Symbole)

Durchführung in Gruppenarbeit – Aufkleben der Symbole auf den Grundriß.
Lösungen – Die Grundrisse werden nebeneinander nach vorne gehängt (Tafel) hier evtl.: Beachtung der verschiedenen Sichtweisen, je nach Stellung des Betrachters

6. Teilziel: Lagebeschreibungen formulieren, die Einrichtung des Zimmers kritisch beurteilen und begründen, Vor- und Nachteile abwägen.
Ein Schüler jeder Gruppe begründet den Einrichtungsvorschlag, dabei geht es auch darum, treffende Lagebezeichnungen zu formulieren und Lagebezeichnungen sprachlich darzustellen.
Z. B.: Der Schreibtisch steht vor dem Fenster, weil . . .
Das Bett steht gegenüber von . . ., rechts von . . . etc.
Anschließend werden im Klassengespräch günstige und ungünstige Lösungen besprochen und begründet.
L: Welches Zimmer soll ich dem Peter denn zeigen? Ihr habt alle das Zimmer so nett und günstig eingerichtet, daß er sich bestimmt schwer entscheiden kann. – Peter wird sich freuen.

7. Teilziel: Den Grundriß lesen und auf das Räumliche (Dreidimensionale) übertragen
L: Von jeder Gruppe kommt ein Kind heraus. Damit Peter sein Zimmer gleich richtig eingerichtet sieht, dürft ihr jetzt diese Möbel in das Zimmer stellen. Lest vom Plan ab, wie das Zimmer eingerichtet werden soll!
Schüler richten Zimmer ein, verbalisieren und begründen Handlungsvollzug.

4.3 Ausblick – Weiterführung

8. Teilziel: Den Zusammenhang von Raumgröße, Funktion des Raumes, Personenzahl, Art der Möbelstücke, Anordnung der Möbelstücke nach Funktion berücksichtigen lernen
L: Überlege dir, wie es wäre, wenn Peter noch ein Geschwisterchen hätte und dies auch mit in dem Zimmer Platz haben müßte!

4.4 Sicherung

Arbeitsblatt:

Abb. 2

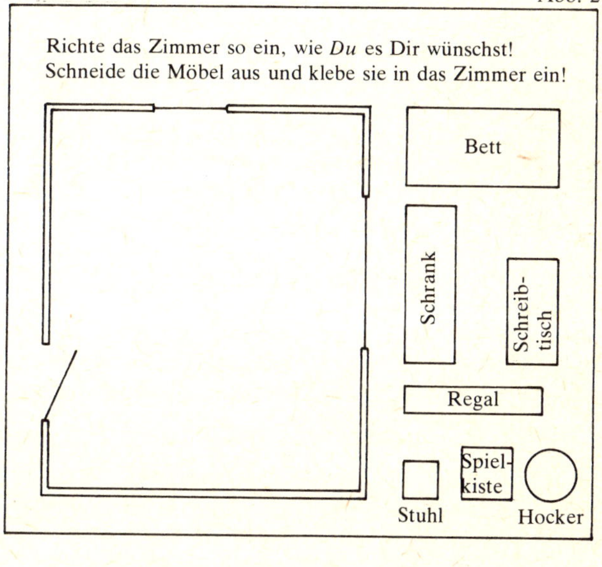

Verfasserin: Ursula Hitz

Ferry Speigl

Karin will den Tierfilm sehen, Peter die Sportschau!

1. Didaktische Information

1.1 Das Fernsehen hat heute einen nicht mehr zu übersehenden Stellenwert im täglichen Leben der Schüler. So sehen mehr als 95 Prozent aller Kinder schon im Vorschulalter fern, wobei der Wochendurchschnitt bei ca. 10 Stunden liegt; täglich über eine Stunde, an Wochenenden das Doppelte. Quantität und Qualität des Konsums sind abhängig vom Fernsehverhalten der Eltern: Je höher der Fernsehkonsum der Eltern ist, destofrüher beginnt das Kind fernzusehen, das heißt, daß die Familie die Rolle eines Mittlers zwischen Fernsehen und Kind übernimmt. Aus internationalen Forschungsergebnissen kann entnommen werden, daß die Art der Kontrolle, die von den Eltern auf das kindliche Fernsehverhalten ausgeübt wird und das Ausmaß des täglichen gemeinsamen Fernsehkonsums zwei entscheidende Faktoren sind. Daß Fernsehen bereits zu einer sozialen Beziehung eigener Qualität, oft schon zu einer Ersatzperson für mangelnden emotionalen Kontakt zu den Eltern geworden ist, steht außer Frage. Studien von ARD, ZDF und der Bundeszentrale für politische Bildung zeigen in Beobachtungen auf, daß Kinder während des Fernsehkonsums primär Empfänger elterlicher Erziehungsmaßnahmen und nicht gleichberechtigte Gesprächspartner sind. Meistens verfestigt das Fernsehen Autoritätsstrukturen in der Familie, denn häufig entscheidet der Vater im Zweifelsfalle, was angeschaut wird und was nicht.

1.2 Wenn Unterricht unter anderem auch die Aufgabe hat, den Schülern ihre Umwelt durchschaubar zu machen, dann muß das Fernsehen in einem möglichen Problemkatalog eine zentrale Stellung einnehmen. Die folgende Unterrichtseinheit stammt aus einem Projekt, in dem das »Fernsehen« gelernt werden soll: »Warum sehen Klaus und Ute gern fern?«, »Der rosarote Panther – eine tolle Sendung!«, »Karin will den Tierfilm sehen, Peter die Sportschau!«, »Wir lernen Programmauswahl!«
Der Schüler soll in dieser Unterrichtstunde befähigt werden, Zusammenhänge in der Familie zu analysieren, seine Handlungsfähigkeit und sein Selbstverständnis zu fördern. Ausgangspunkt ist ein Problemfall, der in jeder Familie fast täglich vorkommt: Welches Programm soll eingeschaltet werden? Es sollen verschiedene Konfliktlösungsmöglichkeiten angesprochen werden: Die außengesteuerte Lösung, die wohl am meisten der Erfahrungswelt der Kinder entspricht, nämlich daß Vater oder Mutter in den Konflikt eingreifen und die Lösungsmöglichkeiten, bei denen beide Konfliktpartner sich selbst einigen können. Hier soll ein gewisser Schwerpunkt gesetzt werden.
Konflikte, die die Schüler im Unterricht analysieren und die einer Lösung zugeführt werden sollen, bleiben natürlich Konflikte, wenn nicht die Elternrolle geändert werden kann. Darum müssen Formen der Elternarbeit, z. B. in Elternabenden, Elternseminaren oder Elterntreffpunkten, als »flankierende Maßnahmen« eingeplant werden.

2. Lernziele

2.1 Grobziel

Die Schüler sollen erfahren, daß es in einer Familie unterschiedliche Bedürfnisse gibt, daß diese Bedürfnisse zu Konflikten führen, es aber verschiedene Möglichkeiten gibt, diese zu lösen.

2.2 Feinziele

Die Schüler sollen
- sich in die Konfliktsituation hineinversetzen können, sich mit dem Problem identifizieren;
- verschiedene Lösungsmöglichkeiten finden, ihre Vor- und Nachteile sachgerecht besprechen und beurteilen;
- erkennen, daß die Lösungen besser sind, bei denen sich beide Konfliktpartner selbst einigen;
- verschiedene Lösungsmöglichkeiten im Spiel darstellen können;
- befähigt werden, in Konfliktsituationen zwischen eigenen Bedürfnissen und anderen Interessen abzuwägen und gemeinsam einen Weg zu finden.

2.3 Lernzielkontrollen

Jede sozialerzieherische Bemühung im oder durch Unterricht kann nur Ersatz für die eigentliche Sozialerziehung im konkreten Alltag sein.
Verhaltensänderungen sind nur langfristig zu erwarten und hängen stark von den außerschulischen Faktoren ab.

3. Lernhilfen

- Fernsehapparat aus Karton
- Fernsehprogramm
- Arbeitsblätter
- Rollenspiele
- Folie

4. Unterrichtsverlauf

4.1 Konfrontation mit dem Problem

– Vorstellen der Situation:
Zwei Schüler, Karin und Peter, haben ein Rollenspiel vorbereitet: Beide sitzen in einem Wohnzimmer vor dem Fern-

sehapparat und blättern in dem Fernsehprogramm. Peter: »Ich schaue mir jetzt die Sportschau an!« Er schaltet den Fernseher ein. Karin: »Nein, ich will den Tierfilm sehen!« und schaltet in das andere Programm um.

– Analyse der Situation:

L: Bestimmt hast du zu Hause auch schon eine ähnliche Situation erlebt!

Die Schüler berichten über ihre Fernseherlebnisse zu Hause.

– Herausstellen der Problemfragen:

Tafelanschrift:

Wie können Karin und Peter ihr Problem lösen?

Wer darf sein Programm anschauen, Karin oder Peter?

4.2 Finden von Lösungsmöglichkeiten

1. Teilziel: Diskussion mit dem Partner

L: Suche mit deinem Partner nach Lösungen, wie Karin und Peter ihr Problem lösen können!

Die Schüler besprechen sich mit dem Partner oder in der Gruppe.

2. Teilziel: Fixieren der Lösungsmöglichkeiten

Der Lehrer hält die Ergebnisse auf Folie fest und ergänzt sie. Folgende Lösungsmöglichkeiten werden so erarbeitet.

Folie:

Wer darf sein Programm anschauen, Karin oder Peter?

Lösungsmöglichkeiten

– sich weiter streiten	– zum Freund gehen
– schlagen	– jeder sieht eine Viertelstunde lang seine Sendung
– Gerät ausschalten	– heute Peter, nächste Woche Karin
– auslosen	– vorher planen, was angeschaut wird
– Vater holen	
______________	
______________	

3. Teilziel: Unterscheiden von brauchbaren und unbrauchbaren Lösungen

L: Welche Lösungen findest du gut, welche weniger gut? Begründe deine Meinung!

Es soll in dem Gespräch herausgestellt werden, daß es eigentlich die beste Lösung wäre, wenn die beiden Konfliktpartner sich selbst einigen könnten. So entsteht an der Tafel die folgende Tabelle.

Tafelanschrift:

Wer darf sein Programm anschauen, Karin oder Peter?

Brauchbare Lösungen	*Weniger brauchbare Lösungen*
– Auslosen, einen Abzählvers sprechen.	– Die beiden streiten sich, das Problem wird nicht gelöst.
– Der eine geht zum Freund.	– Sie schlagen sich.
– Heute schaut Peter die Sportschau an, das nächste mal Karin den Tierfilm.	– Jeder schaut eine Viertelstunde lang seine Sendung an; keine Sendungen kann ganz angeschaut werden.
– In Zukunft wird vorher besprochen, was angeschaut wird; es wird eine Auswahl getroffen und Streit von vornherein vermieden.	

4. Teilziel: Verschiedene Lösungsmöglichkeiten werden im Rollenspiel konkretisiert.

– Bereitstellen von Sprachmustern:

L: Auf deinem Arbeitsblatt findest du gute und weniger gute Äußerungen. Kreuze die guten an und finde selbst noch weitere!

Arbeitsblatt:

Karin will den Tierfilm sehen, Peter die Sportschau!

Gefallen Dir diese Äußerungen? – Kreuze die guten an!

- □ »Schon wieder willst du deinen doofen Tierfilm sehen!«
- □ »Du hast recht, ich kann die Sportschau bei meinem Freund anschauen!«
- □ Wir könnten doch versuchen, uns zu einigen!«
- □ »Du mit deiner blöden Sportschau!«
- □ »Heute darfst du deine Sendung anschauen, dafür darf ich das nächste Mal meine sehen!«
- □ »Dann schalten wir das Gerät eben aus!«
- □ »Danke, das ist nett von dir,daß du mich heute die Sportschau anschauen läßt!«
- □ »Komm, schauen wir in der Programmzeitschrift nach, ob nicht später noch Sport kommt!«
- □ »Mami, ich will den Tierfilm sehen, Peter läßt mich nicht!«
- □ »Verschwinde, ich sehe jetzt die Sportschau an!«

Finde selber noch weitere gute Äußerungen (Hausaufgabe)!

____

____

____

____

– Rollenspiel:

Einige Lösungsmöglichkeiten werden im Rollenspiel dargestellt, wobei besonders die Lösungen im Vordergrund stehen sollen, die eigenes verantwortliches Handeln fördern.

5. Teilziel: Zusammenfassung

Folgende Merksätze könnten erarbeitet werden:

– Wir suchen selbst nach Lösungen!

– Wir denken an die Wünsche des anderen!

– Wir schließen Kompromisse!

– Wir einigen uns!

4.3 Übertragen auf vergleichbare Situationen

L: Diesmal will nicht Peter, sondern Vater oder Mutter die Sportschau ansehen und Karin und Peter gemeinsam den Tierfilm! Besprich mit deinem Partner Möglichkeiten, den Konflikt zu lösen!

Anschließend Rollenspiel, wobei der Lehrer Vater oder die Lehrerin Mutter spielt.

Literatur beim Verfasser

Verfasser: Ferry Speigl

Silvia Regelein

Wir machen einen Kalender

1. Didaktische Information

1.1 Im Gegensatz zu der üblichen Behandlung nach den Weihnachtsferien wird hier das Thema im November/Dezember im Rahmen eines Projekts vorgestellt, das eine langfristige Motivation der Kinder sichert. Allerdings muß das Projekt rechtzeitig geplant werden (vgl. 3. Lernhilfen). Die aktuellen Daten müssen einem jeweils gültigen Kalender entnommen werden. Auf das Schaltjahr wird nur eingegangen, wenn gerade eines ist oder die Kinder es ins Gespräch bringen.

1.2 Viele Kinder haben schon im Kindergarten einen Kalender für die Eltern gemacht. Trotzdem freuen sich Eltern und Kinder von neuem über solch ein brauchbares und täglich sichtbares Geschenk. Zumal die Kinder ja nun viel besser malen können (in ihren Augen)! Die Kinder könnten das Kalendarium auch selbst anfertigen; doch dauert dies sehr lange. Meiner Meinung nach wird die Zeit besser genützt mit Orientierungsübungen im Kalender. Denn das Zurechtfinden fällt manchen Kindern sehr schwer, auch wenn sie die Monatsnamen schon kennen.

1.3 Das Projekt erfordert mehrere Unterrichtsstunden. Es ergeben sich Möglichkeiten zu Differenzierung und freier Arbeit. Integriert wird sinnvollerweise die rechtschriftliche Sicherung der Monatsnamen. Für leistungsfähige Kinder können mathematische Inhalte einbezogen werden, so z. B. das Bestimmen der Dauer von Ferien. Zahlreiche Lieder zum Jahreskreis lockern den Unterricht auf.

2. Lernziele

2.1 Grobziel
Sicherer Gebrauch eines Monatskalenders

2.2 Feinziele
Die Schüler sollen
- die Monatsnamen in der richtigen Reihenfolge aufsagen und aufschreiben können;
- vorgegebene Tage im Kalender zeigen können;
- die Anzahl der Tage der Monate angeben können;
- die Monate den Jahreszeiten zuordnen können.

2.3 Lernzielkontrollen
Siehe hierzu Punkt 4 Unterrichtsverlauf

3. Lernhilfen

Kalendarium (für jedes Kind zweimal abziehen; nicht zu klein!) – Tafelanschriften – Arbeitsblätter – Overheadprojektor (OHP) mit Folie
Langfristige Vorbereitung:
Vom ersten Schultag an für jedes Kind die Bilder in einer Mappe sammeln; bei der Themenstellung Themen im Blick auf das Projekt auswählen und Arbeitstechniken wechseln.
Vorschläge:
1. Silvester-Feuerwerk (Sgraffito) / Schneebild (1. Jggst.)
2. Ich in meinem Faschingskostüm / So eine Hexe! (1. Jggst.)
3. Wunderblume (Papiermosaik – 1. Jggst.)
4. Ein Riesenei (Wollfäden aufkleben / Schnurdruck – 1. Jggst.)
5. Muttertagsgedicht aufschreiben; Verzierung (1. Jggst.)
6. Käfer auf der Wiese (Flecken verblasen / Wachstropfen) – Gepreßte Wiesenblumen (1. Jggst.)
7. Leuchtender Fisch im Wasser (Korkdruck – 1. Jggst.)
8. O weh, mein Koffer ist geplatzt! (Collage – 2. Jggst.)
9. Sonnenblumen (Fingerdruck – 2. Jggst.)
10. Bunte Blätter (Blätterdruck – 1./2. Jggst.)
11. Ich gehe mit meiner Laterne / Pelzmärtel (2. Jggst.)
12. Ein goldener Stern ((Faltschnitt – 2. Jggst.)

4. Unterrichtsverlauf

4.1 Motivationsphase
L: Eure Eltern werden sich über ein selbstgebasteltes Weihnachtsgeschenk besonders freuen. Ich habe mir gedacht, daß ein selbst gebastelter Kalender ein ganz besonderers Geschenk wäre, ein Kalender für das nächste Jahr. Dazu habe ich alle Bilder, die ihr seit Schuleintritt gemalt habt, gesammelt. Wir brauchen für jedes Monat ein Bild. Gleich gebe ich euch eure Mappen mit den Bildern. Überlegt, welches Bild ihr für jedes Monat nehmen wollt!
Austeilen der Mappen – Betrachten und Auswahl der Bilder in Partnerarbeit

4.2 Erarbeitungsphase
1. Teilziel: Sammeln der Monatsnamen
Schüleräußerungen, z. B.: Für Januar will ich das Bild mit dem Feuerwerk nehmen.
Dabei entsteht folgende Tafelanschrift:

Ein Jahr hat 12 Monate (Überschrift erst zum Schluß anschreiben)
1. Monat: Januar
2. Monat: Februar
...
12. Monat: Dezember

Die Kinder ordnen ihre ausgewählten Bilder durch Numerieren mit den Zahlen 1 bis 12 auf der Rückseite der Bilder (Bleistift). Dabei werden selbstverständlich auch von der Planung des Lehrers abweichende Vorschläge akzeptiert.
Langfristige Sicherung der Monatsnamen:
- Monatsnamen in der richtigen Reihenfolge auswendig lernen

– Ungeordnete Monatsnamen in der richtigen Reihenfolge aufschreiben
– Welches Monat habe ich am liebsten? Der Lehrer/ein Kind klatscht für jedes Monat einmal in die Hände, z. B. fünfmal. Die anderen »erraten« dann den Lieblingsmonat Mai.
– Singspiel: Und wer im Januar Geburtstag hat ...
– Rechtschriftliche Sicherung der Monatsnamen (Lückenwörter, Stabschrift, Punktschrift mit nur ein oder zwei Buchstaben, um Verwechslungen auszuschließen)
– Auswendiges Aufschreiben der Monatsnamen

2. Teilziel: Orientierung im Kalender
L: Für unseren Kalender brauchen wir nicht nur schöne Bilder.
S: Es müssen auch Zahlen darauf sein. Für jeden Tag eine Zahl ...
L: Richtig. So wie jedes Monat eine Nummer hat, hat auch jeder Tag eine Nummer. So kann man keinen Tag mit einem andern Tag verwechseln. Hier siehst du die Nummern für die Tage im Januar
Folie: (Kalendarium des Januars mit Wochentagen)
Je ein Kind zeigt den genannten Tag und spricht:
Der erste Tag im Januar ist ein (Wochentag).
Der zweite Tag ... usf.
Je ein Kind zieht die Zahl für einen Sonntag rot nach; ebenso die Feiertage 1.1. und 6.1., auf die kurz hingewiesen wird.
Mögliche Tafeltexte:

Der Januar
Das neue Jahr beginnt am (1. Januar).
Der 1. Januar ist ein (Samstag).
Der Januar hat (31) Tage.
Der 31. Januar ist ein (Montag).

Abschreiben und Füllen der Lücken (Klammern)

Unser Kalender
Ein Blatt zeigt uns ein Monat.
Für jeden Tag steht eine Zahl.
Wir sehen die Wochentage, die Sonntage und die Feiertage
In einer Reihe sind immer die sieben Tage einer Woche.

Die Kinder erhalten das Januar-Kalendarium (Arbeitsblatt).
Suchübungen: Zeige den 1., 5., 10. ... Januar! – Welcher Wochentag ist der 3., 7., 11. ... Januar? – Welche Zahl hat der 1. Montag, der 2. Mittwoch ...? – Welche Tage sind in der ersten Januarwoche?
Die Kinder schneiden nacheinander das Kalendarium jedes Monats aus, kleben es auf das Bild, fahren die Sonn- und Feiertage (Tafelanschrift) mit rotem Stift nach:

Feiertage
6. Januar
... (Karfreitag)
... (Ostern)
1. Mai usw.

Mit Hilfe ihres Kalenders fertigen die Kinder folgenden Hefteintrag an:

So viele Tage hat der
Januar □
Februar □
...
Ein Jahr hat □ Tage.

Schnelle Kinder zählen die Tage aus; Vorgabe für die anderen Kinder, da dieser Zahlenraum ohnehin noch nicht erschlossen ist.
Einüben der Anzahl der Tage eines Monats mit Hilfe der Fingerknöchel-Regel – Weiterhin kann langfristig im Klassenzimmer eine Monatsleiste mit zusätzlichen typischen Monatsbildern ausgehängt werden.
Hausaufgabe (Arbeitsblatt):

Geburtstage meiner Familie
ich: ____________
meine Mutter: ____________
mein Vater: ____________
meine Schwester: ____________
mein Bruder: ____________
meine Oma: ____________
mein Opa: ____________
meine Tante: ____________
mein Onkel: ____________

Zu Hause schreiben die Kinder die Daten mit Hilfe des Eltern auf; in der Schule ziehen sie in ihrem Kalender die Tage mit grünem Stift nach.

3. Teilziel: Einteilung des Jahres nach Jahreszeiten
Tafel: Herbst
L: Jetzt ist es noch Herbst. Zeigt Kalenderblätter, die zum Herbst passen!
Die Kinder halten ihre Blätter hoch; Benennen und Festhalten der Herbstmonate an der Tafel:
September – Oktober – November
Die Kinder legen ihre Blätter zu den Herbstmonatenn in die Mitte des Sitzkreises; Gespräch über Wetter, Ereignisse und typische Tätigkeiten im Herbst (Was hätten wir noch malen können?)
Analog werden die anderen Jahreszeiten erarbeitet.
Winter: Dezember, Januar, Februar – Frühling: März, April, Mai – Sommer: Juni, Juli, August
Die Kinder kleben die Kalendarien zu den Herbstmonaten auf ein DIN A3 Blatt und malen ein nach ihrer Meinung typisches Herbstbild dazu. Das Aufkleben erfolgt in einer Stunde; das Zeichnen verteilt sich auf mehrere Tage. So hat jedes Kind einen Jahreszeiten-Kalender, dessen vier Blätter zusammengeheftet werden. Einträge in diesen Kalender:
– Anfänge der Jahreszeiten
Tafel: Winteranfang: ... Dezember usw.
– Ferientage gelb anschummern (ersten und letzten Ferientag jeweils vorgeben an der Tafel)
– Geburtstage der Freunde (Hilfe: Geburtstagskalender in der Klasse)

Verfasserin: Silvia Regelein

Heinz Uchronski

Der Kalender teilt das Jahr ein

1. Didaktische Information

1.1 Nach Ebeling/Kühl geht es im Geschichtsunterricht der Grundschule um die »Gewinnung von Grunderfahrungen«, um »erste elementare Einsichten« und um das »Setzen von Dispositionen«.
Im ersten Schuljahr wurden bereits erste Erfahrungen mit der Zeit vermittelt, indem Tag und Woche strukturiert und Ansatzpunkte für die Erinnerung gesetzt wurden. Bei der Konfrontation mit größeren Zeitabschnitten, wie Monat, Jahr, Jahreszeiten, sind die Namen den meisten Schülern zwar schon geläufig, doch fehlt häufig das Wissen um die richtige Reihenfolge. Die Gliederung des Jahres in 12 Monate bzw. 52 Wochen bzw. 365 (366) Tage kann ebensowenig vorausgesetzt werden, wie das Abschätzen und Erfassen dieser Zeiträume. Auch ist das Erinnern von Monatsnamen noch stark an persönlich faszinierende Ereignisse gebunden (Geburtstag, Weihnachten . . .).

1.2 Größere Zeitabschnitte sind gliederbar und meßbar mit Hilfe des Kalenders. Er entwickelte sich aus Beobachtungen folgender astronomischer Erscheinungen:
– dem Zeitraum, innerhalb dessen sich die Erde einmal um die eigene Achse dreht (= 1 Tag = 24 Stunden);
– dem Zeitraum zwischen zwei aufeinanderfolgenden Neumonden (= 1 Monat = 29 Tage, 12 Std. 44 Minuten);
– dem Zeitraum, in dem die Erde die Sonne einmal umkreist (= 1 Jahr = 365 Tage, 5 Std., 48 Min. 46 Sek.).

1.3 Nachfolgende Unterrichtsstunde ist geeignet als erste Sachstunde nach den Weihnachtsferien. Anschließend muß das Jahr noch genauer gegliedert werden, was anhand folgender Themen geschehen kann:
– Die vier Jahreszeiten
– Verschiedene Kalender (Einteilung in Wochen und Tage)
Für diese »Feingliederung« ist im Jahreskreis auf dem Arbeitsblatt (s. Abb.) Raum freigelassen. Ob diese Einteilung vom Schüler selbst durchgeführt wird, richtet sich nach dessen Fertigkeit.

2. Lernziele

2.1 Grobziel
Erfahrungen mit der Zeit im menschlichen Leben

2.2 Feinziele
Die Schüler sollen
– sehen, wie der Monatskalender das Jahr einteilt;
– Reihenfolge und Dauer der Monate lernen (›Knöchelregel‹);
– die Darstellung des Jahreskreises deuten und lesen;
– Ereignisse bestimmten Monaten zuordnen;
– erfassen, daß sich die Monate zwar wiederholen, die Zeit selbst aber unaufhörlich weiterschreitet;
– erkennen, daß sich die Monate regelmäßig wiederholen;
– den Begriff »Schaltjahr« kennenlernen.

2.3 Lernzielkontrollen
– Siehe Arbeitsblatt
– Ordnen von Monatsbildern zu Monatsnamen

3. Lernhilfen

Alte Kalender – neue Monatskalender (mindestens einer für jede Gruppe) – Arbeitsblatt (entspricht Folie) – Kärtchen mit Monatsnamen – Kärtchen mit Schülernamen – Tageslichtprojektor – Scheren.

4. Unterrichtsverlauf

4.1 Einstieg
L: Es hängt etwas in unserem Klassenzimmer, das eigentlich gar nicht mehr hierher gehört!
S: Der alte Kalender, der nur noch ein Blatt hat.
Lehrer tauscht alten Kalender gegen neuen aus.

4.2 Problemfrage
Warum brauchen wir einen neuen Kalender?

4.3 Problemlösung
Schüler vermuten: . . . weil ein neues Jahr begonnen hat . . . damit wir Ferien und Feiertage nachschauen können.

1. Teilziel: Der Kalender sagt uns das Jahr.
L: Auf unserem Kalender steht eine lange Zahl – 1980
Vergleicht mit dem alten Kalender! – 1979
Schüler erkennen, daß sich die letzte Ziffer verändert hat. Das neue Jahr heißt 1980, das alte hieß 1979.
L: Weil wir uns da beim Schreiben noch leicht vertun können, üben wir die neue Jahreszahl.
Schüler schreiben »1980« auf den Block.

2. Teilziel: Der Kalender teilt das Jahr in 12 Monate.
L: Auf ein Ereignis freut sich jeder im neuen Jahr!
Schüler nennen Geburtstage, Feiertage, besondere Feste.
Lehrer hält an der Tafel einige Schülergeburtstage fest.
TA: Geburtstag im Mai: Katja, im August: Ulla usw.
L: Katja und Ulla streiten, wer 1980 früher Geburtstag hat. Wir können den Streit schlichten.
Schüler ersehen aus dem Kalender, daß Mai vor August steht, also hat Katja vor Ulla Geburtstag.

		Thomas			Fritz	Elke		Hans	Fred	Mirjam	
Heidi	Kaspar	Heike	Dieter	Katja	Franz	Doris	Ulla	Heinz	Elfi	Otto	Helga
JANUAR	FEBRUAR	MÄRZ	APRIL	MAI	JUNI	JULI	AUGUST	SEPTEMB.	OKTOBER	NOVEMB.	DEZEMB.

L: Damit nicht noch einmal Streit aufkommt, ordnen wir alle Monate in der richtigen Reihenfolge.
Schüler ermitteln in Gruppenarbeit die richtige Reihenfolge der Monate. – Festhalten an der Tafel (Namenskärtchen)
L: Jetzt wissen wir auch, warum unser Kalender 12 Blätter hat.
S: Das Jahr hat 12 Monate, für jeden Monat gilt ein Blatt.
Klärung des Begriffes ›Monatskalender‹
Lehrer erstellt nun an der Tafel einen Geburtstagsplan, indem über die einzelnen Monate die Namen der jeweiligen Geburtstagskinder gehängt werden. (s. o.)
L: Vielleicht wißt ihr schon, wer *nach* Helga Geburtstag hat?
S: Heidi, nämlich wieder im Januar.
Die regelmäßige Wiederholung der Monate wird deutlicher, wenn statt der linearen Darstellung die Anordnung im Jahreskreis erfolgt.
– *Lernzielkontrolle:*
Arbeitsblatt, 1. Arbeitsauftrag, Kontrolle mittels der Folie
– *Teilwiederholung:*
Kreisspiel: »Und wer im Januar geboren ist . . .«

3. Teilziel: Woran wir die einzelnen Monate erkennen.
L: Unseren Geburtsmonat können wir leicht merken. Damit wir aber auch die anderen Monate nicht vergessen, habe ich euch zu jedem ein passendes Bild gemalt.
Folie mit Monatsbildern, die bereits ausgeschnitten sind – Abb.
Schüler ordnen die Bilder den Monaten zu und begründen ihre Entscheidung (z. B. April: Ostermonat)
– *Lernzielkontrolle:*
Lehrer vertauscht die Monatsbilder.
Schüler suchen die Fehler und stellen richtig.

4. Teilziel: Der Kalender sagt uns die Länge der Monate.
L: Kasperl sagt: ›Mein Geburtstag ist am 31 Februar!‹
Da lachen die Kinder, schaut nach, warum!
Schüler erkennen, daß der Februar 29 Tage hat.
L: Schaut im alten Kalender nach, wie viele Tage der Februar 1979 hatte!
Schüler bemerken Unterschied in der Monatslänge.
L: Das Jahr 1980 ist ein besonderes Jahr. Hier hat man den Februar um einen Tag länger als im Jahr davor gemacht, man hat einen Tag dazugeschaltet.
Begriff: Schaltjahr (TA)
Lehrer erklärt den Schülern, daß 1981, 1982 und 1983 der Februar 28 Tage besitzt, 1984 aber wieder 29 Tage.
Schüler finden heraus, daß alle vier Jahre ein Schaltjahr ist.
L: Wie ist es mit den anderen Monaten?
Schüler ermitteln in Partnerarbeit die jeweilige Anzahl der Tage eines Monats aus dem Kalender.
Lehrer ergänzt auf der Folie die Anzahl der Monatstage.
L: Wenn wir einmal keinen Kalender zur Hand haben, können uns unsere Handknöchel über die Anzahl der Tage Auskunft geben. Knöchel bedeutet 31 Tage, Vertiefung 30 Tage, Ausnahme Februar.
– *Lernzielkontrolle:*
Partnerarbeit: Ein Schüler sucht die Anzahl der Tage eines Monats im Kalender, der andere wendet die »Knöchelregel« an.

4.4 Vertiefung
L: Obwohl das Jahr in 12 fast gleiche Abschnitte eingeteilt ist, kommen uns manche Monate sehr lang, manche sehr kurz vor.
Beispiel 1: August als Ferienmonat ist für die Kinder kurz, die verreist sind.
Beispiel 2: August ist für Werner unendlich lang, da er mit einem Gipsbein im Krankenhaus liegt.
Beispiel 3: Für Heike dauert der April sehr lang, da sie erst am 30. Geburtstag hat. Sie möchte die Kalenderblätter bis dahin auf einmal abreißen.
Schüler erkennen anhand dieser oder ähnlicher Beispiele, daß die Zeit weder vorgeholt werden kann noch stehenbleibt, sondern gleichmäßig weiterschreitet.

4.5 Gesamtzusammenfassung
Fertigstellen des Arbeitsblattes (kopierfähige Arbeitsvorlage)

1. Arbeitsauftrag: Schreibe die Monatsnamen in den Jahreskreis!
2. Arbeitsauftrag: Schneide die Monatsbildchen aus und klebe sie darüber!
3. Arbeitsauftrag: Schreibe unter die Monatsnamen, wieviel Tage die Monate haben!

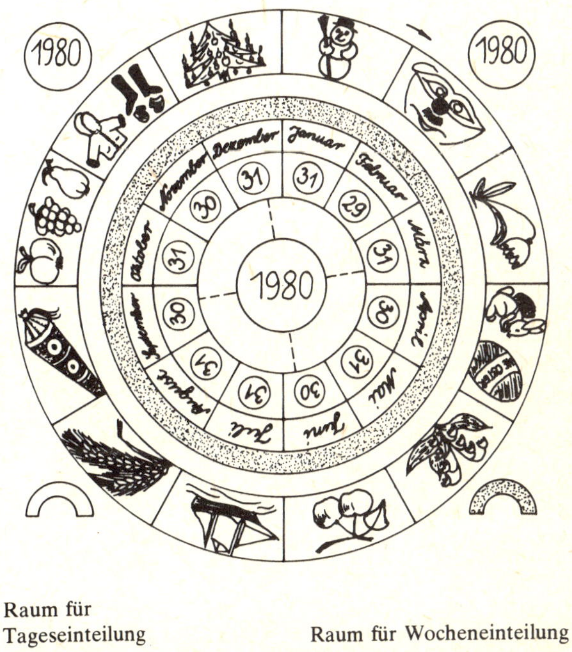

Raum für Tageseinteilung

Raum für Wocheneinteilung

Anmerkung: Vergrößert könnte der Jahreskreis als »Jahresuhr« im Klaßzimmer aufgehängt werden. Ein Zeiger dient als »wanderndes Heute«.

Literatur beim Verfasser

Verfasser: Heinz Uchronski

Sachunterricht	Name ______________________
Blatt __________	Datum ______________________

Der Kalender teilt das Jahr ein

1. Arbeitsauftrag: Schreibe die Monatsnamen in den Jahreskreis!
2. Arbeitsauftrag: Schneide die Monatsbildchen aus und klebe sie darüber!
3. Arbeitsauftrag: Schreibe unter die Monatsnamen, wie viele Tage die Monate haben!

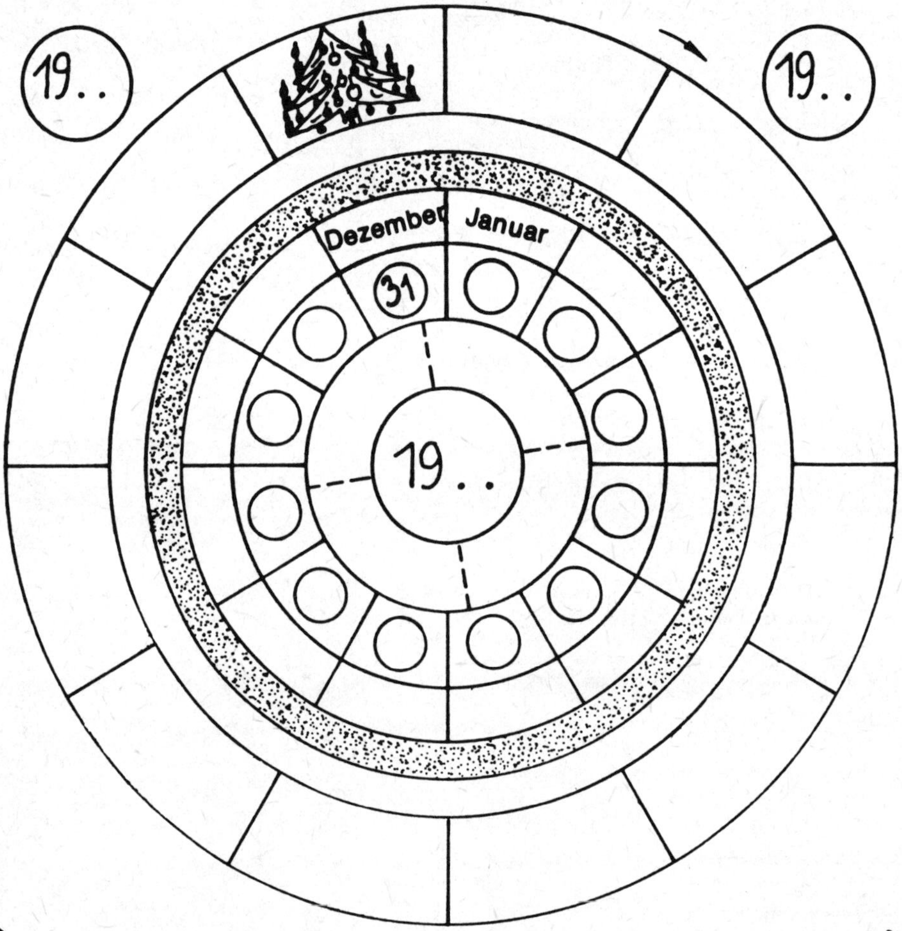

Heinz Uchronski

Die vier Jahreszeiten

1. Didaktische Information

1.1 Nachdem die Schüler im 1. Jahrgang kleinere überschaubare Zeiteinheiten kennengelernt haben, wie den Tag und die Woche, werden sie nun mit größeren Zeitabschnitten konfrontiert wie Monat, Jahreszeiten und Jahr. Sie erkennen, daß Zeitabläufe gliederbar und planbar sind. Damit sie nun nachfolgende Unterrichtsstunde erfassen, sollten die Kinder die Gliederung des Jahres in Monate bereits kennen. Auch sollten sie sich auf verschiedenen Kalendern zurechtfinden und »Lese«-Übungen im Kalender durchgeführt haben. Das Erstellen einer Jahreszeitleiste zu Beginn des Kalenderjahres erleichtert dem Schüler das Abschätzen und Erfassen obengenannter Zeiträume.
Hier einige Themenvorschläge zur Behandlung des Rahmenthemas: Wie das Jahr eingeteilt ist

- Der Kalender teilt das Jahr ein
- Es gibt verschiedene Kalender
- Wir lesen im Kalender
- Die vier Jahreszeiten

1.2 Bevor der Mensch die Entstehung der Jahreszeiten genau erklären konnte, beobachtete er, wie die Tage länger und wärmer, dann wieder kürzer und kälter wurden. Er lernte die Auswirkungen an der Vegetation abzulesen und den regelmäßig wiederkehrenden Rhythmus als weitere Zeitmarke zu verwenden.
Für uns wiederholt sich der Wechsel zwischen Frühling (21.3.–21./22.6.), Sommer (21./22.6.–23.9.), Herbst (23.9.–21./22.12.) und Winter (21./22.12.–21.3.) mit so selbstverständlicher Gleichmäßigkeit, daß wir uns kaum Gedanken über die Ursachen machen.
Die Jahreszeiten entstehen durch die »Schiefe der Ekliptik«. Die Erdachse ist gegen die Ebene ihrer Umlaufbahn um 23½ Grad geneigt. Da die Erdachse beim Umlauf um die Sonne ihre geneigte Richtung beibehält, treffen die Sonnenstrahlen im Laufe eines Jahres unter wechselnden Winkeln auf dieselben Orte an der Erdoberfläche auf.
Daraus resultieren zwei Effekte:
– Die Dauer der Sonneneinstrahlung ist unterschiedlich: Tage und Nächte sind zu verschiedenen Jahreszeiten unterschiedlich lang.
– Die Erwärmung der Erdoberfläche ist unterschiedlich.
Da der jeweilige Beginn der Jahreszeiten mit den Vorgängen in der Natur oft nicht übereinstimmt, spricht man auch von »astronomischen« bzw. »meteorologischen« Jahreszeiten. So beginnt z. B. der Frühling nach der meteorologischen Jahreszeit oft Anfang März und nicht erst am 21.3.

2. Lernziele

2.1 Grobziel
Zeitgliederung – Zeitmessung – Veränderung in der Zeit

2.2 Feinziele
Die Schüler sollen
– sehen, daß auch die Jahreszeiten das Jahr gliedern;
– feststellen, daß jede Jahreszeit an einem bestimmten Tag beginnt;
– den Jahreszeiten bestimmte Monate zuordnen;
– erfahren, daß jede Jahreszeit drei Monate umfaßt;
– lernen, daß die Natur hilft, das Jahr zu gliedern;
– erkennen, daß die Sonne die Jahreszeiten bestimmt;
– Jahreszeiten nennen und ihnen Veränderungen in der Natur zuordnen;
– ihren Blick für Veränderungen in der Natur schärfen.

2.3 Lernzielkontrollen
Zuordnen von Monaten zu Jahreszeiten – Zuordnen von Spielen, Blumen, Kleidungsstücken zu einer passenden Jahreszeit

3. Lernhilfen

Versandhauskataloge – Blumenkataloge – Kalender – Namenskärtchen mit den Namen der Jahreszeiten und Monate – Abbildung eines »Jahresbaumes« – vier Teilbilder (Kreissektoren), die zusammengesetzt eine Jahresuhr ergeben – Sonne mit unterschiedlicher Strahlenlänge – graphische Darstellung der unterschiedlichen Länge von Tag und Nacht in den vier Jahreszeiten

4. Unterrichtsverlauf

4.1 Einstieg
Vorzeigen eines Baumes, der sowohl Blüten als auch Früchte, bunte Blätter als auch kahle Äste trägt.

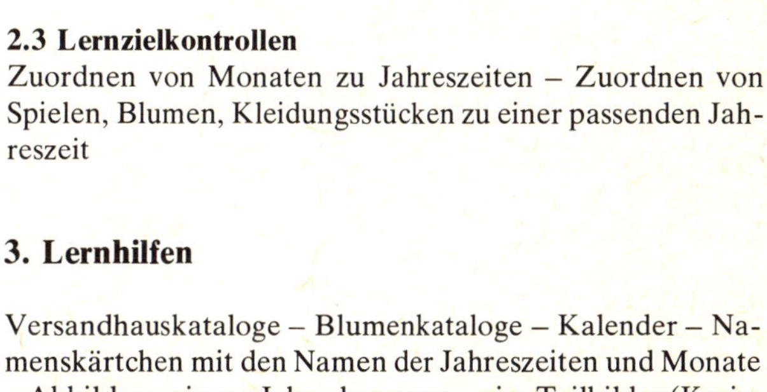
Abb. 1

Freie Schüleräußerung: Schüler erkennen, daß es diesen Baum nicht gibt.
– *Problemstellung:* Warum gibt es diesen Baum nicht?

4.2 Erarbeitung

1. Teilziel: Das Jahr hat vier Jahreszeiten.
Schüler erklären, warum es diesen Baum nicht gibt. Was hier zusammen auf dem Baum ist, kommt in Wirklichkeit (in der Natur) nacheinander.
Lehrer zeigt vier Bilder (Abb. 2, jedoch *nicht* in Kreisform). Ist es jetzt richtig?
L: Die Zeiten, in denen der Baum jeweils dieses Aussehen hat, haben einen besonderen Namen!
S: Das sind die Jahreszeiten.
Anhand der Abbildungen wird die richtige Reihenfolge der Jahreszeiten erarbeitet, die Bilder mit Namenskärtchen versehen.
L: Was für einen Baum müßte ich jetzt nach dem Winter zeichnen?
Schüler erkennen die ständige Wiederkehr der Jahreszeiten.
L: Wie bei einer Uhr läuft der Zeiger der großen Jahresuhr auch immer rundherum.
Zur Verdeutlichung werden die Bilder in Kreisanordnung gebracht.

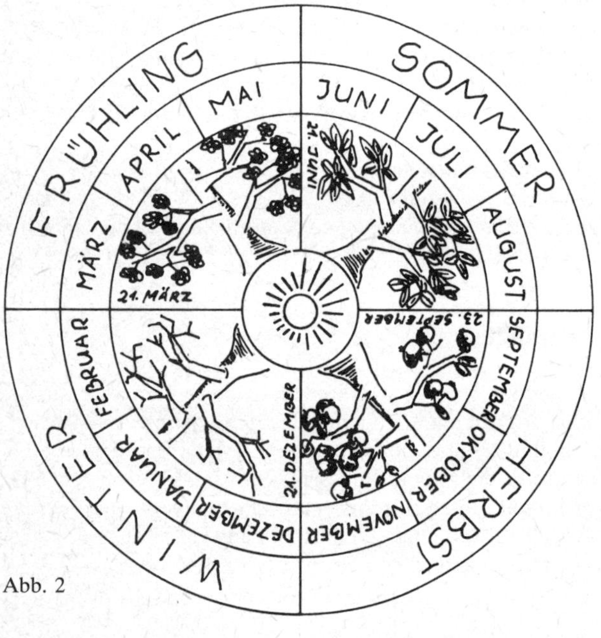

Abb. 2

– *Teilwiederholung:*
Lehrer nennt Spiele, Gegenstände, Tätigkeiten usw., die für eine Jahreszeit typisch sind. Die Schüler nennen die jeweils passende Jahreszeit: Drachen – Herbst, Schneemann – Winter, Tulpen – Frühling, Baden – Sommer usw.

2. Teilziel: Zuordnen von Monaten zu Jahreszeiten
L: Ihr kennt bereits alle die Monatsnamen!
Schüler zählen die Monate auf.
L: Nachdem ihr jetzt auch die Jahreszeiten wißt, könnt ihr sicher schon manchen Monat richtig zuordnen.
Schüler heften die Namen »typischer« Monate in die Jahresuhr und begründen: Z. B. Weihnachten ist im Winter, Dezember ist im Winter. Im August sind Ferien, August ist im Sommer. Ostern blühen Tulpen, Ostern ist im Frühling.
Lehrer hilft, die übrigen Monate zuzuordnen: Erinnere dich, wie es in deinem Geburtstagsmonat in der Natur aussieht, in welchem Monat die Blätter von den Bäumen fallen, usw.
– *Teilwiederholung:*
Partnerarbeit – ein Schüler nennt einen Monatsnamen, der andere schreibt die passende Jahreszeit dazu.

3. Teilziel: Beginn und Dauer der Jahreszeiten
L: Ihr seht an unserer Jahresuhr, wie viele Monate eine Jahreszeit hat.
S: Eine Jahreszeit dauert drei Monate.
L: In unseren Kalendern steht noch etwas Genaueres über die Jahreszeiten.
Schüler suchen im Kalender den jeweiligen Beginn der vier Jahreszeiten.
Lehrer trägt die Daten in die Jahresuhr ein.
– *Teilwiederholung:*
Schüler erarbeiten Tafelanschrift:
Der Frühling dauert vom 21. März bis zum 20./21. Juni usw.

4. Teilziel: Die Sonne bestimmt die Jahreszeiten.
L: Was ist eigentlich der Grund, daß sich ein Baum im Laufe des Jahres viermal verändert?
Anhand der Abbildung erkennen die Schüler, daß die Dauer der Sonneneinstrahlung unterschiedlich ist.

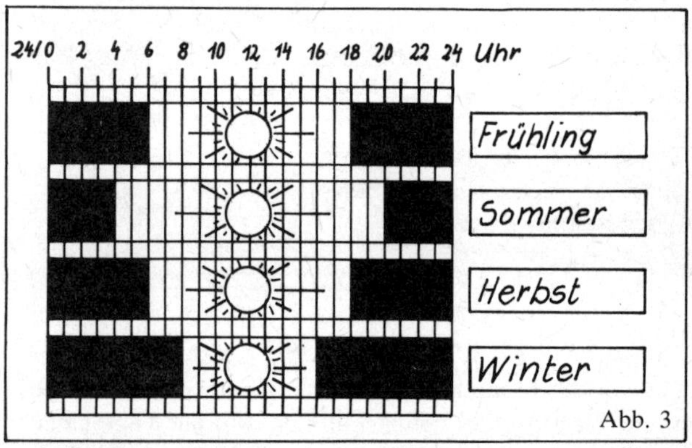

Abb. 3

L: Beim Aufstehen am Morgen merkt ihr es auch!
Schüler sehen, daß sie im Sommer bei Sonnenschein zur Schule gehen, während es im Winter noch dunkel ist, obwohl die Schule zur gleichen Zeit beginnt.
– *Teilwiederholung:*
L: Wie können wir das in unserer Jahresuhr festhalten?
Lehrer zeigt eine Sonne mit unterschiedlich langen Strahlen.
Schüler heften die Sonne so in die Mitte der Jahresuhr, daß die längsten Strahlen zum Sommer, die kürzesten zum Winter zeigen.

4.3 Gesamtzusammenfassung

In Gruppenarbeit erstellen die Kinder Bilder zu den einzelnen Jahreszeiten, indem sie aus Katalogen für die jeweilige Jahreszeit typisches Spielzeug, Kleidung oder Blumen ausschneiden und aufkleben.

Literatur

Mosaik 2. Stuttgart 1977: Klett
Kosteletzky, H.: Geschichte in der Grundschule. Donauwörth 75: Auer
Oomen, H.-G.: Zeitbewußtsein und Zeitmessung, München 76: Kösel

Verfasser: Heinz Uchronski

Sachunterricht Blatt ______	Name ______ Datum ______

Die vier Jahreszeiten

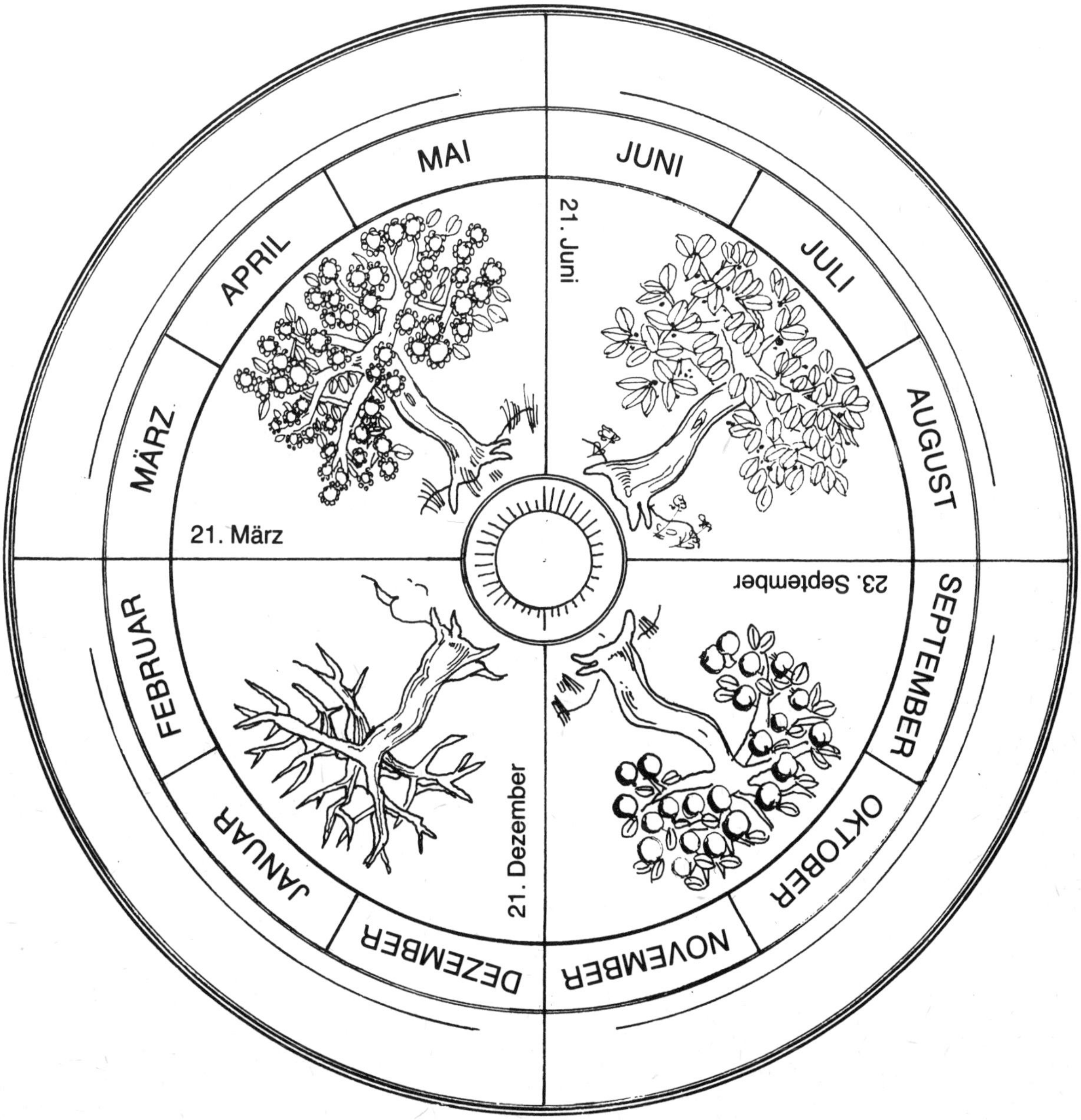

Silvia Regelein

Wie spät ist es?

– Viertel nach 8, halb 9 oder Viertel vor 9?

1. Didaktische Information

1.1 Vor der Einführung der exakten Zeitangabe in Stunden und Minuten wird die umgangssprachliche Zeiteinteilung in Viertel- und halbe Stunden behandelt. Während im süddeutschen Raum Angaben wie z. B. viertel 9 und dreiviertel 9 üblich sind (mit Blick auf die jeweils zukünftige Stunde), wird in Norddeutschland die Uhrzeit von der näherliegenden Stunde her bezeichnet (Viertel nach 8, Viertel vor 9). Erfahrungsgemäß fällt den Kindern der jeweils übliche Sprachgebrauch am leichtesten, der dann zunächst auch beibehalten werden soll. Wenn die Kinder eine Sprechweise beherrschen, sollte jedoch die zweite noch eingeführt werden.

1.2 Aufgrund außerschulischer Erfahrung und von der 1. Jahrgangsstufe her können die Kinder bereits Uhrzeiten mit vollen Stundenangaben ablesen. Auf jeden Fall muß dies überprüft, ggf. neu erarbeitet werden. Auch die Einteilung in Viertel- und halbe Stunden ist den Kindern oft schon bekannt. Doch handelt es sich dabei oft um oberflächliche und lückenhafte Kenntnisse, die der systematischen Aufarbeitung bedürfen. Der Lernprozeß wird erleichtert, wenn vorher in Mathematik das Halbieren erarbeitet wurde; deshalb steht dieses Sachunterrichtsthema in engem Zusammenhang mit der Mathematik und wird oft auch in diesem Lernbereich behandelt.

2. Lernziele

2.1 Grobziel
Ablesen von Uhrzeiten unter Verwendung der Begriffe halb, Viertel vor, Viertel nach

2.2 Feinziele
Die Schüler sollen
– den Weg des großen Zeigers in einer Viertelstunde, in einer halben Stunde und in einer Dreiviertelstunde angeben können;
– die Uhrzeiten ablesen können;
– die Zeigerstellung zu vorgegebenen Uhrzeiten angeben können;
– die vorausgegangene und folgende ganze Stunde angeben können.

2.3 Lernzielkontrollen
– Einstellen und Ablesen von Zeiten an der Modelluhr
– Angeben von Uhrzeiten und Einzeichnen der Zeiger zu vorgegebenen Uhrzeiten auf Arbeitsblättern

3. Lernhilfen

Zur Demonstration und für jeden Schüler eine Modelluhr und ein Papierkreis – Arbeitsblätter (Arbeitsvorlage) – Tafelanschriften

4. Unterrichtsverlauf

4.1 Erarbeitung 1

1. Teilziel: Uhrzeiten mit halben Stunden: Acht Uhr ist schon vorbei. Jetzt stehen die Zeiger auf der Uhr so (Zeit halb 9 an der Modelluhr einstellen). Es ist später als acht Uhr, aber es ist noch nicht neun Uhr. Sicher weiß jemand von euch schon, wie spät es ist.
S: Halb neun.
Vorbereitete Tafelanschrift in der durch die Ziffern bezeichneten Reihenfolge aufdecken (siehe Abb. 1)
Wiederholen der Uhrzeiten durch die Schüler
L: Beobachte, wie sich die Zeiger bewegen! Dann kannst du erklären, warum wir sagen: eine halbe Stunde.
Der Lehrer stellt an der Modelluhr acht Uhr ein und läßt die Zeiger um eine Stunde weiterrücken.
L: Das ist der Weg der Zeiger in einer Stunde.
Modelluhr: Zurückstellen auf 8 Uhr, Weiterrücken auf halb 9.
L: Das ist der Weg der Zeiger in einer halben Stunde.
Mögliche Äußerungen: In einer Stunde wandert der große Zeiger einmal um den ganzen Kreis herum. – In einer halben Stunde geht er nur halb so weit, bis zu 6. – Der kleine Zeiger wandert in einer Stunde von einer Zahl zur nächsten. – In einer halben Stunde geht er halb soweit; er bleibt genau zwischen den beiden Zahlen stehen . . .
Tafelanschrift (siehe Abb. 2):

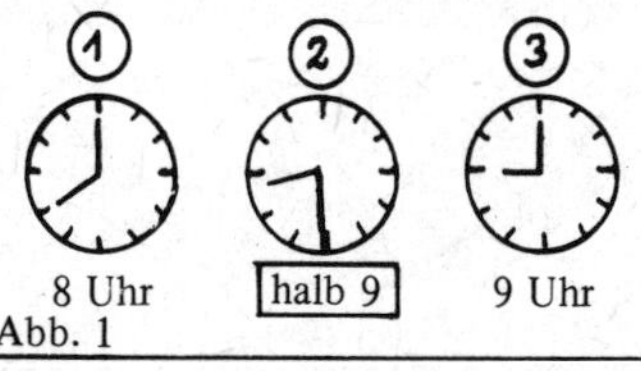

Abb. 1

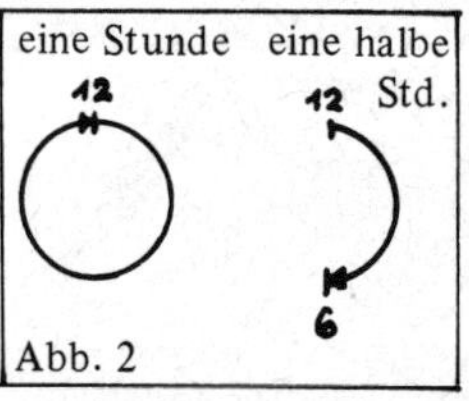

Abb. 2

Lehrer und Kinder zeigen mit dem Finger den Weg des großen Zeigers in einer Stunde, in einer halben Stunde auf der eigenen Uhr.

4.2 Verarbeitung
– Zuerst gibt der Lehrer, dann geben einzelne Kinder der Klasse Aufträge: Der große Zeiger zeigt auf die 6. Der kleine Zeiger steht zwischen 9 und 10. Wie spät ist es? Jedes Kind stellt auf seiner Uhr die Uhrzeit ein. Kontrolle durch

die Modelluhr des Lehrers, die von einem Schüler eingestellt wird.
L/S: Es ist halb 11.
Einstellen der Uhren und Beschreiben der Zeigerstellung
– Arbeitsblatt:

Abb. 3

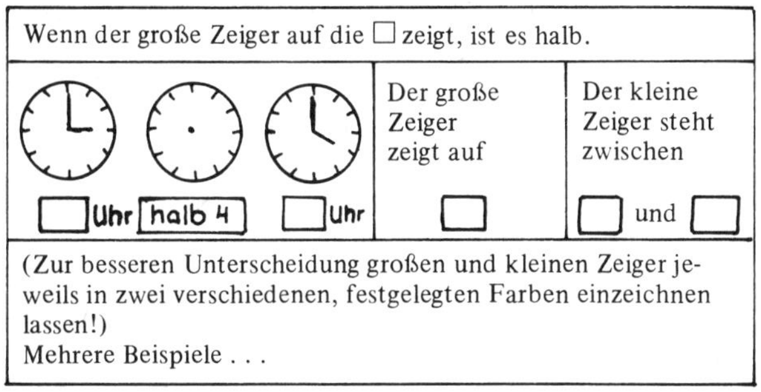

4.3 Erarbeitung 2 (am folgenden Tag)

2. Teilziel: Uhrzeiten mit Viertelstunden
Der Lehrer zeigt einen Kreis aus Papier, der genauso groß ist wie das Zifferblatt seiner Modelluhr (siehe Abb. 4).
L: Das ist der ganze Kreis. Diesen Weg geht der große Zeiger in einer Stunde. (Lehrer fährt mit dem Finger um den Kreis.)
Der Lehrer faltet den Kreis zur Hälfte: Das ist nun ein halber Kreis. Diesen Weg geht der große Zeiger in einer halben Stunde (mit dem Finger zeigen).
Der Lehrer faltet den halben Kreis nun nochmals: Wenn ich den halben Kreis nochmals falte, habe ich ein Viertel des Kreises. Wenn der große Zeiger bis dahin geht, ist eine Viertelstunde vergangen. (Lehrer faltet den Kreis wieder auf und zeigt mit dem Finger mit.)
Eine Viertelstunde ist vergangen. Die zweite Viertelstunde ist vergangen. Die dritte . . . Du siehst: Eine Stunde hat vier Viertelstunden.
Tafel (siehe Abb. 5):

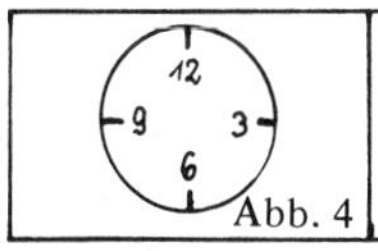

Abb. 4

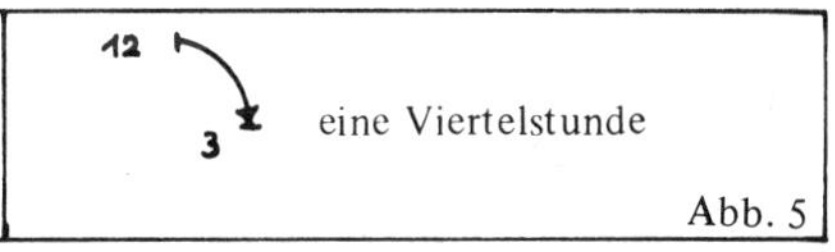

Abb. 5

Die Kinder schneiden einen Kreis aus (vgl. Abb. 4), der genauso groß ist wie ihre Lernuhr. Gemeinsam wird der Kreis zur Hälfte gefaltet und dann geviertelt. Der Kreis wird dabei jeweils auf die Uhr aufgelegt. Zu jedem Schritt wird gesprochen. Mögliche Sprechweisen: Es ist 8 Uhr. Der große Zeiger steht auf der 12. Eine Viertelstunde ist vergangen. Der große Zeiger steht auf der 3. Es ist eine Viertelstunde nach 8 Uhr. – Der große Zeiger steht auf der 6. Es ist nun halb 9. – Der große Zeiger rückt weiter auf die 9. Seit 8 Uhr sind drei Viertelstunden vergangen.
L: Nun kannst du sicher sagen, welche Uhrzeit diese Uhr zeigt (evtl. auch: Wie spät ist es jetzt gerade?). Die Modelluhr zeigt viertel 10.
Tafelanschrift:

Abb. 6

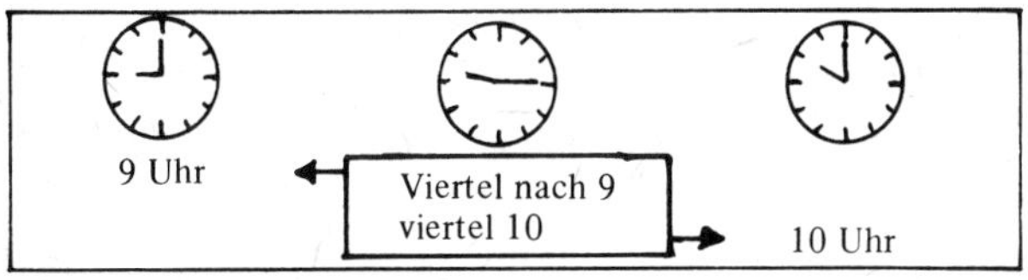

Erklärung durch die Schüler: Zuerst war es 9 Uhr. Der große Zeiger rückt weiter auf die 3. Der kleine Zeiger steht kurz nach der 9. Es ist Viertel nach 9 (oder viertel 10).

4.4 Verarbeitung

Übungen (vgl. 4.2), bei denen die Sprechweise Viertel nach bzw. viertel . . . eingeübt und die Zeigerstellung genau angegeben wird.
Arbeitsblatt

Abb. 7

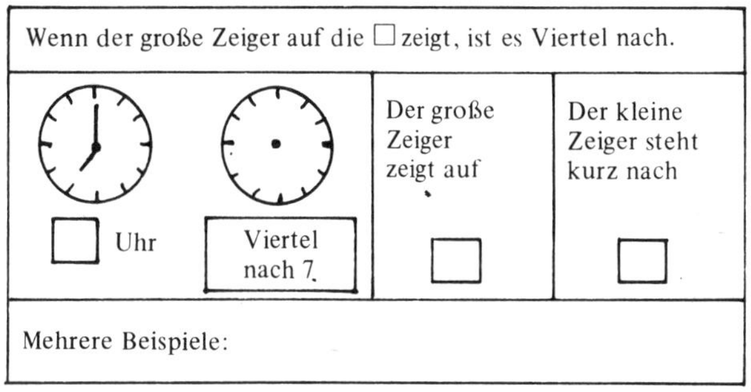

4.5 Erarbeitung 3 (am dritten Tag)

Der Lehrer läßt an der Modelluhr »Zeit vergehen« ausgehend von 11 Uhr. Die Kinder nennen die Uhrzeiten 11 Uhr, Viertel nach 11, halb 12, dreiviertel 12. Lehrer stoppt.
L: Seit 11 Uhr sind drei Viertelstunden vergangen. Nun ist es dreiviertel 12 oder Viertel vor 12, also eine Viertelstunde vor 12.
L: Zeichne auf deinem Papierkreis (vgl. 4.3) den Weg ein, den der große Zeiger in dieser dreiviertel Stunde geht.
Tafelanschrift:

Abb. 8

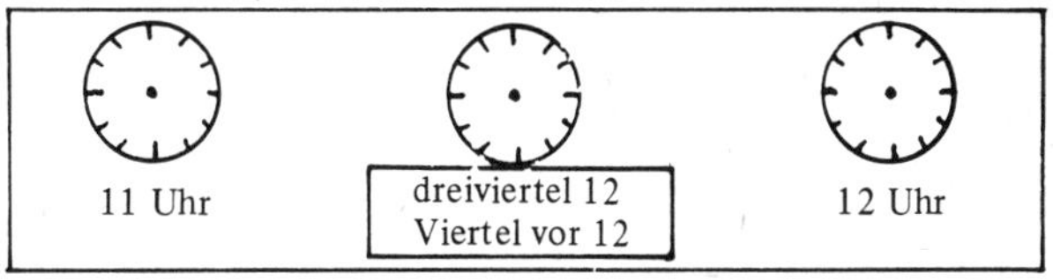

Die Kinder zeichnen die Zeiger ein und beschreiben dabei die Zeigerstellung.

4.6 Verarbeitung

– Mündliche Übungen mit der Lernuhr (vgl. 4.2)
– Arbeitsblatt:

Abb. 9

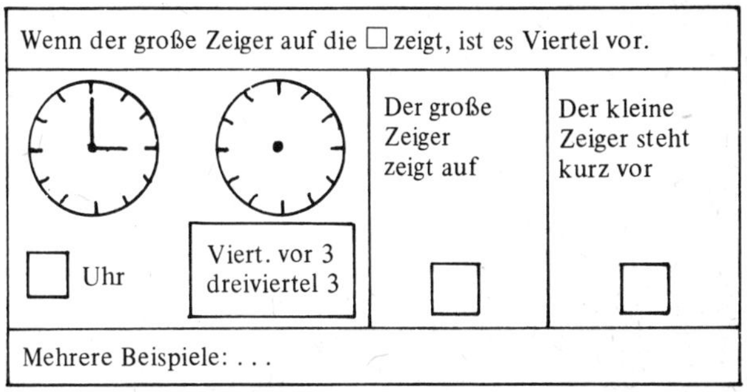

4.7 Weiterführung

– Arbeitsblätter: Einzeichnen von Zeigern; Angabe vorgegebener Uhrzeiten (Arbeitsvorlage)

Verfasserin: Silvia Regelein

Sachunterricht	**Name** ______________________
Blatt __________	**Datum** ______________________

Wie spät ist es?

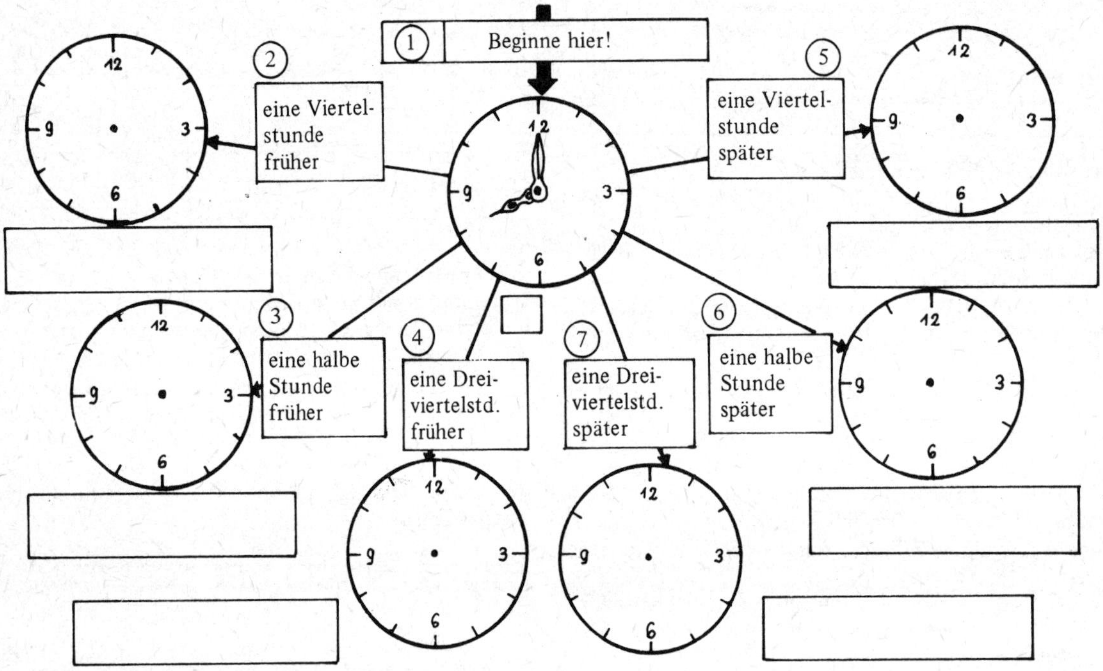

Zeichne den großen Zeiger schwarz, den kleinen Zeiger rot!

Setze ein: halb ☐ Viertel nach ☐ oder viertel ☐

Viertel vor ☐ oder dreiviertel ☐

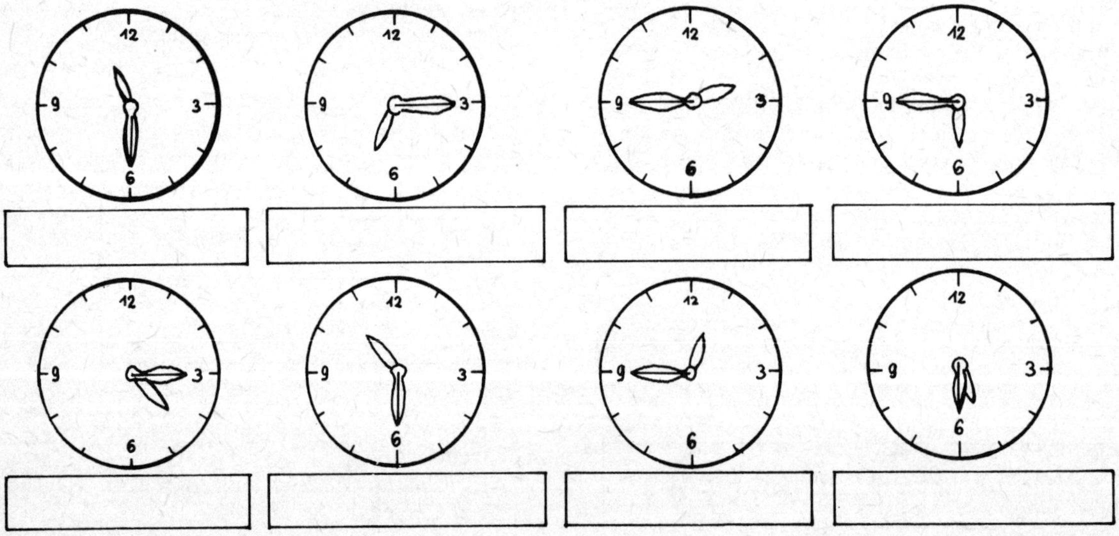

Inge Jenchen

Bald ist Weihnachten

1. Didaktische Information

1.1 Voraussetzungen bei den Schülern

Für das Grundschulkind sind zeitliche Vorstellung und räumliche Wahrnehmung noch fest miteinander verbunden. (Z. B. Wer größer ist, muß auch älter sein.) Zwischen dem 6. und 10. Lebensjahr jedoch vollziehen sich die wesentlichen Schritte zu einem von räumlicher Anschauung unabhängigen Zeitverständnis.

Schulanfänger besitzen noch ein relativ geringes *Zeitwissen*, d.h. Kenntnisse der Zeitschemas, wie z.B. Sekunden, Minuten, Stunden ...; ihre *Zeiterfahrung* hingegen ist wesentlich besser ausgeprägt, d.h. sie können schon alltägliche Handlungen in der Zeitdauer vergleichen, ohne jedoch dabei exakte Zeitbegriffe zu verwenden.

Der größte Leistungszuwachs – sowohl beim Zeitwissen als auch bei der Zeiterfahrung – erfolgt im 1. und 2. Schuljahr. Die Orientierung in die Zukunft beschränkt sich bei Kindern im 1. Schuljahr überwiegend auf einen Tag, während sich dieser Zeitraum im 2. Schuljahr bereits auf ein Jahr ausdehnt.

Das bedeutet, daß das 2. Schuljahr besonders geeignet ist für Übungen zur zeitlichen Orientierung – Vorausschau in die Zukunft, Rückschau in die Vergangenheit – die sich über einen Zeitraum von mehreren Wochen erstrecken. Jedoch muß hierbei auf eine gute optische Darstellung Wert gelegt werden, um den Kindern diesen Zeitraum überschaubar zu machen.

1.2 Darstellung des Sachverhalts

Die verbindliche Lehraufgabe für diese Unterrichteinheit lautet im Lehrplan für die Grundschule: »Erfahrungen mit der Zeit im menschlichen Leben.«

Für Übungen zur Zeiterfahrung und Zeitorientierung, die sich über mehrere Wochen erstrecken sollen, eignet sich am besten der Zeitraum vor Weihnachten, da in dieser Zeit die emotionale Beteiligung der Kinder am größten ist. Deshalb wurde für diese Unterrichtseinheit der Zeitraum vom 1. Advent bis Weihnachten gewählt.

Zunächst wird dieser Zeitraum als Zukunft gesehen. Er wird durch eine entsprechende Darstellung optisch veranschaulicht, und, indem alle voraussagbaren Ereignisse wie Nikolaustag, 1. Ferientag, Heiliger Abend ... festgehalten werden, mit konkreten Vorstellungen gefüllt und somit auch gegliedert.

In einer Langzeitbeobachtung wird dieser Zeitraum schließlich auch als Gegenwart und Vergangenheit betrachtet. Dabei wird immer wieder festgehalten, was in dieser Zeit an nicht voraussagbaren Ereignissen war, so daß am Ende jeder Tag mit einer konkreten Vorstellung bzw. Erinnerung verbunden ist.

2. Lernziele

2.1 Grobziel

Überschauen und Durchgliedern eines Zeitraumes von mehreren Wochen

2.2 Feinziele

Die Schüler sollen
- sich mit Hilfe einer kalenderartigen Darstellung in einem Zeitraum orientieren;
- voraussehbare Ereignisse erkennen und in einem Kalender festhalten;
- selbständig Daten und Zeiträume in einem Kalender ablesen;
- Zeitbegriffe wie heute, gestern, letzte Woche ... mit konkreter Vorstellung füllen und richtig anwenden.

2.3 Lernzielkontrollen

Das Zurechtfinden und das Ablesen von Daten in einem Kalender wird durch das Arbeitsblatt in der Anwendungsphase kontrolliert.

Die anderen Lernziele betreffen die Zeiterfahrung. Diese ist nur langfristig in Unterrichtsgesprächen zu überprüfen.

3. Lernhilfen

- Bild (siehe Abbildung) an der Wandtafel oder auf einem Karton, am besten an der Seitenwand des Klassenzimmers, dazu Arbeitsblätter für die Schüler (mind. DIN A 4)
- Arbeitsblätter und Folie für die Anwendungsphase

4. Unterrichtsverlauf

4.1 Einstieg

Der Lehrer stellt Adventsschmuck (Adventskranz, Gesteck) auf den Tisch. Die Schüler sprechen dazu: Am Sonntag ist 1. Advent ... Jeden Sonntag wird eine Kerze mehr angezündet ... Die Adventszeit dauert bis Weihnachten ...

L: Wie lange dauert es denn noch bis Weihnachten?

Die Schüler äußern sich kurz dazu.

TA: Bis Weihnachten dauert es noch ... Tage.

L: Schreibe den Satz auf deinen Block und trage die Zahl ein, die du für richtig hältst!

Die Schüler schreiben und begründen dann kurz ihre Entscheidung: Morgen darf ich das 1. Türchen am Adventskalender aufmachen. Darum dauert es noch 25 Tage ... o.ä.

Der Lehrer läßt bei diesem kurzen Unterrichtsgespräch offen, ob die Schüler gut geschätzt haben.

L: Am Ende der Stunde kannst du selbst feststellen, ob du gut geschätzt hast. Lege das Blatt, auf das du den Satz geschrieben hast, einstweilen unter die Bank!

4.2 Erarbeitung

1. Teilziel: Zurechtfinden in der kalenderartigen Darstellung eines Zeitraums

An der Wandtafel oder auf einem großen Karton an der Wand sehen die Schüler nun die Darstellung des Zeitraums zwischen dem entsprechenden Unterrichtstag (hier ist es der letzte Schultag vor dem 1. Advent) und dem Weihnachtsfest (s. Abb.).

Die Schüler sprechen dazu: ... Jede Zeile ist eine Woche ... Alle Sonntage stehen untereinander ... Der erste Tag auf dem Kalender ist heute ...

Anschließend erhalten die Schüler ein Arbeitsblatt, das der Darstellung an der Wandtafel entspricht.

2. Teilziel: Erkennen und Festhalten voraussehbarer Ereignisse

L: Bis jetzt sind die Kästchen von allen Tagen leer. Aber von einigen Tagen weißt du schon etwas!

Die Schüler nennen besondere Tage in diesem Zeitraum. Diese werden sowohl in das Wandbild als auch in das Arbeitsblatt eingetragen. (s. Abb.)

4.4 Anwendung

3. Teilziel: Selbständiges Ablesen von Zeiträumen und Daten

Die Schüler erhalten nun folgenden Text:

> *Die Zeit bis Weihnachten*
> Bis zum 1. Weihnachtsfeiertag sind es noch ___ Tage.
> Wir müssen noch ___ mal zur Schule gehen.
> Es sind noch ___ Wochenende bis Weihnachten.
> Bis zum Nikolaustag dauert es nur noch ___ Tage.

In diesem Text können, auf die speziellen Verhältnisse der Klasse abgestimmt, auch andere Ereignisse berücksichtigt werden: z.B. Wir gehen noch 4 mal zum Schwimmen. Der Text wird zunächst gemeinsam gelesen. Danach füllen die Schüler in Einzelarbeit – mit Hilfe des Arbeitsblattes – den Lückentext aus.

Die Kontrolle erfolgt am Overhead-Projektor anhand einer Folie mit dem gleichen Lückentext.

4.5 Rückbezug

L: Nun kannst du selbst feststellen, ob du am Anfang der Stunde richtig geschätzt hast!

Die Schüler nehmen nun die Blätter, die sie am Anfang der Stunde unter die Bank gelegt haben, und vergleichen.

Es folgt eine kurze Aussprache.

4.6 Vertiefung

In den Tagen bis Weihnachten wird nun täglich das wichtigste Ereignis in den Kalender eingetragen. Bei besonderen Ereignissen in der Schule (Unterrichtsgang, Weihnachtsfeier, Schlittenfahren ...) geschieht das gemeinsam, ansonsten trägt jedes Kind seine persönlichen Erlebnisse ein. Es darf dabei gemalt und in Stichpunkten geschrieben werden.

Auch der Kalender an der Wandtafel wird auf diese Weise weitergeführt.

Der Kalender an der Wandtafel bietet sich für kurze Übungen in der Zeitorientierung an, die des öfteren stattfinden sollten. Dabei wird sowohl in die Vergangenheit (»Das ist schon geschehen«) als auch in die Zukunft geblickt (»Das wird – vielleicht – noch geschehen«). Auf diese Weise werden Zeitbegriffe wie: morgen, übermorgen, gestern, vorgestern, nächste Woche, nächstes Wochenende ... gesichert und mit konkreten Vorstellungen gefüllt.

Verfasserin: Inge Jenchen

Bald ist Weihnachten						 *1. Advent*
				Fr, 30. Nov	Sa, 1. Dez	So, 2. Dez
			 *Nikolaustag*			 *2. Advent*
Mo, 3. Dez	Di, 4. Dez	Mi, 5. Dez	Do, 6. Dez	Fr, 7. Dez	Sa, 8. Dez	So, 9. Dez
						 *3. Advent*
Mo, 10. Dez	Di, 11. Dez	Mi, 12. Dez	Do, 13. Dez	Fr, 14. Dez	Sa, 15. Dez	So, 16. Dez
				letzter Schultag		 *4. Advent*
Mo, 17. Dez	Di, 18. Dez	Mi, 19. Dez	Do, 20. Dez	Fr, 21. Dez	Sa, 22. Dez	So, 23. Dez
 *Heiliger Abend*	*1. Weihnachtsfeiertag*	*2. Weihnachtsfeiertag*	Hinweis: Alle Eintragungen in Kursivdruck und alle Zeichnungen entstehen erst im Verlauf des Unterrichts.			
Mo, 24. Dez	Di, 25. Dez	Mi, 26. Dez				

Heinz Uchronski

Wie macht der Kaufmann den Preis?

1. Didaktische Information

1.1 Kinder dieser Altersstufe kaufen gerne ein, sei es, daß sie ihr Taschengeld in Ware umsetzen, für die Mutter Einkäufe erledigen, oder diese auch nur auf ihren Gängen begleiten. Es ist ihnen bekannt, daß alles das, was wir benötigen oder uns wünschen, einen Wert besitzt, der durch den Preis gekennzeichnet ist. Vielleicht geht ihre Erfahrung schon so weit, daß sie den Preis nicht mehr als gegebene Größe hinnehmen, sondern Vergleiche anstellen. Warum aber dieselbe Ware in einem Geschäft mehr als in anderen kostet, ist ihnen noch nicht bekannt.
Durch nachfolgende Unterrichtseinheit gewinnen die Schüler erste Einsichten in die Preiskalkulation. Moralische Wertungen (das ist ein lieber Kaufmann, bei dem ist die Ware billiger) werden ersetzt durch sachliche Reflexion: Der Kaufmann ist Handelspartner, der den Preis einer Ware unter Berücksichtigung verschiedener Komponenten ausrechnen, kalkulieren muß.
Schwerer durchschaubare Faktoren des komplizierten Preismechanismus bleiben einer höheren Jahrgangsstufe vorbehalten.
Je nach Jahreszeit und örtlicher Gegebenheit kann das Thema statt mit Erdbeeren mit Kartoffeln, Kirschen oder Äpfeln abgehandelt werden.

1.2 Unter Preis versteht man den in Geld ausgedrückten Tauschwert einer Ware oder Dienstleistung. Für das Zustandekommen eines Preises sind drei Voraussetzungen nötig.
– Die Ware muß sich direkt oder indirekt für die Befriedigung menschlicher Bedürfnisse eignen.
– Die Ware muß ein wirtschaftliches Gut sein, d. h. sie ist im ökonomischen Sinn »knapp« und steht nicht als freies Gut (wie z. B. Luft) jedermann zur Verfügung.
– Zwischen Nachfragern (Käufern) und Anbietern (Verkäufern) muß ein Tausch stattfinden.
Angebot und Nachfrage bestimmen den Marktpreis wesentlich. Auch die Kosten für die Erstellung einer Ware (Selbstkosten) sind für die Preisbildung von Bedeutung. Dazu rechnet man Fertigungskosten, Verwaltungskosten, Vertriebskosten und sog. Gemeinkosten (Personalkosten, Miete, Heizung).
Über die Deckung dieser Kosten hinaus möchte der Verkäufer Gewinn erzielen. Kosten plus angestrebter Gewinn sind also die kalkulierte Basis für den Verkaufspreis. Der so errechnete Preis wird auch als der natürliche Preis bezeichnet. In der Praxis ergibt sich aber nicht immer eine enge Verbindung von Marktpreis und natürlichem Preis, weil sich noch andere Faktoren auf die Preisbildung auswirken (konjunkturelle Lage, Struktur des Absatzmarktes, staatliche und unternehmenspolitische Einflüsse . . .).

2. Lernziele

2.1 Grobziel
Grundfragen der Produktion, der Güterverteilung, der Dienstleistungen und des Konsums in einer marktorientierten Industriegesellschaft

2.2 Feinziele
Die Schüler sollen
– lernen, daß Waren einen Preis haben;
– den Weg der Ware vom Erzeuger zum Verbraucher kennenlernen;
– erarbeiten, welche Kosten dem Kaufmann entstehen, um Waren zu verteilen;
– die Abhängigkeit des Preises von der Höhe der Selbstkosten erkennen;
– wissen, wie der Preis einer Ware zustande kommt;
– etwas über die Verteilung der Güter erfahren und somit Zusammenhänge in der Wirtschaft erkennen lernen.

2.3 Lernzielkontrollen
Zuordnen von Sätzen zu Bildern – Arbeitsblatt

3. Lernhilfen

Tonbandszene – Tafelbild bzw. Folie – Satzstreifen – Wortkarten – Arbeitsblatt – Balkenwaage und dazu beschriftete Plastikbauklötze

4. Unterrichtsverlauf

4.1 Hinführung
Lehrererzählung: Am Samstag waren die Kinder Ulla und Katja mit Mutti beim Einkaufen. Sie sahen wunderschöne Erdbeeren und bettelten Mutti so lange, bis sie ½ Kilo mitnahm. Am Sonntag machte dann die ganze Familie einen Ausflug. Im Zusammenhang mit den Erdbeeren ist Katja etwas aufgefallen. Auf dem Tonband könnt ihr es hören.
Tonbandszene mit etwa folgendem Gespräch:
»Schön, daß wir heute spazieren fahren. Vati, wo sind wir hier eigentlich?« – »In Adelschlag.« – »Du halt mal, da an dem Bauernhaus hängt ein Schild, ja, jetzt sehe ich es: Frische Erdbeeren, ½ Kilo 1,– DM. Mensch, sind die billig, gestern beim Kaufmann haben sie 2.– DM gekostet. Der verdient aber viel!« – »Ja das wäre schön, wenn das alles sein Verdienst wäre. Er muß die Erdbeeren selbst einkaufen, Außerdem hat er noch andere Kosten.«
Aussprache zum Tonband
Tafel: Bauer – frische Erdbeeren ½ Kilo 1,– DM
Kaufmann – frische Erdbeeren ½ Kilo 2,– DM
L: Darüber hättest du dich auch gewundert.

Abb. 1

Schüler vergleichen die Preise und kommen zur
Problemfrage:
Wie macht der Kaufmann den Preis?

4.2 Erarbeitung
1. Teilziel: Der Einkaufspreis
Katja meint: Ein guter Kaufmann macht einen niedrigen Preis, ein habgieriger, böser Kaufmann verlangt einen hohen Preis.
Freie Aussprache
L: Denke an die Antwort des Vaters!
S: Er muß die Erdbeeren selbst einkaufen.
Schüler berichten von ihren Vorstellungen, wie der Kaufmann zu den Erdbeeren kommt. Z. B. Er fährt morgens auf die Dörfer und kauft dort ein, wo es die schönsten und billigsten Früchte gibt.
Gemeinsam werden die Nachteile dieses Tuns, das umständlich, zeitraubend, ungewiß usw. ist, herausgearbeitet.
L: Wir müssen eine bessere Lösung suchen.
Anhand nachfolgenden Schemas erklärt der Lehrer, wie der Kaufmann zu seinen Erdbeeren kommt. (Abb. 1)

- Bauer Huber erntet die Erdbeeren.
- Er verkauft sie an die Genossenschaft.
- Von dort werden die Beeren an die Großmarkthalle verkauft.
- Dort erwirbt sie Kaufmann Zeiler.
- Er fährt sie zu seinem Geschäft.
- Dort kann Mutter die Erdbeeren kaufen.

– *Teilwiederholung:* Die Schüler wiederholen mit Hilfe der Bilder den Weg der Erdbeeren vom Bauern bis zum Kaufmann und ordnen anschließend den Abbildungen die Sätze zu.
L: Der Großhändler bekommt die Erdbeeren von der Genossenschaft nicht geschenkt, er muß sie bezahlen. Der Kaufmann wiederum kauft das Obst vom Großhändler. Diese Kosten nennt man Einkaufspreis. Darüber hinaus hat der Kaufmann noch weitere Ausgaben.

2. Teilziel: Sonstige Kosten
Arbeitsblatt (Arbeitsvorlage)
Im Sinne des entdeckenden Lernens werden in Gruppenarbeit die aus dem Arbeitsblatt ersichtlichen Aufwendungen des Kaufmanns erarbeitet.
Das Ergebnis wird in Form von Wortkarten an die Tafel geheftet:
Miete, Einrichtung, Reklame, Löhne, Verpackung, Heizung, Licht, Steuern und Reinigung verursachen zusätzliche Kosten.

3. Teilziel: Der Gewinn
L: Bis jetzt hatte der Kaufmann nur Auslagen.
Verdeutlichung durch eine Balkenwaage: In der einen Waagschale liegt der Preis (beschrifteter Bauklotz), in die andere kommen der Einkaufspreis und die weiteren Kosten.

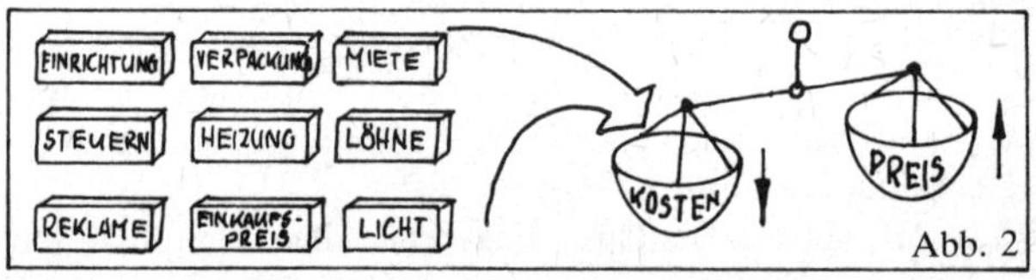

Abb. 2

Schüler erkennen, daß der Preis mit jedem Punkt ein Stück steigt.
L: Der Kaufmann will und muß aber auch Geld verdienen, etwas gewinnen.
In die Waagschale wird der Punkt Gewinn gelegt.
Daraus ersehen die Kinder, daß auch der Gewinn für den Endpreis eine Rolle spielt.

4.3 Zusammenfassung
L: Lies noch einmal unsere Anfangsfrage durch! Du weißt jetzt eine Antwort!
Schüler formulieren zunächst selbst, danach schreibt Lehrer folgende Formel an die Tafel:

[Einkaufspreis] + [sonstige Kosten] + [Gewinn] →

→ [Verkaufspreis] (Übertragen auf das Arbeitsblatt.)
An der Balkenwaage kann einsichtig demonstriert werden, warum der Bauer die Erdbeeren billiger verkaufen kann: Er hat weniger Kosten.

4.4 Ausweitung
Die an diesem Beispiel gewonnenen Erkenntnisse werden auf andere Waren übertragen. Beispiel: Milch ist beim Bauern billiger als im Geschäft. Ebenso Eier, Fleisch . . .

Verfasser: Heinz Uchronski

Sachunterricht

Blatt ________

Name ____________________

Datum ____________________

Wie macht der Kaufmann den Preis?

Kaufmann Zeiler sagt:

Ich habe viele Kosten.
Beim Transport von der Großmarkthalle fängt es an.
Den Angestellten muß ich Lohn bezahlen, dem Hausbesitzer Miete. Die neue Einrichtung war ziemlich teuer. Elektrischen Strom und Heizung erhalte ich auch nicht umsonst. Das Verpakkungsmaterial muß bezahlt werden. Für Reklame und Reinigung gebe ich immer wieder Geld aus. Schließlich verlangt das Finanzamt noch Steuern.

Lies den Text aufmerksam durch, dann findest Du viele Ausgaben des Herrn Zeiler! Du erkennst sie auch auf den Bildern.

Schreibe die passenden Begriffe unter die Bilder!

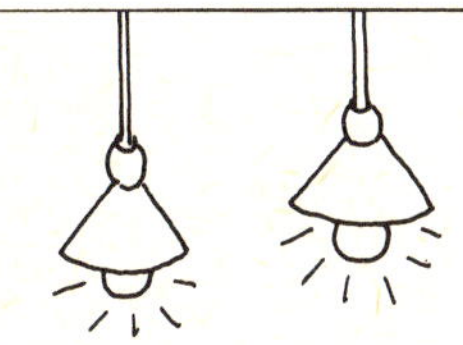

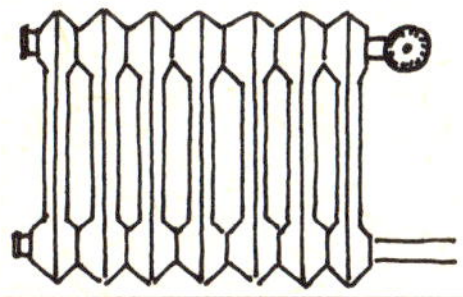

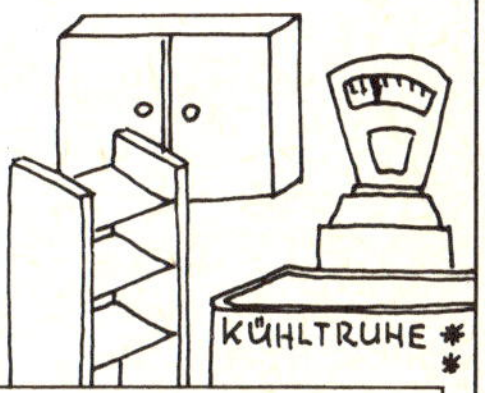

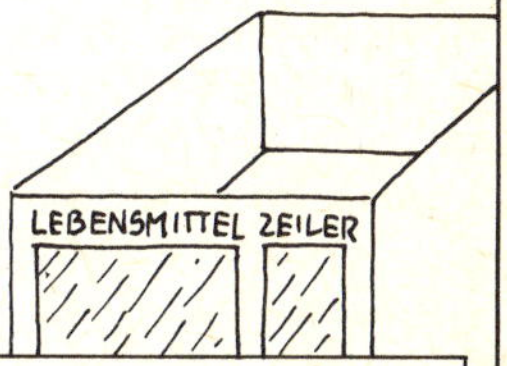

Ei + 30 K +

G → V

Renate Schuster

Die meisten Waren sind verpackt

1. Didaktische Information

Der Sachverhalt »Die meisten Waren sind verpackt«, der dem umfassenderen Thema »Einkaufen« zugehört, wird am Beispiel der Lebensmittel aufgezeigt, da er hier auch von besonderer Bedeutung ist.
Die Waren können je nach ihrer Beschaffenheit in Schachteln, Tüten, Kartons, Beuteln, Flaschen, Dosen, Gläsern, Röhrchen, Tuben, Bechern usw. verpackt sein. Dabei ist zu unterscheiden zwischen Waren, die schon in den Fabriken verpackt werden, und Frischwaren wie Obst, Gemüse, Backwaren, Fleisch- und Wurstwaren, die erst im Laden eingepackt werden. Schutz der Ware, Aroma-Schutz, Haltbarmachung, Hygiene, Werbegags, die Möglichkeit für Beschriftungen zur Information des Verbrauchers können Gründe sein, eine Ware zu verpacken.
Die Tatsache, daß die meisten Waren verpackt sind, bringt für den Kunden jedoch nicht nur Vorteile. So können aufwendige Verpackungen den Käufer über die wahre Qualität und Quantität der Ware täuschen und außerdem zu Kostensteigerungen führen. Dem Schutz des Verbrauchers dienen Vorschriften, die die Beschriftung der Waren beinhalten (z. B. Herstellungs- und Verfallsdatum, genaue Mengenangabe, Qualitätsbezeichnungen usw.). Auch die Müllbeseitigung bringt immer größere Probleme.
Dieses Thema hat aber auch einen geschichtlichen Aspekt, da die Verpackung der Waren eng zusammenhängt mit der Entwicklung der Lebensmittelläden vom Kaufmann früherer Zeiten hin zu den Selbstbedienungsläden und Supermärkten von heute.
Selbstverständlich können nicht alle hier geschilderten Sachverhalte in einer Unterrichtsstunde angesprochen werden. Auch sind nicht alle Zusammenhänge für diese Altersstufe in gleicher Weise erkennbar. So würde z. B. die Tatsache, daß in der 2. Jahrgangsstufe die Gewichte noch nicht behandelt werden, einen genauen Vergleich zwischen der in einer Packung enthaltenen Menge und dem Preis erschweren. Die Schreibweise der Daten sollte zum Zeitpunkt der Unterrichtsstunde schon bekannt sein.

2. Lernziele

2.1 Grobziel
Die Schüler solllen die Vorteile (und Nachteile) erkennen, die die Verpackung von Lebensmitteln bietet.

2.2 Feinziele
Die Schüler sollen
- sich bewußt machen, daß heute im Gegensatz zu früher die meisten Waren verpackt sind;
- verschiedene Verpackungsarten nennen und bestimmten Waren zuordnen können;
- die Vorteile erfassen, die die Verpackung bietet;
- erfahren, welche Informationen auf den Verpackungen für den Kunden wichtig sind;
- erkennen, daß der Verpackungsaufwand Probleme bei der Müllbeseitigung bringt.

2.3 Lernzielkontrollen
Beiträge zum Unterrichtsgespräch – Arbeitsblatt

3. Lernhilfen

- Eine alte Waage, eine kleine Zuckerschaufel, eine Tüte
- Drei Konservendosen ohne Beschriftung
- Waren: eine Tüte Rosenmehl, $1/2$ l Milch, eine Dose Ananas in Stücken, eine Dose gemahlenen Kaffee mild, ein Glas Senf, 10 Eier, ein Becher Schlagsahne mit verfallenem Haltbarkeitsdatum, eine kleine Leberwurst, ein großes Paket Ariel
- Tafelbild, Arbeitsblatt

4. Unterrichtsverlauf

4.1 Hinführung
1. Teilziel: Wir vergleichen den Einkauf von heute und von früher.
Zwei Schüler bieten folgendes vorbereitetes Spiel:
Ein Kunde verlangt beim Kaufmann ein Pfund Zucker. Der Kaufmann entnimmt den Zucker mit einer kleinen Schaufel aus einem Gefäß, füllt ihn in eine Tüte und wiegt ihn ab.
Die Kinder stellen fest, daß es heute beim Kaufmann so nicht zugeht, daß heute die Waren alle schon verpackt sind usw...

4.2 Erarbeitung
2. Teilziel: Wir ordnen Waren gebräuchlichen Verpackungen zu.
Im Anschluß an das Spiel zählen die Kinder auf, wie die Waren verpackt sein können. Das Ergebnis wird mit Hilfe von Symbolen an der Tafel festgehalten.
L: Peter soll für seine Mutter einkaufen gehen. Hier ist sein Einkaufszettel. Male in deinem Notizblock auf, wie die Waren verpackt sind, die Peter mitbringt! Die Bilder an der Tafel können dir helfen.
Im Anschluß an die Arbeit der Kinder werden neben die Waren des Einkaufszettels die entsprechenden Symbole gemalt. Die Schüler stellen fest, daß ein und dieselbe Ware auf verschiedene Weise verpackt sein kann. Vorteile bzw.

Nachteile der unterschiedlichen Verpackungen können ins Gespräch einbezogen werden.

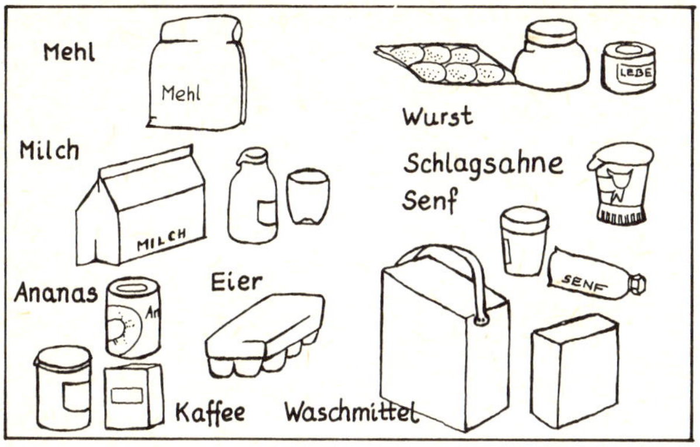

Abb. 1

3. Teilziel: Wir denken nach über die Vorteile, daß die Waren verpackt sind.
L: Mutti ist froh, daß die Waren so gut verpackt sind.
Die Schüler bringen die hier z. T. allgemein formulierten Vorteile in konkrete Verbindung mit bestimmten Waren.
- Die Eier können nicht zerbrechen.
- Mutti braucht Peter keinen Behälter mitzugeben.
- Die Waren sind vor Schmutz geschützt.
- Die Ware sieht schöner aus.
- Die Ware ist haltbarer.
- Das Aroma geht nicht verloren...

4. Teilziel: Wir untersuchen die Beschriftung der Verpakkungen.
L: Ich war gestern auch einkaufen. Schaut, was ich gekauft habe!
Der Lehrer zeigt drei Konservendosen ohne Beschriftung. Die Schüler erklären, daß man nicht weiß, was in den Dosen ist, weil die Aufschriften fehlen. Sie äußern auch Vermutungen über den Inhalt. Im Gespräch wird erarbeitet, was auf den Verpackungen alles draufstehen kann. Die wieder mehr am konkreten Beispiel orientierten Beiträge der Kinder erscheinen später allgemeiner formuliert auf dem Arbeitsblatt. Dann verrät der Lehrer den Schülern, was in den Dosen enthalten ist, indem er sie wieder mit den Etiketten umhüllt.
L: Auch Peter hat sich bei seinem Einkauf die Aufschriften auf den Verpackungen genau anschauen müssen. In Wirklichkeit hatte er nämlich einen genaueren Einkaufszettel.
Tafel:

1 Tüte Rosenmehl	1 Tube Senf
1 Liter Milch	10 Eier
1 Dose Ananas in Scheiben	1 Becher Schlagsahne
1 Dose gemahlenen Kaffee mild	1 kleine Teewurst
	1 großes Paket Ariel

Jede Tischgruppe erhält zwei (oder drei) der von Peter eingekauften Waren. Die Kinder sollen an Hand der Aufschriften prüfen, ob Peter richtig eingekauft hat. Im anschließenden Klassengespräch berichten die Gruppen darüber, welche »Fehler« sie entdeckt haben ($^1/_2$ l statt 1 l Milch, eine Dose Ananas in Stücken statt in Scheiben, ein Glas statt einer Tube Senf, eine Leberwurst statt einer Mettwurst).
Auf die Beachtung des Verfallsdatums bei leicht verderblichen Waren (Schlagsahne, Milch, Wurst) wird eigens hingewiesen werden müssen.

5. Teilziel: Wir denken nach über die Nachteile, die die Verpackung von Waren mit sich bringt.
L: Am Abend soll Peter für die Mutter den Mülleimer ausleeren. »Was, schon wieder!?« sagt Peter.
Im abschließenden Gespräch soll auf folgende Punkte eingegangen werden:
- Das Verpackungsmaterial nimmt viel Platz im Mülleimer weg.
- Manche Waren sind zu aufwendig verpackt.
- Aus Glas hergestellte Verpackungen gehören in den Glascontainer.

4.3 Vertiefung
Das folgende Arbeitsblatt kann bei Zeitmangel auch als Hausaufgabe bearbeitet werden. Es kann auch als Beitrag zum informativen Lesen verstanden werden.
Arbeitsblatt:

Auf diese Fragen können die Aufschriften dem Kunden Antwort geben:
1. Wie heißt die Fabrik, die die Ware herstellt?
2. Welche Ware ist in der Verpackung?
3. In welcher Form oder Zubereitung ist die Ware in der Verpackung?
4. Welche Menge ist in der Verpackung?
5. Wie muß man die Ware aufbewahren?
6. Bis wann ist die Ware haltbar?
7. Wie wird die Ware zubereitet?
8. Was kostet die Ware?
9. Wie kann man die Verpackung öffnen?
10. Reklamespruch

Was sagen diese Aufschriften dem Käufer?
Schreibe in die Kreise die entsprechenden Nummern!

BIRKEL
Spaghetti
In 10–12 Minuten fertig!
○ ○ ○

Feinfisch
Zartes Makrelenfleisch in würziger Soße
Haltbar bis einschließlich 1983
Trocken lagern!
○ ○ ○ ○

Geschälte Aprikosen
halbe Frucht
Fruchteinwaage: 425 g
○ ○ ○

Deutsche Markenbutter
Bei +10° bis +12° mindestens haltbar bis 31. 5. 81
○ ○ ○

Specht
Weinsauerkraut
Einwaage 285 g
2 Portionen
Lasche langsam senkrecht stellen und öffnen
○ ○ ○ ○

Sunlicht
Geschirrspülmittel für frische klare Sauberkeit
○ ○ ○

5 allerfeinste Nürnberger Elisen- und Mandellebkuchen
Haeberlein-Metzger Vereinigte Nürnberger Lebkuchen-Keks- und Schokoladen-Fabriken Nürnberg
○ ○ ○ ○

RÖSTA
mild
KAFFEE
filterfein gemahlen
500 g
○ ○ ○ ○

Abb. 2

Verfasserin: Renate Schuster

Clara Zaunscherb

Dicke haben es schwerer

1. Didaktische Information

1.1 Kinder haben im allgemeinen wenig Einfluß auf ihre Eßgewohnheiten und übernehmen, ohne die verschiedenen Auswirkungen zu kennen, die Ernährungsweisen ihrer unmittelbaren Umgebung. Ihnen zumindest Orientierungshilfe zu leisten, das Thema Ernährung zu problematisieren, ist Anliegen dieser Unterrichtseinheit.

1.2 Abgesehen von den pathologischen Folgeerscheinungen übermäßiger Ernährung, die auf dieser Altersstufe nicht Gegenstand der Auseinandersetzung sein können, gibt es im Alltag der Kinder Begegnungen und Erfahrungen genug, um zumindest den Aspekt der Hinderlichkeit von Übergewicht aufzugreifen.

1.3 Es wäre wünschenswert, im Vorfeld die Ernährung als einen der lebenserhaltenden Faktoren behandelt zu haben.

1.4 Im Mittelpunkt stehen jene Nahrungs- und Genußmittel, die besonders geeignet sind, Übergewichtigkeit zu fördern.

1.5 Daß gerade bei diesem Thema der nötige pädagogische Takt nicht fehlen darf, um es jenen Schülern, die es schon »schwer« haben, nicht noch »schwerer« zu machen, bedarf keiner weiteren Erläuterung.

2. Lernziele

2.1 Grobziel
Die Schüler sollen wissen, daß im Regelfall über der Norm liegendes Körpergewicht kein unabänderliches Schicksal, keine angeborene Größe, sondern eine vom Menschen beeinflußbare ist.

2.2 Feinziele
Die Schüler sollen
- angeregt durch verschiedene Darstellungen zum Problem Übergewichtigkeit Stellung nehmen und Unterschiede im Aussehen und Verhalten versprachlichen und die jeweilige Situation, in der sich die dargestellten Menschen befinden, beschreiben und begründen;
- Vorurteile gegenüber Übergewichtigen abbauen;
- Überlegungen anstellen, wie es zu Übergewichtigkeit kommen kann;
- erfahren, daß es Nahrungs- und Genußmittel gibt, die besonders zur Gewichtszunahme beitragen;
- eine Reihe solcher Nahrungsmittel bzw. Speisen nennen können.

2.3 Lernzielkontrollen
Die gebotenen Informationen sollen den Kindern Beurteilungskriterien verfügbar machen, mit deren Hilfe sie eigene Ernährungsgewohnheiten beurteilen und korrigieren können.
Sie sollen aus einer Folge von Nahrungsmitteln und Speisen jene streichen können, die zu Übergewicht führen können.

3. Unterrichtshilfen

Demonstrationsmittel für den Lehrer:
- Zucker, Mehl, Fett (in Form von Schmalz oder Butter)
- Torte, Schokolade, Konfekt, Knabbergebäck
- zwei kleine Kissen, ein 6 bis 7 kg schwerer Rucksack
- OH-Folie, Tafelbild, ggf. Collage mit Illustriertenausschnitten von Nahrungsmitteln und Speisen

Arbeitsmittel für die Kinder:
- Arbeitsblatt

4. Unterrichtsverlauf

4.1 Problembegegnung
1. Teilziel: Stellungnahme zum Problem Übergewichtigkeit
Die auf Abbildung 1 dargestellten Situationen sind Gesprächsanlaß für folgende Inhalte:
- Übergewichtigkeit vermindert das Tempo beim Laufen, beim Stiegensteigen, beim Bergsteigen, etc.
- Übergewichtigkeit vermindert die Beweglichkeit und Geschmeidigkeit beim Spielen, beim Baumklettern, beim Geräteturnen, beim Schuheanziehen ...
- Übergewichtigkeit macht Probleme beim Kleiderkaufen.
- Übergewichtigkeit erhöht den Kraftaufwand, läßt rascher ermüden und reduziert die Freude an Bewegung.

Abb. 1

Abb. 1

Demonstrationsversuche:
Ein normalgewichtiges Kind läuft unbelastet über eine Stiege hinauf. Beim zweiten Lauf erhält es einen etwa 6 bis 7 kg schweren Rucksack auf die Schultern.
Erwartetes Ergebnis: Ohne das Zusatzgewicht fiel es leichter.
Einem Kind werden mit einem Gürtel zwei kleine Kissen um die Leibesmitte gebunden. Es erhält den Auftrag, sich seine Schuhe aus- und wieder anzuziehen.
Erwartetes Ergebnis: Ohne das zusätzliche Volumen fiel es leichter.

2. Teilziel: Abbau von Vorurteilen
Die Schüler sollen auf einem Arbeitsblatt in Stillarbeit zwei verschiedengewichtigen Kindern Eigenschaften zupfeilen. (Abb. 2) Das Ergebnis wird abgefragt und an der Tafel (bzw. auf Folie) festgehalten. Das im Anschluß zu führende Gespräch hat zu klären, daß Übergewichtigkeit über die Eigenschaften einer Person nichts aussagt.

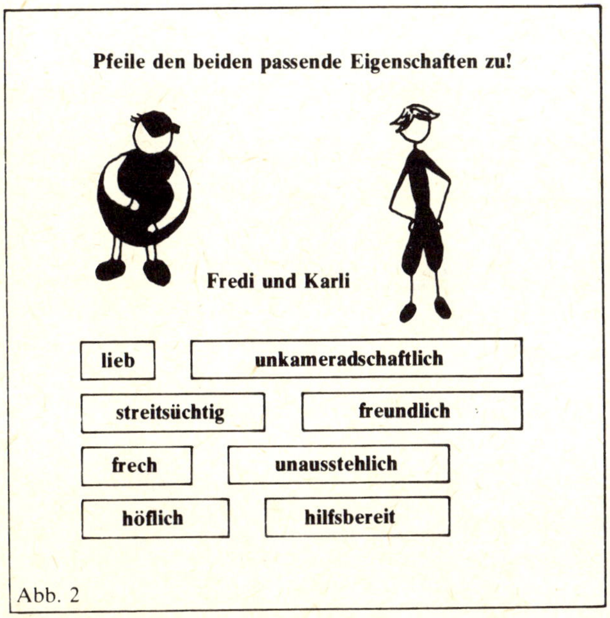

Abb. 2

4.2 Problemerarbeitung

3. Teilziel: Überlegungen anstellen, wie es zu Übergewichtigkeit kommt

Feststellung des Lehrers: Daß Fredi so dick ist, wird wohl seine Gründe haben.
Die Kinder stellen Vermutungen an, wie beispielsweise: Zu viel gegessen, zu wenig Bewegung, vielleicht sind die Eltern und Geschwister auch dick, . . .

4. Teilziel: Kennenlernen relevanter Nahrungsmittel
Erklärung des Lehrers: Es gibt Menschen, die dick sind, weil sie krank sind. Die meisten Menschen aber sind dick, weil sie zu viele »Dickmacher« essen.
Demonstration der »Dickmacher« Zucker, Mehl und Fett und ihrer Weiterverarbeitungsprodukte
Parallel dazu entsteht das Tafelbild.

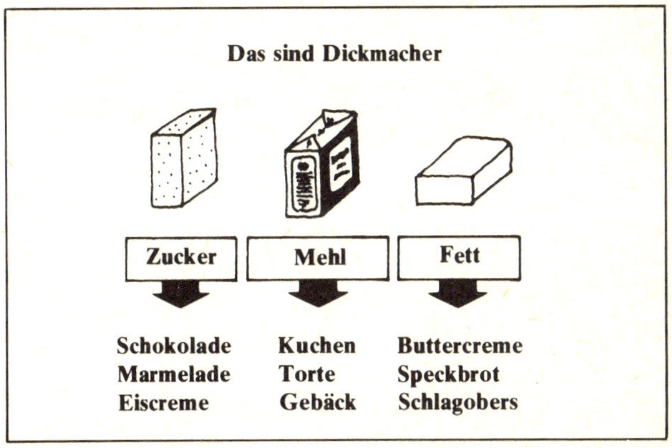

Abb. 3

5. Teilziel: Nennenkönnen relevanter Nahrungsmittel
Die Kinder erhalten den Auftrag, sich so viele »Dickmacher« wie möglich einzuprägen.
Lautes Lesen, stilles Lesen
Lehrer deckt das Tafelbild ab und erzählt eine Geschichte, in der von einigen »Dickmachern« die Rede ist. Jedesmal, wenn ein »Dickmacher« genannt wird, heben die Kinder den Arm.

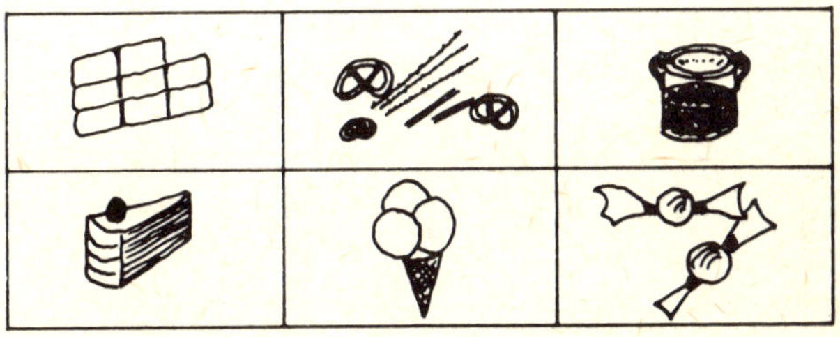

Abb. 4

Lehrer skizziert die in der Geschichte erwähnten »Dickmacher« an der Tafel (Abb. 4). Kinder erzählen diese Geschichte nach und zeigen auf den jeweils erwähnten »Dickmacher«. Möglicherweise erfinden einzelne Kinder schon eigene kleine »Dickmacher«-Geschichten.

4.3 Lernzielkontrolle

Die Kinder streichen auf einem Arbeitsblatt jene Nahrungsmittel und Speisen rot an, die zu Übergewichtigkeit führen können. Anstelle eines Arbeitsblattes kann ggf. die erwähnte Collage als Lernzielkontrolle eingesetzt werden.

Verfasserin: Clara Zaunscherb

Erika Scholler

Hilfe, ich blute!

1. Didaktische Information

1.1 Gesundheitserziehung – mit dem Sachverhalt Erste Hilfe – unter dem Aspekt der Möglichkeiten des Kindes – gilt als wichtige Aufgabe, auch der Grundschulbiologie. Biologische Kenntnisse über einfache Verletzungen, über Möglichkeiten der eigenen und fremden Hilfe, sowie daraus folgende verantwortungsbewußte Handlungsweisen und Verhaltensqualifikationen kennzeichnen die pragmatische Bildungstendenz präventiver Gesundheitserziehung. Einfache Handgriffe, besonders aber die Notwendigkeit ärztlicher Hilfe, sind Elementarziele, die Gegenwarts- und Zukunftsbedeutung haben.

1.2 Eine offene Wunde entsteht durch gewaltsame Gewebstrennung an Haut bzw. Schleimhaut. Nach der Verletzungsart bzw. der Art der Gewalteinwirkung unterscheidet man einfache und komplizierte Schnitt-, Stich-, Hieb-, Biß-, Riß-, Quetsch- und Schürfwunden. Gefährlich sind hier immer Blutungen und Infektionen. Letztere werden durch Verunreinigung mit Krankheitserregern (Bakterien) hervorgerufen. Diese Erreger kommen praktisch überall – Starrkrampferreger besonders in Straßenstaub, Gartenerde, Dünger, modernden Gegenständen – vor. Der Arzt gibt deshalb meist eine vorbeugende Serumspritze, deren Schutz ca. 14 Tage anhält. Auf die vorbeugende und mehrere Jahre anhaltende aktive Schutzimpfung, die zusammen mit anderen Impfungen verabreicht werden kann, wird verwiesen. Anhand von Bißwunden, die größere Tiere verursachen, klären wir über die Tollwutgefahr auf.

1.3 In unserer Unterrichtsstunde beschränken wir uns auf einfache Kenntnisse über Fleischwunden (Schürf- und Bißwunden). Den Schülern soll unbedingt klar werden, daß wir selbst einfache Wunden fachgerecht versorgen bzw. versorgen lassen. Schon in dieser Stunde lernen die Schüler einfache Hilfeleistungen und sehen auch einfache Vorschriften ein: frische Wunden nicht auswaschen, kein Puder, keine Salbe, vorsichtige Anwendung von Desinfektionsmitteln, kein Entfernen von Fremdkörpern, einfache keimfreie Abdeckung, im Falle einer nichterfolgten Schutzimpfung in der Regel den Arzt aufsuchen etc. Mit einfachen Materialien üben wir die m. E. für eine zweite Jahrgangsstufe durchaus vertretbare Verhaltensform: keimfreie Abdeckung durch Notverbände (Mull, Pflaster oder Verband durch Mull und Binde).

2. Lernziele

2.1 Grobziel
Die Schüler sollen die Notwendigkeit fachgerechter Behandlung und Versorgung offener Wunden einsehen.

2.2 Feinziele
Die Schüler
- beschreiben den Begriff der offenen Wunde und nennen Beispiele;
- beschreiben Infektionsmöglichkeiten und entsprechende Gefahren;
- begründen die Notwendigkeit einer fachgerechten Wundbehandlung und eines Notverbandes;
- erfahren die Notwendigkeit aktiver Schutzimpfungen;
- sind bereit, ihr bisher falsches Verhalten zu überdenken und künftig andere Handlungsweisen bei der Wundbehandlung und Wundversorgung anzuwenden.

2.3 Lernzielkontrollen
Kognitive Sicherungen und Kontrollen erfolgen bei Zusammenfassungen, einfache Handlungen an fingierten Wunden werden in der Nachfolgestunde als Fertigkeiten geübt und überprüft.

3. Lernhilfen

Tafelanschrift – Arbeitsblatt – Folie – Lehrererzählungen – Dia – Verbandmull – Verband – Pflaster zur Demonstration – Rollenspiel

4. Unterrichtsverlauf

4.1 Problemstellung
Der unmittelbare Anlaß einer Verletzung oder der fingierte Anlaß z.B. durch nachfolgendes Tonbandgespräch reizen zu Berichten der Schüler, wobei sie ihre unmittelbaren Erfahrungen darstellen. Ein Bild (Folie) kann zusätzlich gezeigt werden.

Abb. 1

Tonbandtext:
Hilfe, Hilfe! Mama, Mama! Ich blute! Schnell! Wasch mir mein Knie!
Tafelanschrift: Hilfe, ich blute! (TA 1)

4.2 Problemerarbeitung

Meinungsbildung:
Im nachfolgenden Partner- und Klassengespräch bringen die Schüler ihre Erfahrungen, ihre Erlebnisse. Sie berichten über ihr bisheriges Verhalten bei der Wundbehandlung. Der Lehrer sollte hier nicht den Erzählfluß hemmen, er sollte weder falsifizieren noch verifizieren.

1. Teilziel: Offene Wunden
Erfahrungsberichte werden mittels Fragen und Impulsen gelenkt. Die Schüler erzählen, daß es verschiedene Wunden gibt, daß offene Wunden mehr oder weniger stark bluten ... (TA 2)

1. Teilzusammenfassung: Wunden sind unangenehm für uns alle!

2. Teilziel: Wunden niemals berühren und niemals auswaschen
L: Unser Peter (Tonbandfigur) gibt seiner Mutter einen Ratschlag! (Tonband nochmals vorspielen)
Gruppengespräch: Die Schüler besprechen die Sachverhalte.
Klassengespräch: Meinungen und Gegenmeinungen werden ausgetauscht. Der Lehrer muß anschließend die Schüler über Wasser, Schmutz, Bakterien, Krankheitskeime aufklären. Eventuell empfiehlt es sich, Berichte über Blutvergiftung, Wundstarrkrampf etc. zu geben, die über falsche Wundbehandlung entstehen können ...
Rollenspiel: Zwei informierte Schüler, deren Hände »verschmutzt« sind, demonstrieren der Klasse das Aufkleben eines Verbandmulls, indem sie in den Verbandsmull ihre Hände abdrücken, indem sie an einer »fingierten Kniewunde« mit schmutzigen Händen herumhantieren!
Klassengespräch: Im Gesprächskreis erheben die Schüler Protest, sie begründen ihre Aussagen. Es wird gleichzeitig eine Verhaltensstrategie entworfen, die im anschließenden Rollenspiel nachvollzogen, begründet und kritisiert wird.
Rollenspiel: Zwei Schüler demonstrieren richtiges Verhalten.

2. Teilzusammenfassung: Dem Peter können wir nun schon mehr erzählen!
Klassengespräch: Richtiges und falsches Verhalten wird nochmals mit den Schülern zu begründen versucht – TA 3 entsteht.

3. Teilziel: Begründung einer ärztlichen Wundversorgung
Der Lehrer zeigt nachfolgende Folie:

Kind starb an Tierbiß! Ärzte verweisen auf Schutzimpfung gegen Tollwut! Siebenjähriger Junge wegen Wundstarrkrampf gestorben!

Klassengespräch: Nach einem vorbereitenden Partnergespräch tauschen die Schüler ihre Meinungen (eventuelles Vorwissen) aus.
Lehrerergänzung: Es erfolgt eine Aufklärung über Krankheitserreger (Bakterien), eventuell zeigt der Lehrer ein Dia über Bakterien (Vergrößerungen!). Er berichtet und informiert über Tollwutgefahr bei Tierbiß, erzählt den Schülern über Wundstarrkrampf: z.B. Erdverschmutzte Wunden (auch unscheinbare) können Bazillen tragen, die diese Krankheit bringen. Wenn dies der Fall ist und man behandelt nicht richtig, kann sogar der Tod eintreten ... vorbeugender Impfschutz ist angebracht ... am besten gleich zum Arzt ... am besten wäre die Schutzimpfung gegen diese Krankheit ... (Aufklärung über Schutzimpfung!).
Tollwut braucht auch eine Wundschutzbehandlung durch den Arzt, Tierbisse sind besonders gefährlich, weil die Wunden durch Krankheitserreger aus dem Tierspeichel verunreinigt werden ... bei jedem Tierbiß zum Arzt gehen ... aktive Schutzimpfung erfolgt bei Infektionsverdacht ...

3. Teilzusammenfassung:
L: Selbst kleine Wunden können gefährlich werden! – TA 4 entsteht.
Die Schüler führen ein Klassengespräch darüber.

4.3 Problemverarbeitung

– *Gesamtzusammenfassung:* Anhand der Tafelstichpunkte führen die Schüler ein zusammenfassendes Gespräch, anschließend übertragen sie die Ergebnisse bei geöffneter Tafel ins Arbeitsblatt (kopierfähige Arbeitsvorlage).
– *Wertung:* Warum wir selbst bei kleinen Wunden vorsichtig sind! Wundbehandlung muß genau gelernt sein!
– *Weiterführende Hausaufgabe:* Gegenstände aus der Hausapotheke zur Wundbehandlung suchen (Elternmitteilung!) und für nächste Stunde mitbringen

4.4 Weiterführung

In der nächsten Unterrichtsstunde erlernen die Schüler einfache Handgriffe der Wundbehandlung (konkretes Tun und Hantieren mit Pflaster und Verbandsmaterial).

Literatur bei der Verfasserin

Verfasserin: Erika Scholler

Tafelbild

Abb. 2

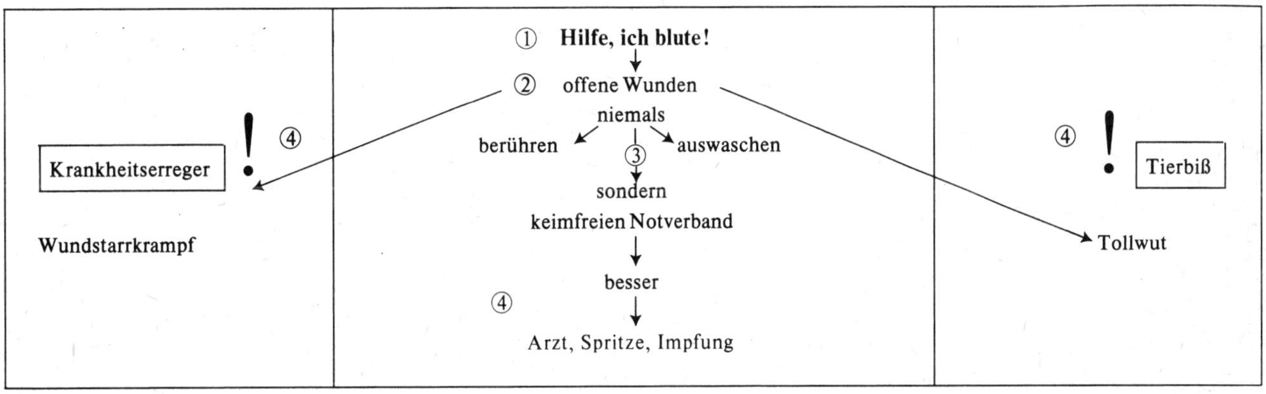

Sachunterricht | **Name** ____________

Blatt ________ | **Datum** ____________

Hilfe, ich blute!

____

niemals

____

sondern

____

am besten zum

____

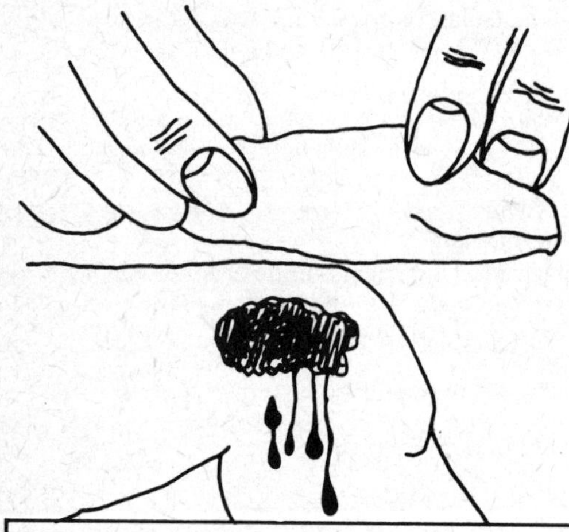

Wundstarrkrampf!!!

vorher

____

Tierbiß

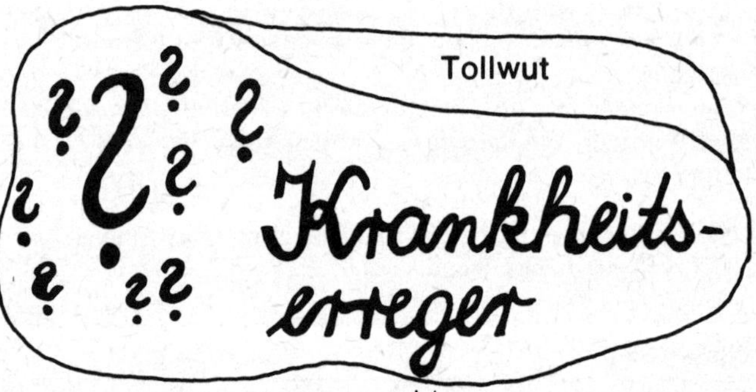

____

Clara Zaunscherb

Nicht jedes Wasser ist trinkbar

1. Didaktische Information

1.1 Häufig kommen Kinder unvorbereitet mit ungenießbarem Wasser in Kontakt. Das unüberlegte Trinken aus unbekannten Leitungen und Quellen und die damit verbundene Gefahr sollen Gegenstand von Überlegungen sein und zu überlegtem Handeln führen.

1.2 Es empfiehlt sich aus Aktualitätsgründen, das Problem in der Frühjahrszeit zu behandeln. Es dürfte der Mehrzahl der Kinder dann auch nicht mehr schwerfallen, das Arbeitsblatt selbständig zu bearbeiten.

1.3 Auf die in verschiedenen Formen auftretenden Krankheitsbilder nach Genuß verunreinigten Wassers kann nur ganz allgemein hingewiesen werden.

1.4 Die Lernziele zu diesem Thema sind ohne besondere Vorkenntnisse erreichbar.

1.5 Die zur Demonstration verwendeten Chemikalien wie Zuckersäure, Natron, Soda, Medikamente o.ä. sollten vor, während und nach der Demonstration in einer Form verwahrt sein, die die Sicherheit der Kinder gewährleistet.

2. Lernziele

2.1 Grobziele
Die Schüler sollen erfahren, daß der Genuß auch sauber aussehenden und geruchlosen Wassers gefährlich sein kann. Sie sollen darüber hinaus die Erkenntnis gewinnen, daß gleich Aussehendes nicht zwangsläufig Gleiches ist.

2.2 Feinziele
Die Schüler sollen
- Aussehen und Geruch mehrerer vom Lehrer vorpräparierter gefüllter Wassergläser feststellen;
- Vermutungen über die Trinkbarkeit des Wassers anstellen;
- einen vom Lehrer durchgeführten Versuch beobachten und dazu Stellung nehmen;
- überlegen, wo und wie sie mit vielleicht nicht trinkbarem Wasser in Berührung kommen könnten;
- Möglichkeiten erfahren, wie man ungefährdet seinen Durst löschen kann.

2.3 Lernzielkontrollen
Die gewonnenen Erkenntnisse sollen den Kindern Kriterien zur Beurteilung von Fehlverhalten verfügbar machen. Aus einer Reihe von Situationsschilderungen sollen die Kinder richtiges Verhalten auswählen und bewerten. (Arbeitsblatt)

3. Lernhilfen

– *Demonstrationsmittel für den Lehrer:*
8 Wassergläser, Wasser, Salz, Zucker, Zuckersäure, Soda, Natron, vollösliche Medikamente . . .
Tafelanschrift (bzw. OH-Folie)
– *Arbeitsmittel für die Kinder:*
Arbeitsblatt (parallel zur TA)
Arbeitsblatt zur Lernzielkontrolle

4. Unterrichtsverlauf

4.1 Problemgewinnung
1. Teilziel: Feststellung von Aussehen und Geruch des Wassers in den vorbereiteten Gläsern
Ohne Wissen der Kinder hat der Lehrer drei (von vier) mit Wasser gefüllte Gläser durch Zugabe von Salz, Soda und einem vollöslichen Medikament präpariert. (Dafür können auch andere unter Punkt 3 genannte Chemikalien verwendet werden.) Diese vier mit A, B, C und D gekennzeichneten Gläser befinden sich auf dem Demonstrationstisch. Jedes Kind erhält die Möglichkeit, Aussehen und Geruch (nicht den Geschmack!) des Wassers festzustellen.

2. Teilziel: Vermutungen über die Trinkbarkeit anstellen
Lehrer zeichnet vier Wassergläser mit der gleichen Kennzeichnung an die Tafel und befragt jedes Kind nach seiner Meinung über die Trinkbarkeit. »Würdest du das Wasser in Glas A (B, C, D) trinken?« Die Ergebnisse der Umfrage werden graphisch an der Tafel festgehalten und am Ende besprochen. Jene Schüler, die sich für ein Nein entschieden haben, werden nach ihren Beweggründen befragt. Es ist möglich, daß bereits in dieser Phase auf Grund von Vorinformationen manche Kinder an der Sauberkeit bzw. Trinkbarkeit des Wassers zweifeln und ihre Bedenken anmelden. Eine daraus entstehende Schülerdiskussion könnte sehr motivierend wirken.

4.2 Problemklärung
3. Teilziel: Beobachten eines Versuchs
Der Lehrer füllt nun in vier weitere Gläser (A, B, C, D) Wasser und gibt vor den Kindern die auch vorhin verwendeten Chemikalien bei. Die Tafelanschrift wird durch die Anführung der Beigaben ergänzt. (s. Abb. 1)

Feststellung: Aussehen und Geruch des Wassers verändern sich nicht. Obwohl das Wasser in allen vier Gläsern gleich aussieht, ist es doch nicht gleich.
Darbietung: Es könnte vieles, das wir mit den Augen und der Nase nicht feststellen können, ja nicht einmal schmecken können, im Wasser sein. Auch verseuchtes Wasser kann *klar, geruchlos* und *geschmacklos* sein.
Wenn Menschen verseuchtes Wasser trinken, können sie schwer krank werden. (Der Begriff »verseucht« ist zu klären.) Das Wasser, das in unseren Häusern aus der Leitung fließt, wird kontrolliert und geprüft, ob es für die Menschen nicht schädlich ist. Wir können es bedenkenlos trinken.

4. Teilziel: Überlegungen anstellen, wo und wie man mit nicht trinkbarem Wasser in Berührung kommen könnte
L: Nicht immer sind wir zu Hause und können gutes Wasser trinken. Auch anderswo haben wir Durst. Kinder berichten aus ihrem Erfahrungsbereich: Wanderungen, Auslandsaufenthalte, alte Brunnen, Zierbrunnen, »Quellen«, Schnee . . .

4.3 Folgerungen für die Problembewältigung
5. Teilziel: Erfahren von Möglichkeiten
L: Durst ist schlimm, Kranksein ist schlimmer.
In einem gelenkten Unterrichtsgespräch werden Möglichkeiten besprochen, wie man ungefährdet mit seinem Durst fertig werden kann. TA oder OH-Folie wird erarbeitet. (Abb. 2)
– Wir müssen nicht gleich beim ersten Durstgefühl zu trinken haben. (Auch Wartenkönnen will gelernt sein)
– Mineralwasser gibt es fast überall zu kaufen.
– Auf Wanderungen Tee und Obst mitnehmen.
– Süßes naschen macht durstig.

4.4 Lernzielkontrolle
Arbeitsblatt:

Abb. 1

Wer von beiden hat recht?

Bernd oder Doris?
Dem Kind, das recht hat, gibst Du einen roten Punkt ins Kästchen. Dem anderen einen schwarzen.
Die beiden Kinder entdecken beim Spielen auf der Wiese eine kleine Quelle. Bernd meint, das Wasser kann man trinken. Doris sagt, es kann verschmutzt sein.
Doris □ Bernd □
Doris und Bernd machen einen Ausflug. Bernd nimmt Obst und eine Flasche Tee mit. Doris will nicht so viel tragen.
Doris □ Bernd □
Die beiden Kinder fahren mit den Eltern ans Meer. Am Strand werden sie durstig. Bernd will zur Dusche laufen und trinken. Doris läuft zu den Eltern und trinkt Mineralwasser.
Doris □ Bernd □
Vati hält an einem Parkplatz auf der Autobahn. Doris hat Durst und entdeckt ein kleines Holzbecken, in das Wasser läuft. Bernd holt sich zwei Orangen aus der Tasche.
Doris □ Bernd □
Doris hat Durst und will eine Handvoll Schnee in den Mund stecken. Bernd sagt: »Das solltest du lieber bleiben lassen.«
Doris □ Bernd □

Tafelanschrift:

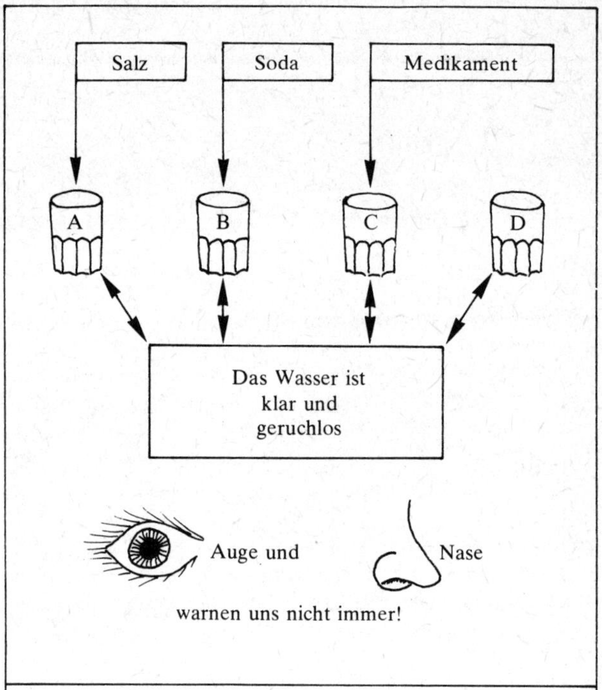

Wenn wir nicht sicher sein können, daß das Wasser gut und trinkbar ist, trinken wir es nicht.

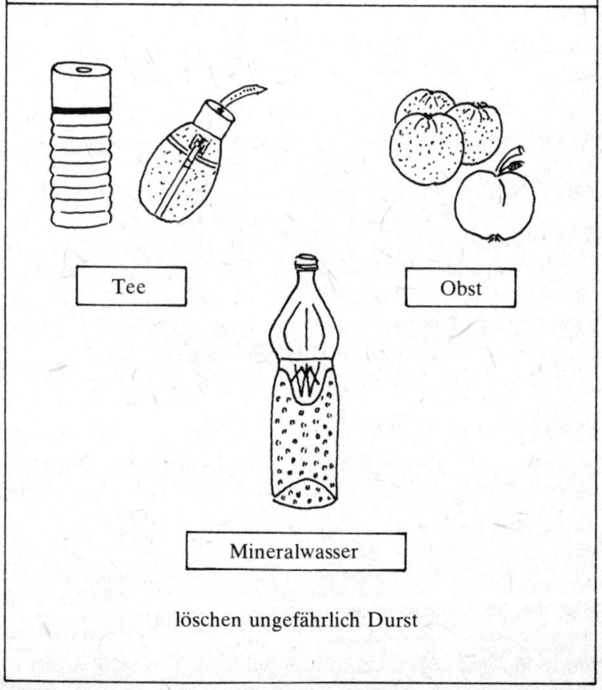

Abb. 2

Verfasserin: Clara Zaunscherb

Reinhild Uchronski

Das Eichhörnchen bereitet sich auf den Winter vor

1. Didaktische Information

1.1 Besonders im Winter rücken Tiere ins Blickfeld der Kinder. Waren es in der ersten Jahrgangsstufe hauptsächlich Vögel, denen das Interesse galt, so werden jetzt verschiedene Tiere vorgestellt, die sich arttypisch den veränderten Umweltbedingungen im Winter anpassen. Im Gespräch, bei der Beschaffung von Futter oder bei der Beobachtung winteraktiver Tiere ergibt sich die Frage, warum bestimmte Tiere fehlen.
Für eine ins Detail gehende Unterscheidung der Ruheformen fehlen die Voraussetzungen. Indirekt erkennen die Kinder jedoch die Verschiedenartigkeit der Überwinterung, wenn sich eine weitere Unterrichtseinheit anschließt, nämlich: Wie andere Tiere den Winter überleben.

1.2 Die Anpassung an die Bedingungen der Umwelt ist Voraussetzung für die Existenz und den Fortbestand der Lebewesen. So bedingt zum Beispiel der Winter Anpassung zum Schutz gegen Erfrieren und Verhungern, zwei Gegebenheiten, die in engem Zusammenhang stehen. Auch Warmblütler, zu denen das Eichhörnchen gehört, werden im Winter zur Passivität gezwungen. Deshalb halten sie in geschützten Verstecken, ihren kugelförmigen Kobeln, die aus zusammengeflochtenen Zweigen bestehen und innen mit Moos, Gras, Laub und Haaren weich ausgepolstert sind, eine Winterruhe. Das dichte Winterfell gewährt dabei zusätzlichen Schutz. Im Gegensatz zu echten Winterschläfern, sinkt die Körpertemperatur des Eichhörnchens nicht ab. Sein Stoffwechsel ist stark eingeschränkt, es braucht kaum Nahrung. Der Organismus zehrt von gespeichertem Fett und hält die Organfunktion in verlangsamtem Rhythmus aufrecht.
Die Winterruhe des Eichhörnchens wird unterbrochen zur Nahrungsaufnahme und -suche. Dabei ist es erstaunlich, mit welcher Sicherheit die Tiere ihre meist im Herbst angelegten Vorratskammern wieder finden, auch wenn sie inzwischen von Schnee bedeckt sind. Weiter unterbricht das Tier seinen Ruheschlaf zum Löschen des Durstes und zum Absetzen von Kot und Harn.
Andere Vertreter der Winterruher sind Hamster und Dachs.

2. Lernziele

2.1 Grobziel
Erfassen von Lebensvorgängen und biologischen Zusammenhängen: Angepaßtsein an die Gegebenheiten des Lebensraumes

2.2 Feinzele
Die Schüler sollen
– die Winterruhe als eine Form der Anpassung an den nahrungsarmen Winter kennenlernen;
– das Eichhörnchen als einen Vertreter dieser Überwinterungsart erkennen;
– erfahren, daß das Eichhörnchen in der nahrungsreichen Zeit Vorräte sammelt und diese im Winter verzehrt;
– lernen, wie sich das Eichhörnchen vor den niedrigen Temperaturen schützt;
– weitere Winterruher kennenlernen.

2.3 Lernzielkontrollen
Arbeitsblatt mit Lückentext – Ergebnisse des arbeitsteiligen Gruppenunterrichts

3. Lernhilfen

Tonbandgespräch zwischen Herrn und Frau Meier – Bericht des Försters (ebenfalls auf Tonband) – Tafelanschrift – Skizzen von Starenkobel, Nest, Hütte, Eichhörnchenkobel – Abbildungen von Eichhörnchen, Hamster und Dachs – Vorräte des Eichhörnchens

4. Unterrichtsverlauf

4.1 Problemgewinnung
L: Auf dem Tonband habe ich ein Gespräch zwischen Frau Meier und ihrem Mann aufgenommen, das ich euch jetzt vorspielen möchte!
Tonbandszene:

»Du Otto, hast du schon Kohlen bestellt? Wir brauchen unbedingt welche. Auch das Öl muß aufgefüllt werden.« »Ist gut, mach ich.« – »Hoffentlich bekomme ich deinen neuen, dicken Pullover bald fertig.« – »Ja, hoffentlich.« »Morgen mußt du etwas besorgen, womit wir die Fenster und Türen abdichten können« – »Auch das noch!« – »Ich bin sehr froh, daß ich so viele Gläser Gurken und Obst eingeweckt habe, jetzt kann es ruhig __________ werden.« (Durch Husten, Räuspern oder andere Geräusche wird das Wort »Winter« unverständlich gemacht.)

L: Im letzten Satz haben wir ein Wort nicht richtig verstanden!
Schüler wiederholen: Jetzt kann es ruhig Winter werden. Im Unterrichtsgespräch werden die Dinge genannt, die Familie Meier braucht, um gut über den Winter zu kommen, siehe TA.

L: Aber nicht nur die Menschen bereiten sich auf den Winter vor.
Vorzeigen eines Bildes vom Eichhörnchen
– *Problemfrage:* Wie bereitet sich das Eichhörnchen auf den Winter vor? (TA)

4.2 Problemlösung

– Meinungsbildung
In Partnerarbeit stellen die Kinder Hypothesen auf, die an der Tafel festgehalten werden.
– Lösungsplanung
L: Wie können wir nun feststellen, wer richtig vermutet hat?
Schüler bringen Vorschläge, z. B., Film anschauen, Eichhörnchen beobachten, in einem Buch nachlesen, etc.
– Lösungserarbeitung
L: Ich hatte eine andere Idee. Bei uns wohnt ein Mann, der sich mit Tieren gut auskennt.
S: Das ist der Jäger oder Förster.
L: Diesen Förster habe ich gebeten, uns etwas über das Eichhörnchen und seine Wintervorbereitungen zu erzählen. Auch dieses Gespräch habe ich auf dem Tonband festgehalten.
Vor Abspielen des Tonbandes wird an einzelne Gruppen je einer der folgenden Arbeitsaufträge verteilt.
1. Wo wohnt das Eichhörnchen?
2. Woher bekommt es im Winter seine Nahrung?
3. Was frißt das Eichhörnchen?
4. Wie schützt es sich vor Kälte?
5. Wie verbringt es den Winter?

Der Förster erzählt:
Das Eichhörnchen sammelt im Herbst Eicheln, Nüsse, Buchekkern und Fichtenzapfensamen. Nicht alle diese Dinge frißt es gleich auf. Einen Teil der gesammelten Vorräte vergräbt es in der Erde. Es legt sich also richtige Vorratskammern an. – Damit das Eichhörnchen nicht friert, polstert es seinen Kobel mit Haaren, Gräsern, Moos und anderen Dingen warm aus. Wie viele andere Tiere bekommt es ein dichtes Winterfell. Es hält keinen Winterschlaf, sondern eine Winterruhe. Es schläft in seinem Kobel. Wenn es Hunger verspürt, kommt es hervor, sucht seine Vorratskammern und frißt von den gesammelten Vorräten. Danach kann es wieder schlafen.

– Auswertung des Tonbandgesprächs
Die einzelnen Gruppen formulieren die Antworten auf ihre Fragen (TA). Bei Frage 1 wählen die Schüler aus einer Reihe von Tierbehausungen (siehe Tafelbild) einen Eichhörnchenkobel aus.
Zu Antwort 3 liegen verschiedene Samen und Früchte bereit, so daß die Kinder auswählen können, was das Eichhörnchen frißt bzw. in seinen Vorratskammern lagert.

4.3 Problemwertung

Beantworten der Problemfrage: Das Eichhörnchen bereitet sich auf den Winter vor, indem es . . .
Schüler bilden Sätze, die an die Tafel geschrieben werden.
L: Wir wollen nun die Vorbereitungen des Eichhörnchens mit denen der Familie Meier vergleichen. (TA)
Schüler sehen, daß das Eichhörnchen sich in ähnlicher Weise wie die Menschen auf die kalte Jahreszeit vorbereitet.

4.4 Anwendung

Ausfüllen des Arbeitsblattes:

Wie sich das Eichhörnchen auf den Winter vorbereitet

Das Eichhörnchen hält eine ____________.
Gegen die Kälte polstert es seinen ____________ mit ____________, ____________ und anderen Dingen aus.
Auch bekommt es ein dichtes ____________. Um nicht zu verhungern sammelt es im Herbst ____________. Einen Teil davon vergräbt es in der ____________. Wenn es von Zeit zu Zeit aufwacht, frißt es von seinen ____________.
Setze die fehlenden Wörter ein!
Kobel, Winterruhe, Gras, Moos, Früchte, Erde, Vorräten, Winterfell

Abb. 1

4.5 Ausweitung

Hamster und Dachs (Abbildungen) werden als weitere Vertreter der Winterruher vorgestellt.

Verfasserin: Reinhild Uchronski

Tafelbild:

Wie bereitet sich das Eichhörnchen auf den Winter vor?

Familie Meier
- Kohlen, Öl
- warme Kleidung
- Tesamoll zum Abdichten
- Nahrungsvorräte

Wir vermuten:
Das Eichhörnchen schläft, sucht die Nähe des Menschen, kommt zur Futterkrippe . . .

1. Wo wohnt das Eichhörnchen?
– *In einem Kobel*
2. Woher bekommt es Nahrung?
– *Aus den Vorratskammern*
3. Was frißt das Eichhörnchen?
– *Eicheln, Nüsse, Bucheckern*
4. Wie schützt es sich vor Kälte?
– *Winterfell, Abdichten des Kobels*
5. Wie verbringt es den Winter?
– *Winterruhe*

Eichhörnchen
- Moos, Haare und Gräser im Kobel
- Winterfell
- Abdichten des Kobels
- Nahrungsvorräte

Suche die »Wohnung« des Eichhörnchens!

Abb. 2

Brigitte Widder

Warum kann die Tulpe so früh blühen?

1. Didaktische Information

1.1 In der ersten Stunde der Sequenz mit dem Obertitel ›Frühling im Garten‹ haben die Schüler bereits die am meist verbreiteten Frühblüher kennen- und unterscheiden gelernt (Stundenthema ›Was blüht denn da?‹). In der ersten Jahrgangsstufe beim Thema ›Wiesenblumen‹ angebahnten morphologische Grundkenntnisse wurden aufgegriffen, gefestigt und erweitert. Die Kinder haben als Ergebnis dieser ersten Stunde der Sequenz auf einem Arbeitsblatt die typischen Frühblüher benannt und die Aufbauteile der Pflanzen begrifflich gekennzeichnet.
Fachspezifische Arbeitsweisen als unerläßliche Arbeitsgrundlage für den weiterführenden Biologieunterricht werden teilweise vorausgesetzt, vor allem aber geübt (betrachten, identifizieren, diskriminieren, untersuchen, zerlegen, arbeiten an einer Skizze = Teile des Naturobjektes wiedererkennen und benennen). Weiterhin sollten die Schüler mit der kooperativen Arbeitsweise (miteinander etwas ansehen, untersuchen, besprechen) vertraut sein.

1.2 Für die Unterrichtseinheit wurden folgende Frühblüher ausgewählt: Schneeglöckchen, Hyazinthe, Krokus, Tulpe, Narzisse. Das Blühen dieser Pflanzen im Winter bzw. im beginnenden Frühjahr wird durch die Speicherung von Nährstoffen in unterirdischen Organen, bei der Tulpe in der Zwiebel, möglich. In der Zwiebel ist die neue Pflanze angelegt; die Schalen der Zwiebel sind Nahrungsspeicher. Wenn nach der Blütezeit die Blüte verwelkt, strecken sich die Blätter noch kräftig in die Länge, um im Sonnenlicht Nährstoffe zu bilden. Diese Nährstoffe werden in den Speicherblättern der Zwiebel angelegt.

2. Lernziele

2.1 Grobziel
Baueigentümlichkeit und Funktionsweise entsprechen einander. Der unterirdische Teil der Pflanze, bei der Tulpe ist das die Zwiebel, dient als Vorratsspeicher und ist somit Voraussetzung für die frühe Blühfähigkeit der Tulpe.

2.2 Feinziele
Die Kinder sollen
- Frühblüher sicher benennen und den Namen ›Frühblüher‹ wissen;
- selbst Vermutungen anstellen, über den Grund der frühen Blühfähigkeit der Tulpe;
- die Margerite als typische Sommerblume wiedererkennen und
- beim Vergleich ihrer Aufbauteile mit denen der Tulpe erkennen, daß bei der Margerite die Zwiebel fehlt;
- beim selbständigen Untersuchen einer Zwiebel Einzelteile erkennen und versuchen, diese zu bezeichnen;
- exakte Begriffe lernen und einprägen;
- die Einzelteile der Zwiebel in einer Schnittzeichnung wiedererkennen und bezeichnen;
- die Lehrererklärung über den Nährstoff Stärke auf die Zwiebel übertragen;
- sich den Begriff Nährstoff einprägen;
- einen Lückentext als Fixierung des Erarbeiteten ausfüllen;
- die gewonnenen Erkenntnisse auf andere Frühblüher übertragen.

2.3 Lernzielkontrolle
Sie ist möglich durch das selbständige Ausfüllen des Arbeitsblattes und durch die Phase des Transfers (vgl. 4.5).

3. Lernhilfen

- Naturobjekte: Hyazinthe, Krokus, Tulpe, Schneeglöckchen und Narzisse; jeweils als ganze Pflanze, d.h. mit Knolle bzw. Zwiebel und Wurzeln
- Tafelbild einer Tulpe, Namenschilder für die Aufbauteile der Pflanze: Blüte, Stengel, Blätter, Zwiebel, Wurzeln
- Tafelbild einer Margerite
- Zwiebeln für jeden Gruppentisch
- Messer für jeden Gruppentisch
- Tafelskizze (Durchschnittzeichnung) einer Zwiebel
- Wortkarten für die Einzelteile der Zwiebel: Zwiebelsproß, Zwiebelstengel, Zwiebelboden, Zwiebelblätter, Zwiebelschale
- Arbeitsblätter

4. Unterrichtsverlauf

4.1 Anknüpfung

1. Teilziel: Frühblüher im Garten
L: Wir sprachen gestern von Blumen, die bereits jetzt im Garten blühen.
Schüler wiederholen die Pflanzennamen und ordnen Wortkarten den Naturobjekten zu.
Wiederholt wird auch der Gattungsbegriff ›Frühblüher‹.

4.2 Problemstellung
L: Als wir gestern diesen Namen (Frühblüher) gesucht haben, ist euch selbst eine Frage eingefallen.
S: Wir haben überlegt, wie es möglich ist, daß die Tulpe, die Narzisse usw. zu einer Zeit blühen können, in der der Boden noch hart ist, in der es noch kalt ist, in der nirgends sonst etwas blüht und alle Bäume noch kahl sind.
Tafelanschrift: Warum kann die Tulpe so früh blühen?

4.3 Hypothesenbildung

2. Teilziel: Wir überlegen, warum die Tulpe so früh blühen kann und wir erkennen die Zwiebel als Artmerkmal der Frühblüher.
Schülergespräch:
Es könnte daran liegen
– daß die Tulpe eine Winterpflanze ist;
– daß die Tulpe Kälte mag;
– daß die Tulpe eine Zwiebel hat.
L: Ich habe dir neben das Bild der Tulpe (Tafelbild aus der ersten Stunde der Sequenz) eine Sommerblume gemalt, du kennst sie bestimmt noch.

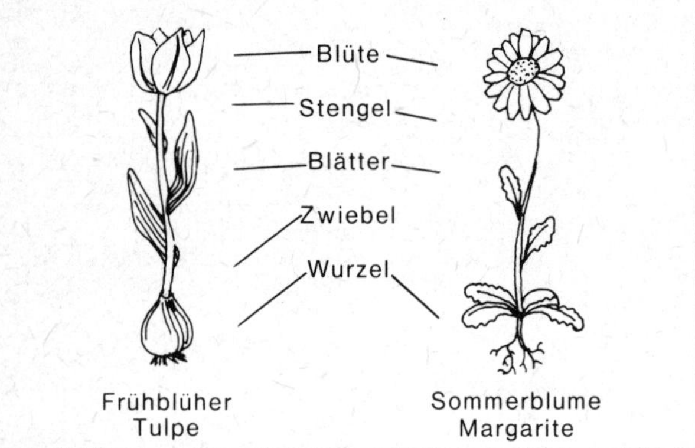

Abb. 1

S: Das ist eine Margerite
Eingrenzen der Hypothesen
Lehrer gibt Auftrag: Vergleichen und besprechen am Gruppentisch
Schüler stellen fest, daß die Aufbauteile von Tulpe und Margerite übereinstimmen mit Ausnahme der Zwiebel.
Feststellung: Die Sommerblume Margerite hat keine Zwiebel; sicherlich kann sie deshalb nur im Sommer blühen und die Tulpe bereits im Frühjahr, weil sie die Zwiebel hat.

4.4 Problemlösung

3. Teilziel: Wir untersuchen eine Zwiebel
L: Ihr dürft eine Zwiebel untersuchen.
Zuerst von außen, dann von innen – Jeder Gruppentisch bekommt eine Zwiebel und ein Messer.
(Anmerkung: Zweckmäßigerweise verwendet man zu dieser Arbeit Küchenzwiebeln – Messer nach dem Aufschneiden gleich wieder abliefern lassen)
Gruppenarbeit
Auswertung der Gruppenarbeit: Die Ergebnisse der Gruppenarbeit werden im Klassengespräch diskutiert, es entsteht das Tafelbild. Manche Begriffserarbeitungen bedürfen der Steuerung durch den Lehrer.
L: In der ersten Klasse haben wir uns beim Apfel überlegt, wozu er die Schale braucht.
S: Die Apfelschale schützt den Apfel vor dem Austrocknen.
Transfer: Die Zwiebelschale schützt die Zwiebel vor dem Austrocknen.
Sicherung und Kontrolle
Ausfüllen eines Arbeitsblattes analog der Tafelanschrift (s. Abb. 2). – Die Tafelzeichnung wird verdeckt.
Arbeitsblatt/Tafelanschrift (Abb. 2)

Warum kann die Tulpe so früh blühen?
Wir wissen: Die Tulpe hat eine *Zwiebel*.
Alle Sommerblumen, z. B. auch die *Margarite*, haben *keine Zwiebel*.

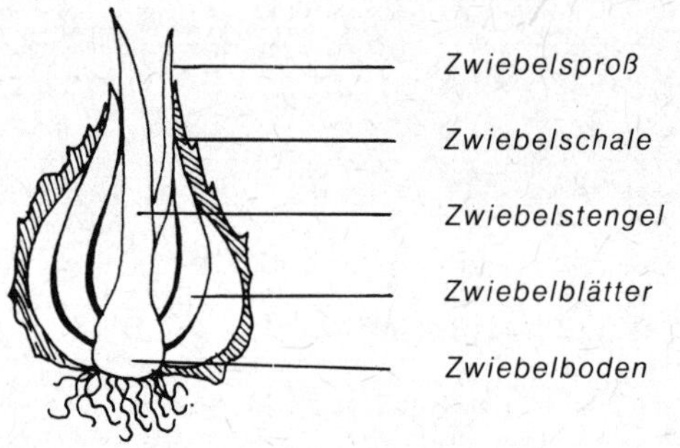

Kursivdruck: Eintrag durch Schüler

Abb. 2

4. Teilziel: Die Zwiebel enthält Saft, der Saft enthält Nährstoffe.
Hilfsimpuls falls die Schüler bislang vom Saft noch nicht gesprochen haben: Lehrer drückt aufgeschnittene Zwiebel auf Seidenpapier.
Lehrererzählung: Vielleicht ist es dir schon einmal so ergangen wie Peter: Peter war lange krank und als er endlich wieder aufstehen durfte, war er vom langen Liegen und vom Fieber so schwach, daß er sich gerne wieder in sein Bett gelegt hätte. Peters Mutti sagte: »Du mußt jetzt kräftige Sachen essen, Peter, damit du schnell wieder Kraft bekommst«.
Schüler vermuten, was Peter essen wird.
Begriff »Nahrungsmittel« wird erarbeitet.
L: In vielen Nahrungsmitteln, die du genannt hast, ist ein Stoff, der Stärke heißt und der es ausmacht, daß du von Kartoffeln oder Nudeln oder Brot so schnell satt wirst und Kraft bekommst. Solche Stoffe, wie z. B. die Stärke, heißen Nährstoffe. (Schüler sollen nach Möglichkeit an der Begriffsfindung beteiligt werden.)
L: Vielleicht kannst du dir denken, warum ich dir das jetzt erklärt habe.
Schüler schließen, daß im Saft der Zwiebel auch Stärke ist und die Tulpe daher die Kraft zum Blühen bekommt.
Lehrer bestätigt diese Vermutung und läßt das Ergebnis mehrmals wiederholen.
Sicherung und Kontrolle:
Ausfüllen eines Lückentextes – Zweckmäßigerweise wird dieses Arbeitsblatt auf die Rückseite des ersten geklebt.
Arbeitsblatt:

Wir wissen jetzt, warum die Tulpe so bald blühen kann:
Die Tulpe hat, wie alle Frühblüher, eine Zwiebel.
Die Zwiebel ist Vorratskammer für Nährstoffe. Wie unser Brot und unsere Kartoffeln enthält der *Saft* der Zwiebel *Stärke*.
Das gibt der Tulpenpflanze Kraft zum *Wachsen*.
Aus der Zwiebel wächst eine neue Pflanze.

Kursivdruck: Eintrag durch Schüler

4.5 Transfer

Hausaufgabe: Schreibe einen kleinen Artikel für ein Kinderlexikon: ›Warum kann das Schneeglöckchen so früh blühen?‹.

Literatur

Sachunterricht in der Grundschule, Fragen und Versuchen, Lehrerband 2. Schroedel Hannover 1975:

Verfasserin: Brigitte Widder

Sachunterricht Blatt ________	Name ____________________ Datum ____________________

Die Tulpe

Wir vergleichen:

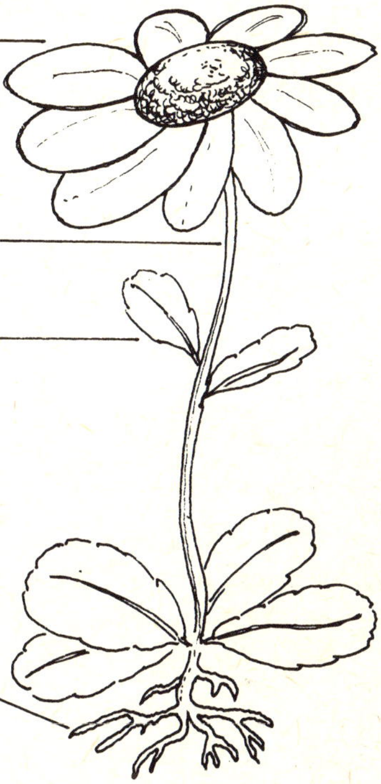

Warum kann die Tulpe so früh blühen?
Wir wissen:
Die Tulpe hat eine

Alle Sommerblumen haben

Brigitte van den Daele

Wir pflanzen einen Ableger

1. Didaktische Information

1.1 Die Unterrichtsstunde gehört zum Fachbereich Biologie und entspricht dem verbindlichen Lehrauftrag »Erfassen von Lebensvorgängen und biologischen Zusammenhängen« im Lehrplan für die Grundschule.

1.2 Die Schüler haben sich bereits in der 1. Jahrgangsstufe mit Wachstumsbedingungen auseinandergesetzt. Säen als eine Form der Vermehrung schloß sich in einem Versuch an. Nun gilt es, die Schüler mit anderen Formen der Vermehrung vertraut zu machen. Dies geschieht durch das Pflanzen eines Ablegers und die nachfolgenden Beobachtungen. Es erweist sich als sinnvoll, im Rahmen der Wiederholung des Versuchs zur Erarbeitung einer Niederschrift, den Ableger in ein Glas zu pflanzen, um das Herausbilden und Wachsen der Wurzeln besser beobachten zu können.

2. Lernziele

2.1 Grobziel

Die Schüler sollen erfahren und erkennen, daß Pflanzen sich auf verschiedene Weise vermehren.

2.2 Feinziele

Kognitive Ziele:
- Kennenlernen der Vermehrung durch Ableger
- Erkennen, daß sich einige Pflanzen über Ableger vermehren

Instrumentale Ziele:
- Fähigkeit, Mutterpflanze und Tochterpflanze richtig zu unterscheiden
- Fähigkeit, einen Ableger richtig abzutrennen und einzutopfen
- Fähigkeit, einen Handlungsablauf folgerichtig durchzuführen
- Fähigkeit, Hilfsmittel sachgerecht einzusetzen

2.3 Lernzielkontrollen

- Teilzusammenfassungen
- Gesamtzusammenfassung
- Zuordnen von Wort- und Bildkarten
- Arbeitsblatt

3. Lernhilfen

– in der Hand des Schülers: Arbeitsblatt und pro Gruppe ein Tablett mit: Grünlilie, Schere, Blumenerde, Blumentopf und ein Glas Wasser
– in der Hand des Lehrers: Bildkarten – Wortkarten – Grünlilie mit Ablegern – Schere – Blumentopf – Blumenerde – Sand – Gießkanne mit Wasser – Bild- und Wortkarten

4. Unterrichtsverlauf

4.1 Einstieg

Lehrer läßt ein Tonband ablaufen:
1. Frau: Haben Sie aber schöne Pflanzen hier stehen. Die gefallen mir aber gut.
2. Frau: Ja, da haben Sie recht. Besonders diese Grünlilien sehen recht gut aus und sind so dankbar. Ich kann Ihnen zwar meine nicht geben, aber ich könnte einen Ableger aufziehen, dann haben Sie auch eine. Das geht nämlich ganz leicht.
Freies Sprechen zu dem Gehörten
Zielangabe: Wir pflanzen einen Ableger.

4.2 Stufe des Problems

Wir erkennen und unterscheiden Mutterpflanze und Tochterpflanze.
– Wir suchen den Ableger.
L: Ich habe euch Grünlilien mitgebracht. Schaut euch in der Gruppe die Pflanze genau an und sucht den Ableger!
– Klärung der Begriffe: Mutterpflanze und Tochterpflanze
L: Der Gärtner hat für den Ableger (zeigen) auch noch einen anderen Namen gefunden. Es ist das Kind, die Tochter der Mutterpflanze. Du kannst ein zusammengesetztes Namenwort finden.
Zusammenfassung:
L: Sprich und zeige zu dem Bild!
Lehrer hängt Bildkarte an die Tafel.
Schüler sprechen zum Bild, heften Pfeile und Wortkarten dazu.
L: Nimm dein Arbeitsblatt und beschrifte das Bild bei Nr. 1 richtig!

4.3 Stufe der Problemlösung

1. Teilziel: Auswahl der Versuchsgegenstände
L: Jetzt wissen wir, wo der Ableger ist. Nun können wir ihn einpflanzen.
S: Nein, das geht nicht, uns fehlt ein Blumentopf.
Lehrer stellt Blumentopf auf den Tisch.
S: Wir brauchen auch Erde.
L: Das habe ich im Schulgarten gefunden (läßt Sand und Erde durch die Finger rieseln).
S: Sand können wir nicht gebrauchen, wir brauchen Blumenerde.
Lehrer nimmt ganze Pflanze aus dem Topf.
S: Nein, so geht's nicht. Wir brauchen eine Schere oder ein Messer, damit wir den Ableger abschneiden können.
Teilzusammenfassung:
L: Du weißt jetzt genau, was wir alles brauchen.
Wer sich etwas gemerkt hat, darf die Bildkarte an die Tafel heften.
Wer sich etwas gemerkt hat, darf die Wortkarte dazuheften.

L: Sicher hast du dir das auch auswendig gemerkt! (Tafel geschlossen)
L: Nimm dein Arbeitsblatt und streiche bei Nr. 2 all die Gegenstände durch, die du nicht brauchst!
L: Sage, welche Gegenstände du nicht durchgestrichen hast!

2. Teilziel: Planung der Durchführung mit Demonstrationsversuch
L: Wir wollen erst gemeinsam und dann in der Gruppe den Ableger einpflanzen. Du weißt sicher, was wir tun müssen!
S: Wir müssen den Ableger abschneiden.
Schüler schneidet ab, ein anderer spricht dazu.
L: Sage den nächsten Schritt!
S: Wir müssen Erde in den Blumentopf füllen.
Durchführung mit Verbalisierung
S: Wir müssen jetzt den Ableger einpflanzen und etwas andrücken. Durchführung mit Verbalisierung
L: Die Reste des Stengelstückes geben unserem Ableger etwas Halt.
L: Wir sind noch nicht ganz fertig. Ich glaube nicht, daß so unser Pflänzchen wachsen kann. Überlege mit deinem Nachbarn warum!
S: Wir müssen das Pflänzchen gießen.
Durchführung, anheften der Bildkarte »Gießkanne« und der Wortkarte »Wasser« von jeweils verschiedenen Schülern.
Teilzusammenfassung:
L: Ich mache euch vor, was wir tun müssen. Rate! Lehrer macht die einzelnen Handlungsschritte vor, Schüler verbalisieren dazu.
Arbeit an der Tafel
L: Du kannst zu jedem Bild jetzt ein passendes Tunwort finden.
Tafelbild – Abb. 1

4.4 Stufe der Problemwertung
– Anwendung durch Gruppenversuch
Lehrer teilt vorbereitete Gegenstände aus.
Anweisung: Jede Gruppe pflanzt nun ihren eigenen Ableger ein. Wir machen das so, daß jeder dazu sagt, was er tut.
Durchführung
– Antwort auf die Problemfrage
L: Denke an die beiden Frauen, die miteinander gesprochen haben!
S: Die Frau hat gesagt, sie pflanzt einen Ableger. Das geht leicht. Sie hatte recht, es ist nicht schwer, einen Ableger zu pflanzen.

4.5 Stufe der Erfolgssicherung
L: Nimm nun wieder ein Arbeitsblatt! Bei Aufgabe 3 mußt du zuerst die Bilder in der richtigen Reihenfolge numerieren, dann schreibst du die passenden Tunwörter dazu.

Arbeitsblatt

Wir pflanzen einen Ableger

①

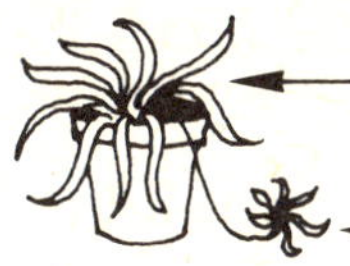

② Streiche durch, was wir nicht brauchen

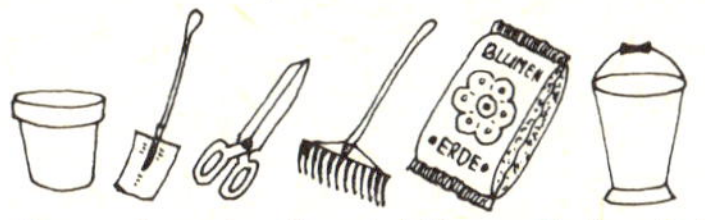

③ Numeriere in der richtigen Reihenfolge und schreibe die passenden Tunwörter dazu:

abschneiden, einfüllen, einpflanzen, gießen

Abb. 2

Kontrolle über Tageslichtprojektor

4.6 Stufe des Tranfers
L: Wenn wir die Ableger gut pflegen, dann passiert etwas.
S: Die Ableger bekommen Wurzeln.
L: Diesen Ableger habe ich vor einiger Zeit eingepflanzt.
Lehrer zeigt Ableger mit Wurzeln.
L: Du kennst eine andere Möglichkeit, wie wir zu Pflanzen kommen.
S: Wir können auch säen.
Lehrer zeigt vertrocknete Pflanze.
S: Diese Pflanze ist vertrocknet. Die hat niemand gegossen.
L: Du weißt, wie man es richtig macht.
S: Pflanzen muß man gießen, Pflanzen brauchen Pflege.

4.7 Weiterführung
Niederschrift mit Wiederholung des Versuchs, wobei dieses Mal der Ableger an den Rand eines Glases gepflanzt wird, um das Wachstum gesser beobachten zu können.
Kennenlernen der dritten Art der Vermehrung: Vermehrung durch Stecklinge

Verfasserin: Brigitte van den Daele

Tafelbild

Wir pflanzen einen Ableger

Abb. 1

Sachunterricht

Blatt ________

Name ______________________

Datum ______________________

Wir pflanzen einen

1.

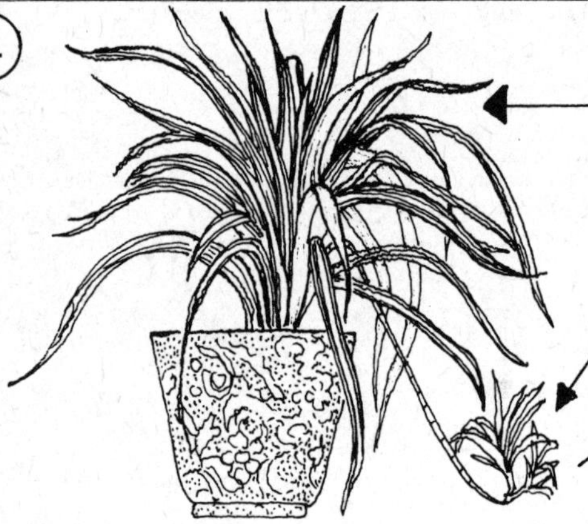

M ______________________

T ______________________

A ______________________

2. Streiche durch war wir **nicht** brauchen!

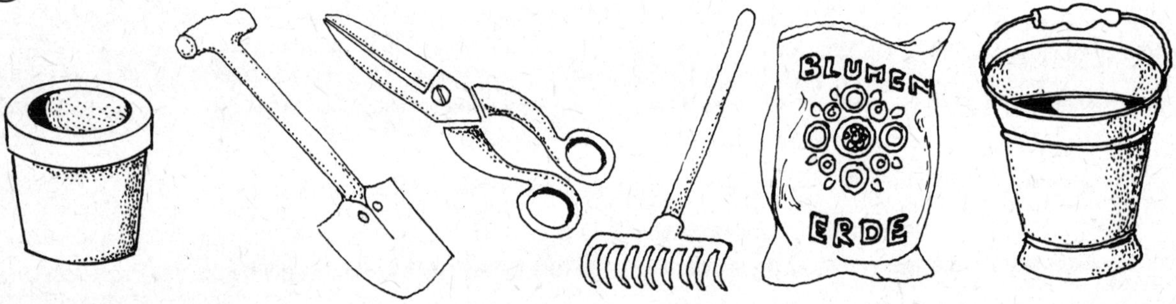

3. Numeriere in der richtigen Reihenfolge und schreibe die passenden Tunwörter dazu!

____

____

____

____

Christine Schuster

Was die Kresse zum Wachsen braucht

1. Didaktische Information

Die dargestellte Unterrichtssequenz gliedert sich in zwei Stunden in viertägigem Abstand
1. Stunde: Wir säen Kresse (Versuchsanordnung)
Der Samen braucht verschiedene Voraussetzungen, um keimen und wachsen zu können: Erde zum Fixieren, d.h. als Halt für die Wurzeln und als Speicher für Nährstoffe wie Kalk, Stickstoff, Phosphor und Kali – Wasser zur Lösung dieser Nährstoffe und um Stoffwechselvorgänge zu ermöglichen – *Luft,* d.h. Kohlendioxyd zur Assimilation. »Hierbei werden aus dem Kohlendioxyd der Luft unter Hinzunahme von Wasser und Abscheidung von Sauerstoff Zucker oder Stärke als Assimilate gebildet. Die Assimilation kann nur bei Tageslicht und nur als Photosynthese in blattgrünhaltigen Zellen vor sich gehen.« (dtv Lexikon, München 1975). Aus diesem Grunde brauchen Pflanzen auch *Licht.*
2. Stunde: Wir ernten Kresse (Versuchsauswertung)
Samenkörner ohne Erde und ohne Wasser können nicht keimen. Sobald sie in Wasser gelegt werden, beginnen sie zu quellen, keimen, verfaulen aber dann. Hydrokulturen werden hierbei zunächst außer Acht gelassen. Samen in Erde ohne ausreichende Nährsalze, z.B. Sand gehen zwar auf, haben aber einen ganz kümmerlichen Wuchs. Samen in nährstoffreicher Erde, aber in einem luftdicht verschlossenen, jedoch lichtdurchlässigen Glas mit feuchter Erde gedeihen zunächst in einer »Treibhausatmosphäre« besonders gut, verkümmern aber nach geraumer Zeit. Samen in nährstoffreicher, feuchter Erde aber in einem abgedunkelten Behälter schießen schnell in die Höhe, bilden aber kein Chlorophyll und sind daher nicht grün, sondern gelb, dabei schwach und fallen bald um. Samen in nährstoffreicher, feuchter Erde, die ausreichend Licht und Luft erhalten, wachsen kräftig, grün und zahlreich.

2. Lernziele

2.1 Grobziel

Erfassen von Lebensvorgängen und biologischen Zusammenhängen bei Pflanzen: Wachstum und Wachstumsvoraussetzungen

2.2 Feinziele

Die Schüler sollen
- durch Aktualisieren ihres Erfahrungswissens formulieren, daß Pflanzen aus Samen entstehen können;
- die Problemfrage: Was braucht der Samen zum Wachsen? selbständig finden und formulieren;
- Hypothesen bilden und überlegen, wie diese prüfbar sind;
- die Versuche anordnen und ansetzen;
- erkennen und formulieren, daß diese Versuche zur Antwort auf die Problemfrage führen;
- die Wachstumsänderungen beobachten und festhalten und dabei Unterschiede feststellen;
- die verschiedenen Ergebnisse vergleichen und danach die Problemfrage beantworten;
- die gefundenen Erkenntnisse auf andere Pflanzen übertragen.

2.3 Lernzielkontrollen

Vorbereitete Wortkarten, die den richtigen Töpfen zugeordnet werden – Arbeitsblatt

3. Lernhilfen

Blumentöpfe – gut verschließbares Glas – dunkler Karton – Kressesamen – Wasser – Erde – Sand – Wortkarten – Tafelanschrift – Arbeitsblatt – verschiedene keimende Samenkörner

4. Unterrichtsverlauf

1. Stunde: Wir säen Kresse

4.1 Motivationsphase

Lehrer schüttelt ein Schälchen mit Kressesamen. Schüler äußern Vermutungen.
Lehrer zeigt eventuell ein Tütchen mit Samen.

4.2. Erarbeitungsphase I

1. Teilziel: Aus Samen entstehen viele Pflanzen. Schüler berichten vom Säen im eigenen Garten.
Zielangabe: Wir wollen heute Kresse säen.
Lehrer stellt das Schälchen mit einigen Samenkörnern ans Fenster.
Gespräch mit dem Ergebnis: Samen in einem leeren Schälchen kann nicht wachsen.
Lehrer zeigt das mitgebrachte Material.

2. Teilziel: Was braucht der Kressesamen zum Wachsen?
Die Problemfrage wird an der Tafel fixiert und mehrmals gelesen.
L: Ihr sollt euch jetzt in eurer Gruppe zusammen überlegen, was der Samen braucht!
In Gruppenarbeit werden nun Hypothesen gebildet.

3. Teilziel: Die Schüler bilden Hypothesen und überlegen, wie diese prüfbar sind.
Im Klassengespräch werden die Vorschläge zusammengefaßt und dabei an der Seitentafel notiert.
S: Ich vermute, daß der Samen Erde braucht. – Ich vermute, daß der Samen Wasser, Dünger, Sonne und Luft braucht.

L: Wie kannst du deine Vermutungen nachprüfen?
Gespräch mit dem Ergebnis: Wir müssen die Kresse in verschiedene Töpfe säen und ausprobieren, wo sie, am besten wächst.

4. Teilziel: Die Schüler erarbeiten Versuche und setzen diese an.
Die Schüler sammeln sich um den Arbeitstisch und betrachten das Material.
S: Ich sehe Blumentöpfe. Ich sehe ein zugeschraubtes Glas, verschiedene Sorten Erde, Wasser, schwarze Pappe.
1. Hypothese: Kresse braucht Erde.
Versuchsanordnung:
– Schälchen mit Samen, ohne Erde (TA)
– Lehrer bietet verschiedene Sorten von Erde an: schwarzer Humus, hellere Gartenerde, Sand.
Gespräch mit dem Ergebnis: Je »dunkler« die Erde, desto »besser« ist sie, d.h. desto reicher an Nährstoffen. Schüler legen Samenkörner in Sand und in Humus.
Damit soll auch die *2. Hypothese* nachgeprüft werden: Kresse braucht Dünger, d.h. ein reichliches Angebot an Nährstoffen. (TA)
3. Hypothese: Kresse braucht Wasser.
Versuchsanordnung:
– Schüler legen Samen in Wasser,
– in Erde ohne Wasser. (TA)
4. Hypothese: Kresse braucht Sonne, d.h. Licht.
L: Was wäre mit Samen, der kein Licht bekommt?
Schüler vermuten: Er wächst nicht. Er verfault...
Das wollen wir ausprobieren.
Versuchsanordnung: Samen wird in einen abgedunkelten Topf gesät. (TA)
5. Hypothese: Kresse braucht Luft.
Versuchsanordnung: Wir legen Samen in ein fest verschließbares Glas mit feuchter Erde. (TA)

4.3 Verarbeitungsphase I

5. Teilziel: Die Schüler sollen erkennen und formulieren, daß die angesetzten Versuche zur Antwort auf die Problemfrage führen. (Lernzielkontrolle)
Nachdem die Tafelanschrift mehrmals gelesen wurde, wird die Tafel zugeklappt und folgende *Wortkarten* gezeigt: ohne Erde, Erde mit wenig Nährstoffen, Erde mit viel Nährstoffen, nur Wasser, Erde ohne Wasser, ohne Licht, ohne Luft.
Die Schilder werden von den Kindern an die entsprechenden Töpfe geheftet.
Schüler formulieren: In diesem Topf ist Samen in Erde ohne Wasser. Wir wollen damit nachprüfen, ob Kresse zum Wachsen Wasser braucht.

2. Stunde: Wir ernten Kresse (Auswertung)

4.4 Anknüpfung

Inzwischen hat sich in unseren Töpfchen etwas getan. Lehrer nimmt die Töpfe vom Fensterbrett.
L: Weißt du noch, was wir mit dem Kressensamen gemacht haben?
Schüler wiederholen die Voraussetzungen, unter denen die Kresse jeweils gesät wurde.
Schüler: In diesem Topf haben wir den Samen in Sand gelegt und tüchtig gegossen ... Wer einen Satz vollständig formulieren kann, bekommt den Topf in seine Tischgruppe.
L: Sieh nach, ob du Pflanzen entdeckst und wie sich der aufgegangene Samen entwickelt hat!

4.5 Erarbeitungsphase II

6. Teilziel: Die Schüler beobachten Wachstumsveränderungen, halten diese fest, und vergleichen die einzelnen Ergebnisse.
Arbeitsteilige Gruppenarbeit: Schüler untersuchen, ob und wie sich die Pflanzen entwickelt haben.
Unterrichtsgespräch Ergebnis: s. TA

Tafelbild

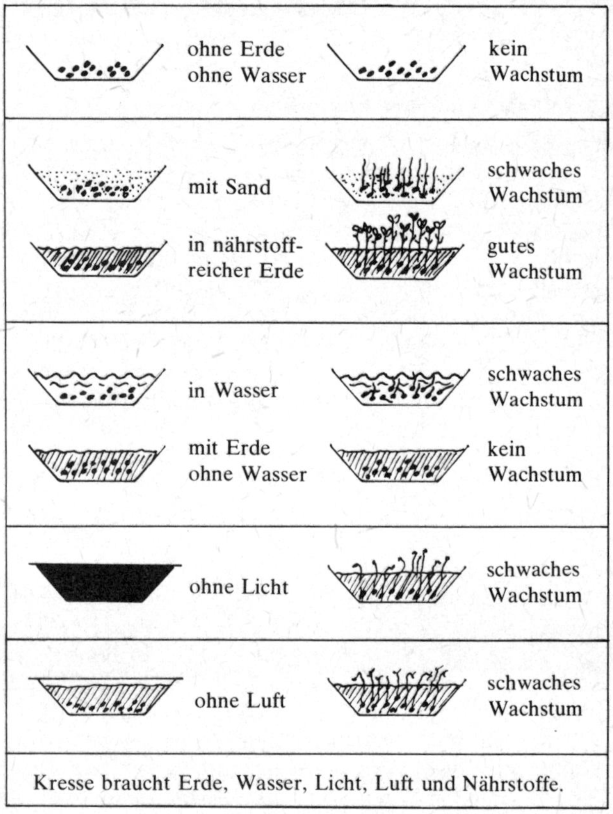

4.6 Verarbeitungsphase II

Ergebnissicherung: Bei geschlossener Tafel malen Schüler die fixierten Ergebnisse auf ihr Arbeitsblatt.
L: Berichte, was du gemalt hast!
Schüler formulieren die Ergebnisse noch einmal.
Auf dem Arbeitsblatt müssen nun die Wörter *kein, schwaches* und *gutes* ergänzt werden.

7. Teilziel: Die Schüler sollen Problemfrage beantworten.
L: Jetzt kannst du sagen, was die Kresse alles zum Wachsen braucht.
Gespräch, dessen Ergebnis an der *Tafel* fixiert wird: Kresse braucht Erde, Wasser, Licht, Luft und Nährstoffe.
L: Nun wissen wir Bescheid. Jeder darf die Kresse noch einmal säen, daß sie gut gedeiht.
Schüler säen und gießen.

8. Teilziel: Die gefundenen Erkenntnisse werden auf andere Pflanzen übertragen.
Gespräch, in dem die Kinder von eigenen Erfahrungen berichten. Ergebnis: Nicht nur die Kresse braucht Erde, Wasser, Luft, Licht und Nährstoffe zum Wachsen, sondern viele andere Pflanzen auch.

Verfasserin: Christine Schuster

Gabriele Bräutigam

Wir kochen einen Gemüseeintopf aus heimischen Gemüsearten

1. Didaktische Information

1.1 Behandlung dieser Einheit kann die Unterrichtssequenz »Heimische Gemüsearten« abschließen. Es empfiehlt sich daher, daß die Schüler in den vorangegangenen Unterrichtsabschnitten die verschiedenen Gemüsearten benannt, beschrieben, geordnet, deren Aufbauteile kennengelernt sowie die eßbaren von den nichteßbaren Teilen (Wurzel oder Knolle, Stengel, Blatt, Blüte, Frucht, Samen) der jeweiligen Pflanzen unterschieden haben. Ferner sollten arbeitsteiliger Gruppenunterricht und die Arbeitstechniken wie Riechen, Schmecken, Probieren, Zerkleinern, Waschen bereits eingeschult sein.

1.2 Der *Blumenkohl* gehört zu der Art der Blütengemüse. Sein eßbarer Teil ist die mehr oder weniger geschlossene, fleischige, halbkugelförmige, gekörnte und weißliche Blume.
Die *Bohne* ist gleich der Erbse dem Fruchtgemüse zuzuordnen. Man ißt davon die grünen Hülsen mit den innenliegenden Samen. Die Form dieser Bohnenhülsen kann gerade, konkav oder konvex gekrümmt sein. Je nach Art gibt es sie mit oder ohne Faden.
Die *Erbse* wird dem Fruchtgemüse zugerechnet. Die innerhalb der ausgebildeten Früchte liegenden Samenkörner sind eßbar. Die Hülsenformen können gerade und stumpf oder gerade und spitz sein. Die Samenkörner weisen ebenfalls unterschiedliche Erscheinungsformen auf: kugelig, eckig, eingedellt, runzelig, glattschalig.
Der *Knollensellerie* zählt zum Wurzelgemüse. Allerdings wird sein eßbarer Teil botanisch nicht als Knolle, sondern als Sproßrübe bezeichnet. Ihre Formen können kugelig, breit ausladend, tonnen- oder apfelförmig sein. Der weiße innere Teil wird von einer bräunlichen Außenschicht umschlossen, die sowohl glatt als auch stark gerieft sein kann.
Die *Möhre,* auch gelbe Rübe, Karotte, Mohrrübe oder rote Wurzel genannt, ist dem Wurzelgemüse zuzurechnen. Ihre orangefarbene, zylindrische oder konische Wurzel ist ihr eßbarer Teil. Die innere Form der Wurzel besteht aus dem Kern (Herz) und die ihn umgebende Rinde.

In dieser Einheit geht es um das Kochen eines Gemüseeintopfes mit allen seinen dafür notwendigen Vorbereitungen: das Einkaufen bzw. Bereitstellen des Gemüses, das richtige Putzen, Waschen und Zerkleinern. Warum Gemüse vor der Verwendung gewaschen werden muß, wie man mit dem Küchenmesser bzw. dem Kartoffelschäler richtig umgeht und welche Vorsichtsmaßnahmen beim Kochen erforderlich sind, findet dabei ebenso Berücksichtigung wie der gesundheitliche Aspekt beim Zubereiten (= vitaminerhaltendes Kochen) und Essen (= regelmäßiger Genuß wegen der darin enthaltenen Vitamine und Mineralstoffe) von Gemüse. Sie schließt eine Wiederholungsphase ein, in der die Schüler ihr bisheriges Wissen über die Gemüsearten vertiefen können. Dabei benennen und beschreiben sie die Gemüsearten (Blumenkohl, Bohne, Erbse, Knollensellerie, Möhre), ordnen es nach Wurzel- (einschließlich Knolle), Stengel-, Blatt-, Blüten- oder Fruchtgemüse und nennen den eßbaren Teil der Pflanzen. So vertieft und wiederholt die Unterrichtsstunde bereits vorher erworbenes grundlegendes Wissen im handelnden Umgang mit den Gemüsearten und bietet dabei eine Vielzahl von Möglichkeiten zur Förderung der Ausdrucksschulung und der Verwendung treffender Begriffe. Sie leistet dadurch grundlegende Arbeit für den späteren Fachunterricht.

1.3 Folgende Gliederung des Lernvorhabens ist möglich:
- Unterrichtsgang zum Markt oder in ein Obst- und Gemüsegeschäft
- Wir lernen verschiedene Gemüsepflanzen kennen
- Die Aufbauteile der Gemüsepflanzen
- Welche Teile der Pflanzen essen wir eigentlich?
- Warum ist Gemüse für unsere Ernährung so wichtig?
- Wir kochen einen Gemüseeintopf aus heimischen Gemüsearten.

Im Sinne eines integrierenden Unterrichts können diese Themen auch mit Lernzielen anderer Fachbereiche wie z. B.
- Deutsch (Wiederholung der Gesprächsregeln – So wird ein Gemüseeintopf zubereitet – Lesetext)
- Mathematik (Sachaufgaben)
- Kunsterziehung (Gemeinschaftsarbeit: Unser Gemüsegarten)

Musik und Bewegung (Der Gemüseball)
verbunden werden. Diese Verknüpfung kann innerhalb eines Unterrichtsabschnittes phasenorientiert sein oder als additive Verbindung der angegebenen Fächer stattfinden.

2. Lernziele

2.1 Grobziel
Die Schüler können einen Gemüseeintopf kochen.

2.2 Feinziele
Die Schüler
- benennen wiederholend die verschiedenen Gemüsearten, beschreiben sie, teilen sie in Wurzel-, Stengel-, Blatt-, Blüten- oder Fruchtgemüse ein, unterscheiden die eßbaren von den nichteßbaren Teilen der Pflanzen, zeigen und benennen die Aufbauteile;
- wiederholen wichtige Ernährungsregeln;
- erarbeiten alle Vorbereitungen und Zutaten für einen Gemüseeintopf;
- lernen, wie die verschiedenen Gemüsearten richtig zu schälen und zu putzen sind;
- üben, verantwortungsvoll und vorsichtig mit einem Kü-

chenmesser bzw. Kartoffelschäler umzugehen;
- besprechen Vorsichtsmaßnahmen beim Kochen des Gemüseeintopfes;
- besprechen richtiges Verhalten bei Tisch.

2.3 Lernzielkontrollen
Anbringen von Wortkarten beim Benennen und Einteilen der Gemüsearten – Richtiges Ausführen des vorher Erarbeiteten (z. B. Beachten der Reihenfolge der Vorbereitungen ...) – Verbale Gesamtzusammenfassung: So koche ich einen Gemüseeintopf

3. Lernhilfen

Bild mit Gemüse in einer Suppenschüssel – Wortkarten – Bilder von Blumenkohl, Bohne, Erbse, Knollensellerie, Möhre sowie den Schäl- bzw. Putzvorgängen mit dem jeweils entsprechenden Werkzeug – fünf Gemüsearten – Würze – Wasser – Kochtopf – Kochplatte – Tafelanschrift – pro Gruppentisch: eine Wasserschüssel, einen Schöpflöffel, Küchenpapiertücher – pro Kind: Brettchen, Messer bzw. Kartoffelschäler, Teller, Löffel

4. Unterrichtsverlauf

4.1 Hinführung
L: Als sich Peter ein Geburtstagsgeschenk für seine Mutter überlegte, fiel sein Blick auf eine Rezeptkarte. (TA 1).
Schüler sprechen über das Bild an der Tafel.
L: Dieses Gericht heißt Gemüseeintopf. Eine Begriffsklärung schließt sich an.
L: Peter dachte sich, an Mutters Geburtstag koche ich das Mittagessen anstelle eines Geschenkes.
– *Zielangabe:* Wir helfen dem Peter beim Kochen seines Gemüseeintopfes. (TA 2)

4.2 Erarbeitung
1. Teilziel: Besprechen der Zutaten für einen Gemüseeintopf / Aktivierung des Vorwissens
Die Schüler besprechen nun in Gruppenarbeit, welche Zutaten notwendig sind; das Ergebnis wird in Sprechreihen formuliert und an der Tafel fixiert. (TA 3)

2. Teilziel: Klärung der erforderlichen Vorbereitungen für den Eintopf
L: Bevor du zu kochen anfangen kannst, mußt du verschiedenes tun! Besprich dies mit deinem Nachbarn! – Das Ergebnis der Partnerarbeit wird an der Tafel notiert. (TA 4) (An dieser Stelle wäre es auch möglich abzubrechen, um mit den Kindern das Gemüse einzukaufen.)

3. Teilziel: Wiederholung vorangegangener Lerninhalte
L: Zähle die verschiedenen Gemüsearten auf, die du für den Eintopf einkaufen würdest!
S: ... Möhren, Bohnen, Erbsen, Blumenkohl, Knollensellerie ...
L: Diese Gemüsearten habe ich für dich bereits eingekauft! (Lehrer legt das Gemüse auf das Pult.) Wiederhole kurz, was du darüber schon weißt!
Schüler benennen, ordnen Wortkarten zu, teilen in die Gemüsearten ein, unterscheiden eßbare von nichteßbaren Teilen der Pflanzen, finden und benennen die Aufbauteile, erklären, warum Gemüse für den Menschen gesund ist ...

4. Teilziel: Richtiges Putzen und Schälen der Gemüsearten/ Aktivierung des Vorwissens
L: Du hast vorhin gesagt, daß das Gemüse vor seiner Verwendung geputzt werden muß. Die verschiedenen Gemüsearten sind verschieden zu putzen!
Im zusammenwirkenden Unterrichtsgespräch werden nun die jeweiligen Putzmöglichkeiten besprochen und am Objekt demonstriert.
– *Blumenkohl:* Strunk und Blätter entfernen, ggf. braune Stellen an den Rosen vorsichtig mit dem Messer abschneiden.
– *Bohne:* Mit dem Messer oberes und unteres Ende abschneiden, ggf. Faden entfernen.
– *Erbsen:* Grüne Hülse mit den Fingern aufdrücken und Erbsen herausnehmen.
– *Knollensellerie:* Bräunliche Außenschicht mit dem Kartoffelschäler abschälen.
– *Möhre:* Abschaben der Außenhaut mit dem Küchenmesser.
Im Anschluß daran fassen die Schüler das Besprochene nochmals zusammen. (TA 5)

Wir helfen dem Peter beim Kochen seines Gemüseeintopfes (TA 2)

(TA 1)

(TA 3)
1. Ich brauche:
– geputztes, gewaschenes und zerkleinertes Gemüse
– Würze
– Wasser

(TA 4)
2. Ich muß:
– verschiedenes Gemüse einkaufen
– den groben Schmutz entfernen
– es putzen, waschen, zerkleinern

(TA 5)

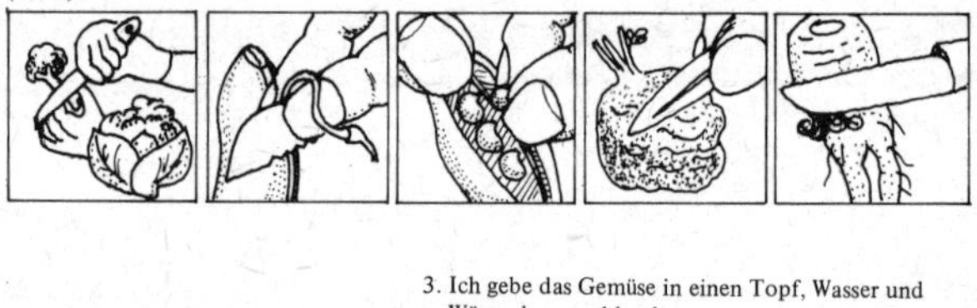

3. Ich gebe das Gemüse in einen Topf, Wasser und Würze dazu und koche es.

5. Teilziel: Zubereitung des Gemüseeintopfes
Bevor mit der arbeitsteiligen Gruppenarbeit begonnen wird, weist der Lehrer die Schüler auf vorsichtigen Umgang mit dem Messer bzw. dem Kartoffelschäler beim Putzen, Schälen und Zerkleinern des Gemüses hin. Danach wird das Gemüse an die Gruppen verteilt (pro Gruppe eine Gemüseart), und die Schüler beginnen mit der Durchführung. Vor dem Kochen des Eintopfes werden die dafür notwendigen Vorsichtsmaßnahmen mit den Kindern besprochen, wobei auch auf vitaminerhaltendes Kochen von Gemüse eingegangen wird.

4.3 Abschluß
Gemeinsames Essen unter Beachtung der Tischsitten.
L: Für den nächsten Geburtstag brauchst du dir kein Geschenk mehr zu überlegen, aber achte darauf, daß die ganze Familie nicht acht Tage lang Gemüseeintopf essen muß!

Literatur bei der Verfasserin

Verfasserin: Gabriele Bräutigam

Norbert Autenrieth

Warum ist die Katze ein guter Mäusefänger?

1. Didaktische Information

1.1 Obwohl die Schüler bestimmt recht beachtliches Vorwissen zum Thema mitbringen, erscheint die Behandlung des Themas umso notwendiger, als
– biologisches Wissen bei Grundschülern häufig stark anthropomorphisiert ist und deshalb der Richtigstellung in biologischem Sinne bedarf;
– biologische Fragestellungen häufig sehr komplexer Art sind.

1.2 Das Thema berührt folgende biologische Bereiche:
– ethologischer Aspekt: Verhalten der Katze bei Wahrnehmung und Fang des Beutetiers
– systematischer Aspekt: Katzengebiß, Katzenpfote
– physiologischer Aspekt: Leistung von Schnurrhaaren und Augen
Da alle Aspekte unverzichtbar zur Beantwortung der Problemfrage gehören, wird klar, daß es bei dem Thema wesentlich auf das genaue Betrachten von biologischen Materialien (Gebiß), das Umgehen mit Modellen (Pfote) und das genaue Beobachten ankommen wird (Verhalten beim Beutefang).

2. Lernziele

2.1 Grobziel

Die Schüler sollen durch Anwendung entsprechender Arbeitsweisen die Anpassungseinrichtungen der Katze als Schleichräuber und Nachttier bestimmen.

2.2 Feinziele

Die Schüler sollen
– Vermutungen zur Themenfrage äußern;
– aus der Beobachtung einer jungen Katze auf deren Anpassungseinrichtungen schließen;
– die Funktion von Gebiß, Krallen, Augen, Schnurrhaaren und Bewegungsablauf in Gruppenarbeit »erforschen«;
– die Anpassungseinrichtungen zusammenstellen;
– die Klassifizierungsbegriffe Schleichräuber und Nachttier kennen.

2.3 Lernzielkontrollen

Einsetzen von Begriffen auf Arbeitsblatt – Zusammenstellen von katzenartigen Raubtieren aus ungeordneten Bildern verschiedener Raubtiere

3. Lernhilfen

Junge Katze, Katzengebiß, Modell der Katzenpfote, Zeichnungen mit Augen (Mensch-Katze), Bilder mit Phasen des Beutefangs
– Tafelbilder, Arbeitsblatt
– Bilder von Raubtieren

4. Unterrichtsverlauf

4.1 Problemstellung

Lehrererzählung: Bauer Huber hört man in der letzten Zeit dauernd schimpfen: »Die verflixten Mäuse! Erst haben sie nur in der Scheune an den Vorräten gefressen und jetzt! Jetzt habe ich erst gestern welche in der Speisekammer erwischt! Elende Mäuseplage!«
S: Herr Huber soll sich eine Katze anschaffen. Die frißt die Mäuse!
L: Aber Herr Huber hat doch schon einen Hund!
S: Ein Hund fängt keine Mäuse. Er kann das nicht so gut wie die Katze.
TA: Warum ist die Katze ein guter Mäusejäger?

4.2 Problemlösung

1. Teilziel: Vermutungen äußern
S: Die Katze kann gut sehen. Sie kann sich anschleichen. Sie hat scharfe Krallen . . .
Lehrer notiert Stichpunkte an der Tafel.
L: Deine Behauptungen müßten wir erst beweisen. Schüler schlagen Lösungen vor: einer Katze zuschauen, Buch nachschlagen usw.

2. Teilziel: Schließen auf Anpassungseinrichtungen
L: Wir wollen eine Katze beobachten und versuchen, möglichst viel zur Beantwortung unserer Frage herauszufinden!
Klasse im Kreis versammelt – Hinweis auf Vermeidung von Lärm und Bewegung
Schülern äußern zuerst spontan Beobachtungen. Dann lenkt der Lehrer die Beobachtung auf Pfoten, Gebiß, Schnurrhaare, Bewegung bei Springen nach Wollknäuel.
Ergebnis: Die Katze kann ganz leise laufen. Sie lauert und springt nach der Beute. Sie hat spitze Zähne u. ä.

3. Teilziel: Untersuchen der Teilfunktionen
L: Jede Gruppe bekommt jetzt einen Auftrag. Ihr sollt den Arbeitsauftrag lösen und dann den anderen berichten.
Gruppensprecher holen jeweiliges Material, der Lehrer erklärt jeder Gruppe mündlich die Arbeitsanweisung und hilft den Gruppen bei der Bearbeitung.

Gruppe 1: Betrachte genau die Zähne der Katze. – Berühre sie auch. Was stellst du fest? – Vergleiche mit Zähnen des Menschen. Welche Zähne unterscheiden sich am meisten? – Kannst du dir erklären warum?
Gruppe 2: Versuche an der Pfote festzustellen, warum die Katze so leise schleichen kann!
Gruppe 3: Du hast das Modell einer Katzenpfote mit Knochen und Sehnen. Ziehe an der oberen und unteren Sehne. Was stellst

du fest? – Was hat das mit dem leisen Gang der Katze zu tun?
Gruppe 4: Ordne die Bilder so, wie die Katze eine Maus fängt. Versuche ein Tunwort für jedes Bild zu finden!
Gruppe 5: Vergleiche die Pupille der Katze mit der des Menschen. Durch die Pupille fällt das Licht ins Auge. Kannst du erklären, warum Katzen nachts besser sehen als Menschen? – Wie können ihr die Schnurrhaare dabei helfen?

4. Teilziel: Zusammenstellung der Anpassungseinrichtungen
Zusammenfassungen der Gruppenberichte und Entwickeln des Tafelbildes (s. Abb.)
Gruppe 1: Die Katze hat ganz spitze Zähne. Damit kann sie ihre Beute packen und schnell töten.
Lehrer läßt die Kinder die entsprechenden Zähne bei ihnen suchen und Unterschiede feststellen: Die Katze hat Reißzähne und starke Eckzähne.
Gruppe 2 und 3: Die Katze hat an der Pfote ganz weiche Ballen. Deshalb kann sie ganz leise laufen. Schüler zeigen an Pfote.
Die Katze kann durch Sehnen die Krallen einziehen. Schüler zeigen am Modell.
L: Dies ist für die Katze besonders wichtig. Du kannst es selbst ausprobieren!

Tafelbild/Arbeitsblatt

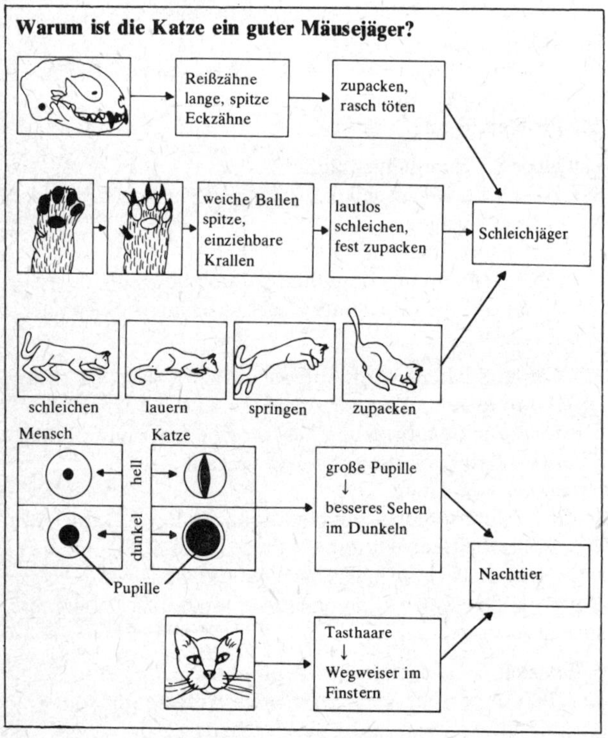

Schüler »laufen« mit Handballen auf der Bank, dann mit Fingerspitzen (Nägeln). Feststellen des Geräuschunterschiedes
Gruppe 4: Wir haben die Bilder über den Beutefang der Katze geordnet. Wir haben die Wörter schleichen, springen, packen (oder ähnliche) gefunden.
Versprachlichen des Bewegungsablaufs durch die Klasse anhand von Bildern und Tunwörtern
Gruppe 5: Die Katze kann nachts sehr gut sehen. Ihre Pupillen sind im Dunkeln viel größer als die des Menschen! Gruppensprecher zeigt an den Bildern und erklärt das Wort Pupille.
Schülerversuch: Betrachten der Pupille in dunkler Zimmerecke und vor dem Fenster. Klärung der Funktion der Tasthaare

4.3 Problemverarbeitung
Stummer Impuls: Pfeile zwischen den Darstellungen der Zähne, der Pfoten und des Jagdverhaltens (s. Abb.)
Schüler stellen Vermutungen über die Bedeutung der Pfeile an: Ohne die einziehbaren Krallen könnte sich die Katze nicht so gut anschleichen. Die Reißzähne braucht sie zum Zupacken. usw.
Lehrer ergänzt Tafelanschrift: Schleichräuber
Stummer Impuls: Pfeile von den Kästchen
Tasthaare und Auge ausgehend
S: Die Katze muß sehr gut sehen können. Sie jagt nachts. Die Tasthaare helfen ihr in der Dunkelheit! Lehrer ergänzt Tafelanschrift: Nachttier
L: Jetzt können wir die gestellte Frage beantworten! Hinweis auf Themenfrage
Schüler fassen zusammen.

4.4 Problemübertragung
L: Du kennst viele Tiere, die mit der Katze verwandt sind!
Schüler nennen Tiere.
L: Ich hänge jetzt Bilder mit Nummern an die Tafel. Welche Gruppe findet die Tiere heraus, die mit der Katze verwandt sind?
Gruppenwettbewerb – Auswertung der Ergebnisse im Unterrichtsgespräch, wobei besonders auf die erfahrenen Kennzeichen eingegangen wird

4.5 Sicherung und Kontrolle
Ausfüllen des Arbeitsblatts als Hausaufgabe (Arbeitsblatt wie Tafelbild; eingesetzt werden müssen: Schleichräuber / Nachttier / einziehbare / Pupille / schleichen, lauern, springen, zupacken / Reißzähne).

Literatur beim Verfasser

Verfasser: Norbert Autenrieth

Reinhild Uchronski

Das Eichhörnchen gebraucht seine »Werkzeuge«

1. Didaktische Information

1.1 Schon in der Grundschule sollten die Schüler zur ökologischen Betrachtungsweise geführt werden. Das heißt, sie sollen die Körpermerkmale und Verhaltenseigentümlichkeiten von Tieren, die als wesentliche Anpassung an die Bedingungen eines Lebensraumes zu verstehen sind, genau beobachten.
Von den Waldbewohnern eignet sich das Eichhörnchen am besten dazu, weil es
1. in Wäldern, Parks und sogar Vorgärten über längere Zeiträume zu beobachten ist;
2. auch für das ungeschulte Auge des Kindes erkennbare Anpassungserscheinungen an seinen Lebensraum zeigt.
Schülern, die ein Eichhörnchen im Freien noch nicht beobachtet haben, sollte vor dieser Stunde der Film »Quick, das Eichhörnchen« (FT 367), zumindest ausschnittweise, gezeigt werden. Ebenso sollte das Thema »Wie sich das Eichhörnchen auf den Winter vorbereitet« schon behandelt worden sein.

1.2 Das Eichhörnchen weist in seinem Körperbau Merkmale auf, die ihm ein Leben auf Bäumen hervorragend ermöglichen. So besitzt es an allen Zehen lange Krallen, mit denen es sich beim Auf- und Abklettern an den Baumstämmen festhalten kann, vergleichbar mit den Klettereisen des Menschen. Ebenso typisch für das Tier ist sein langer, buschiger Schwanz, der ihm beim Springen als Steuer dient. Notfalls wagt es sogar den Sprung von der Spitze eines Baumes, wobei der Schwanz, zusammen mit der entsprechenden Körperhaltung, die Aufgabe eines Fallschirms übernimmt. Beim Laufen auf schmalen Zweigen dient er noch als Balancierstange.
Das Eichhörnchen ist ein Nagetier, das sich in der Hauptsache von Nüssen, Eicheln und Samen aus den Zapfen der Nadelbäume ernährt. Geschickt hält es die Früchte zwischen den Vorderpfoten fest und meißelt mit seinen vier breiten, scharfen Nagezähnen selbst dickste Schalen auf. Die Zähne sind wie bei einer Beißzange sichelförmig nach innen gebogen. Mit ihnen kann das Tier kneifen, abbeißen und meißeln zugleich. Um sie gut einsetzen zu können, ist die Oberlippe, wie bei allen Nagern, gespalten.

2. Lernziele

2.1 Grobziel
Erfassen biologischer Zusammenhänge

2.2 Feinziele
Die Schüler sollen
– Werkzeuge zum Klettern, Graben und Verteidigen finden und vergleichbare körperliche Merkmale am Eichhörnchen suchen;
– die Aufgaben, die der buschige Schwanz zu erfüllen hat, erfahren und diese auf entsprechende Geräte des Menschen übertragen;
– das Eichhörnchen als Nagetier klassifizieren;
– die Funktionsweise der Nagezähne erkennen;
– die Wirkungsweise einer Beißzange kennenlernen und die Ähnlichkeit mit den Nagezähnen feststellen.

2.3 Lernzielkontrollen
Arbeitsblatt – richtiges Anheften von Bildkarten

3. Lernhilfen

Ausgestopftes Eichhörnchen – Schädelskelett im Modell (Kiefer soll sich an einem Drehpunkt bewegen lassen) – Spitzhacke – Klettereisen – Beißzange – Messer – Abbildung eines Fallschirms – Bildkarten – Arbeitstext – einige Früchte, die das Eichhörnchen gerne frißt bzw. nicht mag.

4. Unterrichtsverlauf

4.1 Einstieg
Rätsel:
Es baut in schattigen Zweigen sein Nest.
Es hüpft und schlüpft durch der Bäume Geäst.
Es schwingt sich von Wipfel zu Wipfel geschwind,
und es ist doch kein Vogel – was ist's mein Kind?
S: Das ist das Eichhörnchen.
L: Das Rätsel sagt uns, wo das Eichhörnchen lebt.
S: Es lebt hauptsächlich auf Bäumen.
L: Um auf Bäumen wohnen zu können, muß es gut ausgerüstet sein.
– *Problemstellung:* Welche Werkzeuge hat das Eichhörnchen, um auf den Bäumen leben zu können? (TA)

4.2 Erarbeitung
1. Teilziel: Krallen dienen dem Eichhörnchen als Klettereisen, Waffe und Grabwerkzeug.
a) Klettereisen:
L: Wir könnten nicht immer auf Bäumen leben!
S: Wir können nicht so gut klettern.
L: Es gibt ein Hilfsmittel, mit dem wir leichter auf Bäume kommen. Denkt an Telefonmonteure!
Vorzeigen von Klettereisen, Objektbetrachtung evtl. Demonstration
L: Damit kommen wir leichter auf einen Baum. Aber bei ei-

nem Wettklettern würde doch das Eichhörnchen gewinnen. Schüler betrachten das Stopfpräparat und versuchen etwas zu entdecken, das Klettereisen ähnlich ist.
Ergebnis: An den vier Pfoten hat das Eichhörnchen Krallen. (TA) – Begriff: Kletterkrallen
L: Diese Kletterkrallen sind nicht aus Eisen, sondern aus Horn. Mit ihnen kann das Tier senkrecht einen Stamm auf- und abklettern.
b) Waffe und Grabwerkzeug:
L: Die Krallen haben aber noch mehrere Aufgaben.
Vorzeigen von Spitzhacke und spitzem Messer
Schüler erarbeiten, daß das Eichhörnchen mit den Krallen sowohl Feinde abwehrt (wie der Mensch mit einem Messer) als auch hartes Erdreich lockert (wie der Mensch mit einer Spitzhacke), um Wintervorräte zu vergraben.
Schüler wiederholen dabei, wie die Feinde des Eichhörnchens heißen und warum es wichtig ist, Erdreich aufzugraben.
Ergebnis: Die Krallen dienen als Waffe und als Grabwerkzeug. (TA)
– *Teilwiederholung:* Ankleben der Bildkarten an die Tafel: Klettereisen, Waffe, Spitzhacke
Bilden von Sprechreihen

2. Teilziel: Der buschige Schwanz dient als Fallschirm und als Balancierstange.
a) Fallschirm:
Schüler lesen in Stillarbeit folgenden Text:
Auf dem Baum einer Waldlichtung sitzt ein Eichhörnchen. Da kommen drei Jungen. Sie sehen das Eichhörnchen und wollen es fangen. Sie klettern am Stamm hoch. »Nun kann uns das Eichhörnchen nicht mehr entwischen« ruft Hans. Doch das Tierlein ist schlauer als die drei Jungen. Es steigt nicht zur Spitze hinauf sondern an einem schräghängenden Ast entlang. Jetzt springt es mit einem weiten Satz in die Tiefe. Es breitet Beine und Schwanz aus und kommt ohne Schaden am Boden an. Ehe die Jungen sich umschauen, läuft es schon über die Lichtung dem Walde zu.
Aussprache über den Inhalt
L: Beinahe hätten die Jungen das Eichhörnchen erwischt. In seiner Not tut es etwas.
S: Es springt in die Tiefe und kommt ohne Schaden an.
L: Auch Menschen können in die Tiefe springen, ohne daß ihnen etwas passiert (evtl. Bild).
S: ...mit einem Fallschirm.
L: Vielleicht finden wir beim Eichhörnchen etwas, das mit einem Fallschirm verglichen werden kann.
Schüler erkennen, daß der Schwanz wie ein Fallschirm wirken kann.
Ergebnis: Beim Sprung dient der Schwanz als Fallschirm.(TA)
b) Balancierstange:
L: Das Eichhörnchen ist ein Künstler, weil es auf ganz dünnen Ästen laufen kann. Im Zirkus habt ihr bestimmt schon einmal Artisten auf einem dünnen Seil laufen sehen. Meist haben sie ein Hilfsmittel dabei.
Begriffe: Balancierstange – Gleichgewicht
Ergebnis: Um Gleichgewicht halten zu können, gebraucht das Eichhörnchen den Schwanz als Balancierstange.(TA)
– *Teilwiederholung:* Ankleben der Bildkarten

3. Teilziel: Die Nagezähne dienen als Beißzange.
Schüler suchen aus einer Reihe von Früchten die aus, die das Eichhörnchen gerne mag.
L: Wenn du eine Nuß knacken willst, brauchst du ein Werkzeug!
S: Wir brauchen einen Nußknacker.
L: Welches Werkzeug nimmt wohl das Eichhörnchen dazu her?
Vorzeigen des Schädelskeletts eines Nagers:

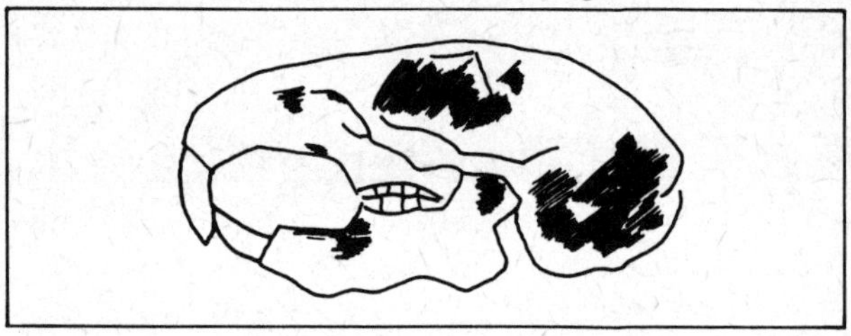

Anhand des Modells wird den Kindern die Funktionsweise der Nagezähne erklärt.
Begriffe: Nagezähne – Nagetier
L: Die Menschen haben ein Werkzeug, das ähnlich funktioniert wie diese Zähne.
S: Die Beißzange
Ergebnis: Mit seinen scharfen Nagezähnen knackt das Eichhörnchen harte Nußschalen auf. (TA)
– *Teilwiederholung:* Ankleben der Bildkarten
Tafelbild

Welche »Werkzeuge« hat das Eichhörnchen, um auf Bäumen leben zu können?

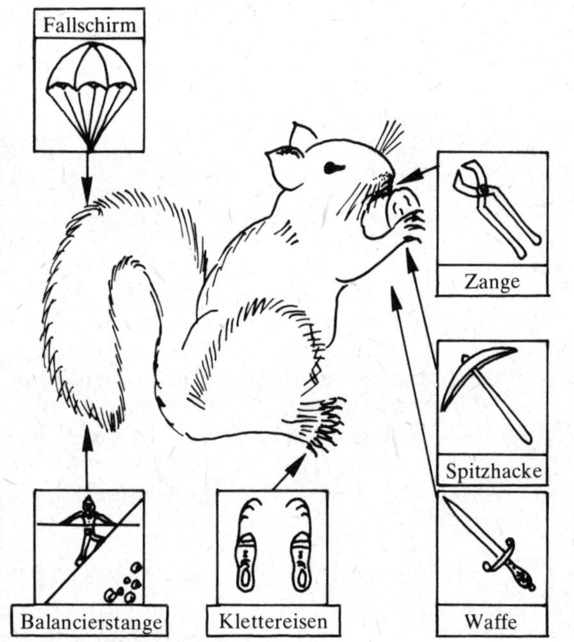

4.4 Vertiefung
L: Wir Menschen müßten einen ganzen Sack voller Werkzeug und Hilfsmittel mitschleppen, wenn wir so leben wollten wie das Eichhörnchen und wären trotzdem nicht so flink und geschickt. Es hat alles, was zu seinem Leben auf dem Baum notwendig ist, an sich. Wir sehen, wie wunderbar die Natur die einzelnen Wesen ausgestattet hat.

4.5 Gesamtzusammenfassung
Hausaufgabe:
Ausfüllen eines Arbeitsblattes (kopierfähige Arbeitsvorlage)

Verfasserin: Reinhild Uchronski

Sachunterricht

Blatt ________

Name ______________________________

Datum ______________________________

Das Eichhörnchen gebraucht seine »Werkzeuge«

als

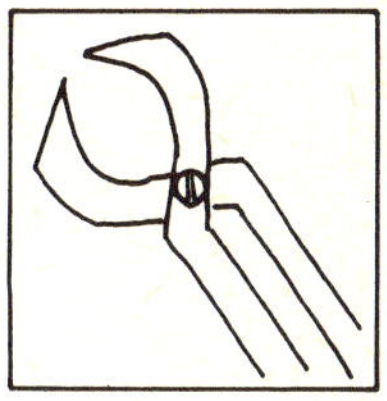

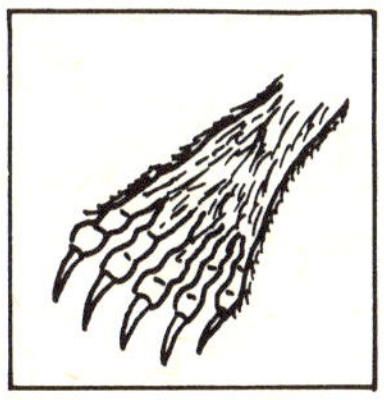

als

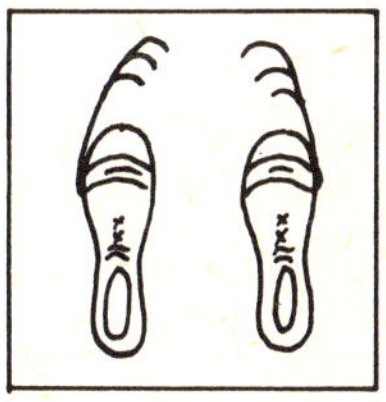

und als

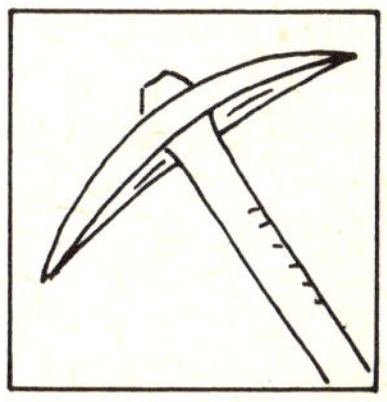

und als

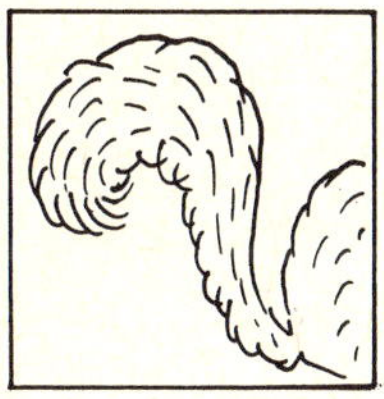

als

und als

Es ist für ein Leben auf Bäumen ________ ausgerüstet.

Ilse Kasperek

Wir basteln ein Windrädchen

1. Didaktische Information

1.1 Dieser Unterrichtseinheit ging eine Stunde voraus, in der die Erkenntnis gewonnen wurde, daß Luft ein Körper ist, der Platz braucht und daß in unserem üblichen Lebenskreis überall da Luft ist, wo kein anderer Körper ist. Daran anknüpfend soll nun in dieser Einheit erarbeitet werden, daß zum Drehen eines Windrädchens Wind nötig ist, der erzeugt wird, indem Luft bewegt wird. Dieses geschieht z. B. durch Temperaturunterschiede, wie beim Wetter, oder durch mechanische Einwirkung, wie beim Blasen, Fächeln, Wedeln. Durch den bei der Bewegung entstehenden Widerstand und durch die spezielle Biegung der Flügel, die die Luft ablenkt, setzt sich das Windrädchen in Bewegung. Der Wind, die bewegte Luft also, übt dabei Kraft aus. Nachdem das zur Versuchsdurchführung nötige Windrädchen von den Kindern selbst erstellt wird, nimmt das Basteln einen verhältnismäßig breiten Raum ein.

1.2 Es kann zwar angenommen werden, daß jedes Kind ein Windrädchen bereits kennt, das selbstgebastelte, eigene Exemplar weckt aber das Interesse an Funktion und Wirkungsweise weit mehr und sollte die Kinder auch zu komplizierteren Denkschritten motivieren. Außerdem verlangt das selbständige Herstellen das vorherige Abklären einiger die Konstruktion betreffende Fragen wie z. B. Stellung und Stabilität der Flügel, Reibungsverminderung usw.. Fachgemäße Erklärungen über die Wirkung des Luftwiderstandes zu erwarten, wäre jedoch zu viel verlangt; deshalb sollte man sich mit kindgemäßen Erklärungsversuchen begnügen. Der Erkenntnisschwerpunkt soll in dieser Unterrichtseinheit bei folgenden Aussagen liegen: Wind ist bewegte Luft – Wind hat Kraft. Diese zwei Erkenntnisschritte können an der Funktion des Windrädchens gut vollzogen werden.

2. Lernziele

2.1 Grobziel
Die Schüler sollen erkennen, daß Wind bewegte Luft ist und Kraft hat.

2.2 Feinziele
Die Schüler sollen
- die Bauteile des Windrädchens aufzählen;
- die Funktion dieser Bauteile beschreiben;
- die funktionsgerechten Eigenschaften der Bauteile benennen;
- die Problemfrage »Was können wir tun, damit sich das Windrädchen dreht?« finden und formulieren;
- Hypothesen aufstellen und überprüfen;
- ihre Beobachtung schildern und Erklärungsversuche finden;
- auf Grund der Erkenntnisse aus der vorangegangenen Unterrichtseinheit und ihrer Beobachtung die Problemfrage beantworten;
- die neu gewonnenen Erkenntnisse verbalisieren (durch Blasen, Fächeln, Wedeln bewegen wir die Luft – bewegte Luft ist Wind – Wind übt Kraft aus).

2.3 Lernzielkontrollen
Verbalisieren der Beobachtungen und Erkenntnisse

3. Lernhilfen
Holzstab ca. 40 cm – Perle – feste Stecknadel – festes, quatratisch geschnittenes Zeichenpapier – Schere – Arbeitsblatt mit Lückentext – Tafelanschrift

4. Unterrichtverlauf

4.1 Motivationsphase
L: Gestern ging ich mit meinen Kindern zum Rummelplatz. An einer Losbude nahmen wir zwei Lose. Meine Tochter gewann dieses Windrädchen.
Lehrer zeigt es den Schülern.
L: Um ein solches Windrädchen zu bekommen, braucht man nicht erst zum Rummelplatz zu gehen. Man kann sich auch selbst eines basteln. Das wollen wir heute tun.

1. Teilziel: Bauteile des Windrädchens
Erarbeitendes Unterrichtsgespräch: Welche Bauteile brauchen wir für ein Windrädchen?
Die Schüler nennen die Teile, die dann vom Lehrer gezeigt werden: einen langen Holzstab, Papier für die Flügel, eine Nadel; eventuell nennen die Schüler auch bereits die Perle.

2. Teilziel: Funktion der Bauteile
Die Bauteile werden nun einzeln an die Schüler ausgegeben, dabei erklären sie deren Funktion:
Der Stab muß das Windrädchen halten können.
Die Flügel müssen die Luft durchlassen.
Die Stecknadel soll uns als Achse dienen, um die sich die Flügel des Windrädchens drehen können.
Eine Perle soll verhindern, daß die Flügel am Stab anstoßen und sie soll dazuhelfen, daß sich das Windrädchen leicht drehen kann.
Die benötigten Bauteile werden dabei an die Tafel gezeichnet (s. Abb. 1 nächste Seite oben).

3. Teilziel: Herstellen des Windrädchens
Das Windrädchen wird nun nach Anweisung gebastelt, und

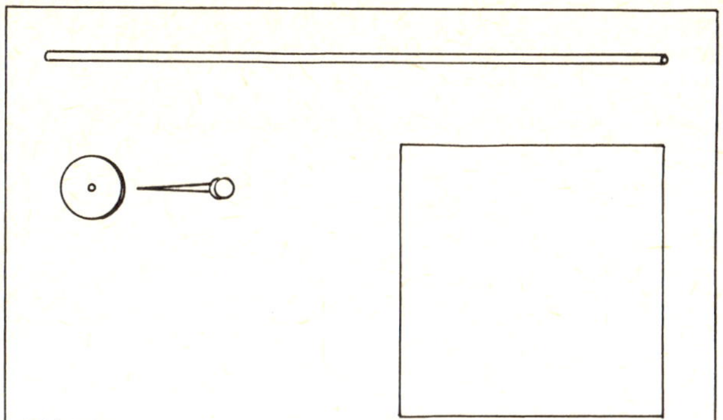

Abb. 1

die funktionsgerechten Eigenschaften der einzelnen Teile werden beschrieben.

– Die Schüler nehmen und befühlen den Holzstab: Er muß lang, dünn und fest sein, damit er das Windrädchen halten kann und es nicht behindert, und damit wir ihn gut in der Hand halten können.

– Aus dem Papier falten wir die Flügel, deshalb muß es stabil sein, sich aber doch noch biegen lassen.

Wir falten das Papier diagonal und schneiden die Falten bis dreifingerbreit vor der Mitte ein.

– Damit die Luft gut durch die Flügel blasen kann, biegen wir eine Ecke nach innen (nicht falten), eine Ecke lassen wir aus, die folgende Ecke biegen wir nach innen bis zur Mitte ...

– Die Nadel, die uns als Achse dienen soll, muß lang, dünn und glatt sein, damit das Papier genug Platz hat und wenig Widerstand entsteht.

– Mit der Nadel stechen wir in die übereinanderliegenden Spitzen der Flügel.

– Auf die Nadel spießen wir eine Perle. Sie muß glatt, rund und beweglich sein, damit die Flügel nicht vom Stab gebremst werden. Jetzt stecken wir die Nadel in den Holzstab. Die Bastelschritte wurden an die Tafel gezeichnet.

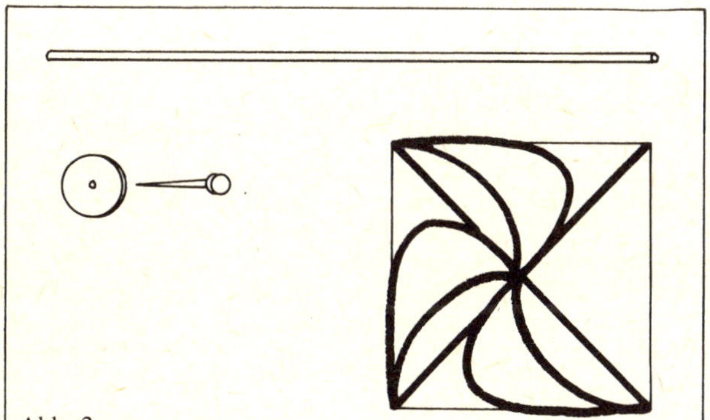

Abb. 2

4. Teilziel: Formulieren der Problemfrage

L: Jetzt haben wir das Windrädchen fertig, aber es sollte sich noch drehen.

Schüler formulieren die *Problemfrage:* Was müssen wir tun, damit sich unser Windrädchen dreht? (TA)

4.2 Erarbeitungsphase

5. Teilziel: Bilden von Hypothesen

Gemeinsames Lesen der Problemfrage

Gruppenarbeit: Die Schüler bilden Hypothesen und überprüfen sie: Wir sollten das Fenster öffnen, damit der Wind herein kann. Wir könnten blasen, das Windrädchen hin- und herbewegen, ...

Die Schüler führen ihre Vorschläge aus.

6. Teilziel: Beschreiben von Beobachtungen

Die Schüler beschreiben ihre Beobachtungen:

Wenn ich blase, dann dreht sich das Windrädchen.

Wenn ich mit dem Windrädchen wedle, dann dreht es sich.

Wenn ich fächle, dann ...

Arbeitsblatt 1. Abschnitt in Stillarbeit/TA:

Wir *blasen* und *pusten,* wir *wedeln* und *fächeln.* Das Windrädchen dreht sich.
Kursivdruck: Eintrag durch Schüler

7. Teilziel: Formulieren von Erklärungsversuchen

L: In unserem Zimmer ist kein Wind und trotzdem bewegen sich unsere Windrädchen.

Erarbeitendes Unterrichtsgespräch/Aktualisierung des Vorwissens: In unserem Zimmer ist Luft. Luft ist ein Körper. Wo Luft ist, kann kein anderer Körper sein.

Versuch mit umgestülptem Glas im Wasser aus vorausgegangener Stunde

L: Auch um dein Windrädchen herum ist Luft.

Erklärungsversuche der Schüler:

Beim Wedeln und Fächeln schieben wir die Luft, die an das Windrädchen anschließt, weg. Dadurch bewegt sich die Luft.

8. Teilziel: Erkenntnisgewinnung

L: Du spürst, was jetzt aus der Luft geworden ist.

Wenn sich die Luft bewegt, fühlt sie sich an wie Wind.

S: Durch unser Blasen, Pusten, Fächeln und Wedeln haben wir die Luft in unserem Zimmer bewegt. Es entsteht dabei Wind.

Arbeitsblatt 2. Abschnitt/TA:

Im Zimmer ist *Luft.* Wir *bewegen* die Luft. Nun haben wir *Wind.* Wind hat *Kraft.*
Kursivdruck: Eintrag durch Schüler

L: Der Wind kann nicht nur dein Windrädchen drehen.

Gespräch: Der Wind kann Windmühlen drehen, Bäume biegen, Papier hochheben ...

L: Der Wind leistet ja dann schwere Arbeit.

Dazu braucht man viel Kraft. Der Wind hat Kraft.

4.3 Sicherungsphase

Jedes Kind darf sein Windrädchen in Bewegung setzen und versprachlicht:

Ich puste, da bewegt sich die Luft. Es entsteht Wind. Der Wind hat Kraft und bewegt das Windrädchen.

Ich wedle, da bewegt sich die Luft. Es entsteht Wind ...

Verfasserin: Ilse Kasperek

Reinhild Uchronski

Kann Martin Wasser in einem Sieb tragen?

1. Didaktische Information

1.1 Im Winter bei Spaziergängen oder Autofahrten sehen die Kinder, wie Kälte und Frost die Dinge der Umgebung verändern: Weiher und Pfützen sehen anders aus, Eiszapfen hängen an Dachrinnen und Fensterbrettern, Eisblumen schmücken die Fensterscheiben etc. Dabei vertreten die meisten Schüler dieser Altersstufe die Auffassung, daß es sich bei Eis, Schnee und Wasser um verschiedene Stoffe handelt. Gefrieren von Wasser und Schmelzen von Eis und Schnee sind Stoffumwandlungen im Sinne von: Aus dem einen wird das andere. Das kommt zum einen Teil daher, daß man nicht von festem Wasser, sondern von Eis spricht. Andrerseits sehen Schnee, Eis und Wasser ja auch verschieden aus.
In einer dieser Unterrichtsstunde vorhergehenden Einheit sollen die Begriffe »fest – flüssig« geklärt werden, um diese verschiedenen Zustandsformen des Wassers genau erklären und versprachlichen zu können. Nachfolgend werden die gewonnenen Erkenntnisse auf andere Stoffe übertragen.

1.2 Flüssigkeiten dehnen sich beim Erwärmen aus und ziehen sich beim Abkühlen zusammen. Anders dagegen Wasser, das sich beim Erstarren zu Eis ausdehnt und in gefrorenem Zustand sein größtes Volumen erreicht. Sobald eine gewisse Wärmeenergie zugeführt wird (bei Eis beträgt sie 80 kcal.), schmilzt das Eis. Wasser geht dabei von einem energieärmeren in einen energiereicheren Zustand über. Dabei wird der Umgebung (z. B. Wasser, Luft, warme Hand) Wärme entzogen. Je nach der zur Verfügung stehenden Wärmeenergie und der Quantität des Eises beschleunigt oder verlangsamt sich der Schmelzvorgang. Dieser Vorgang verläuft beim Erstarren reversibel.

2. Lernziele

2.1 Grobziel
Beobachten und Erfassen von Stoffveränderungen

2.2 Feinziele
Die Schüler sollen
- erkennen, daß Wasser verschiedene Zustandsformen haben kann;
- erfahren, daß der feste Zustand des Eises durch Zufuhr von Wärme geändert werden kann;
- Eis unter verschiedenen Bedingungen schmelzen lassen;
- beobachten, wie Eis durch Erwärmen flüssig wird;
- Zusammenhänge zwischen Schmelzdauer und Stärke der Wärmezufuhr erkennen;
- Gefrieren und Schmelzen synonym mit »fest werden« und »flüssig werden« verwenden;
- am Beispiel des Wassers die Vorgänge des Schmelzens und Erstarrens beschreiben können und als umkehrbar erkennen.

2.3 Lernzielkontrollen
- Ergänzen von Bild- und Wortkarten an der Tafel
- Ausfüllen eines Arbeitsblattes

3. Lernhilfen

Joghurtbecher – Kochplatte – Topf – Sieb – Eisstücke (in Thermobehälter) – Kühlschrank bzw. Kältemischung – Bildkarten – Wortkarten – Arbeitsblatt

4. Unterrichtsverlauf

4.1 Einstieg
L: Martin und Mathias sind Freunde. Heute jedoch ist Martin ziemlich beleidigt mit seinem Freund.
Schüler vermuten.
L: Martin hat eine Wette verloren. Doch sein Vati sagt, sei nicht traurig, ich verrate dir eine Wette, die du bestimmt gewinnst. – Am anderen Tag, als Martin seinen Freund trifft, sagt er zu ihm: Ich wette mit dir, daß ich Wasser in einem Sieb tragen kann!
– *Problemfrage:* Kann Martin Wasser in einem Sieb tragen? (Tafelanschrift)
Schüler vermuten, ob Martin die Wette dieses Mal gewinnen kann. Ihre Meinung wird an der Tafel festgehalten (durch ja- bzw. nein-Striche).

4.2 Erarbeitung
1. Teilziel: Eis schmilzt zu Wasser.
– Lehrer demonstriert, wie Martin Wasser im Sieb tragen kann.
Schüler bringen Einwände: Das ist kein Wasser, das ist Eis.
L: Ihr könnt mir auch sagen, wie Eis ist!
Sprechreihen: Eis ist hart, glatt, fest, durchsichtig, sehr kalt, . . .
Jeder, der etwas über das Eis sagen kann, bekommt ein Stück und darf es in der Hand halten (über einen Becher)!
L: Auch über das Wasser wissen wir schon etwas!
S: Wasser ist flüssig, klar, kann warm, kalt sein.
– L: Wie wir uns jetzt so lange unterhalten haben, ist etwas passiert!
Lehrer deutet auf die Pfütze unter dem Sieb.
Schüler sehen Wassertropfen am Boden, das Eis schmilzt, es wird zu Wasser.

L: Vergleicht den Eiswürfel im Sieb mit einem »frischen« (aus der Isolierkanne)!
Schüler erkennen, daß der Würfel im Sieb kleiner geworden ist, daß er von außen nach innen zu schmelzen beginnt.
L: Wer hat wohl den Eiswürfel schmelzen lassen?
S: Die Zimmerwärme bringt das Eis zum Schmelzen.
– L: Jetzt wollen wir die Eiswürfel anschauen, die die Kinder in Hand halten.
Schüler erkennen, daß diese Eisstücke noch kleiner sind als das Eis im Sieb. Das aufgefangene Wasser ist auch mehr als die Tropfen auf dem Boden. (Zeigen in einem Meßzylinder)
L: Vielleicht könnt ihr euch denken, warum das so ist!
Schüler vermuten und probieren. Die Hände sind wärmer, da kann das Eis schneller schmelzen.
Alle Kinder bekommen einen kleinen Eiswürfel und lassen ihn über einem Behälter schmelzen.
Ergebnis: Wenn das Eis geschmolzen ist, haben wir im Becher nur Wasser. Unsere Hände sind kalt. Unsere Handwärme hat das Eis schneller geschmolzen.
– L: Ich könnte das Eis noch schneller schmelzen lassen!
Vorzeigen einer Wärmequelle (Kochplatte, Fön, Brenner)
Demonstrationsversuch: Einige Schüler versuchen, gleich große Eisstücke in der Hand, der Lehrer in einem Gefäß über der Wärmequelle zu schmelzen (Elektroplatte einige Minuten vorheizen!).
Ergebnis: Je mehr Wärme, desto schneller schmilzt das Eis zu Wasser.
– Teilwiederholung:
Erarbeiten folgenden Tafeltextes, Lesen desselben
Zur Unterstützung für schwache Leser Bildkarten

Im Zimmer schmilzt das Eis *langsam*.

In der Hand schmilzt das Eis *schneller*.

Auf der Kochplatte schmilzt das Eis *am schnellsten*.

Je mehr Wärme, desto schneller schmilzt das Eis.

Abb. 1

L: Hat Martin nun die Wette gewonnen?
Schüler wiederholen, daß man Wasser im Sieb tragen kann.
Tafel: Eis ist gefrorenes Wasser.

2. Teilziel: Wasser gefriert zu Eis.
L: Mathias findet die Wette so gut, daß er sie bei seiner Mutti ausprobieren will. Dazu muß er aber etwas vorbereiten!
S: Er muß Wasser so kalt werden lassen, daß es zu Eis wird!
L: Ihr wißt auch, wo man das machen kann!
S: Im Kühlfach des Kühlschrankes, in der Tielkühltruhe, draußen, wenn es recht kalt ist, kann Wasser zu Eis werden.
L: Draußen habt ihr an verschiedenen Stellen schon gefrorenes Wasser gesehen!
Im Unterrichtsgespräch wird erarbeitet, daß bei bestimmter Kälte Gewässer und Pfützen zufrieren, daß auf Flüssen Eisschollen treiben, daß herunterfallende Tropfen zu Eiszapfen werden, daß nasse Straßen in Eisflächen verwandelt werden etc.
L: Mathias hat also verschiedene Möglichkeiten, sein Wasser so zu verwandeln, daß er es im Sieb tragen kann. Vielleicht findet ihr auch jemanden, mit dem ihr diese Wette eingehen könnt.

4.3 Verarbeitung
Ausfüllen des Arbeitsblattes:

Kann Martin Wasser in einem Sieb tragen?

1. Wie müßte dazu das »Wasser« im Sieb aussehen? Zeichne!

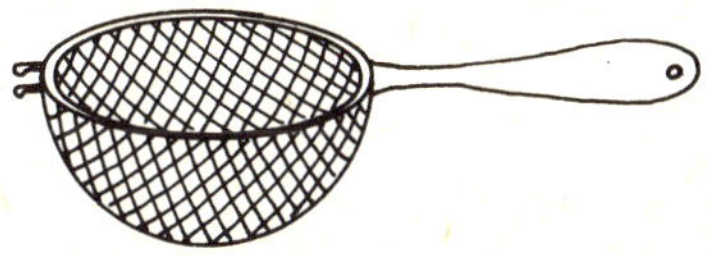

2. Wo schmilzt das Eis am schnellsten? Male aus!

3. Wärme oder Kälte? Wärme = W; Kälte = K

Eis Wasser Eis

4. Sind das Lügengeschichten?
- Wasser kann ich weit durch die Luft werfen.
- Auf Wasser kann ich mit meinen Schlittschuhen fahren.
- Im Winter hackt mein Opa das Wasser vom Gehsteig.

Abb. 2

Literatur
Autorenteam: Sachbuch 1./2. Schuljahr. München: Oldenbourg
Bahl/Fahrenberger/Schopf: Arbeitsbuch für den Sachunterricht in der Grundschule, 1. Schuljahr Lehrerband. Frankfurt 1975: Diesterweg

Verfasserin: Reinhild Uchronski

Sachunterricht

Blatt ________

Name ________________________________

Datum ________________________________

Kann Martin Wasser in einem Sieb tragen?

1. Wie müßte dazu das ›Wasser‹ im Sieb aussehen?
   Zeichne!

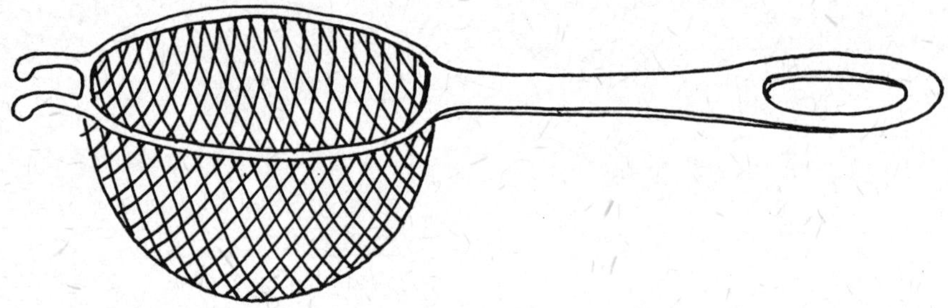

2. Wo schmilzt das Eis am schnellsten? Male aus!

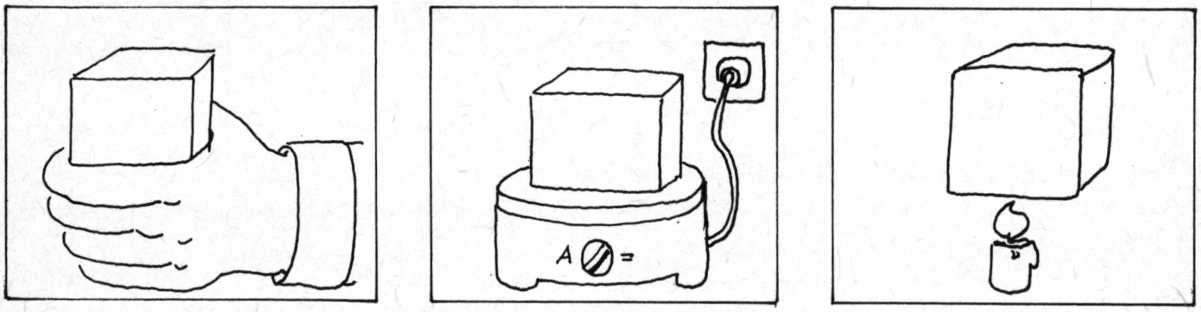

3. Wärme oder Kälte? Wärme = W; Kälte = K

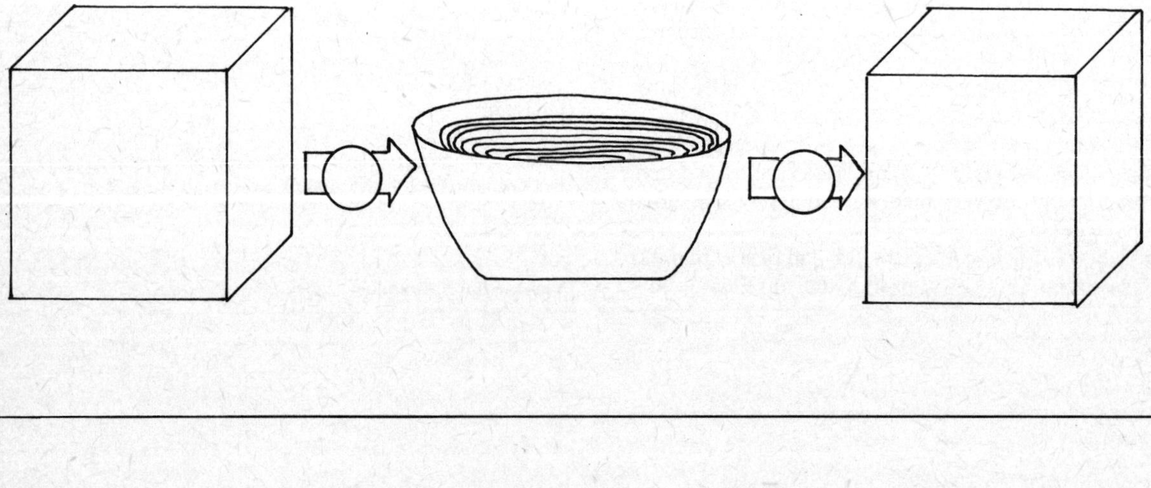

Heidi Bopp

Schwimmen und sinken

1. Didaktische Information

1.1 Der naturwissenschaftliche Bereich des Sachunterrichts ist in verschiedene thematische »Erfahrungsbereiche« aufgeschlüsselt. Im Erfahrungsbereich Physik geht es um die sachgerechte physikalische Auseinandersetzung alltäglicher, physikalisch-technischer Erscheinungen. Durch das Thema »Schwimmen und Sinken« sollen bereits Erstkläßler angehalten werden, physikalische Gesetzmäßigkeiten spielerisch zu erkennen und zu erfahren. Eine Reihe von Stoffen kann in Wasser schwimmen, versinken oder sich in einem Schwebezustand befinden. Zugrunde liegt das ›Archimedische Prinzip‹: Ein in einer Flüssigkeit sich befindlicher Körper erfährt eine Kraft, die seiner Gewichtskraft entgegen wirkt. Der Betrag dieser Kraft, die man Auftriebskraft nennt, ist gleich dem Gewicht der vom Körper verdrängten Flüssigkeit. Kurz: Der Auftrieb ist gleich dem Gewicht der verdrängten Flüssigkeit.
Mit dem Begriff des Auftriebs definiert man:
1. Ein Körper schwimmt, wenn der Auftrieb A dieses ganz in die Flüssigkeit getauchten Körpers größer ist als sein Gewicht.
2. Ein Körper sinkt, wenn der Auftrieb A dieses ganz in die Flüssigkeit getauchten Körpers kleiner ist als sein Gewicht.
3. Ein Körper schwebt, wenn der Auftrieb A dieses ganz in die Flüssigkeit getauchten Körpers gleich seinem Gewicht ist.

1.2 In der Gegenwart der Kinder ist ein schwimmender oder sinkender Gegenstand eine selbstverständliche Sache, über die nicht weiter nachgedacht wird. Neben den Nutzanwendungen (Schiff, Boje, Bohrinsel) steht für Kinder an erster Stelle die Bedeutung von Schwimmen und Sinken bei Spielzeugen (Wasserball, Schwimmente, Schwimmring, Tauchring). Sicher haben die Kinder zu Hause oder im Kindergarten durch Probieren und Spielen die Erfahrung gewonnen, daß verschiedene Stoffe aus ihrem Erfahrungsbereich schwimmen oder sinken. Diese unterschiedlichen Erfahrungen sollen hier spielerisch-experimentell nachvollzogen und geordnet werden.

2. Lernziele

2.1 Grobziel
Die Kinder sollen im spielerischen Versuch in der Gruppe mit verschiedenen Materialien Erfahrungen im Zusammenhang mit Schwimmen und Sinken sammeln.

2.2 Feinziele
Die Schüler sollen
- über eigene Erfahrungen bezüglich »Schwimmen und Sinken« berichten;
- vorgegebene Gegenstände auf ihre Schwimmeigenschaft testen;
- die gewonnenen Ergebnisse vergleichen und verbal wiederholen;
- die getesteten Gegenstände mit Bild- und Wortkarten tabellarisch ordnen.

2.3 Lernzielkontrollen
Tafelbild – Arbeitsblatt – Unterrichtsgespräch

3. Lernhilfen

– Verschiedene Gegenstände für jede Tischgruppe: Wasserwanne, Arbeitsblatt 1, Schere, Kork, Cuisenaire-Stab, Murmel, Würfel, Schlüssel, Plastik-, Holzwäscheklammer, Geldstück, Bleistift, Radiergummi, Nagel, Reißnagel, Streichholz, Stein, Büroklammer
– Folien für den Taglichtprojektor – Wortkarten für die Tafel – Klebstoff – Arbeitsblätter 2 und 3

4. Unterrichtsverlauf

4.1 Einstieg
1. Teilziel: Über eigene Erfahrungen berichten. Durch Folie 1 (Abb. 1) werden die Schüler angeregt, von eigenen Badeerfahrungen zu erzählen. Folie 2 (Abb. 2) ergänzt dieses Erzählen im Hinblick auf Schwimmen und Sinken. Die Begriffe Schwimmen und Sinken (bzw. untergehen, nicht schwimmen) werden sprachlich erläutert und an der Tafel festgehalten.

Abb. 1

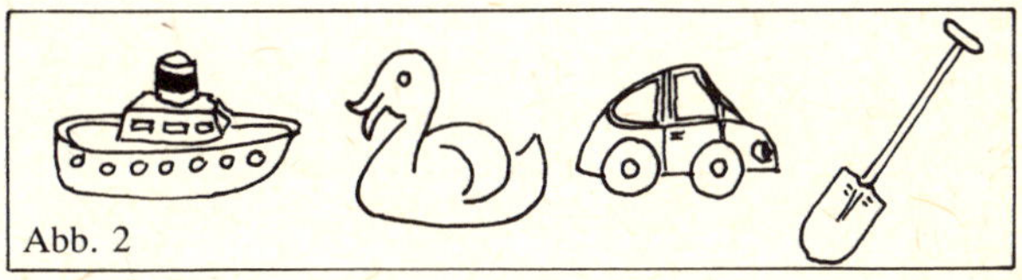

Abb. 2

4.2 Erarbeitung

2. Teilziel: Vorgegebene Gegenstände auf ihre Schwimmeigenschaft testen
Jede Tischgruppe erhält eine Wasserwanne und einen Beutel mit verschiedenen Gegenständen.
L: Welche Gegenstände schwimmen, welche sinken? Probiere aus!
Die Gruppensprecher erhalten dazu Arbeitsblatt 1 und kreuzen die entsprechenden Gegenstände an.
Arbeitsblatt 1

Aufgabe: Kreuze die Dinge an, die schwimmen!

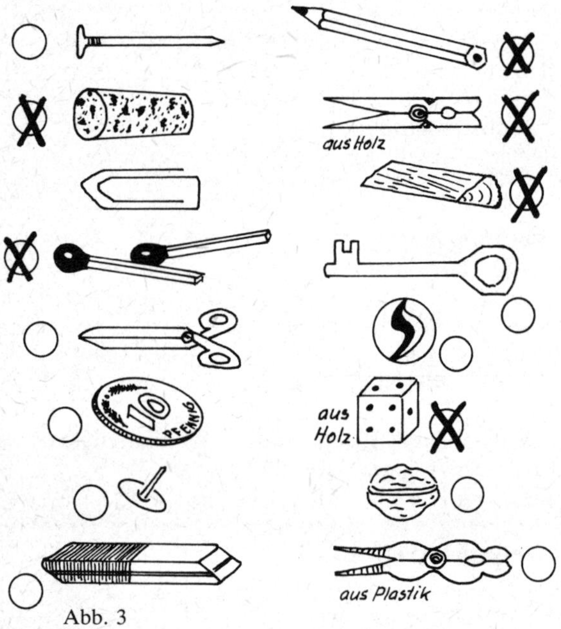

Abb. 3

3. Teilziel: Ergebnisse vergleichen und verbal wiederholen. Lehrer heftet Wortkarten mit den Namen der zuvor verwendeten Gegenstände an die Tafel. Die Schüler ordnen diese nach Schwimmen und Sinken in eine Tabelle und vergleichen die eigenen Ergebnisse mit der Tafelanschrift.

4.3 Verarbeitung

4. Teilziel: Die Gegenstände selbständig in Bild- und Wort sortieren
Die Schüler erhalten die Arbeitsblätter 2 und 3. (s. nächste Spalte).
Aufgabe: Schreibe zuerst die Namen der Gegenstände in die Linien der Tabelle! Schneide dann die Bilder aus und klebe sie dazu!

4.4 Weiterführung

In den folgenden Unterrichtsstunden sollen die Schüler weitere Gegenstände auf ihr Schwimmverhalten hin untersuchen; diesmal allerdings im Hinblick auf Größe und Gewicht der Gegenstände. Hierbei wird erarbeitet, daß das Schwimmverhalten nicht allein von der Größe eines Körpers abhängt (große Holzkugel, kleine Metallkugel), sondern auch von dessen Gewicht (gleich große Holz- und Metallkugel).

Arbeitsblatt 2 Abb. 4

Geld – Kork – Nagel – Wäscheklammer (aus Holz) – Bleistift – Schere – Streichholz – Schlüssel – Rechenstab – Büroklammer
Aufgabe: Streiche aus und schreibe in die richtige Spalte!

Arbeitsblatt 3

Schneide die Bilder aus und klebe sie auf!

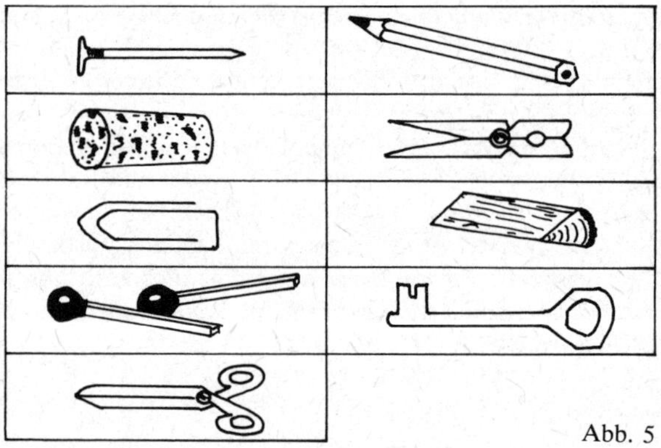

Abb. 5

Literatur

Arbeitsanweisungen für die Grundschulen in Baden-Württemberg. Villingen-Schwenningen 1979: Neckar-Verlag
Dorn/Bader: Physik, Mittelstufe. Hannover 1974: Schroedel
Sachbuch 1./2. Schuljahr. München/Ansbach [3]1976: Oldenburg-Prögel

Verfasserin: Heidi Bopp

Sachunterricht **Blatt** ________	**Name** ______________________________ **Datum** ______________________________

Was schwimmt auf dem Wasser?

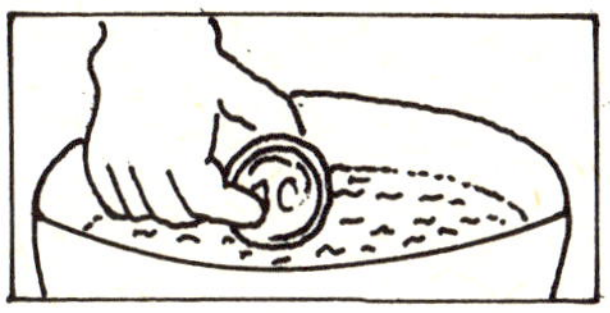

es schwimmen	es schwimmen nicht

	Geld

Reinhold Wagner

Wasser wird zu Dampf – Dampf wird zu Wasser

1. Didaktische Information

1.1 Die vorliegende Unterrichtsthematik ist eingebettet in die Unterrichtseinheit »Wasser verwandelt sich«. Vorausgegangen sind Versuche, Beobachtungen und Vergleiche zur Vermittlung der Einsicht, daß »Wasser verschwindet«: Nasse Sachen werden zum Trocknen aufgehängt, nasses Haar wird geföhnt; gleiche Gefäße werden mit der gleichen Menge Wasser gefüllt, der Wasserstau wird markiert. Die Gefäße werden an wärmeren und kälteren Stellen aufgestellt. Die Einheit schließt mit der Erkenntnis, daß Wasser zu Eis und Eis wieder zu Wasser werden kann: Eine Schale wird mit Wasser gefüllt und ins Tiefkühlfach gestellt. Das Eis wird untersucht, anschließend wird der Schmelzvorgang unter verschiedenen Bedingungen (im Glas, in der Hand, auf der Heizung ...) beobachtet.

1.2 In dieser Unterrichtsstunde lernen die Kinder, daß Wasser zwar verschwindet und unsichtbar wird, aber wieder zurückholbar ist. Dieser physikalische Sachverhalt läßt sich mit den Begriffen »Verdampfen« und »Kondensieren« beschreiben. Wasser verdampft beim Erreichen des Siedepunktes (100° C), die Moleküle lösen sich voneinander, so daß sie sich im Gaszustand völlig frei und unabhängig voneinander bewegen können. Zur Überwindung der Kohäsionskräfte beim Sieden ist eine bestimmte Wärmemenge (Verdampfungswärme) nötig. Trotz weiterer Wärmezufuhr steigt während des Siedens des Wassers die Temperatur nicht weiter an, bis alle Substanz verdampft ist. Im gleichen Maße, wie Erwärmung die Moleküle beschleunigt, wird die Bewegung durch Abkühlung verlangsamt. Wärmeentzug führt daher zu den entgegengesetzten Vorgängen. Die schnellen Gasteilchen kühlen sich ab, sie werden langsamer. Schließlich reicht ihre Bewegungsenergie nicht mehr aus, die Kohäsionskraft zu überwinden. Der Wasserdampf kondensiert, und es bilden sich Wassertröpfchen.

1.3 Vorrangiges didaktisches Anliegen ist es, die Kinder den Prozeß der permanenten Wandlung des Wassers entdecken zu lassen: Wasser befindet sich niemals in »ruhendem Zustand«. Die Aufgabenstellung unterscheidet sich deutlich vom traditionellen Kennenlernen der Aggregatzustände des Wassers. Die Schüler sollen erkennen, daß Wasser beim Verdampfen nicht unwiederbringbar verschwindet, sondern nur unter bestimmten Bedingungen seine Erscheinungsform ändert (Invarianz). Das augenscheinliche Verschwinden des Wassers beim Verdampfen soll als Vorgang erfaßt werden, der umkehrbar ist.

2. Lernziele

2.1 Grobziel
Erkenntnis, daß Wasser sich durch Erhitzen in Dampf verwandelt und verschwindet, durch Abkühlung des Dampfes aber wieder zurückholbar ist.

2.2 Feinziele
Die Schüler sollen
- durch das Problem des Beschlagens eines Badezimmerspiegels für die Unterrichtsthematik motiviert werden;
- sinnvolle Hypothesen zur Erklärung des Sachverhalts beisteuern;
- einen Versuch zur Lösung des Problems planen und dabei Querverbindungen zur Ausgangssituation herstellen;
- während des Versuchs beobachtete Vorgänge exakt verbalisieren und nach Erklärungen suchen;
- als Transfer Beispiele aus der eigenen Erfahrungswelt nennen;
- die neuen Erkenntnisse bei der Bearbeitung eines Arbeitsblattes und bei einem weiteren Versuch analog anwenden.

2.3 Lernzielkontrollen
- Ergebnisse des Unterrichtsgesprächs
- Arbeitsblatt

3. Lernhilfen

- Versuchsmaterialien: Gas- oder Spiritusbrenner, oder Kochplatte, Topf mit Wasser, Spiegel, Topf zum Auffangen des kondensierten Wassers, Glaskolben mit Eiswürfel
- Vorbereitete Tafel- oder Folienzeichnung, Tafeltexte
- Arbeitsblatt analog zum Tafelbild

4. Unterrichtsverlauf

4.1 Problemstellung
Der Einstieg läßt sich auf zwei Arten verwirklichen:
- Lehrererzählung: Peter duscht sich im Badezimmer und möchte sich anschließend vor dem Spiegel kämmen. Aber er sieht sich nicht mehr!
- Tafel- oder Folienzeichnung (s. Abb. 1 nächste Seite oben)

Die Schüler äußern sich spontan zur Lehrererzählung oder zur Zeichnung und versuchen, die Situation zu erklären.
- Die *Problemfrage* wird an der Tafel fixiert: Warum sieht er sich nicht mehr?

Abb. 1

– *Hypothesenbildung:* Die Schüler tragen Meinungen zur Erklärung des Problems vor.
Tafelanschrift:
feuchte Luft – Wärme – Seifenschaum – kalter Spiegel – Wasserdampf . . .

4.2 Problemlösung

– *Versuchsplanung:*
Versuchsmaterial zur Durchführung einer Partner- oder Gruppenarbeit wird verteilt: Brenner oder Kochplatte, Töpfe . . . Die Durchführung des Versuchs wird besprochen, Querverbindungen zur Ausgangssituation im Badezimmer werden hergestellt: heißes Wasser = Badewasser, Handspiegel = Badezimmerspiegel . . . Schließlich stellen die Schüler Vermutungen an, was am Spiegel geschieht.

– *Versuchsdurchführung:*
In Partner- oder Gruppenarbeit wird nun der Versuch durchgeführt. Während des Erhitzungsvorgangs, des Verdampfens und des Kondensierens verbalisieren die Kinder ihre Beobachtungen. Möglichst jedes Kind kommt zu Wort: Wasserbläschen steigen auf, zuerst wenige und kleine, dann immer mehr und größere; an der Wasseroberfläche zerplatzen sie, Wasserdampf steigt auf und verschwindet im Klassenzimmer. Am kalten Spiegel schlägt er sich nieder, es sammeln sich Wassertröpfchen . . .

– *Transfer:*
Sammeln weiterer Beispiele zum Kondensieren von Wasser aus der Erfahrungswelt der Kinder: Küchenfenster beschlägt beim Kochen; die Brille läuft an, wenn wir in einen warmen Raum kommen; die Autoscheibe beschlägt im Winter von innen usw.

– *Ergebnisformulierung*
Im gelenkten Unterrichtsgespräch wird erarbeitet, daß sich das Wasser durch Erhitzen in Dampf auflöst und im Raum verschwindet. Mit einem kalten Spiegel können wir das Wasser wieder sichtbar machen: Wenn der heiße Wasserdampf am Spiegel abkühlt, wird er wieder zu Wasser.

Tafelanschrift:

Wasser wird zu Dampf - Dampf wird zu Wasser Wenn wir Wasser erwärmen, wird es zu Wasserdampf. Der Wasserdampf verschwindet im Klassenzimmer. Wenn wir einen kalten Spiegel in den Wasserdampf halten, kühlt der Wasserdampf ab und wird wieder zu Wasser.

– *Generalisierung:*
Vorbereitetes Tafel- oder Folienbild wird aufgedeckt:

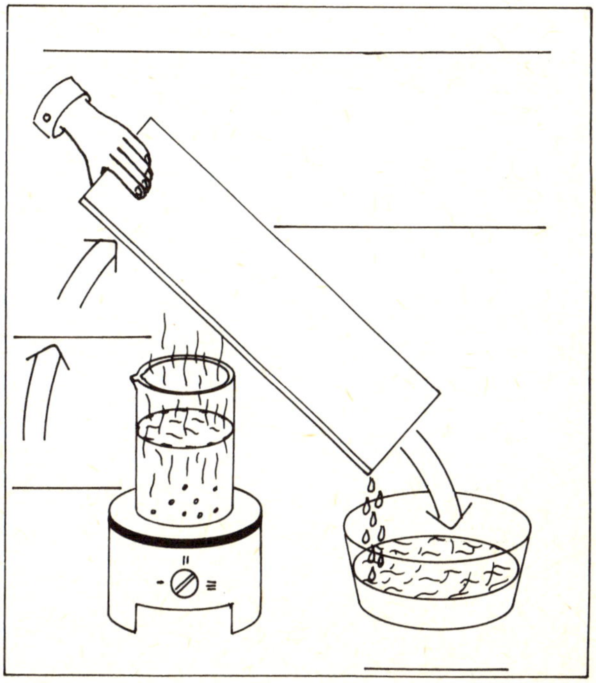

Abb. 2

Die Schüler äußern sich spontan.
L: Wodurch wird das Wasser zu Dampf und der Dampf wieder zu Wasser?
An der Zeichnung erklären die Kinder in altersgemäßer Weise den Vorgang, kindgemäße Begriffe werden ergänzt: Wasser – Erwärmung (erwärmen, erhitzen) – Wasserdampf – Abkühlung (abkühlen) – Wasser

4.3 Ergebnissicherung
Ein Arbeitsblatt analog zum Tafelbild wird verteilt, die erarbeiteten Begriffe (Namen) werden eingetragen.

4.4 Anwendung
L: Hier sind zwei Taschenspiegel. Versuche, ohne anzufassen, herauszufinden, welcher im Kühlschrank war und welcher auf der Heizung lag!

4.5 Weiterführung
Analog zu Aufbau und Verlauf dieser Stunde läßt sich das Thema »Wasser wird zu Eis – Eis wird zu Wasser« anschließend behandeln.

Verfasser: Reinhold Wagner

Renate Schuster

Wenn wir kein Wasser hätten

1. Didaktische Information

1.1 Wasser ist eine farblose, geruch- und geschmacklose Flüssigkeit, die bei 0° C erstarrt und bei 100° C in Wasserdampf übergeht.
Für alle Lebewesen ist es lebensnotwendig. Der tägliche Wasserbedarf des Menschen beträgt etwa 2,5 bis 3,5 l und wird gedeckt durch die Aufnahme der Nahrung und durch Oxydation von Wasserstoff zu Wasser im Stoffwechsel. Wasser regelt die Körpertemperatur, indem es durch Verdunsten an der Oberfläche Wärme entzieht.
Wasser wird als Regenwasser, Oberflächen-, Grund- und Quellwasser gewonnen. Die Haushalte werden durch Wasserleitungen mit Trinkwasser versorgt, das gefiltert, gereinigt und durch Zusätze (Chlor) keimfrei gemacht wird. Dort wird es zum Trinken, zur Zubereitung von Speisen, zur Reinigung, zum Gießen und zum Spielen und Planschen verwendet. Gewerbe und Industrie haben zusätzlich einen großen Bedarf an Brauchwasser.
Die Bedeutung des Wassers als Energiequelle und in der Anwendung als Heilverfahren ist schon lange bekannt. Ebenso spielt es von jeher für den Transport von Menschen und Lasten auf Wasserstraßen, für mannigfaltige Sportarten und zur Erbauung bei Wasserspielen eine wichtige Rolle.

1.2 Das Thema »Wenn wir kein Wasser hätten« ist dem Lernziel »Erfahrungen mit Wasser« zuzuordnen. Da die Bedeutung des Wassers noch einmal in der 3. Jahrgangsstufe behandelt wird, soll hier das Thema auf den häuslichen Bereich beschränkt bleiben. »Wasser brauchen wir zum Leben« soll dabei nicht im engen Sinn als lebenserhaltende Kraft für alle Lebewesen verstanden werden, sondern auch in seiner Bedeutung für die Verwendung im Haushalt und in der Freizeit des Kindes.
Das gesamte Unterrichtsvorhaben nimmt etwa 80 Minuten in Anspruch, es kann aber ohne weiteres auf zwei Tage verteilt werden.

1.3 Querverbindungen im Sachunterricht lassen sich wie folgt herstellen: Gegenüberstellen von ungefährlichen und gefährlichen Stoffen gleichen Aussehens, z. B. Wasser – verdünnte Säuren; Pflegemaßnahmen von Zimmerpflanzen Auch eine Verknüpfung mit der Sprachbetrachtung würde sich anbieten: Tunwörter sagen uns, was das Wasser alles tun kann (es tränkt, reinigt, spült, reißt mit usw.) – Wiewörter sagen uns, wie das Wasser sein kann (frisch, klar, sauber usw.).
Gut denkbar ist auch die Behandlung eines Gedichtes und eines Lesestückes, in denen das Wasser eine wichtige Rolle spielt.

2. Lernziele

2.1 Grobziel
Die Schüler sollen sich bewußt machen, welche Bedeutung das Wasser in ihrem Leben einnimmt.

2.2. Feinziele
Die Schüler sollen
– erkennen, daß alle im Bild dargestellten Personen bei ihren Tätigkeiten Wasser brauchen;
– aus ihren Erfahrungen Situationen aus dem häuslichen Bereich nennen können, in denen wir Wasser brauchen;
– Tätigkeiten, zu denen man Wasser braucht, den entsprechenden Bildern zuordnen können;
– fähig sein, das Gemeinsame der den Bildern zugeordneten Tätigkeiten zu nennen;
– erkennen, daß wir ohne Wasser nicht leben können;
– lernen, daß man im häuslichen Bereich Wasser sparen kann.

2.3 Lernzielkontrollen
Unterrichtsgespräch – Arbeitsblatt (Arbeitsvorlage)

3. Lernhilfen

Folie – Arbeitsblätter – Tafelanschrift – drei mit Wasser gefüllte Gefäße (½ l, 1½ l, 3 l)

4. Unterrichtsverlauf

4.1 Hinführung
1. Teilziel: Nachdenken über Situationen, in denen wir Wasser brauchen
Die Kinder äußern sich spontan zu den Darstellungen auf der *Folie* (Abb. 1). Die Personen werden benannt und die Zusammenhänge geklärt: Alle sind entsetzt, daß aus dem Wasserhahn kein Wasser läuft. Mutti kann die Wäsche nicht waschen, Vati nicht den Garten gießen usw. Vielleicht erinnern sich die Schüler auch daran, als es bei ihnen einmal kein Wasser gab.
Die vorbereitete Tafelanschrift wird entsprechend ergänzt (vgl. Arbeitsblatt oben): Brause herstellen – Wäsche waschen – duschen – Schiffchen schwimmen lassen – gießen

4.2. Erarbeitung
2. Teilziel: Nennen weiterer Situationen, in denen wir Wasser brauchen
L: Stellt euch vor, es gäbe auf der Welt überhaupt kein

Abb. 1

Wasser! Überlegt, was wir alles nicht tun könnten!
Die Kinder nennen ungeordnet Tätigkeiten, zu denen man unbedingt Wasser braucht.

3. Teilziel: Ordnen von Tätigkeiten, zu denen wir Wasser brauchen
Die Schüler übertragen die Tafelanschrift auf ihr Arbeitsblatt und sollen dann die Wortkarten (Abb. 2) den fünf im Bild dargestellten Situationen durch Auflegen zuordnen. Beim Vergleichen schreibt der Lehrer die Ergebnisse an die Tafel, und die Kinder kleben ihre Schilder fest (siehe Arbeitsvorlage Mitte).

– *Teilzusammenfassung:*

4. Teilziel: Herausfinden des Gemeinsamen der den Bildern zugeordneten Tätigkeiten
Nachdem die Tafelanschrift noch einmal gelesen wurde, versuchen die Schüler, das jeweils Gemeinsame der einzelnen Spalten zu nennen. Das Ergebnis wird wieder an der Tafel festgehalten, und das Arbeitsblatt entsprechend ergänzt.

4.3 Vertiefung
5. Teilziel: Sich bewußt machen, daß Wasser für den Menschen lebensnotwendig ist
L: Eine der fünf Spalten ist besonders wichtig. Sie zeigt uns, daß wir ohne Wasser gar nicht leben können.
Die Kinder erklären mit ihren Worten, daß der Körper unbedingt Flüssigkeit braucht. Sie erzählen vom Gefühl und Befinden, wenn man großen Durst hat.
Der Lehrer stellt drei numerierte Gefäße auf mit unterschiedlicher Wassermenge (½ l, 1½ l, 3 l). Die Schüler werden aufgefordert zu schätzen, wieviel Wasser ein Mensch an jedem Tag braucht, und die entsprechende Nummer zu notieren. Die Feststellung des richtigen Ergebnisses (3 l) und die Bemerkung des Lehrers, daß er oft den

Abb. 2

Geschirr abspülen	planschen
schwimmen	auf die Toilette gehen
in der Badewanne baden	Kartoffeln aufsetzen
das Wasser im Aquarium erneuern	Salat waschen
Kaffee kochen	Springbrunnen anmachen
Fenster putzen	Suppe kochen
Balkonpflanzen gießen	trinken
Auto waschen	Soße machen
Zähne putzen	spielen
dem Hund Wasser geben	Zimmerpflanzen gießen
den Fußboden wischen	erfrischen
Hände waschen	Haare waschen

ganzen Tag überhaupt kein Wasser trinke, führt bei den Kindern zu der Überlegung, wie der tägliche Wasserbedarf des Menschen gedeckt wird. Sie nennen dabei Flüssigkeiten, flüssige und feste Speisen.
Wir ergänzen den Lückentext am Schluß des Arbeitsblattes als Ergebnissicherung:
Wir brauchen Wasser
– für die Zubereitung von Speisen und Getränken
– zur Reinigung von Sachen
– zur Reinigung unseres Körpers
– zum Spielen und Freuen
– für unsere Pflanzen und Tiere

Wenn wir kein Wasser hätten, könnten wir nicht leben. Wasser nehmen wir auf in Flüssigkeiten, in flüssigen und festen Speisen.

6. Teilziel: Erkennen, daß man Wasser sparen kann
L: Wir haben gesehen, daß Wasser für uns etwas ganz Wichtiges ist. Wenn einmal nicht genug Wasser da ist, wissen wir erst, wie wertvoll es ist. Unsere Familie hat auch beschlossen, etwas genauer darüber nachzudenken, ob man nicht auch Wasser sparen kann.
Die Kinder nennen Möglichkeiten (Wasch- und Spülmaschine nur laufen lassen, wenn sie ganz gefüllt sind. . . Wasser nicht laufen lassen, wenn es nicht gebraucht wird. . . Erst abends gießen usw.).

4.4 Weiterführung
Weitere Anschlußthemen: Wir mischen Wasser mit anderen Stoffen – Wir bauen Schiffchen – Wir stellen eine Limonade her – Erlebnisse beim Baden

Verfasserin: Renate Schuster

Sachunterricht	Name ____________________
Blatt __________	Datum ____________________

Wenn wir kein Wasser hätten, könnten wir nicht

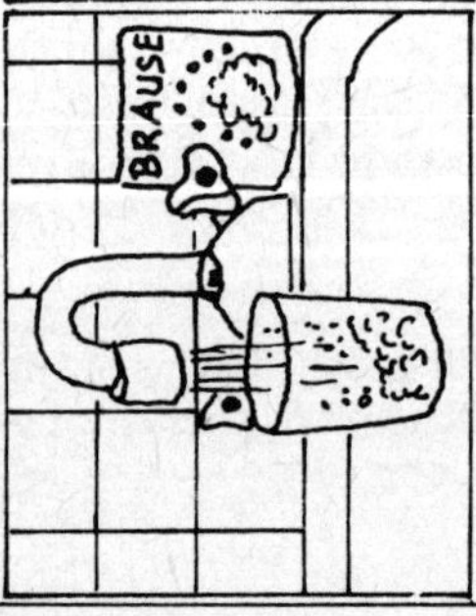

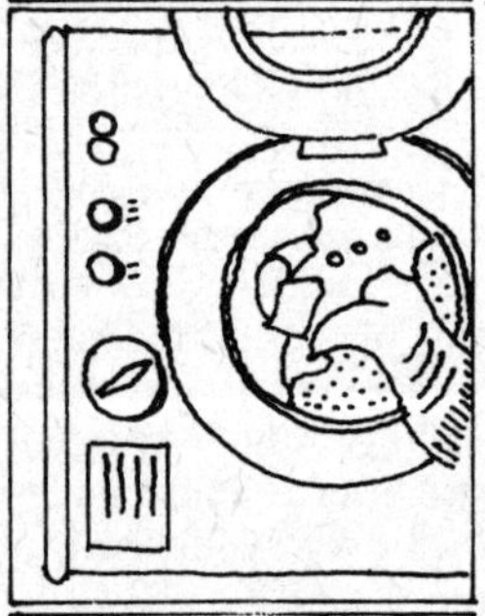

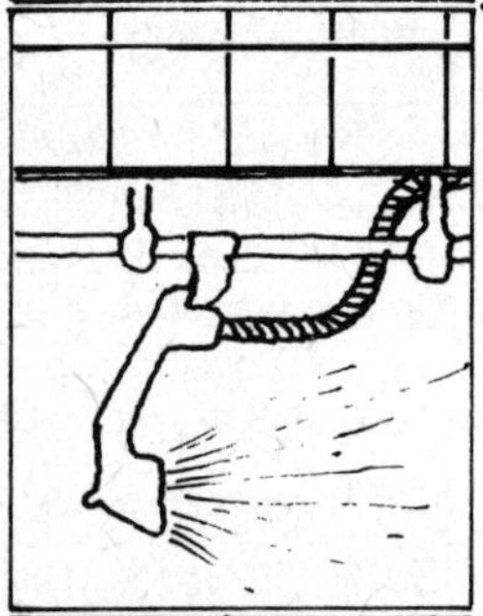

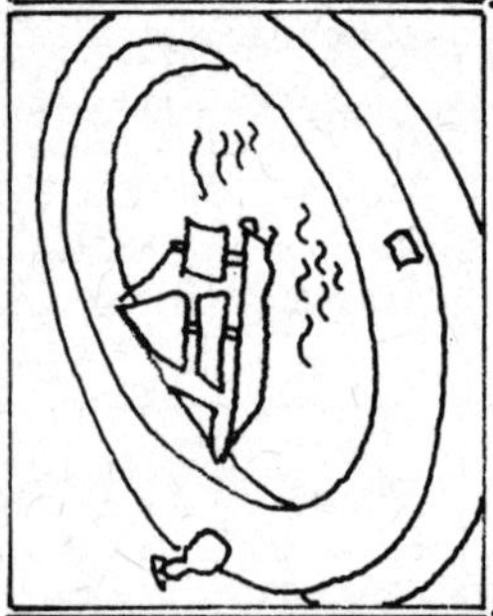

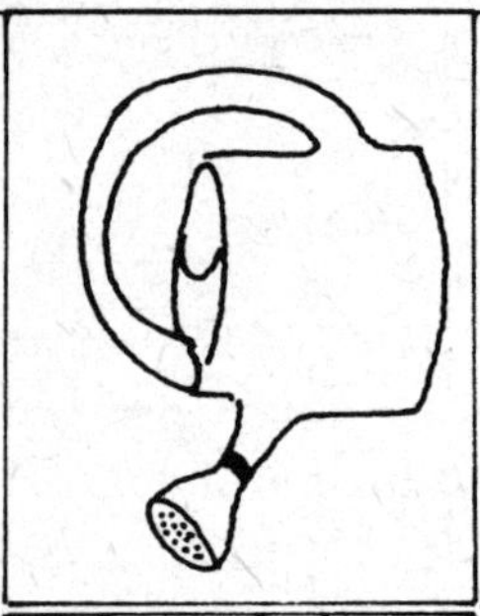

Wir brauchen Wasser

Wenn wir kein Wasser hätten, könnten wir nicht ____________________

Gabriele Bräutigam

Als Fußgänger unterwegs bei schlechtem Wetter

1. Didaktische Information

1.1 Die Schüler sollen Wettererscheinungen benennen und durch Symbole darstellen können, wissen, daß helle Farben im Verkehr besser sichtbar sind als dunkle. Ferner sollten die Schüler daran gewöhnt sein, nach dem fachgemäßen Problemlösungsverfahren zu arbeiten.

1.2 Die Unterrichtseinheit ist dem Fachbereich Verkehrserziehung und darin der Umwelt-/Tageskunde zuzuordnen. Sie steht zudem in engem Zusammenhang mit Erdkunde: »Der Mensch fragt nach dem Wetter« und kann den Abschluß der Unterrichtssequenz des Themenkreises »Wir beobachten das Wetter« bilden.

1.3 Die Stunde beinhaltet, daß das Verkehrsgeschehen in gewissem Maße von den Witterungsverhältnissen abhängig ist und der Verkehrsteilnehmer (hier: insbesondere der Fußgänger) sein eigenes Verhalten entsprechend anpassen muß. Die Schüler sollen zunächst Gründe erarbeiten, warum bei Regen die Unfallgefahr im Verkehr höher ist, und im Anschluß daran richtige Verhaltensweisen verbalisieren sowie diese vorspielen bzw. einüben. Auf der Stufe der Ausweitung erfolgt dann die Übertragung der möglichen Unfallursachen bei Regen auf die Schlechtwettersituationen Nebel, Schnee und Glatteis, wobei auch hier dem Versprachlichen und dem Einüben sinnvoller Verhaltensweisen eine wichtige Rolle zukommt. In diesem Sinne soll die vorliegende Unterrichtseinheit dazu beitragen, dem Schüler drohende Verkehrsgefahren bewußtzumachen und Hilfen aufzuzeigen, wie er sich davor schützen kann. Sie erfüllt damit eine Forderung des Lehrplans für Verkehrserziehung (Umwelt-/Tageskunde) in der es heißt, daß die Schüler Kenntnisse über witterungsbedingte Einflüsse auf den Verkehr erwerben sollen, um dadurch verkehrsgerecht und situationsgemäß handeln zu können. Es sei jedoch darauf hingewiesen, daß für Grundschüler eine einmalige, wenn auch ausführliche Behandlung dieses Sachverhalts zur Internalisierung richtiger Verhaltensweisen im Verkehr keinesfalls genügt. Vielmehr sollte der Lehrer jede Situation aufgreifen, die dazu geeignet ist, den Schüler zu überlegtem und situationsgerechtem Verhalten aufzufordern.

2. Lernziele

2.1 Grobziele

Die Schüler sollen durch Versuche und Rückgriff auf das Erfahrungswissen Gründe erarbeiten, warum der Fußgänger bei schlechtem Wetter im Verkehr besonders gefährdet ist, und richtige Verhaltensweisen bei Schlechtwettersituationen verbalisieren bzw. einüben.

2.2 Feinziele

Die Schüler sollen
- die Problemfrage herauslösen können, Hypothesen aufstellen und Lösungsvorschläge dazu anbieten;
- Gründe, die zu einem Unfall bei schlechtem Wetter führen können, erarbeiten;
- aus den erarbeiteten Gründen richtige Verhaltensweisen ableiten und diese verbalisieren bzw. einüben;
- die Erkenntnisse dieser Unterrichtsstunde auf weitere Schlechtwettersituationen (Nebel, Schnee, Eis) übertragen können.

2.3 Lernzielkontrollen

- Verbalisieren und Vorspielen richtiger Verhaltensweisen
- Arbeitsblatt

3. Lernhilfen

Bild von einem Verkehrsunfall (vgl. Abb. 1) – Symbolkarten für Regen, Schnee, Nebel, Eis – bemalte oder mit Wasser bespritzte Folienstücke – Bildchen zum Unterlegen – Schirm – Arbeitsblatt – Kontrollfolie – Tafelanschrift – OHP

4. Unterrichtsverlauf

4.1 Problemstellung

Bild mit Verkehrsunfall

Abb. 1 Ein dunkel bekleidetes Kind wird von einem Personenwagen beim Überqueren der Fahrbahn erfaßt.

Die Schüler äußern sich spontan dazu.
L: Stelle dir vor, du wärst der Verkehrspolizist. Er möchte jetzt etwas wissen!
– *Problemfrage:* Warum ist der Unfall passiert? (TA)

4.2 Problemlösung

– *Hypothesenbildung:*

Die Schüler stellen nun in Gruppenarbeit Vermutungen an.

Ich vermute:

Das Kind hat nicht aufgepaßt, es rannte einfach los.

Durch den Regen konnte der Autofahrer das Kind nicht richtig sehen.

Der Autofahrer konnte nicht rechtzeitig bremsen.

– *Eingrenzung des Unfallherganges:*

L: Der Unfall geschah, weil es regnete. (TA)

Die Schüler überlegen in Partnerarbeit Gründe, die bei Regenwetter zu einem Unfall führen können, ihre Vermutungen werden an der *Tafel* fixiert:

> Ich vermute:
> Bei Regen sieht der Autofahrer schlechter.
> Bei nasser Fahrbahn kann der Autofahrer schlechter bremsen.
> Der Schirm nimmt dem Fußgänger die Sicht.
> Das Kind war schlecht zu sehen.

– *Überprüfen der Hypothesen:*

Die Schüler bringen Vorschläge, wie die Vermutungen überprüft werden können.

1. Teilziel: Bei Regen sieht der Autofahrer schlechter.

Die Schüler arbeiten in der Gruppe. Sie legen unter das bemalte/mit Wasser bespritzte Folienstück (=Windschutzscheibe des Autofahrers bei Regen) ein Bildchen.

– *Ergebnis:* Regen verschlechtert die Sicht des Autofahrers.

2. Teilziel: Bei nasser Fahrbahn kann der Autofahrer schlechter bremsen.

Mit Hilfe des Erfahrungswissens begründen die Schüler diese Vermutung.

L: Denke an die Rutschbahn im Schwimmbad!

– *Ergebnis:* Wenn die Rutschbahn naß ist, rutscht man schneller hinunter. Wenn die Straße naß ist, rutschen die Räder der Autos leichter.

3. Teilziel: Der Schirm nimmt dem Fußgänger die Sicht.

Ein Schüler kommt vor die Klasse und hält den Schirm zunächst so, daß ihm die Sicht verdeckt ist.

– *Ergebnis:* Die Schüler äußern sich dazu und spielen vor, wie der Schirm richtig zu tragen ist.

4. Teilziel: Das Kind war schlecht zu sehen.

Rückgriff auf den Stoff der 1. Jahrgangsstufe

L: Du kennst den Unterschied zwischen hellen und dunklen Farben!

– *Ergebnis:* Das Kind war mit Kleidung in dunklen Farben bekleidet und daher schlecht sichtbar. Helle Farben kann der Autofahrer besser sehen.

– *Teilzusammenfassung:*

L: Du kennst jetzt die Gründe, warum bei Regen die Unfallgefahr höher ist!

Schüler zählen die Gründe nochmals auf.

4.3 Zusammenfassung

Erarbeitung richtiger Verhaltensweisen

L: Überlege mit deinem Partner, wie du dich deshalb bei Regen auf der Straße verhalten mußt.

Die Schüler verbalisieren bzw. spielen richtige Verhaltensweisen vor. (TA)

4.4 Ausweitung/Übertragung

L: Nicht nur bei Regen ist die Unfallgefahr höher!

S: Auch bei Nebel, Schnee und Eis

Die Schüler begründen ihre Aussagen und übertragen Gelerntes auf die Schlechtwettersituationen Nebel, Schnee und Eis.

4.5 Anwendung

Ausfüllen eines Arbeitsblattes, die Kontrolle erfolgt anhand einer Folie:

Was ich als Fußgänger bei schlechtem Wetter beachten muß:

1. Streiche falsche Bilder durch!

Abb. 2

2. Kreuze an, wann Du im Verkehr besonders vorsichtig sein mußt!

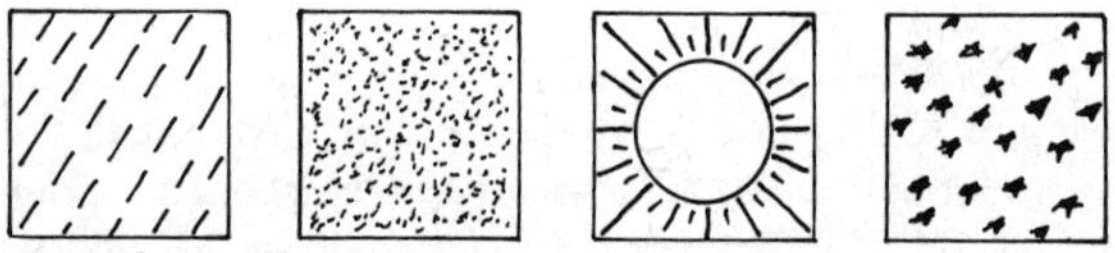

Abb. 3

3. Streiche das falsche Wort durch!

Der Autofahrer sieht bei Regen gut/schlecht.

Du wirst bei Regen gut/schlecht gesehen.

Du trägst bei trübem Wetter helle/dunkle Kleidung.

Der Autofahrer kann bei nassem Wetter gut/schlecht bremsen.

Tafelbild:

Warum ist der Unfall passiert?

Wir vermuten:
- Bei Regen sieht der Autofahrer schlechter.
- Bei nasser Fahrbahn kann der Autofahrer schlechter bremsen.
- Der Schirm nimmt dem Fußgänger die Sicht.
- Das Kind war schlecht zu sehen.

Wir wissen:
- Ich gehe vorsichtig über die Straße.
- Ich trage helle Kleider.
- Ich halte den Schirm richtig.

Verfasserin: Gabriele Bräutigam

Reinhild Wegmann

Elisabeth Borchers: Und wenn einer kommt

1. Didaktische Information

1.1 Vorausetzungen

Für die Besprechung der Thematik sind keine besonderen Voraussetzungen bei den Kindern nötig. Die Schüler sollten jedoch in der Lage sein, einen Text sinnerfassend zu lesen.

1.2 Text

Und wenn einer kommt

Er hat einen Hut, hat auch Schlips und Schuh und Jacke an.
Er ist ein feiner Mann, nicht wahr, der Herr Ivo?

Oder tut er nur so?

Kein feiner Mann ist Herr Ivo.
Er tut nur so.
Er hat einen Prügel auf dem Rücken versteckt.

Und dieser Mann dort heißt Tono.
Mit seinem roten wilden Schal und seinem schwarzen Bart sieht er zum Fürchten aus.
Dreh dich mal um, du, Herr Tono, du bist doch böse, nicht wahr?

Oder tust du nur so?

Der Herr Tono, der tat nur so.
Mit schwarzem Bart und wildem Schal hat er eine rote Blume versteckt.
Der freundliche Herr Tono.
Und wenn einer kommt, und wir wissen nicht wer, dann sagen wir gleich:
Dreh dich mal um.
Zeig dich mal her.
Bist du Ivo oder bist du Tono? *Elisabeth Borchers*

1.3 Sachstruktur

Zu den Grunderfahrungen 7-8jähriger Kinder gehört der Umgang mit fremden Personen, der für sie u.U. zu einer Gefahrenquelle werden kann. Zudem werden allgemeine klischeehafte Wertvorstellungen von Erwachsenen durch die Kinder häufig unreflektiert übernommen und internalisiert. Das Verhältnis der Kinder zu Fremden (besonders bei der Begegnung mit Ausländern) ist aber so zu steuern, daß die apriori vorhandene Offenheit des Kindes nicht durch übergroßes Mißtrauen und zu starke Distanziertheit verschüttet wird.

2. Lernziele

2.1 Grobziel

Diese Stunde soll einen Beitrag leisten zum Abbau von Vorurteilen, die sich hier konkretisieren in der falschen Beurteilung von Menschen, bedingt durch ihre äußere Erscheinung.

2.2 Feinziele

Die Schüler
- beschreiben die beiden Personen des Textes und schließen von der äußeren Erscheinung auf mögliche Charaktereigenschaften;
- stellen anhand von Bildern fest, daß ein Widerspruch besteht zwischen dem vordergründig Sichtbaren und dem eigentlichen Wesen eines Menschen. Sie beweisen dies, indem sie erkennen, daß die Charaktereigenschaften und Dingsymbole nicht ihren ersten Erwartungen entsprechen, also ausgetauscht werden müssen;
- stellen fest, daß Kleidung und Aussehen häufig Mittel darstellen, einen Menschen falsch zu beurteilen.

2.3 Lernzielkontrollen

- Schüleräußerungen
- Arbeitsblatt

Da das wesentliche Lernziel dieser Stunde im sozial-emotionalen Bereich anzusiedeln ist, kann darüber eine direkte Lernzielkontrolle im Rahmen einer Unterrichtsstunde nicht erfolgen. Mögliche Änderungen der Wertvorstellungen lassen sich allenfalls in situativen Gegebenheiten überprüfen.

3. Lernhilfen

- Abbildungen der beiden im Text behandelten Personen
- Zwei Dingsymbole (Prügelstock/Rose)
- Wortkarten
- Arbeitsblätter
- Bunte Lesefolgen 2, Pro Schule Verlag

4. Unterrichtsverlauf

4.1 Einstieg

Der Einstieg in diese Stunde geschieht durch das Anheften von zwei Personendarstellungen: des äußerlich gepflegt wirkenden ›feinen‹ Mannes, der zudem durch eine angesteckte Blume und das lachende Gesicht den Eindruck von Fröhlichkeit und Freundlichkeit vermittelt. Farblich wird dies durch den Einsatz heller und kräftiger Farben verstärkt. Demgegenüber wird die Abbildung eines Mannes geheftet, der sich in bezug auf Kleidung und Aussehen von dem zuvor geschilderten deutlich unterscheidet.(S. Abb. 1 auf der nächsten Seite)

Die Schüler äußern sich spontan zu den Abbildungen, indem sie Unterschiede in der Kleidung herausstellen und möglicherweise bereits auf Charaktereigenschaften schließen.

4.2 Erarbeitung

1. Teilziel: Beschreibung der Personen in bezug auf äußere Erscheinung und Charakter

L: Wir wollen einmal diese Personen genau beschreiben! Die Schüler nennen Kleidungsstücke und beschreiben das Aussehen. Mögliche Wertungen sollten angenommen, jedoch nicht verstärkt werden.

Sollte eine Zuordnung: feiner Mann/gute Eigenschaften – ›böse‹ aussehender Mann/schlechte Eigenschaften bisher

Abb. 1

noch nicht intuitiv erfolgt sein, so leitet der Lehrer dies jetzt ein, indem er in ungeordneter Folge Wortkarten mit Charaktereigenschaften anheftet. Um erneut alle Schüler zu aktivieren und für alle einen etwa gleichen Stand an Erkenntnisleistungen für den Fortgang der Stunde zu sichern, erhalten alle Schüler ein Arbeitsblatt, in das sie zunächst selbst die Adjektive und damit verbunden ihre Wertvorstellungen eintragen. Die Vorgabe der Adjektive dient der rechtschriftlichen Sicherung.

Arbeitsblatt Abb. 3

Aufgabe: Schreibe in die oberen leeren Felder die Wiewörter, die zum Herrn Ivo und zum Herrn Tono passen!

Hier sind die Wörter: lieb, gefährlich, nett, böse, unheimlich, freundlich.

Herr Ivo	Herr Tono
Herr Ivo	**Herr Tono**

Der Kontrolle und weiteren Besprechung dient die Zuordnung von Wortkarte und Bild an der Tafel.

L: Ihr habt gesehen, daß beide Männer etwas hinter ihrem Rücken tragen.

Der Lehrer zeigt zwei Dingsymbole: eine Rose und einen Prügel, die von den Schülern ebenfalls zugeordnet werden.

2. Teilziel: Erkennen des Widerspruchs

Zu Beginn der folgenden Phase, die im wesentlichen der kritischen Reflexion dienen soll, heftet der Lehrer stumm die beiden Rückenansichten der Personen, des Herrn Ivo und Herrn Tono, an.

Abb. 2

Die Schüler äußern sich spontan, wobei sie erkennen, daß ihre vorher gemachten Vermutungen nicht mit der Realität übereinstimmen. Es ist wichtig, daß mehrere Schüler diesen Wendepunkt verbalisieren, um ihn allen bewußt werden zu lassen. Verdeutlicht wird dies durch das Vertauschen der Wortkarten und Dingsymbole an der Tafel und durch die Berichtigung der Angaben auf dem Arbeitsblatt. (Durchstreichen der ersten Vermutungen).

3. Teilziel: Begründen der anfänglich falschen Beurteilung

L: Seht euch nochmal alle vier Bilder an, vergleicht sie miteinander und überlegt, warum wir die beiden Menschen falsch beurteilt haben?

Um bereits die Ansätze unserer Urteilsbildung den Kindern intuitiv bewußt zu machen, muß auf diese Phase großes Gewicht gelegt werden. Mehrere Kinder sollten formulieren, daß als Hauptpunkt für unsere Beurteilung Kleidung und Aussehen, also die äußere Erscheinung, ausschlaggebend waren.

4.3 Verarbeitung

Der Text soll von den Schülern sinnerfassend und gestaltend gelesen werden.

4.4 Weiterführung

Das Thema könnte im Bereich Sexualkunde des Sachunterrichtes fortgeführt werden unter dem Aspekt: Wie verhalte ich mich Fremden gegenüber auf der Straße? Dabei sollten einerseits die bisher erarbeiteten Gedanken vertieft, andererseits sollte eine prohibitive sexuelle Aufklärung der Kinder geleistet werden.

Literatur

Bunte Lesefolgen 2, Lesebuch für die 2. Klasse der Primarstufe, Düsseldorf 1974: Pro Schule
Lehrerhandbuch
Schmitt, Rudolf u.a.: Soziale Erziehung in der Grundschule, Frankfurt a.M. 1976: Arbeitskreis Grundschule e.V.

Verfasserin: Reinhild Wegmann

Renate Schuster

Wir lesen in Buchprospekten

1. Didaktische Information

Der Lehrplan für die Grundschule nennt als zwei wesentliche Aufgaben des weiterführenden Leseunterrichtes die Anleitung zum selbständigen Erwerb von Informationen und die Grundlegung literarischer Bildung. Gertrud Ritz-Fröhlich führt aus, daß je nach Art des Textes vom Leser flexible Lesehaltungen und unterschiedliche Lesepraktiken gefordert werden. Sie unterscheidet dabei »informatives Lesen«, »deutendes Lesen«, »distanziertes kritisches Lesen« und »kreatives Lesen« (Ritz-Fröhlich S. 57 ff.). Beim Lesen von Buchprospekten geht es in erster Linie darum, die darin enthaltenen Informationen entnehmen zu können. Dabei kann die Lesehaltung des informativen Lesens angebahnt werden, bei der man sich einen Text auf ein bestimmtes Ziel hin vornimmt, ihn gezielt auf bestimmte Fragen hin durchliest und Wesentliches von Unwesentlichem unterscheiden können muß. Erhard P. Müller spricht von »Grundsituationen des Leseunterrichtes«, die durch einen »Handlungsrahmen«, die »Leser-Intention« und die »Textbeschaffenheit« bestimmt werden. (Müller S. 55) Es ist Aufgabe des Leseunterrichtes, Situationen aufzunehmen oder zu schaffen, die dem Schüler schon vor dem eigentlichen Lesen bewußt machen, warum er liest. Als Grundsituationen des Leseunterrichtes nennt Müller »Informations-Situationen«, »Handlungs-Situationen«, »Problem-Situationen«, die »Spiel-Situation«, die »poetische Situation« und die »Unterhaltungs-Situation« (Müller S. 56–77). Das Lesen von Buchprospekten vollzieht sich in einer »Informations-Situation«, in der ein Problem geklärt werden soll und in der zur Klärung des Problems ein »Text« befragt wird. Den Handlungsrahmen bildet hier der Wunsch nach einem Buch. Der Schüler muß sich zunächst überlegen, wo und wie man sich über Bücher informieren kann, und wird das Lesen in Buchprospekten als eine Möglichkeit kennenlernen. Da es für viele Kinder vielleicht die erste Begegnung mit einem Buchprospekt sein wird, werden sie weiter fragen müssen, welche Informationen man daraus entnehmen kann (Verfasser, Titel, Umschlagbild, Kurzfassung des Inhaltes, angesprochene Altersgruppe, Anzahl der Seiten, Preis). Erst dann wird es möglich sein, den Prospekt mit der Zielsetzung zu lesen, sich ein Buch auszusuchen. Hierbei wären verschiedene Auswahlkriterien möglich (Verfasser, Preis, Inhalt usw.). In dieser Stunde soll der Inhalt bzw. der hinter einem Titel vermutete Inhalt den Ausschlag für die Wahl geben. Neben der Anleitung zum selbständigen Erwerb von Informationen kann beim Lesen von Buchprospekten die Lesefreude geweckt werden und eine Hinführung zum guten Buch erfolgen.

2. Lernziele

2.1 Grobziel

Die Schüler sollen aus Buchprospekten Informationen entnehmen können.

2.2 Feinziele

Die Schüler sollen
- erkennen, daß man sich über Bücher in Buchprospekten informieren kann;
- durch informatives Lesen erfassen, was man alles in einem Buchprospekt über ein Buch erfahren kann;
- aus einem Buchprospekt bzw. aus einer Liste mit Buchtiteln Bücher für Kinder mit vorgegebenen Interessen und für sich selbst heraussuchen;
- zur Kurzfassung von Buchinhalten ein Umschlagbild malen.

3. Lernhilfen

- Für je zwei Kinder ein Buchprospekt mit Kinderbüchern
- Für je zwei Kinder einen Zettel (vgl. Unterrichtsverlauf)
- Arbeitsblatt (die hier aufgeführten Titel sollten in den Buchprospekten wirklich vorhanden sein)
- Tafelanschrift

4. Unterrichtsverlauf

4.1 Hinführung

L: Vielleicht wünschen sich manche von euch ein Buch zum Geburtstag.
Die Kinder äußern sich frei dazu.

4.2 Erarbeitung

1. Teilziel: Erkennen, daß man sich in einem Buchprospekt über Bücher informieren kann
L: Ich habe auch einen Neffen und eine Nichte, denen ich gern ein Buch schenken möchte, weil sie so gern lesen. Das Mädchen heißt Kathrin und der Bub Tilman. Gestern war ich in der Stadt, hatte aber keine Zeit mehr, im Buchladen zu suchen. Da kam mir eine Idee.
Die Schüler nennen (eventuell mit weiteren Hilfen des Lehrers) Buchprospekte als Möglichkeit, sich über Bücher zu informieren.

2. Teilziel: Durch informatives Lesen erkennen, was man aus Buchprospekten entnehmen kann.
Der Lehrer zeigt die mitgebrachten Buchprospekte, und die Kinder berichten zunächst aus ihrem Vorwissen, was man in

den Prospekten über die Bücher erfahren kann. Im Anschluß daran erhalten immer zwei Kinder einen Prospekt mit einem Arbeitsauftrag für die Partnerarbeit.
L: Lest in dem Buchprospekt nach, was man daraus alles über ein Buch erfahren kann!
Im anschließenden Unterrichtsgespräch werden die Ergebnisse an der Tafel festgehalten. Die Begriffe »Verfasser«, »Titel« und »Inhalt« werden geklärt.
Tafel:

> Was man aus einem Buchprospekt über ein Buch alles erfahren kann:
> Verfasser des Buches
> Titel des Buches
> Kurzfassung des Inhaltes
> Umschlagbild
> Lesealter
> Seitenzahl des Buches
> Preis

3. Teilziel: Heraussuchen von Buchtiteln aus den Prospekten für Kinder mit vorgegebenen Interessen
Jede Zweiergruppe erhält einen Zettel mit einer der folgenden Aufschriften:

> Kathrin interessiert sich für Tiere.

> Kathrin liest gern einzelne Geschichten.

> Tilman bastelt gern.

> Tilman liest gern spannende Geschichten.

L: Vielleicht könnt ihr mir helfen, ein Buch oder mehrere Bücher für Kathrin und Tilman zu finden. Ich habe euch aufgeschrieben, was sie gern lesen. Schreibe auf den Zettel zwei Titel von Büchern, die du aussuchen würdest!
Die Kinder lesen vor, welche Titel sie ausgesucht haben.

4.3 Anwendung

4. Teilziel: Heraussuchen von Buchtiteln aus einer Bücherliste für Kinder mit angegebenen Interessen und für sich selbst.
Jedes Kind erhält ein Arbeitsblatt:

> ① Peter, Elke, Hans und Ute wünschen sich Bücher.
> *Peter* liest am liebsten spannende Bücher.
> *Elke* bastelt gern.
> *Hans* interessiert sich sehr für Tiere.
> *Ute* liest gern einzelne Geschichten.
>
> **17 Titel aus Kinderbuch-Prospekten**
> ____ 1 Der Kater Konstantin
> ____ 2 Die Spur führt zur Insel
> ____ 3 Die lustige Geschichtenkiste
> ____ 4 Die Beute der Piraten
> ____ 5 Die zwölf Räuber
> ____ 6 Geschichten-Sammelsurium
> ____ 7 Tag- und Traum-Geschichtenbuch
> ____ 8 Lustiges Papierfaltbüchlein
> ____ 9 Geheimnis um einen nächtlichen Brand
> ____10 Das Buch der Siebensachen zum Staunen und zum Lachen. Eine kunterbunte Sammlung von Versen und Geschichten
> ____11 Erzähl mir was! Erzähl mir viel!
> ____12 Kinder basteln Geschenke
> ____13 Das große Buch der Tiermärchen
> ____14 Ravensburger Kinderwerkstatt
> ____15 Vierbeinige Gäste
> ____16 Das Haus der Krokodile – Eine Kriminalgeschichte
> ____17 Tipsy, willst du mein Freund sein? Eine Ponygeschichte
>
> ② Suche hier fünf Bücher für dich selbst aus! ○ ○ ○ ○ ○
>
> ③ Der Kater Konstantin
> Konstantin, dem Märchenbuch eines Dichters entflohen, weil dieser nichts von Katzen versteht, bringt Unruhe und Verblüffung in ein kleines Städtchen, da er sprechen kann. Und so ein sprechender Kater kann schon alles durcheinanderbringen, besonders wenn er sich in den Kopf setzt, im Schwimmbad mit den Menschen zu baden, oder wenn er sich als Radfahrer versucht und dabei gleich einen Polizisten niederfährt!

Arbeitsaufgabe 1 und 2 werden vorgelesen und besprochen. Im Anschluß daran bearbeiten die Kinder die Aufgaben durch stilles informatives Lesen.
Bei Aufgabe 1 schreiben die Schüler die Namen der Kinder, für die sie das entsprechende Buch auswählen würden, auf die Striche vor den Buchtiteln. Bei Aufgabe 2 sollen in die Kreise die Nummern der gewählten Titel geschrieben werden.
Die Arbeitsergebnisse werden durch Vorlesen verglichen.

5. Teilziel: Malen eines Umschlagbildes an Hand der Kurzfassung des Inhalts eines Buches
Die Aufgabe Nr. 3 ist als Entspannung, Zusatzaufgabe oder als Hausaufgabe gedacht.

4.4 Weiterführung

Um allen Schülern die mitgebrachten Prospekte einsichtig zu machen, werden sie an die Pinnwand geheftet. Vielleicht kann eines der erwähnten Bücher mitgebracht, gezeigt und teilweise vorgelesen werden. Auch eine Bücherstunde, bei der die Kinder ihre Lieblingsbücher mitbringen dürfen, könnte sich anschließen.

Literatur

Ritz-Fröhlich, G.: Weiterführender Leseunterricht in der Grundschule. Bad Heilbrunn/Obb. 1972: Klinkhardt
Müller, E. P.: Lesen in der Grundschule. Grundlegung und Praxis eines sinngerichteten Leseunterrichts. München 1978: Oldenbourg

Verfasserin: Renate Schuster

Heike Kunz

Cornelius Wilkeshuis: Die Uhr von Bimbelbom

– eine Leseübungsstunde

1. Didaktische Information

1.1 Der Lehrplan sieht zur Förderung der Leseleistung in der zweiten bis vierten Jahrgangsstufe vor: »Steigerung der Leseleistung durch Training der optischen und akustischen Durchgliederungsfähigkeit, des Sprachverständnisses, des Sprechvermögens und der Speicherfähigkeit. Die Lesegeschwindigkeit soll gesteigert werden. Dazu eignen sich Übungen zu überschauendem Lesen, Teilwort- und Wortauffassungsübungen, Haltepunktübungen, Blickspannübungen, Blickrichtungsübungen«.

1.2 Die vorliegende Unterrichtseinheit ist als Übungsstunde geplant. Sie kann in dieser Form nur durchgeführt werden, wenn den Kindern der Text bekannt ist, Sinnfragen geklärt sind und der Text von seinem Gehalt her erschlossen ist. Eine andere Form Lesefertigkeit zu steigern, stellt das tägliche 10-Minuten Training, vergleichbar dem Üben von Nachschriften bzw. den Fertigkeitsübungen in der Mathematik dar.
Die Lernziele dieser Übungsstunde beziehen sich auf die Steigerung der Lesefertigkeit durch Differenzierung der Wahrnehmung (optischer Aspekt). Der Schwerpunkt liegt auf den instrumentellen Lernzielen.

1.3 Der Text
Die Uhr von Bimbelbom
von Cornelius Wilkeshuis
Sehr weit von hier liegt das Dorf Bimbelbom.
Am Marktplatz steht dort eine uralte Kirche mit einem sehr hohen Turm. Und in diesem hohen Turm befindet sich eine Uhr. Oh, eine sehr schöne Uhr.
Ihr Klang war rein und dunkel. Und sie hatte zwei Zeiger, die Tag und Nacht treu um das Zifferblatt herumliefen. Aber das schönste an der Uhr von Bimbelbom waren weder ihr Ton noch ihre Zeiger, das schönste war, daß sie sehr genau ging.
Natürlich besaß in ganz Bimbelbom niemand eine Uhr. Was hätte man auch damit anfangen sollen, wo doch im Kirchturm eine Uhr war, die so genau ging? Das ganze Leben in Bimbelbom wurde von dieser Uhr bestimmt: Um sechs Uhr aufstehen, um sieben Uhr frühstücken, um acht Uhr gingen die Männer zur Arbeit. Um halb neun schrieb der Lehrer die Aufgaben an die Tafel. Um neun Uhr gingen die Kinder zur Schule. Und um zehn Uhr gingen die Hausfrauen einkaufen. Und so ging es den ganzen Tag fort. Um sieben Uhr mußten die Kinder ins Bett. Um acht Uhr machten die Erwachsenen noch einen kleinen Abendspaziergang. Und um neun Uhr krochen sie alle unter die Decken und schliefen ein. Dann war im ganzen Dorf keiner mehr wach außer der alten Uhr.
Aber eines Nachts geschah etwas Seltsames. Genau um zwölf Uhr begann die Uhr plötzlich doppelt so schnell als sonst zu laufen! Als es ein Uhr war, stand der kleine Zeiger schon auf zwei, und die Uhr schlug auch zweimal. Als es zwei Uhr war, stand der Zeiger schon auf vier, und die Uhr schlug viermal, und als es drei Uhr war . . . als es drei Uhr war, schlug die Uhr sechs. Die Sonne war natürlich noch längst nicht aufgegangen!
Aber die Hausfrauen von Bimbelbom sprangen aus dem Bett und weckten ihre Männer und Kinder.
»Sechs Uhr, aufstehen!« riefen sie.
»Aber es ist doch noch so dunkel«, klagten die Kinder.
»Das macht nichts«, sagten die Mütter. »Schaut nur auf die Uhr, dann seht ihr selbst, wie spät es ist. Also vorwärts, aus dem Bett mit euch . . .!«
Die Mütter gingen jetzt in die Küche, um das Frühstück zurechtzumachen. Aber es war erschreckend, wie heute die Zeit verging! Sie mußten sich furchtbar beeilen, damit das Frühstück Punkt sieben auf dem Tisch stand!
Und die Uhr lief und lief!
»Kommt schnell frühstücken!« riefen die Frauen ihren Männern zu. »Es ist schon nach sieben, die Zeit vergeht heute rasend schnell! Ihr kommt sonst noch zu spät zur Arbeit!«
Die Männer schlangen eilig das Frühstück hinunter.
»Mein Gott, wie die Zeit vergeht!« dachten auch sie. Aber als die Uhr acht schlug, waren sie gerade fertig.
Und die Kinder? Als sie in die Schule kamen, war es noch stockdunkel. Der Lehrer mußte Licht machen. Und das Schreiben und Rechnen mußte heute rasend schnell gehen, denn die erste Stunde war im Augenblick vorbei. Die Kinder mußten ihre Gedichte doppelt so schnell aufsagen, der Lehrer jagte wie ein Wilder auf seinem Motorrad durch das Dorf. Und alle Einwohner von Bimbelbom magerten ab . . .
Viele Jahre später verirrte sich ein Wanderer in den Bergen und kam dabei zufällig nach Bimbelbom.
Dieser Mann trug eine Armbanduhr.
»Was hetzt ihr euch denn nur alle so ab?« fragte er die Einwohner vom Bimbelbom verwundert. »Ihr rennt ja hier umher, als ob ihr einen Bienenschwarm in der Hose hättet. Und ihr schlingt euer Essen so hastig hinunter und redet wie ein Wasserfall.«
Er ließ sich vom Küster den Schlüssel zum Turm aushändigen und stieg die Treppen zur Uhr hinauf.
»Natürlich, hab ich mir doch gleich gedacht«, murmelte er. »Die Kirchturmeulen sind wieder einmal daran schuld! Die müssen aber auch immer die Turmuhren durcheinanderbringen!«
Was war geschehen? Im Uhrwerk hatten Eulen ihr Nest gebaut und dabei einen Hebel beiseite geschoben. Dadurch kam es, daß die Uhr jetzt doppelt so schnell ging wie früher!
Der Wanderer überlegte nicht lang, sondern entfernte sorgfältig das Nest. Und dann . . . ja, dann lief die Uhr plötzlich wieder ganz normal. Und von jetzt ab lebten die Bewohner von Bimbelbom ruhig und gemütlich nach ihrer alten Turmuhr.
aus »Mein Lesebuch«

2. Lernziele

2.1 Grobziel
Steigerung der Lesefähigkeit

2.2 Feinziele
– Fähigkeit, Blickspannen durch gezieltes Augentraining zu

erweitern und Linienführungen (Richtungswechsel) rasch und sicher zu folgen
– Fertigkeit, das überschaubare Lesen zu steigern durch Übungen zur raschen Wortgestaltauffassung
– Bereitschaft, sich im szenischen Spiel mimisch darzustellen und sprachlich zu äußern

2.3 Lernzielkontrollen

Ausfüllen eines Arbeitsblattes (Arbeitsvorlage siehe S. 59)

3. Lernhilfen

Satzteilpuzzle/Filztafel – Arbeitsblatt – Folie (wie Arbeitsblatt) – Arbeitsprojektor – Lesebuch bzw. Textumdruck

4. Unterrichtsverlauf

4.1 Hinführung

Satzteilpuzzle aus dem Lesetück (s. Arbeitsblatt, Pkt. 1, kopierfähige Vorlage)
S: Hier ist alles durcheinander geraten.
Einzelne Schüler ordnen die Sätze an der Filztafel und lesen sie vor. Die Klasse schreibt die Sätze auf dem Arbeitsblatt bei verdeckter Filztafel in der richtigen Ordnung (quantitative Differenzierung möglich).
L: Die Sätze kommen dir sicher bekannt vor.
S: Sie stehen in der Geschichte: Die Uhr von Bimbelbom.
– *Textbegegnung:*
L: Schlage dein Lesebuch auf S. 183 auf, bzw. nimm das Textblatt, suche die Sätze, die du eben geordnet hast, nenne uns Spalte und Abschnitt, damit auch die anderen mitlesen können und lies den Abschnitt vor!

4.2 Übung

1. Teilziel: Schulung des Auges zur Linienführung
L: Damit du gut lesen kannst, müssen deine Augen wichtige Arbeit leisten. Du kannst deine Augen trainieren, daß sie Zeilen und Wörter sicher und schnell finden.
Arbeitsblatt, Pkt. 2/Arbeitsauftrag:
Lege deine Hände unter die Tischplatte und suche mit den Augen, wo sich die erste Turmeule hinsetzen will. Die Buchstaben, die unterwegs erscheinen, kannst du zu einem Wort zusammensetzen. (Qualitative Differenzierung als Angebot)
Der Lehrer markiert die Vermutungen mit Folienstift auf dem Arbeitsprojektor (Folie wie Arbeitsblatt).
L: Prüfe nach, ob unsere Antworten richtig waren! Spure die Linien in verschiedenen Farben nach! Berichte dann, welche Eule wo landet (auf dem Schornstein/auf dem Baum/auf dem Schultor)!
Die gefundenen Wörter werden in die Leerzeilen eingetragen (Zweige/Kinder/Rauch).
Einzelne Schüler/ganze Klasse/Mädchen, Buben ...
Arbeitsauftrag: Nimm den Lesetext her, lege dann deine Arme auf den Rücken, paß genau auf, was du lesen sollst!
– *Leseübungen:* 5. Abschnitt/jedes erste Wort beim 6. Abschnitt/jedes letzte Wort des 2. Abschnittes/jede zweite Zeile des 4. Abschnittes/den 3. Abschnitt von rückwärts
Evtl. Fortsetzung der Übungen bei verbleibender Zeit

2. Teilziel: Schulung des Auges zur raschen Wortgestaltauffassung
L: In der Geschichte muß alles sehr schnell gehen. Überlege, wie wir lesen könnten, um das zu betonen!
S: Wir könnten ganz schnell lesen.
L: Das schnelle Lesen wollen wir heute üben.
Arbeitsblatt, Pkt. 3/Folie 2 mit den Wörtern: Nest, Lehrer Schlüssel, Wanderer
L: Ich zeige dir jetzt nacheinander vier Wörter. Das einzelne Wort siehst du nur ganz kurz. Auf dem Arbeitsblatt findest du vier Zeilen mit Wörtern.
Unterstreiche jeweils das Wort, das du gesehen hast, mit Lineal und Bleistift!
Kontrolle: Längeres Aufblenden der Wörter, Nachspuren der richtigen bzw. Verbessern der falschen Lösung mit Filzstiften

3. Teilziel: Übungslesen
Schülerkette, d.h. die Kinder rufen sich gegenseitig auf
L: Wir wollen jetzt, nachdem unser Auge ein bißchen geübt worden ist, noch einmal das Lesestück lesen (bei Zeitknappheit nur einige ausgewählte Abschnitte).

4.3 Verarbeitung

– Auseinandersetzung mit dem Lesegut:
L: Wie wäre es wohl gewesen, wenn du zu dieser Zeit in Bimbelbom gewesen wärst?
S: Ich hätte es sicher gemerkt ...
– Szenische Darstellung/Personenauswahl:
L: Wer möchte vor der Klasse zeigen, wie es am Morgen beim Frühstück zuging, als die Uhr schneller lief (oder ähnliche Situationen).

Literatur

Kitzinger/Kopp/Selzle: Lehrplan für die Grundschule in Bayern mit Erläuterungen und Handreichungen. Donauwörth [3]1972: Auer
Mein Lesebuch für das 2. Schuljahr. München[6] 1976: Bayerischer Schulbuch-Verlag

Verfasserin: Heike Kunz

Deutsch **Blatt** ________	**Name** ____________________ **Datum** ____________________

Die Uhr von Bimbelbom (Leseübung)

① Das stimmt doch nicht!

mußten	Um sieben	die Kinder	Uhr	ins Bett.
geschah	eines Nachts	etwas Seltsames	Aber	

②

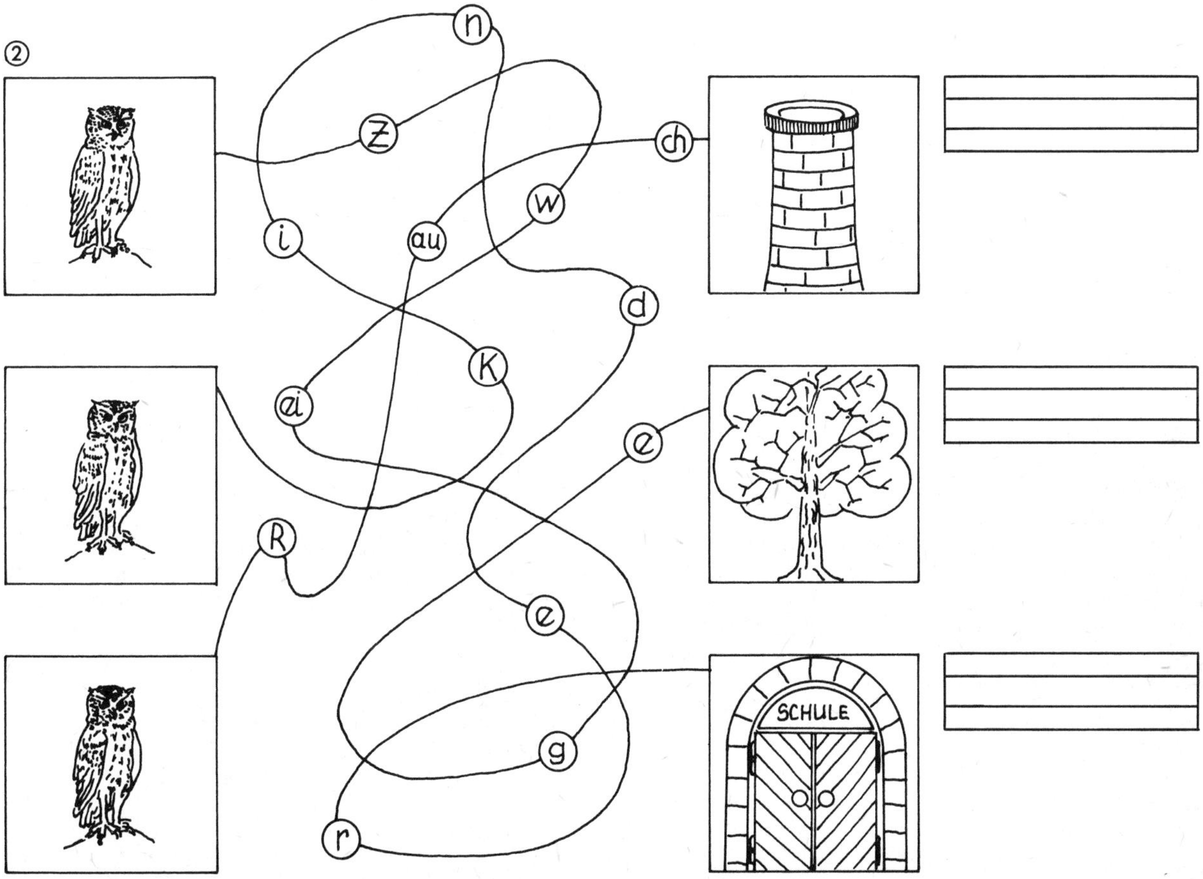

Zeit
Wilder
Schlüssel
Männer

Uhr
Lehrer
Sonne
Mütter

Nest
Küster
Schule
Wanderer

Johannes Eberle

Wir üben die Buchstabenverbindung »tz«

1. Didaktische Information

1.1 Der Schreibunterricht in der 2.–4. Jahrgangsstufe will die im 1. Schülerjahrgang erlernten Ausgangsformen der Schreibschrift durch geplante Weiterübung in ihren Bewegungsabläufen berichtigen, stabilisieren und automatisieren. Dabei wird neben der erneuten Betrachtung der Einzelbuchstaben das Augenmerk vor allem auf schwierige Buchstabenverbindungen gerichtet. Die in dieser Stunde zu übende Buchstabenverbindung »tz« wird erfahrungsgemäß von den Schülern, sobald das Schreibtempo zunimmt, in der Formrichtigkeit vernachlässigt. (Schriftproben!)
Da in der 2. Jahrgangsstufe die Schriftform »tz« aus der vereinfachten Ausgangsschrift noch nicht angeboten werden soll, um die Schüler nicht zu verunsichern, muß es Ziel dieser Stunde sein, die schwierige Buchstabenverbindung »tz« in den Bewegungselementen dem Schüler noch einmal deutlich zu machen und im Bewegungsablauf zu automatisieren.

1.2 Als Hinführung zu einer »Schönschreibstunde« eignet sich auch schon für Schüler der 2. Jahrgangsstufe die Analyse der bei der Schreibschrift zutage tretenden Fehlform. Als Medium bietet sich das Episkop an, da mit dem Episkop Schülerschriften original (schreibrichtige Form und Fehlform) vorgestellt werden können und dem Schüler die Notwendigkeit einer Übung so leicht einsichtig wird. Es darf nicht die Regel sein, zur Übung einer Buchstabenverbindung eine volle Übungsstunde anzusetzen. Häufige, kurze, intensive Übungen mit präziser Aufgabenstellung sind wirkungsvoller als wöchentliche Schönschreibstunden. Es bietet sich auch bei dieser Stunde an, nach der Erarbeitungsphase und einer sich anschließenden kurzen Schreibübung den Übungstext am nächsten Tag einzutragen und weitere Übungen zur Buchstabenverbindung »tz« im Sinne einer Intervallübung auf die ganze Woche zu verteilen. Der Lernfortschritt kann am Ende der Einheit dem Schüler wieder mit dem Episkop verdeutlicht werden. Dadurch entsteht eine zusätzliche Motivation.

2. Lernziele

2.1 Grobziel
Formrichtiges und zügiges Schreiben der schwierigen Buchstabenverbindung »tz«

2.2 Feinziele
Die Schüler sollen
– ein mit dem Episkop an die Wand projiziertes fehlerhaftes Schriftbild »tz« erkennen und »kritisieren«;
– die schreibrichtige Form grobmotorisch (Luft- und Bankschreiben) erschwingen;
– die Buchstabenverbindung »tz« im Großschwung auf Schreibblock und Arbeitsblatt mehrfarbig nachspuren;
– die Buchstabenverbindung »tz« in die Zweitklaßlineatur übertragen und im Wortverband formrichtig und zügig schreiben (tz-Wörter, Geschichte).

2.3 Lernzielkontrollen
– Individuelle Beobachtung während des Schreibens durch den Lehrer
– Betrachten von Schriftproben durch das Episkop
– Kontrolle des Bewegungsablaufs durch individuellen Großschwung an der Tafel
– Korrektur nach Hefteintrag

3. Lernhilfen

– Episkop
– Schriftproben von tz-Fehlformen
– Arbeitsblatt mit tz-Wörtern
– Wandtafel und Farbkreide

4. Unterrichtsverlauf

4.1 Einstimmung
– Der Schüler wird durch ein Lied musisch auf die Schreibstunde eingestimmt.
– Die notwendige Konzentration kann spielerisch durch kleine Konzentrationsübungen erreicht werden; z.B.
L: Schließe die Augen, höre auf alle Geräusche im Raum! Schließe die Augen, lege die beiden Mittelfinger, Ringfinger, Daumen usw. zusammen! Löse Zeigefinger, Daumen usw. voneinander!

4.2 Erarbeitung
1. Teilziel: Analyse der Fehlform
Der Lehrer wählt einige Fehlformen der Buchstabenverbindung »tz« aus Schülerheften aus und stellt sie der Klasse mit dem Episkop vor. Er weist die Schüler auf die zu betrachtende Schriftform von »tz« hin und markiert, wenn notwendig, »tz« mit einem Kreis (z.B. Ka(tz)e).
Die Schüler sprechen dazu und »kritisieren«: zu eng, zu klein, zu hoch, ungleiche Schreibrichtung usw.
Zielangabe: Wir werden uns heute die Verbindung »tz« genau anschauen und die Schreibweise noch verbessern.

2. Teilziel: Vorstellen und Einüben der schreibrichtigen Form

Lehrer schreibt »tz« groß an die Tafel und erklärt wesentliche Formelemente der Buchstabenverbindung.

– *Schwungübung (großspurig):*

Die Schüler schwingen »tz« groß in die Luft und auf die Bank, wobei sie ganz genau die großgeschriebene Form an der Tafel beachten.

Rhythmisches Sprechen bietet für motorisch gehemmte Schüler eine Schreibhilfe.

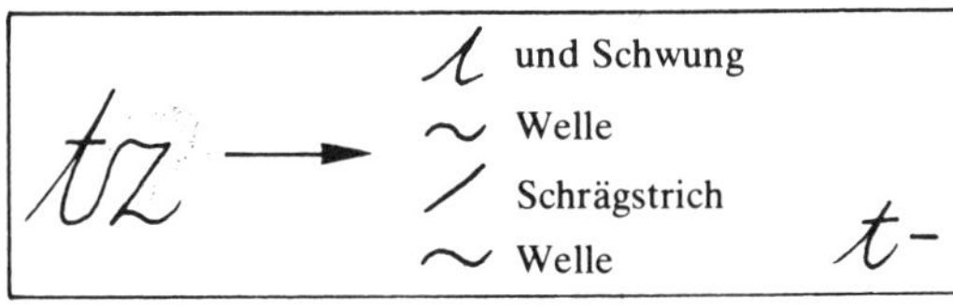

Abb. 1

Der Lehrer erinnert während der Phase des Großschwungs an die verschiedenen Formelemente: Obere Welle und Schrägstrich schließen vorne an einer gedachten senkrechten Linie ab; obere und untere Welle sind gleich lang; Verbindung von t zu z ist rund; t-Strich wird im Wortverband am Ende des auslaufenden Schwungs gesetzt.

Austeilen des Arbeitsblattes (s. Abb. 3)

L: Spure mit dem Finger und mit mehreren Farben die große Schriftform »tz« nach!

Differenzierung: Schreibschwache Schüler schwingen an der Tafel großspurig geschriebene »tz« mit Finger und Farbkreide nach.

L: Übertrage jetzt mit Filz- oder Farbstift ein großes »tz« auf die ganze Seite deines Schreibblockes! Vergleiche mit Vorgabe an der Tafel und auf dem Arbeitsblatt. (Hilfe: Sprich leise dazu!)

Erste Kontrolle:

Mit dem Episkop werden einige gelungene Schriftproben (Großschwung – Block) vorgestellt und besprochen.

– *Schwungübung (Normalschrift):*

L: Schreibe neben das große »tz« auf deinem Schreibblock zehn kleine »tz« in die Schreibzeile.

Abb. 2

Zweite Kontrolle:

Formrichtige »tz« werden mit dem Episkop gezeigt.

Fehlerhafte »tz« »kritisiert«.

– *Übungen zur Schreibweise »tz« im Wortverband:*

L: Auf dem Arbeitsblatt findest du viele tz-Wörter. Schreibe einige auf deinen Block! Achte besonders darauf, beim tz-Schwung nicht abzusetzen! Schreibe den t-Strich am Schluß!

Während dieser Übung kontrolliert und berät der Lehrer individuell. Schüler markieren schönstes »tz« mit Punkt.

Arbeitsblatt:

①
Spatz, Satz, Katze, Sitz, Spitz, Schnitzel, Blitz, Tatze, Netz, Witz, Pfütze, Schlitz, Trotz, Mütze, Schutz, Trotz, Spritze, Schmutz, Platz, Spitz,

②
Die Katze
Die Katze sitzt vor dem Baum. Jetzt macht sie einen Satz nach vorne. Der Spatz fliegt auf die Spitze des Baumes. Da sitzt er und putzt sein Gefieder. Er hat einen sicheren Platz.

Anm.: Die Texte bei 1 und 2 sind auf dem Arbeitsblatt in Lateinischer Ausgangsschrift.

4.3 Anwendung

– Nun erfolgt die Anwendung der geübten Buchstabenverbindung »tz« bei einzelnen Wörtern einer kleinen tz-Geschichte:

- Die Schüler suchen und unterstreichen die tz-Wörter der Geschichte auf dem Arbeitsblatt (optische Wahrnehmung, Konzentrierung auf die geübte Buchstabenverbindung).
- Die Schüler übertragen die Geschichte in das Schreibübungsheft.

– Abschließende *Lernzielkontrolle:*

Einige Einträge werden mit dem Episkop gezeigt. Formrichtigkeit oder Mängel werden angesprochen.

– Weiterübung durch Hausaufgabe

L: Übertrage die tz-Wörter vom Arbeitsblatt in das Hausheft! Male zu zwei tz-Wörten ein Bild!

Literatur

Glöckel, H.: Der Schreibunterricht in der 2. bis 4. Jahrgangsstufe, in: Kitzinger/Kopp/Selzle (Hrsg.): Lehrplan für die Grundschule in Bayern mit Erläuterungen und Handreichungen. Donauwörth 1971: Auer

Glöckel, H.: Schreiben lernen – Schreiben lehren. Donauwörth 1976: Auer

Greil, J./Kreuz, A.: Schreibunterricht in der 2. bis 4. Jahrgangsstufe, in: Pädagogische Welt 1978, Heft 2

Verfasser: Johannes Eberle

Heike Kunz

Schwierige Buchstabenverbindung »nz«

1. Didaktische Information

Voraussetzung zu dieser Unterrichtseinheit ist die abgeschlossene Erarbeitung sämtlicher großer und kleiner Schreibschriftbuchstaben. Aus diesem Grund kann die Unterrichtsstunde frühestens in der zweiten Jahrgangsstufe angesetzt werden.
Das Unterrichtsvorhaben zielt auf die Übung der Buchstaben im Bewegungszusammenhang. Ohne die Buchstabenformung zu vernachlässigen, soll der Schüler zu geläufigem Schreiben geführt werden. Schwierige Buchstabenverbindungen sind hierzu isoliert zu betrachten und gesondert zu üben. Im Anschluß daran sind die Buchstabenverbindungen in Sinnganzen aufzusuchen und zu schreiben. Der Schreibfall braucht keinesfalls gehäuft aufzutreten. Unter Berücksichtigung einer geeigneten Wort- und Textwahl läßt sich die Struktur dieser Schreiberziehungsstunde auf viele schwierige Buchstabenverbindungen anwenden. Das ausgewählte Gedicht eignet sich zur eventuellen Weiterarbeit in der mündlichen Sprachgestaltung oder im Musikunterricht.

2. Lernziele

2.1 Grobziel

Die Schüler sollen fähig werden, Buchstaben in lateinischer Ausgangsschrift richtig zu verbinden.

2.2 Feinziele

- Erkennen, daß in der Buchstabenverbindung »nz« die reine Arkadenform in die schwierige Grundform der liegenden Acht einmündet.
- Motorisches Erfassen der Buchstabenverbindung durch Nachspuren, durch selbständiges Aufschreiben und Schreiben im Buchstabenverbund
- Leseschrift in Schreibschrift übertragen können
- Üben der Buchstabenverbindung in möglichst motivierenden Sinnganzen

2.3 Lernzielkontrollen

Ob die Buchstabenverbindung »nz« erkannt und richtig aufgeschrieben wird, läßt sich bei der Durchsicht von Texten kontrollieren, in denen der Schreibfall nicht mehr gehäuft auftritt (siehe Gedichteintrag am Ende der UZE).

3. Lernhilfen

Bilderrätsel (Bild- und Wortkarten) – Tafelanschrift – Arbeitsprojektor – Arbeitsblatt – Kontrollfolie – Faserschreiber – Füller – Schriftpflegeheft – Handtrommel

4. Unterrichtsverlauf

4.1 Hinführung

Tafelbild 1 (Wort- und Bildkarten)
Schülerkette, d. h. die Schüler rufen sich gegenseitig auf
L: Heute darfst du ein Bilderrätsel lösen. Hänge die passenden Karten zusammen an die Tafel!

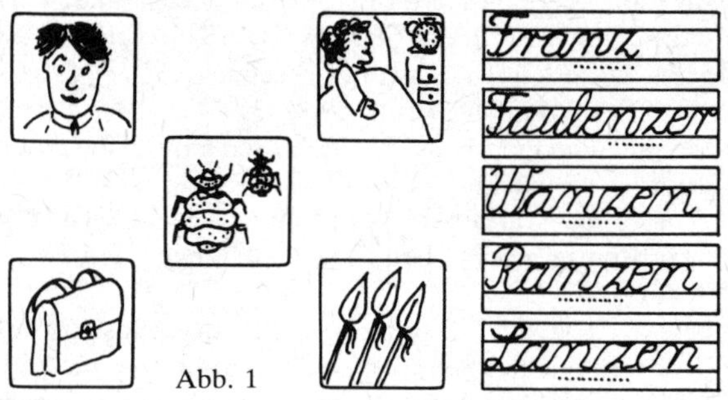

Abb. 1

L: Denke dir eine Geschichte mit einem oder zwei dieser Wörter aus! Vielleicht bringt einer von euch noch mehr Wörter unter.
Schülervorschläge, z. B. Der Faulenzer Franz will seinen Ranzen nicht tragen.
– *Zielangabe:*
Wortkarten
L: Dir ist bestimmt schon aufgefallen, daß die Wortkarten zweifarbig beschrieben sind.
S: Das »nz« ist mit einer anderen Farbe geschrieben. Wir schreiben heute die Buchstabenverbindung »nz«.

4.2 Erarbeitung

1. Teilziel: Struktur der Verbindung »nz« erfassen
Tafelbild 2/Farbkreide
L: »z« ist ein schwieriger Buchstabe! Er besteht aus zwei verschiedenen Teilen. Nimm zwei Farbkreiden und spure jeden Teil mit einer anderen Farbe nach!
Zwei Schüler führen die Anweisung an der Tafel aus.

Abb. 2

Arbeitsblatt (1)/Faserschreiber/Stillarbeit
L: Ziehe auf deinem Arbeitsblatt den schwierigen Teil des Buchstabens, die Wellenlinie, nach! Spure mehrmals mit verschiedenen Farben!
L: Schwierig ist auch, das »n« richtig an das »z« anzuhängen! Lehrer demonstriert großmotorisch an der Tafel.

Tafelbild 3:

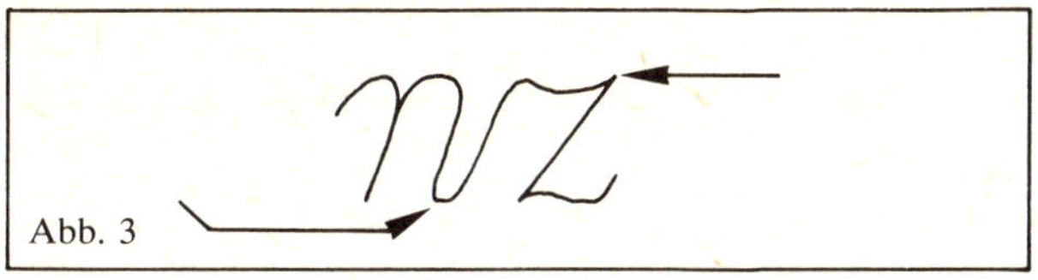

Abb. 3

Lehreranweisungen zur motorischen Groberfassung
Schüler
– schwingen die Buchstabenverbindung mit beiden Armen im Stehen in der Luft;
– schreiben mit den Füßen auf den Boden.
Weitere Übungsmöglichkeiten:
Schüler
– schreiben mit den Händen auf die Bank;
– schreiben mit geschlossenem Faserschreiber auf die Bank;
– radieren die Buchstabenverbindung auf die Bank;
– schreiben mit der Nase auf die Bank;
– formen Buchstabenverbindung mit Wollfaden oder Knetmasse nach
Partnerarbeit: Die Schüler schreiben sich »nz« gegenseitig mit den Fingern auf den Rücken. Der Partner kontrolliert (in Zweifelsfällen zusätzliche Lehrerkontrolle nach Meldung).
Arbeitsblatt Teil A (Teil B ist nach hinten gefaltet) Faserschreiber/Füller

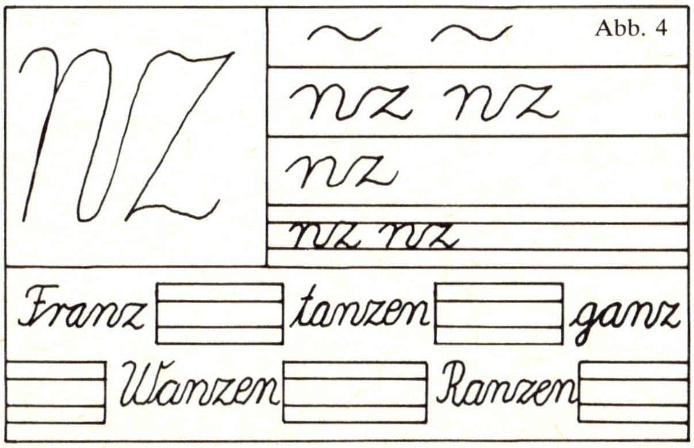

Abb. 4

Arbeitsaufträge zur feinmotorischen Erfassung/Einzelarbeit
Arbeitsblatt (2): Mehrfarbiges Nachspuren mit Filzstiften
Arbeitsblatt (3): Nachspuren bei kleiner werdender Schrift
Arbeitsblatt (4): Selbständig mit Füller in Erstklaßlineatur schreiben
Der Lehrer unterstützt flüssiges Schreiben durch Rhythmisieren auf der Handtrommel. Bei Rhythmuswechsel gehen die Schüler weiter zur nächsten Aufgabe.

2. Teilziel: Erfassen der Buchstabenverbindung »nz« im Wortganzen
Arbeitsblatt (5)/Füller, Arbeitsprojektor/Kontrollfolie
L: Suche dir eines der Wörter aus, lies es vor und unterstreiche »nz«!
Verschiedene Schüler führen die Anweisung am Arbeitsprojektor aus, die Klasse arbeitet am Arbeitsblatt.
Arbeitsauftrag/Schülerkette
Die Schüler wählen ein Wort, lautieren es, spuren es nach und schreiben es anschließend in die Zweitklaßlineatur.

3. Teilziel: Erkennen der Buchstabenverbindung im Text
Gedichtvortrag des Lehrers als Impuls aus »Gedichte für die Grundschule« (Diesterweg):

Im Januar fällt dort warmer Regen,
zwei Meter Schnee gibt's im Juli dagegen,
im August sind alle Fenster gefroren.
Die Brillen setzt man hinter die Ohren.
Am größten sind dort die kleinen Zehen.
Briefträger sieht man auf den Händen gehen.
Als erste werden die Faulenzer wach,
die Autos fliegen von Dach zu Dach.
Die Feuerwehr läßt Fernsehantennen
mit Schornsteinen um die Wette rennen.
Auf jedem Platz steht ein Verkehrspolizist,
der sagt dir, wo's noch verkehrter ist
(»Im Lande verkehrt« von Hans Baumann, S. 56)

Erwartete Schülerreaktion: So etwas gibt es gar nicht. Das ist ein Lügengedicht. Hier ist alles verkehrt . . .
L: Dir fällt sicher eine passende Überschrift ein!
Bestätigen oder Vorstellen der Überschrift »Im Lande verkehrt«
Arbeitsblatt, Teil B
L: Ein Teil des Gedichts ist auf deinem Arbeitsblatt nachzulesen. Lies und suche dabei die Wörter in denen Z, z oder nz stecken!
Die Schüler finden und unterstreichen die Wörter »Zehen«, »Faulenzer« und »zu«.

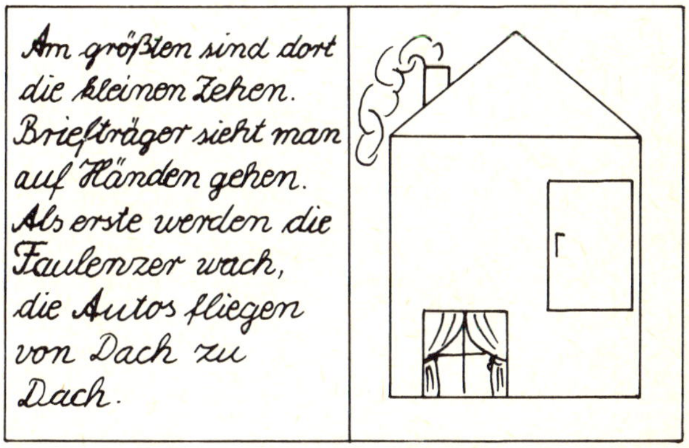

Abb. 5

4.3 Transfer

Anwendung der Buchstabenverbindung im Sinnganzen (evtl. als Hausaufgabe)
Arbeitsblatt Teil B / Schriftpflegeheft / Füller / Buntstifte
L: Übertrage das Gedicht vom Arbeitsblatt in dein Schriftpflegeheft (Gedichtesammlung) und gestalte die Gedichtseite nach deinem Geschmack (Farbwechsel, Unterstreichungen, Rahmen, Bild(er) . . .)!
Der Großteil der Klasse überträgt das Gedicht als zusätzliche Leistung von der »Lese«- in die Schreibschrift. Als Differenzierungsmaßnahme für Schüler, die mit Formauffassung und Wiedergabe noch Schwierigkeiten haben, ist das Gedicht für diese Kinder auf dem Arbeitsblatt bereits in Schreibschrift geschrieben.

Literatur bei der Verfasserin

Verfasserin: Heike Kunz

Johannes Eberle

Variationsreiches Üben an einer Wochennachschrift

1. Didaktische Information

Der Text der hier zu übenden Wochennachschrift wurde den Kindern im Anschluß an die Sachunterrichtseinheit »Kinder als Partner in der Schule und beim Spiel« dargeboten und in einer Einführungsstunde vorgestellt. Die Schüler kennen die angebotenen Übungsformen und sind in der Lage, mündlich oder schriftlich Arbeitsaufträge selbständig zu erfassen und zu bearbeiten.

O, diese Hosentaschen!

Peters Hose ist schmutzig. Die Mutter muß sie waschen. Zuvor leert sie die Hosentaschen aus. Was da zum Vorschein kommt: ein Messer, ein alter Kamm, ein Spiegel, eine Schnur, ein Stückchen Kreide, zwei bunte Schusser, einige Nägel und ein kleines Auto. Ein Bub kann doch alles brauchen!

Der Text steht die Woche über an der Nachschriftentafel.

2. Lernziele

2.1 Grobziel

Die Schüler sollen am Ende der Unterrichtseinheit die Wochennachschrift »O, diese Hosentaschen!« möglichst fehlerfrei schreiben.

2.2 Feinziele

Die Schüler sollen
- einen falsifizierten Nachschriftentext aus dem Gedächtnis richtigstellen;
- sich Text und Merkwörter durch verschiedene Lese- und Schreibübungen aneignen;
- sich die Merkwörter durch variative Übungsformen in der Anschauungsstufe, Vorstellungsstufe und Schemastufe sicher einprägen.

2.3 Lernzielkontrollen

Korrektur der ersten Abschrift – Partner und Lehrerkontrolle während kurzer Übungsphasen – Eintrag der Wochennachschrift mit anschließender Fehlerkorrektur

3. Lernhilfen

Tafeltext – Arbeitsblätter – Tageslichtprojektor mit Folien – Wortkarten – Tonband

4. Unterrichtsverlauf

4.1 Hinführung

Lehrer spielt mit Tonband den verfälschten Text vor.
Er beauftragt die Schüler genau hinzuhören.

Verfälschtes Textbeispiel:
Peters Hose ist zerrissen... Zuvor zieht sie die Hosentaschen heraus... Aussprache
Die Schüler stellen den Text aus dem Gedächtnis richtig.
Text an der Seitentafel wird aufgedeckt und verglichen.

4.2 Übung

1. Teilziel: Übungen zur Anschauungsstufe – Kennenlernen der Wortgestalten
a) visuell
- Mehrmaliges Gruppen- Chorlesen
- Lesen und klatschen bei den Merkwörtern
- Lesen des Textes ohne Merkwörter

b) akusto-motorisch
- Wörter gut artikuliert vorsprechen lassen
- Luft- und Bankschreiben angegebener Wörter und lautes Sprechen
- Einzelarbeit: Schreibe die Merkwörter der Länge nach auf, baue das Wort Spiegel auf. Arbeitsblatt 1, Aufg. 1,2

Mit dem Tageslichtprojektor wird ein Wörtersammelsurium angeboten.

Dach, Fenster, Spiegel, Spiel, laut, leert, Nägel, Nähe, Hosennaht, Schusser, Schüssel, Hosentaschen, Schnur, Weide,

Suche die Wörter unserer Geschichte heraus und schreibe sie auf den Block!

2. Teilziel: Übungen zur Vorstellungsstufe – Einprägen der Wortgestalten
Kurze Vorarbeit für die nachfolgende Einzelarbeit zu Arbeitsblatt 1, Aufg. 3 mit dem Tageslichtprojektor. Schüler bearbeiten Aufg. 3 selbständig.
Die Arbeitsaufgaben 4 bis 8 werden nach einer Vorbesprechung von den Schülern bearbeitet. Zum Ausklang dieser Übungsphase kann ein Wörterrätsel mit dem Tageslichtprojektor angeboten werden. (Abb. 1)

3. Teilziel: Übungen zur Schemastufe – Automatisieren der Wortgestalten
Tafel ist zugedeckt, Lehrer hält mehrere Gegenstände hoch, z.B. Schnur, Gummi, Spiegel ... usw.
Schüler schreiben die Wörter auswendig auf den Block.
Ein Schüler schreibt die Wörter auf die Rückseite der Tafel.
Anschließender Vergleich der Richtigkeit
In Einzelarbeit werden dann auf dem Arbeitsblatt 3 Aufg. 9 und 10 ohne Vorlage von den Schülern bearbeitet. Bei Aufg. 11 setzen die Schüler die Merkwörter nach Diktat des Lehrers ein. Vergleich auf Richtigkeit mit Folie

Wörterrätsel

Im grünen Kästchen hat sich ein Merkwort versteckt!

↓

							S	p	i	e	g	e	l		
					S	c	h	u	s	s	e	r			
S	t	ü	c	k	c	h	e	n							
		s	c	h	m	u	t	z	i	g					
				M	e	s	s	e	r						
				H	o	s	e	n	t	a	s	c	h	e	n
			N	ä	g	e	l								
			l	e	e	r	t								

Auflösung: *Schusser*

Kursivdruck: Eintrag durch Schüler Abb. 1

Aufg. 12 motiviert die Schüler noch einmal neu, aus dem Gedächtnis zu schreiben.
Durch individuelle Kontrolle sieht der Lehrer, ob die Vorbereitungsphase soweit fortgeschritten ist, daß die Wochennachschrift ins Heft eingetragen werden kann.
Hausaufgabe: Abschreiben der Geschichte

Arbeitsblatt 1 Abb. 2

Übungen zu: **O, diese Hosentaschen!**

① Ordne die Merkwörter der Länge nach!
schmutzig, Schusser, Spiegel, Stückchen, Messer, Nägel, leert

② Baue das Wort Spiegel auf!
S – *Sp* – *Spie* – *Spieg* – *Spiege* – *Spiegel*

③ Ergänze richtig!
schmut *zig*, Hosen *taschen*, Mes *ser*, Spie *gel* Stück *chen*, Nä *gel*, Schus *ser*

④ Silbenrätsel:

a)

schmut	**ser**	**Spie**	**chen**
Stück	**gel**	**zig**	**Schus**

b) Zu – leert – vor – die – sie – ta – sen – Ho – schen – aus
Zuvor leert sie die Hosentaschen aus.

Kursivdruck: Eintrag durch Schüler

4. Teilziel: Eintrag der Wochennachschrift
– Unmittelbar vor Eintrag der Wochennachschrift wird noch auf alle schwierigen Rechtschreibfälle eingegangen (genaues Anschauen, Lautieren, Luft- und Bankschreiben).
– Eintrag der Nachschrift durch satzweises Diktieren
– vor dem Einsammeln der Hefte wird der Text noch einmal langsam, laut und deutlich vorgelesen.

5. Teilziel: Nacharbeit
Besonders häufig auftretende Fehler bilden die Grundlage zu einer gemeinsamen Nacharbeit bzw. für die Behandlung von Rechtschreibfällen in eigenen Rechtschreibstunden. Um die Schüler für eine weitere Rechtschreibarbeit zu motivieren, werden die Schüler mit Nullfehlern an der Seitentafel namentlich festgehalten.

Arbeitsblatt 2 Abb. 3

⑤ Ergänze die Wortteile! (Block!)
–ieg– –ück– –äg– –uss– –ess– –eer–

⑥ Suche die Merkwörter! Kreise sie ein!
Me *Messer* ter, Le *leert* le, schma *schmutzig* sch

⑦ Erkennst du das Wort?

r e e l t	m t z sch i u g	ie l S e g p	r s e M e s
leert	*schmutzig*	*Spiegel*	*Messer*

ss Sche ur — *Schusser*
ä Nelg — *Nägel*
ta Ho s n e sch n e — *Hosentaschen*

⑧ Schreibe auf den Block!

Einkauf
Reise — Leder
Hosen — (Tasche) — Hand
Damen — Mantel
Herren

Kursivdruck: Eintrag durch Schüler

Arbeitsblatt 3 Abb. 4

⑨ Bilderrätsel

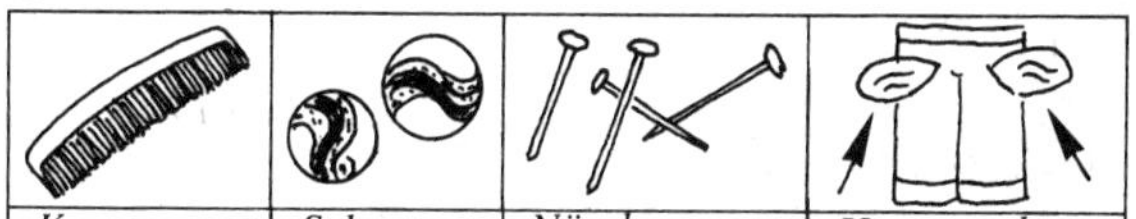

Kamm	*Schusser*	*Nägel*	*Hosentaschen*

⑩ Setze richtig ein! (3x das gleiche Wort!)
Die Mutter *leert* die Hosentaschen aus.
Die Mutter *leert* den Papierkorb aus.
Die Mutter *leert* die Waschmaschine aus.

⑪ Schreibe nach Diktat!
Peter hat eine *schmutzige* Hose an.
In Peters *Hosentaschen* finden wir ein *Messer* und einen *Spiegel*, ein *Stückchen* Kreide und eine *Schnur.*

⑫ Kannst du die Rätsel lösen?
Schreibe das Rätselwort auf!
– Du kannst damit Bretter zusammenmachen. *Nägel*
– Du kannst dich darin sehen. *Spiegel*
– Sie sind aus Glas. *Schusser*
– Damit kannst du schneiden. *Messer*

Kursivdruck: Eintrag durch Schüler

Verfasser: Johannes Eberle

Deutsch
Blatt ________

Name ____________________
Datum ____________________

(9.) Bilderrätsel

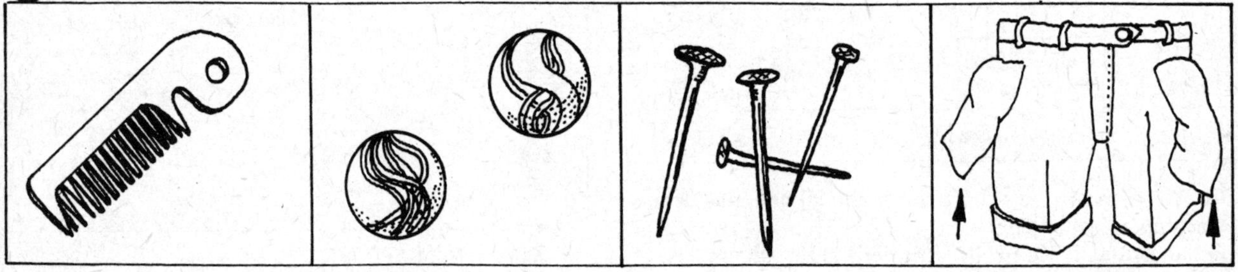

(10.) Setze richtig ein!

Die Mutter ________ die Hosentaschen aus.

Die Mutter ________ den Papierkorb aus.

Die Mutter ________ die Waschmaschine aus.

(11.) Schreibe nach Diktat!

Peter hat eine ________ Hose an.

In Peters ________ finden wir

ein ________, einen ________,

ein ________ Kreide und eine ________.

(12.) Kannst Du die Rätsel lösen?

Du kannst Dich darin sehen. ________

Sie sind aus Glas. ________

Damit kannst Du schneiden. ________

Heinz Uchronski

d oder t im Auslaut?

1. Didaktische Information

1.1 Rechtschreibunterricht muß in Bezug zu den übrigen Zweigen des Deutschunterrichts gesehen werden. Er ist somit eingeordnet in das Gesamt muttersprachlicher Bildung und darf (nach Watzke) weder über- noch unterbetont werden. Für die einzelnen Schüler ist das richtige Maß an Zeit- und Kraftaufwand zu finden. Die weite Streuung der Fehlerarten innerhalb einer Klasse zeigt, wie verschieden der Gebrauchswortschatz für die einzelnen Schüler rechtschriftlich verfügbar ist. Individualisierung und Differenzierung sind deshalb unbedingt notwendig. Die Bildung von Leistungsgruppen kann die unterschiedlichen Zeitpunkte und Aufwendungen für das rechtschriftliche Können auffangen.
Den Schülern müssen die Begriffe Einzahl, Mehrzahl und 3. Person bekannt sein, ebenso die persönlichen Fürwörter.

1.2. Gleiche und ähnlich klingende Mitlaute bereiten beim Schreiben häufig Schwierigkeiten. So auch die Schreibung bei auslautendem d oder t. Diese Schwierigkeit gründet hauptsächlich darauf, daß eine klangliche Unterscheidung kaum oder gar nicht wahrzunehmen ist. In unserer Sprechweise wird der Auslaut nämlich verhärtet gesprochen. Dieses harte Aussprechen des d oder t Lautes am Ende eines Wortes, trifft aber nur für die Hochsprache zu. In verschiedenen Dialektarten dagegen werden die beiden Konsonanten weich ausgesprochen. Deshalb ist ein lauttreues Schreiben, d. h. eine Übereinstimmung von Klang- und Schriftbild nicht mehr möglich. Wörter mit d oder t im Auslaut müssen so als besondere Rechtschreibfälle geübt und in Form eines Rechtschreibtrainings gesichert werden.

1.3 Die Behandlung dieses Rechtschreibfalles darf keineswegs unter Zeitdruck geschehen. Die Kinder sollen ihr individuelles Arbeitstempo beibehalten können und nicht zu neuen Flüchtigkeitsfehlern gebracht werden. Aus diesen Gründen und auch aus Gründen der Übersichtlichkeit, bzw. um eine Überforderung auszuschließen, kann nachstehende Sequenz nicht in 45 Minuten abgehandelt werden. Jedes Teilziel stellt vielmehr eine eigene Phase dar.

2. Lernziele

2.1 Grobziel
Kennenlernen des besonderen Rechtschreibfalles d – t

2.2 Feinziele
Die Schüler sollen
– erfahren, daß gleichklingende Laute verschieden geschrieben werden können;
– ausgewählte Wörter ihres Gebrauchswortschatzes, die mit d oder t enden, rechtschriftlich eintrainieren;
– durch Bilden von Analogiegruppen erfahren, daß einem gewissen Klangkomplex eine gewisse Schreibweise zugeordnet wird;
– die Verlängerungsregel kennenlernen;
– eine rechtschreibbewußte Haltung gewinnen.

2.3 Lernzielkontrollen
Arbeitsblatt – Lückentext – anschließendes Diktat

3. Lernhilfen

Tafelanschriften – Arbeitsblatt

4. Unterrichtsverlauf

4.1 Herausarbeiten des Rechtschreibfalles
An der Tafel steht das Wort »verletzt«.
Schüler äußern sich.
Begegnung mit folgendem Arbeitstext:

> Hans ist mit dem Rad gegen eine Wand gefahren.
> Er hat sich dabei an der Hand und am Mund verletzt.
> Die ganze Haut ist an der Hand aufgerissen. Aus dem Mund läuft Blut. Die Mutter geht mit dem Kind zum Arzt. Dort bekommt es einen Verband.

Schüler lesen den Text mehrmals vor.
L: Bei einigen Wörtern kann sich leicht der Fehlerteufel einschleichen (evtl. betontes Lesen der d – t – Wörter). Deshalb müssen wir sie besonders üben.
Schüler erkennen, um welche Wörter es sich handelt
– *Zielangabe:* Wir üben Wörter mit d oder t am Ende (TA)

4.2 Arbeit mit den Wörtern aus dem Text
Die entsprechenden Wörter aus dem Text werden mit Farbkreide an die Seitentafel geschrieben (2 Spalten).
Schüler lesen und buchstabieren diese Wörter. Sie erkennen die Schwierigkeit, daß der Endungslaut gleich gesprochen, aber verschieden geschrieben wird.

1. Teilziel: d im Auslaut eines Wortes
L: Damit wir uns nur die Wörter genau ansehen, die wir zuerst üben wollen, wischen wir alle anderen ab.
Auslöschen des Tafeltextes bis auf: Rad – Wand – Hand – Mund – Kind – Verband.

Sicherung des Wortinhaltes:
Partnerarbeit: Suchen von neuen Sätzen, in denen diese Wörter vorkommen (Ergebniskontrolle durch Vorlesen). Schnelle Schüler bilden dann noch die Mehrzahl der Übungswörter.
– Sicherung des Wortbildes:
L: Betrachte jedes Wort genau und versuche dann, es auswendig in die Luft zu schreiben!
In Alleinarbeit bauen die Schüler dann die Wörter auf und ab und versehen sie mit Umrißgestalten:
W – Wa – Wan – [Wand] – Wan – Wa – W
Schnelle Schüler schreiben die Wörter in Geheimschrift:
lııl = Wand etc. auch MSMM = Wand (M = Mitlaut, S = Selbstlaut)
– Sicherung des Klangbildes:
Betontes Sprechen der Wörter (einzeln und im Chor) Schüler halten die Hand dicht an den Mund. Sie spüren einen Hauch.
– Sicherung der Schreibmotorik:
Gruppe A: Ausfüllen des Arbeitsblattes 1 – Partnerkorrektur Gruppe B: Übungen des Arbeitsblattes gemeinsam mit dem Lehrer an der Tafel
Wettschreiben: Wer schreibt in einer Minute 10mal oder öfter »Verband«?

Arbeitsblatt:

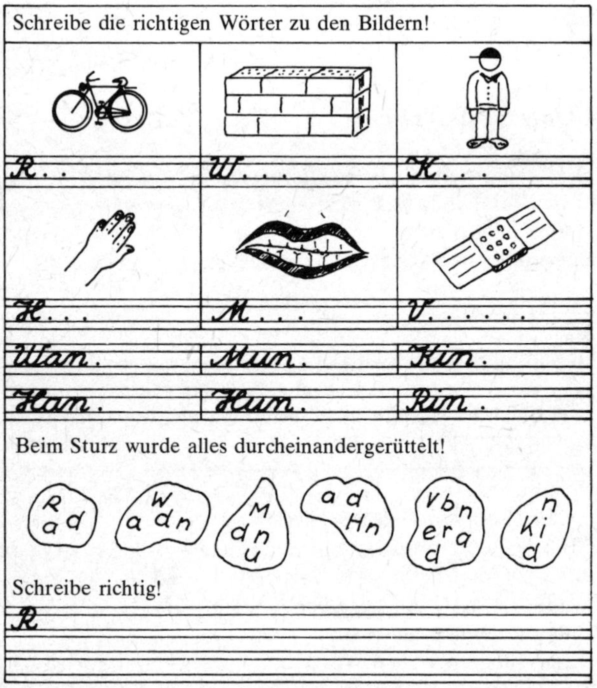

– Sicherung durch Analogiebildung: Gruppenarbeit: Suchen von Reimwörtern – Wörterbücher oder Lesebücher dürfen zu Hilfe genommen werden.
Jeder in der Gruppe sollte ein ›Quartett‹ haben!

Wand	Mund	Rad	Kind
Hand	Hund	Bad	Rind
Rand	rund	Pfad	sind
Band	gesund	Gnad	blind

– Regel:
Sprechen von Einzahl – Mehrzahl – Beim Verlängern hören wir das »weiche« d. Wir spüren keinen Lufthauch mehr.

– *Teilzusammenfassung:*
Gruppe A: Sätze bilden mit den neu gefundenen Wörtern
Gruppe B: Schreibmotorisches Eintrainieren

2. Teilziel: t im Auslaut eines Wortes
L: An der Seitentafel stehen noch andere Wörter als nur die bisher geübten!
Analog zum 1. Teilziel werden nun die Wörter, die auf t enden, systematisch eingeschult.
– Sicherung des Wortinhaltes:
Unterscheiden der Wörter in Namenwörter und Tunwörter
– Bilden von neuen Sätzen mit jeder Wortart
Gruppe A: Alleinarbeit
Gruppe B: Mit dem Lehrer
– Sicherung des Wortbildes:
Ordnen nach der Länge, nach dem ABC – Einsetzen in leere Umrißgestalten: Blut = [ ]
– Sicherung des Klangbildes:
Lautes/leises Sprechen mit vorgehaltener Hand, Chorsprechen, gruppenweises Aufsagen
– Sicherung der Schreibmotorik:
Wettschreiben, Purzelwörter ordnen, Lücken füllen Partnerdiktat, Aufsuchen von Wörtern mit Hilfe der Angabe Selbstlaut (S), Mitlaut (M), SMMM = Arzt
– Sicherung durch Analogiebildung:
Gemeinsames Aufsuchen einer langen Reihe von Reimwörtern: Blut – Hut – Wut – Mut – gut – tut – . . .
– Regel:
Bei er, sie es hat das Tunwort in der 3. Person Einzahl ein t. Bei den Namenwörtern spüre ich einen Hauch auf meiner Hand, wenn ich die Mehrzahl bilde (Haut-Häute) bzw. das Wort verlängere (Blut - bluten).
– Teilzusammenfassung:
Tafel:

Wer löst die Rätsel richtig?	In der Pause esse ich mein . . .
Vater trägt einen . . .	Aus der Wunde läuft das . . .
Im Winter ist es sehr . . .	Hans geht zum . . .
Großvater ist sehr . . .	Der Elefant hat eine dicke . . .
Die Tiere leiden große . . .	

Gruppe A: Alleinarbeit – Gruppe B: Mithilfe des Lehrers

3. Teilziel: Gegenüberstellung von d – t im Auslaut
Arbeitsblatt 2:

> Eine seltsame Krankhei_
> Morgens um ach_ lieg_ Dieter noch auf der faulen Hau_. Als Mutter ins Zimmer komm_, dreh_ er sich zur Wan_. »Steh auf, Dieter, es ist höchste Zei_«. »Ich bin krank, Mutter«, mein_ Dieter. »Alles tu_ mir weh, die Nase, der Mun_, die Han_.« «Schade,« sag_ Mutter, »dann mußt du eben im Bett bleiben, dabei wollte ich mit dir am Aben_ in den Wal_ gehen«. »Mutter«, stotter_ Dieter, »ich glaube, ich bin wieder gesun_.«

Lesen des Textes – Spontanäußerung,
Ergänzen der fehlenden Laute unter Anwendung der Regel

4.3 Gesamtwiederholung
Ausgangstext als Diktattext

Verfasser: Heinz Uchronski

Ursula Hitz

Wir trennen Wörter

1. Didaktische Information

1.1 Lernvoraussetzungen

Bereits im Leselernprozeß der ersten Jahrgangsstufe werden immer wieder Wörter in Teile (Silben) zerschnitten, die Teile durcheinander angeordnet und später wieder zusammengesetzt. Schon zu diesem Zeitpunkt wird auf eine klare Artikulation, langsames Sprechen und auf das bewußte Hineinhorchen in das Wort Wert gelegt. In dieser Stunde soll diese Fähigkeit das richtige Trennen der Wörter erleichtern. Rhythmisches Klatschen, Singen und Sprechen sind den Kindern nicht fremde, sondern im Musikunterricht eingeschulte und im täglichen Unterricht nie fehlende Elemente der grundlegenden Sprech- und Hörerziehung.
Die Kinder können Texte in Schreibschrift lesen und verstehen und sind im Umgang mit Tabellen vertraut.
Um die Arbeit des Zerlegens von Wörtern in Silben zu erleichtern, sollte das hier zum Unterrichtsgegenstand herangezogene Lied (Drei Chinesen mit dem Kontrabaß) vom Text her vollständig bekannt sein; ebenso einige Abzählreime.

1.2 Sachverhalt

Die Grundregel bei der Trennung von Wörtern besteht darin, daß Wörter jeweils nach Silben getrennt werden.
Dabei ist zu beachten: Zu einer Silbe gehört immer ein Selbstlaut, d. h.: je nachdem wie viele Selbstlaute ein Wort besitzt, so viele Silben hat es auch. Dementsprechend gibt es *einsilbige* Wörter mit nur einem einzigen Vokal, *zweisilbige* Wörter mit zwei Vokalen, *dreisilbige* Wörter mit drei Vokalen und ebenso noch mehrsilbige Wörter mit entsprechend vielen Selbstlauten.
Eine wesentliche Hilfestellung zur Silbentrennung gibt die Sprache selbst: Sowohl mehrsilbige einfache als auch mehrsilbige abgeleitete Wörter werden nach Sprechsilben getrennt, die sich beim langsamen Sprechen ganz von selbst ergeben. Neben dieser »natürlichen« bzw. sich von selbst ergebenden Silbentrennung besteht eine Vielzahl von Sonderregelungen, die für den Inhalt und Verlauf dieser Stunde ausgeschlossen bleiben.

2. Lernziele

2.1 Grobziel

Die Schüler sollen Übungen zur Silbentrennung als logische Hilfe zum Rechtschreiben begreifen.

2.2 Feinziele

Die Schüler sollen
– mit Hilfe ihres Sprachgefühls in Wörtern Silben unterscheiden bzw. bestimmte Wörter als »Ganze« erkennen;
– fähig sein, ein Wort langsam, scharf artikuliert und silbenweise sprechen zu können;
– zu vorgegebenen Wörtern beim Sprechen klatschen und feststellen, daß man bei manchen Wörtern nur einmal, bei anderen aber zwei-, dreimal oder noch öfter klatschen kann;
– den Begriff »Silbe« kennenlernen und im Sinne von »Wortteil« richtig verwenden;
– erkennen, daß ein Wort aus einem oder mehreren Wortteilen bestehen kann;
– dem Klatschen des Lehrers entsprechend angeben, wie viele Silben gemeint sind, und ein passendes Wort dazu finden.
– das genaue Hinhören auf ein Wort als verläßliche Hilfe bei der Silbentrennung begreifen;
– selbst merken: Wörter lassen sich nicht nach Belieben trennen;
– erkennen: Jedes Klatschen entspricht einer Silbe;
– erkennen: Wo ich eine Sprechpause machen kann, da kann ich auch trennen;
– wissen: Nach dem letzten Buchstaben des erklatschten Wortteiles – der herausgehörten Silbe – wird getrennt.

2.3 Lernzielkontrollen

Wörter, die in Silben getrennt werden, unter Angabe der Silbenanzahl

3. Lernhilfen

Bild (Situation: Kinder stehen im Kreis und zählen aus, – Abzählverse, Lied (Drei Chinesen ...) – Wortkarten, Schere – Arbeitsblatt, Bleistift, grüner Farbstift

4. Unterrichtsverlauf

4.1 Sprachbegegnung

Bild an der Tafel (siehe Punkt 3)
Freie Schüleräußerungen – Schüler nennen Auszählverse, einige Schüler machen das Auszählen vor der Klasse vor.
L: Ich weiß auch einen Abzählvers!
Lehrer stellt sich in den Kreis, spricht silbenweise sehr deutlich und langsam und zeigt dabei bei jeder Silbe auf ein Kind:
Ei-ne Bau-ers-frau kocht Rü-ben, ei-ne Bau-ers-frau kocht Speck, und du bist weg!
Kinder, die den Vers schon kennen, sprechen mit, alle anderen klatschen dazu.

4.2 Sprachbetrachtung

1. Teilziel: Langsames, scharf artikuliertes, bewußtes, silbenweises Sprechen
L: Achte beim Sprechen auf die Wörter und das Klatschen!

Alle wiederholen und klatschen dazu.
L: Du hast bestimmt bei jedem Wort einmal geklatscht!
S: Bei manchen Wörtern habe ich einmal, bei anderen zweimal, bei wieder anderen dreimal geklatscht . . .
Schüler bringen die entsprechenden Beispiele, sprechen langsam vor, klatschen dazu, korrigieren sich.
L: Warum kann man bei manchen Wörtern nur einmal und bei anderen öfter klatschen?
Schüler bringen Erklärungsversuche, lösen mit Hilfe des Sprachgefühls, probieren für sich: Bei manchen Wörtern kann man beim Sprechen eine Pause machen, bei denen kann man zweimal oder dreimal klatschen; kann man ein Wort auf einmal sagen, darf man nur einmal klatschen.
Schüler bringen Beispiele, Lehrer provoziert durch Negativbeispiele (ko-cht, Sp-eck)
Erkenntnis: Überall, wo man beim Sprechen leicht haltmachen kann, da kann man ein Wort auch teilen!

4.3 Sprachbesinnung

2. Teilziel: Wörter bleiben Silben
Tafel: Wörter kann man zerteilen
Schüler erklären: Wenn ich genau hinhöre, merke ich, wo ich ein Wort teilen kann. – Ich kann ein Wort nach jedem Klatschen zerteilen. – Wörter können aus einem oder mehreren Teilen bestehen. – Einmal Klatschen bedeutet: Das Wort besteht nur aus einem Teil. Zweimal Klatschen bedeutet: Das Wort besteht aus zwei Teilen ect.
L: Die Teile des Wortes haben einen Namen!
Tafel: Die Teile heißen Silben.
Lehrer zeigt Wortkarten, Schüler lesen, klatschen, nennen die Anzahl der Silben, zerschneiden das Wort.
Lehrer klatscht Silben, Schüler finden dazu ein passendes Wort, überprüfen durch Klatschen.

4.4 Sprachanwendung

3. Teilziel: Festigen der Silbentrennung am neuen Wortmaterial
L: Ich kenne ein Lied, bei dem kannst du die Teile der Wörter, die einzelnen Silben, schon beim Singen ganz leicht hören!
Lehrer summt die ersten Töne vor.
S: Drei Chinesen mit dem Kontrabaß!
Silbenweises Singen und Sprechen: Schüler singen gemeinsam 1. Vers, klatschen dazu, sprechen den Vers und klatschen.
S: Es gibt in diesem Lied Wörter mit einer Silbe – da kann ich nur einmal klatschen . . .
Schüler sprechen langsam, deutlich, klatschen dazu.
Feststellen der Silben im Lied: Schüler konzentrieren sich auf einzelne Wörter (auch Wortkarten:) nennen den Buchstaben, nach dem sie trennen.
Trennen der Silben: Gemeinsam werden einige Beispiele zum 1. Arbeitsauftrag gemacht.
L: Klatsche zu den Wörtern und sprich leise dazu, dann weißt du, wo du die Silben trennen mußt!
Mache es so: Chinesen (Tafelanschrift)
Schüler nennen andere Wortbeispiele, bearbeiten für sich das Arbeitsblatt (s. u.). Den schwachen Schülern der Gruppe B/C hilft der Lehrer.
Partnerkontrolle
L: Wer fertig ist, schreibt die Anzahl der Silben mit Bleistift über die Wörter und trägt in die Tabelle ein.

Beispiel an der Tafel:

1 Silbe	2 Silben	3 Silben
drei	sa-ßen	Chi-ne-sen
....	....	....

Für schnelle Schüler:
Ungeordnete Wortauswahl an der Tafel:
Schule, Badehose, Blumenvase, Rudi, Vater, Fußboden, Schwimmbad, Kleider, Büchertasche, Teller, Gabel, Löffel, Messer, Mutter, lesen . . .
Schüler trennen die Wörter und tragen in die Spalten ein.
Aussprache über den Zweck der Übungen: . . . damit man beim Schreiben alleine richtig trennen kann, wenn ein Wort nicht mehr ganz auf die Zeile paßt und nicht immer die Lehrerin fragen muß . . . etc.
Arbeitsaufgaben auf dem Arbeitsblatt:

1. Zerteile die Wörter des Liedes mit grünen Strichen! Überprüfe durch Klatschen!
2. Schreibe die Wörter in die richtigen Spalten!
3. Finde noch mehr Wörter, die in die Spalten passen!

4.5 Weiterführung

– Silbenrätsel mit den Namen der Schüler (Namen stehen auf Wortkarten, welche zerschnitten, wieder zusammengesetzt werden (sprechen, klatschen, Anzahl der Silben, Angabe, nach welchem Buchstaben getrennt wird)
– Blumenrätsel/Tierrätsel:

Anleitung für ein -Rätsel
1. Aufgabe: Trenne die Wörter durch grüne Striche in Silben! Klatsche dazu!
Reh, Kamel, Meise, Regenwurm, Käfer, Hund, Affe, Hase, Krokodil
2. Aufgabe: Schreibe die Silben durcheinander in die Kästchen!

3. Aufgabe: Schneide die Kästchen aus! Dein Nachbar darf die Silben wieder zu Wörtern zusammensetzen!

Anleitung für ein -Rätsel
1. Aufgabe: Trenne die Wörter durch grüne Striche in Silben! Klatsche dazu!
Rose, Tulpe, Gänseblümchen, Veilchen, Klee, Nelke, Gras, Vergißmeinnicht
2. Aufgabe: Schreibe die Silben durcheinander in die Kästchen!

3. Aufgabe: Schneide die Kästchen aus! Dein Nachbar darf die Silben wieder zu Wörtern zusammensetzen!

Verfasserin: Ursula Hitz

Silvia Regelein

Auch was man nicht sehen kann, hat einen Namen

1. Didaktische Information

1.1 Lernvoraussetzungen

Die Kinder sollten sicher Namenwörter von anderen Wörtern unterscheiden können. Als Kriterien dabei können hilfreich sein:
– Mit Namenwörtern Bezeichnetes kann man sehen und »malen«.
– Vor Namenwörter kann man die Begleiter »der, die, das« setzen.
– Namenwörter schreibt man groß.

1.2 Sachverhalt

Die Bezeichnungen stofflich vorhandener und dem Menschen deshalb wahrnehmbarer Dinge werden als Konkreta eingeordnet. Umstritten ist die Einordnung von Gattungs- und Sammelnamen unter die Konkreta, da die Einordnung gleichgearteter Dinge oder Lebewesen bereits einen gewissen Grad an Abstraktionsfähigkeit verlangt.
Das Klassifizieren von Abstrakta ist für die Kinder nicht leicht, weil
– Abstraktionen von *Zuständen* (Hunger, Durst, Kälte, Wärme usw.) immer stofflich gebunden sind und sich deshalb auch »stofflich« auswirken können (so könnte z. B. »Hitze« durch die Darstellung eines schwitzenden Menschen veranschaulicht werden);
– *Emotionen* (Wut, Zorn, Freude, Glück usw.) sich in Mimik und Gestik eines Menschen äußern können;
– substantivierte Verben oder *von Verben abgeleitete Substantiva* (z. B. Schlag, Tritt) handelnd dargestellt und deshalb wahrgenommen werden können.
Neben diesen physisch oder psychisch wahrnehmbaren Zuständen oder Vorgängen sind weiterhin als Abstrakta einzuordnen: Maß- und Zeitbegriffe (Jahr, Tag, Monat; Liter, Gramm, Meter usw.) und Begriffe zur Bezeichnung von Immateriellem, wie z. B. Geist, Seele, Leben, Zeit u. ä.

2. Lernziele

2.1 Grobziel

Erkenntnis, daß auch Unsichtbares mit Namenwörtern bezeichnet werden kann

2.2 Feinziele

Die Schüler sollen
– durch Gegenüberstellung erkennen, daß mit Namenwörtern sowohl sichtbare Dinge als auch Unsichtbares bezeichnet werden;
– Konkreta und Abstrakta unterscheiden.

3. Lernhilfen

– Zur Demonstration: Tafelanschrift
– Wortkarten (und Hafties zum Befestigen)
– Für einen Teil der Kinder ein Arbeitsblatt

4. Unterrichtsverlauf

4.1 Sprachbegegnung

Der Lehrer liest den Kindern einen Text vor: (Gekürzte und veränderte Fassung des Texts »Wetten wir, Farmer?« von Sigrid Heuck, in: schwarz auf weiß, Primarstufe, Texte 2, Hannover 1974: Schroedel, S. 79)

Jim wollte von Beruf Cowboy werden. Er besaß zwar schon ein Lasso und eine Gitarre, aber noch kein Pferd. Das gefiel ihm gar nicht, denn alle anderen Cowboys protzten vor ihm mit ihren Pferden. Da kam ihm eines Tages ein Gedanke.
»Willst du mit mir wetten«, fragte er den Farmer, bei dem er gerade arbeitete, »daß ich es fertig bringe, mit einem einzigen Satz über dreißig nebeneinandergestellte Rinder zu springen?«
»Oho,« lachte der Farmer, »laß das lieber sein, Jim. Das geht schief. Das glaub ich nie im Leben, daß du das fertigbringst.«
Aber Jim bestand auf seinem Angebot.
»Nun gut«, meinte der Farmer, »wenn du unbedingt willst, wette ich mit. Du wirst dir zwar deine Hose dabei zerreißen, aber wir werden unseren Spaß haben. Um was soll's denn gehen?«
»Wenn ich gewinne, darf ich mir ein Pferd aus deiner Herde aussuchen. Gewinnst du, dann will ich ein Jahr lang ohne Lohn für dich arbeiten.« Der Farmer war einverstanden.
In den nächsten Tagen suchte Jim nach einem günstigen Platz für seinen Sprung und betrachtete genau alle in der Nähe stehenden Bäume. An einem Sonntag im Juli rief der Farmer seine Cowboys zusammen und erzählte ihnen von der Wette. »Was«, riefen die Cowboys, »der kleine Jim will über dreißig Rinder springen? Er sollte sich erst einmal eine Pistole kaufen und ordentlich schießen lernen!«
Der Farmer befahl ihnen, die dreißig Rinder zusammenzutreiben und im Schatten einer jungen Fichte aufzustellen.
»Es ist heiß heute«, sagte Jim, »die Sonne blendet.« Die Hitze am Mittag machte ihm zu schaffen. Er bekam großen Durst. Insgeheim hatte er Angst, aber er ließ sich seine Sorge nicht anmerken.
»Seht, den Kleinen blendet die Sonne«, spotteten die Cowboys. Aber Jim ließ sich nicht aus der Ruhe bringen. Er ging langsam um die Tiere herum und betrachtete sie genau. Er achtete darauf, daß die Reihe schnurgerade war.
»Platz da«, schrie der Farmer, »damit Jim einen Anlauf nehmen kann!«
»Ich brauche keinen Anlauf,« sagte Jim ganz ruhig, »ich springe aus dem Stand.«
»Wa-a-as!« Die Männer erstarrten vor Schreck. Die Reihe der Rinder war ein gewaltiges Hindernis. »Achtung«, rief Jim,

»jetzt geht es gleich los!« Er nahm sein Lasso, warf es blitzschnell über den Wipfel der Fichte und zog ihn mit einem kräftigen Ruck zu Boden. Weil aber ein Fichtenstamm immer kerzengerade zum Himmel schaut, schnellte er wieder zurück und riß Jim dabei in die Höhe. Jim flog zuerst ein Stück aufwärts, dann wieder abwärts und landete schließlich weit hinter den dreißig aufgestellten Rindern. Ja, er hätte leicht das Doppelte schaffen können.
Nur der Farmer freute sich nicht und er hatte eine große Wut, daß er auf die Wette eingegangen war. Aber das half ihm nichts. Ein Wort war ein Wort, auch im Wilden Westen.

Nach dem Vorlesen heftet der Lehrer Wortkarten an die Tafel:

Lasso	Jahr	Angst	Hose	Wette	Gedanke	Sorge

4.2 Sprachbesinnung

1. Teilziel: Identifizieren der Wortart
Stummer Impuls: Der Lehrer deutet auf die Wortkarten.
S: Das sind Namenwörter.
L: Wir können überprüfen, ob es wirklich Namenwörter sind.
S: Großer Anfangsbuchstabe, Begleiter davorsetzen ...
Lesen der Namenwörter mit Begleiter

2. Teilziel: Unterscheiden von Konkreta und Abstrakta
L: Einige Dinge, deren Namen auf den Wortkarten stehen, konnten die Zuschauer bei diesem Kunststück von Jim sehen. Male sie auf deinen Block!
Tätigkeitswechsel: Kinder zeichnen.
Aussprache: Was hast du gemalt?
Beim Nennen der Wörter »Hose« und »Lasso« werden die entsprechenden Wortkarten umgedreht, wobei auf der Rückseite die entsprechende Abbildung sichtbar wird.
L: Warum hat (fast) niemand die anderen Wörter gemalt?
S: Das geht nicht, schlecht ...
L: Überlege, warum?
S: Weil man das, was die Wörter meinen, nicht sehen, nicht anfassen kann, weil es unsichtbar ist.
Überprüfen, ob auf den anderen Karten auf der Rückseite eine Abbildung ist.

3. Teilziel: Ordnen der Substantiva nach zwei Kategorien
Sprechreihe: ... kann man sehen.
... kann man nicht sehen.
Dabei heften die Kinder die entsprechenden Karten in zwei Reihen an der Tafel an.
TA: sichtbar unsichtbar

4.3 Sprachanwendung

1. Stufe: Wortmaterial aus dem bekannten Kontext
In zwei Zimmerecken wird jeweils ein Kind mit der Karte »unsichtbar« bzw. »sichtbar« gestellt.
L: Ich habe noch mehr Karten mit Wörtern aus der Geschichte. Einige Kinder bekommen eine Karte. Lies dein Wort still durch und besprich mit deinem Nachbarn im Flüsterton, ob das Wort etwas Unsichtbares oder etwas Sichtbares bezeichnet. Stell dich dann in die richtige Ecke!
Verteilte Wortkarten (hier geordnet):
1. Gitarre, Pferd, Himmel, Cowboy, Pistole, Sonne, Farmer, Rind
2. Beruf, Angebot, Spaß, Tag, Nähe, Sonntag, Juli, Wette, Hitze, Durst, Ruhe, Schreck, Ruck, Höhe, Stück, Geschrei, Wort, Leben.
Zuerst stellen sich die Kinder mit den Konkreta vor der Klasse in einer Reihe auf. Die sitzenden Kinder überprüfen. Die Karten mit den Konkreta werden an der Tafel in die entsprechende Reihe geheftet. Kontrolle der Abstrakta analog. Dabei kann angesprochen werden: Die »unsichtbaren« Namenwörter bezeichnen, was man fühlt, denkt, aber auch Zeitangaben und »anderes« (eine weitere Kategorisierung wäre zu schwierig).

2. Stufe: Wortmaterial ohne Kontexthintergrund ordnen
Differenzierung
Die sprachlich weniger leistungsfähige Gruppe bearbeitet ein Arbeitsblatt mit den Wörtern von Stufe 1
Arbeitsblatt:

sichtbar		unsichtbar
	Wette ——→	(blau)
(rot) ←——	Lasso	
	Sorge	
	Angst	
	Hose	
	usw. vgl. Wörter bei 4.3/1. Stufe und 4.1	

Die sprachlich leistungsfähigere Gruppe schreibt die Wörter von der Tafel in zwei Spalten geordnet ab.
Tafel:

Blödsinn, Zeit, Uhr, Thermometer, Fieber, Kopfschmerzen, Zahnschmerzen, Aufregung, Urlaub, Meer, Limonade, Appetit, Tablette, Film, Arbeit, Einfall, Lied, Stunde, Ball, Krach, Stimme, Weihnachten, Arzt, Antwort, Boot, Echo, Duft, Hund, Gebell, Geduld, Geheimnis, Brief, Langeweile, Schere, Trost

(Tafelanschrift kann beliebig gekürzt oder erweitert werden.)
Kontrolle durch Vorlesen

3. Stufe: Ergänzen von Lückentexten
Die Sätze können entweder vorgesprochen oder auf einem Arbeitsblatt vorgegeben werden (Lösungen in Klammern):
1. Wer etwas Dummes anstellt, macht (Unsinn).
2. Wer unbedingt etwas wissen will, steckt voller (Neugier).
3. Eine Woche hat sechs Werktage und einen (Sonntag).
4. Wem etwas einfällt, hat eine (Idee).
5. Die Abkürzung von Zentimeter ist (cm).
6. Wenn es recht heiß ist, jammern alle: »So eine (Hitze)!«
7. Am Morgen beginnt der (Tag).
8. Wer blödelt, macht (Blödsinn).
9. Nach dem Nachmittag wird es (Abend).
10. Wer auf die anderen achtet, nimmt (Rücksicht).

Nach dem Aufschreiben der Lösungswörter schreiben die Kinder die Anfangsbuchstaben rot nach.

Verfasserin: Silvia Regelein

Ute Kolem

Einzahl und Mehrzahl

1. Didaktische Information

1.1 Lernvoraussetzungen

Die Schüler sollten die Begriffe
– Hauptwort (Substantiv, Namenwort, Nomen, etc.),
– Tätigkeitswort (Verb, Zeitwort, Tuwort, etc.),
– Satzgegenstand (Subjekt etc.) und
– Satzaussage (Prädikat) mit Inhalt füllen können.
Das bedeutet nun nicht, daß sie diese eindeutig erklären können sollen, aber daß sie bei diesen Ausdrücken wissen, um welche der im Satz befindlichen Wörter es sich handelt.

1.2 Sachstruktur

Im allgemeinen benutzen Kinder von einem bestimmten Alter an Einzahl und Mehrzahl von Substantiven unbewußt richtig. Sie haben sie in ihrer Form automatisiert, ohne sich dessen bewußt zu werden. In der vorliegenden Stunde sollen nun diese Automatisierungen zumindest zum Teil bewußt von den Schülern reflektiert werden, um ihnen in Zweifelsfällen eine Art Raster zur Bewältigung unklarer Fragen bezüglich dieser Thematik an die Hand zu geben.
Obgleich *Wilkinson* (1975, S, 35) feststellt: »Die Kenntnis der Grammatik ist in keiner bedeutenden Weise hilfreich bei der Korrektur falschen Sprachgebrauchs«, so hat sich doch das Üben und Einschleifen von Formen, die zuvor bewußt gemacht wurden, als nützlich erwiesen. Daß solche Übungen nicht überflüssig sind, ist bekannt. So stellte beispielsweise *Rickheit* (1978) fest, daß zum Teil ganz erhebliche Abweichungen von der grammatischen Norm bei den Schülern zu finden sind, wenn auch die Kommunikation und das Verstehen davon in keiner Weise beeinflußt werden. Seiner Ansicht nach spielen solche Fehler keine wesentliche Rolle, »da sie die zu übermittelnde Information nicht entscheidend verfälschen oder gar so verzerren, daß die intendierte Mitteilung des Schreibers vom Leser nicht entsprechend dekodiert werden könnte« (S. 86f.).
Bei der Pluralbildung ist jedoch nicht nur die richtige Form des jeweiligen Substantivs in der Mehrzahl ausschlaggebend; darüber hinaus ist auch die Form des Subjekts von Bedeutung.
Folgendes Beispiel soll dies verdeutlichen:
Ich und Peter sind weggelaufen.
In diesem Fall besteht das Subjekt aus zwei Teilen, erfordert somit ein Plural-Prädikat. Durch eine übergeneralisierte Regelanwendung gebrauchen aber vor allem jüngere Kinder bis hin zur zweiten, dritten Jahrgangsstufe in diesem Falle häufig die Wendung:
Ich und Peter *bin* weggelaufen.
Daraus wird ersichtlich, daß sie sich ausschließlich am ersten Teil des Subjekts, dem Pronomen ›ich‹, orientiert haben, und diesem dann folgerichtig das Prädikat ›bin‹ zugeordnet haben. Den zweiten, gleichberechtigten Teil des Subjekts haben sie dabei außer acht gelassen.

2. Lernziele

2.1 Grobziel

Die Schüler sollen Pluralformen und ihre Anwendung in einem Satz bewußt kennenlernen.

2.2 Feinziele

Die Schüler sollen
– die jeweils auf der Folie abgebildeten Zeichnungen erkennen und benennen;
– diesen Dingen ihre Pluralform zuordnen;
– feststellen, daß es sehr unterschiedliche Mehrzahlformen gibt;
– versuchen, diese unterschiedlichen Formen zu tabellarisieren;
– erkennen, daß sich trotzdem nur Hilfsregeln, aber keine letztendlich gültige Regel, zur Bildung der Mehrzahl von Wörtern ableiten lassen;
– bei der Satzbildung erkennen, daß sich auch das Prädikat mit der Anzahl der im Subjekt enthaltenen gleichberechtigten Wörter verändert;
– feststellen, daß dieses Subjekt auch aus mehreren Teilen bestehen kann.

2.3 Lernzielkontrollen

Die Arbeitsblätter sind so angelegt, daß sie gleichzeitig auch als Lernzielkontrollen genommen werden können.

3. Lernhilfen

Tageslichtprojektor – Folien – Arbeitsblätter

4. Unterrichtsverlauf

4.1 Einstig

1. Teilziel:
Der Lehrer präsentiert eine Folie mit Gegenständen in der Einzahl. Die Schüler nennen die Bezeichnungen, die dann von ihnen oder vom Lehrer unter dem Bild eingetragen werden.

4.2 Erarbeitung

2. Teilziel:
Der Lehrer fordert die Schüler auf zu überlegen, wie diese Dinge genannt werden, wenn davon viele vorhanden sind.

Gleichzeitig wird an dieser Stelle, sofern dies noch nicht geschehen ist, der Begriff Einzahl-Mehrzahl bzw. Singular-Plural eingeführt. Dies geschieht am einfachen Beispiel: eine Rose – viele . . .
Die Schüler sind dann in der Lage, den jeweils richtigen Begriff zu nennen.

3. Teilziel:
Bei der Frage, ob alle Pluralformen (d.h. die Endungen) gleich aussehen, werden die Schüler rasch bemerken, daß es im Gegenteil sehr viele verschiedene Formen gibt. Deshalb wird der Versuch unternommen, diese Wörter zu tabellarisieren. Die Schüler machen Vorschläge, welche Spalten dazu erforderlich sind.
Folgende Möglichkeiten bieten sich u. a. an:

a. Pluralmorphem -n:	Rose – Ros*en*
b. Pluralmorphem -en:	Tür – Tür*en*
c. Pluralmorphem -e:	Fisch – Fisch*e*
d. Pluralmorphem -e plus Umlaut:	Baum – *Bäume*
e. Pluralmorphem -er plus Umlaut:	Rad – *Räder*
f. Pluralmorphem -s:	Auto – Auto*s*
g. Pluralmorphem ∅:	Schüler – Schüler

und andere

Die Schüler werden dabei bemerken, daß ihnen eine solche Kategorisierung nicht hilft, weil sich keine oder nur sehr wenige Gemeinsamkeiten abzeichnen. Nicht alle Wörter, die am Ende ein -e im Singular haben, bilden den Plural nur durch Anhängen des -n, nicht alle Wörter mit einem Inlaut -au (Baum) benötigen den Umlaut bei der Pluralbildung (Taube – Tauben). Als Hilfe bleibt den Schülern von daher nur das Einschleifen (d.h. Lernen und Anwenden) von ungeläufigen Formen, so daß solche Formulierungen wie »viele Schülers« nicht mehr vorkommen.

4.3 Verarbeitung
4. Teilziel:
Die Schüler werden aufgefordert, mit dem ersten Wort einen Satz zu bilden. Dieser wird vom Lehrer an die Tafel geschrieben. Danach wird dieser Satz im Plural gebildet.
Beispiel: Eine Rose ist rot. Viele Rosen sind rot.
Anschließend schreibt der Lehrer etwa Folgendes an die Tafel: Diese Rose und zwei Tulpen . . .
Die Schüler sollen den Satz vollenden. Aus diesen und ähnlichen Beispielen leitet sich die Erkenntnis ab, daß das Subjekt sich auch aus mehreren Teilen zusammensetzen kann, und daß sich das Prädikat in seiner Form nicht nur nach dem ersten Teil dieses Subjekts, sondern nach der gesamten Form richten muß.

4.4 Anwendung/Lernzielkontrolle
5. Teilziel:
Die Schüler erhalten Arbeitsblatt 1 (s. nächste Spalte oben), auf dem sie die Abbildungen in der Einzahl und in der Mehrzahl benennen sollen. Zur Vermeidung von Rechtschreibfehlern sind in anderer Reihenfolge die Einzahlformen darunter aufgelistet. Dieses Arbeitsblatt wird verglichen und kann gleichzeitig als Lernzielkontrolle genommen werden:

Abb. 1

Auto – Rad – Wolke – Ring – Baum – Boot – Ball – Bild – Apfel – Tür – Fisch – Blatt – Besen – Kerze – Blume – Kind

Anschließend erhalten die Schüler das Arbeitsblatt 2, auf dem sie Sätze bilden sollen, bei denen nur das Subjekt vorgegeben ist. Dabei können sie sich ausdenken, was dieses Subjekt »tun« soll, d.h. sie sind in der Wahl des Prädikats frei. Für schnelle Schüler findet sich am Ende des Blattes noch eine Aufgabe, bei der die in der Einzahl vorhandenen Sätze in die Mehrzahl bzw. die in der Mehrzahl vorhandenen in die Einzahl gesetzt werden sollen:

Uta ______________________
Viele Hunde ______________________
Peter und Uli ______________________
Tante Karin ______________________
Unser Baby ______________________
Ina und ihre Freundin ______________________

Schreibe die Einzahl-Sätze in der Mehrzahl, schreibe die Mehrzahlsätze in der Einzahl in Dein Schreibheft!

1. Viele Kinder kauen Kaugummi.
2. Ein Hund kauft Hundefutter.
3. Die Katzen spielen mit der roten Wolle.
4. Der Weihnachtsbaum ist schön.
5. Die kleinen Mäuse tanzen auf dem Tisch.

Literatur bei der Verfasserin

Verfasserin: Dr. Ute Kolem

Deutsch
Blatt ______

Name ______
Datum ______

Einzahl und Mehrzahl

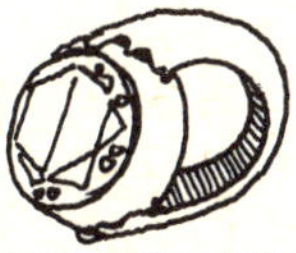  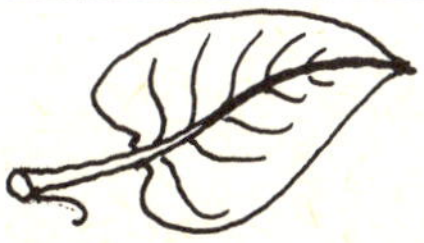 

   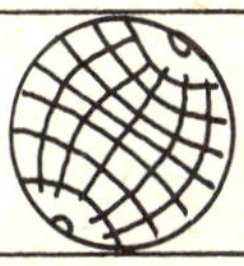

Renate Schuster

Zusammengesetzte Namenwörter

1. Didaktische Information

1.1 Voraussetzungen

Das Thema gehört in den Bereich der Sprachbetrachtung, ist aber eng verknüpft mit dem Rechtschreiben. Wer über den Aufbau zusammengesetzter Namenwörter Bescheid weiß, ist in der Lage, viele neue Wörter richtig zu schreiben. Die Wortart »Namenwort« müssen die Kinder schon vor dieser Unterrichtsstunde kennen. Ferner muß ihnen auch die Rechtschreibregel bekannt sein, daß Namenwörter groß geschrieben werden.

1.2 Sachverhalt

Unter Zusammensetzungen sind Wörter zu verstehen, die aus zwei (oder mehreren) selbständig vorkommenden Wörtern hervorgegangen sind. Das zweite Element der Zusammensetzung, Grundwort genannt, bestimmt die Wortart der Zusammensetzung, das erste Element ist das Bestimmungswort. Bei den zusammengesetzten Namenwörtern ist das Grundwort ein Substantiv und bestimmt Geschlecht und Numerus der Zusammensetzung. Das Bestimmungswort, mit dessen Hilfe das Grundwort genauer bezeichnet wird, kann ebenfalls ein Substantiv sein (z.B. Wasserball) oder ein Verb (z.B. Schreibtisch) oder ein Adjektiv bzw. ein Partizip (z.B. Buntspecht, Gebrauchtwagen). Im Rahmen dieser Unterrichtsstunde soll es sich aber durchwegs um zusammengesetzte Namenwörter handeln, die durch Aneinanderfügen zweier Namenwörter aufgebaut sind. Dabei kann das Bestimmungswort z.B. einem Genitivattribut (Der Pferdekopf ist der Kopf des Pferdes.), einem Präpositionalattribut (Die Streichholzschachtel ist eine Schachtel für Streichhölzer.) oder einer Umstandsangabe eines Relativsatzes (Eine Biene, die Honig sammelt, ist eine Honigbiene.) entsprechen. Die beiden Glieder der Zusammensetzung können entweder unmittelbar zusammengefügt sein (z.B. Regentropfen) oder zwischen den Gliedern können Fugenzeichen stehen (z.B. Fugen -e in Pferdekopf, die Silbe -en in Lampenschirm, das Fugen -s bei Zwillingspaar), wobei die Fugenzeichen nicht immer den in die Zusammensetzungen eingegangenen Flexionsendungen entsprechen.
Die Bildungsformen der zusammengesetzten Namenwörter spielen hier nur insofern eine Rolle, daß aus rechtschriftlichen Gründen für die Wortzusammensetzungen, die die Kinder selbst schriftlich bilden, hier nur solche Wörter ausgesucht wurden, die ohne Fugenzeichen zusammengefügt werden können und die den rechtschriftlichen Grundwortschatz der Kinder angehören. Es soll auch weiterführenden Stunden vorbehalten bleiben, noch genauer über den Sinn zusammengesetzter Namenwörter nachzudenken.

2. Lernziele

2.1 Grobziel

Die Schüler sollen erkennen, daß es Namenwörter gibt, die aus zwei Namenwörtern zusammengebaut sind.

2.2 Feinziele

Die Schüler sollen
- lustige falsch zusammengesetzte Namenwörter lustigen Bildern zuordnen können;
- erkennen, daß die Wörter falsch zusammengesetzt sind;
- fähig sein, die aneinandergefügten Namenwörter zu trennen und richtig zusammenzusetzen;
- den Begriff »zusammengesetztes Namenwort« kennenlernen;
- falsch zusammengesetzte Namenwörter schriftlich in die beiden Namenwörter trennen und daraus ein neues zusammengesetztes Namenwort aufbauen können.

2.3 Lernzielkontrollen

- Vergleich der Gruppenarbeit durch das Tafelbild
- Arbeitsblatt

3. Lernhilfen

- Tafelbild
- Wortstreifen für das Tafelbild
- je sechs Wortstreifen für jede Gruppe
- Arbeitsblatt

4. Unterrichtsverlauf

4.1 Hinführung

Tafelbild als stummer Impuls (s. Abb. auf der nächsten Seite oben)
Die Kinder äußern sich zu den lustigen Bildern.

4.2 Erarbeitung

1. Teilziel: Zuordnen falsch zusammengesetzter Namenwörter zu den Bildern
Der Lehrer hängt die Wortstreifen an die Tafel, die Kinder ordnen sie den lustigen Bildern zu und erklären dabei auch den »Sinn« dieser lustigen Wörter. (z.B. Das sind Kopflappen, weil der Mann die Lappen auf dem Kopf hat.)

Strumpfkopf	Pferdehose	Regenschachtel
Topfsprung	Streichholztropfen	Kopflappen

2. Teilziel: Erkennen, daß die Wörter falsch zusammengesetzt sind
L: Wer sich die Wörter genau anschaut, merkt vielleicht etwas.
Die Schüler stellen fest, daß die Wörter falsch zusammengesetzt sind. (An dieser Stelle ist es noch nicht nötig, auf die Wortartbezeichnungen einzugehen.)

3. Teilziel: Trennen falsch zusammengesetzter Namenwörter und richtiges Zusammenbauen
Immer sechs Kinder erhalten die sechs »lustigen« Wörter mit dem Auftrag, sie in *Gruppenarbeit* richtig zusammenzusetzen. Eine Gruppe darf die neugefundenen Wörter an die Tafel kleben und ihren Sinn erklären.

4. Teilziel: Kennenlernen des Begriffes »zusammengesetztes Namenwort«
Sollten sich die Kinder jetzt noch nicht spontan zu der Art der zusammengesetzten Wörter äußern, rahmt der Lehrer die Elemente der Zusammensetzungen farbig ein. Nach Diktat der Kinder werden die Bestandteile der zusammengesetzten Wörter an die Tafel geschrieben. Die Kinder erkennen, daß es sich um Namenwörter handelt. Sie versuchen, die neuen Wörter zu benennen. Der vorgeschriebene Ausdruck »zusammengesetztes Namenwort« wird an der Tafel festgehalten.
Dabei entsteht folgendes Tafelbild:

Zusammengesetztes Namenwort	Namenwort	Namenwort
Strumpf hose	Strumpf	Hose
Pferde kopf	Pferd	Kopf
Regen tropfen	Regen	Tropfen
Topf lappen	Topf	Lappen
Kopf sprung	Kopf	Sprung
Streichholz schachtel	Streichholz	Schachtel

4.3 Anwendung

5. Teilziel: Trennen unsinnig zusammengesetzter Namenwörter in zwei Namenwörter und richtiges Zusammensetzen zu einem sinnvollen Namenwort
Jedes Kind erhält ein Arbeitsblatt. An Hand der Beispiele wird die Arbeitsweise erklärt. Auf die Großschreibung der einzelnen Namenwörter und auf die Zusammenschreibung der zusammengesetzten Namenwörter wird noch einmal hingewiesen.

Lustig zusammengesetztes Namenwort	Namenwort	Namenwort	Richtig zusammengesetztes Namenwort
① Strumpfkopf	Strumpf	Kopf	Strumpfhose
Pferdehose	Pferd	Hose	Pferdekopf
② Regenschachtel	Regen	Schachtel	Regentropfen
Streichholztropfen	Streichholz	Tropfen	Streichholzschachtel
③ Topfsprung	Topf	Sprung	Topflappen
Kopflappen	Kopf	Lappen	Kopfsprung
④ Butterhaus			
Vogelbrot			
⑤ Bücherball			
Wassertasche			
⑥ Hausbaum			
Apfeltür			
⑦ Wandrad			
Autotafel			
⑧ Schrankzaun			
Gartenwand			
⑨ Schrankball			
Schneetür			
⑩ Tischbrot			
Wurstdecke			

Eine Kontrolle durch Vorlesen allein genügt nicht. Der Lehrer wird sich auch vergewissern müssen, daß die Kinder die damit verbundenen Rechtschreibregeln beachten.

4.4 Weiterführung

Die zusammengesetzten Namenwörter werden auch in anderen Bereichen des Deutschunterrichtes Beachtung finden. Kennt man das Aufbauprinzip dieser Wörter, können sie auch zu einer Steigerung der Lesefertigkeit beitragen. Im Rechtschreiben dienen sie einer Erweiterung des rechtschriftlichen Grundwortschatzes. Auch sollten sie zum Nachdenken über die Feinheiten der Sprache (z.B. Was ist der Unterschied zwischen »einer Flasche Bier« und »einer Bierflasche«?) und der Ökonomie der Sprache führen (»Honigbiene« statt »eine Biene, die Honig sammelt«).

Literatur

Pregel, D.: Lesen heute. Hannover 1971: Schroedel

Verfasserin: Renate Schuster

Renate Schuster

Dornröschen erwacht

– Übung im Erkennen von Tunwörtern

1. Didaktische Information

Wenn das Kind in die Schule eintritt, verfügt es innerhalb seines Wortschatzes und seines Satzbaues natürlich auch über die Verben in ihren verschiedenen Gruppen und Konjugationen mit Ausnahme schwierigerer Formen. Dieser naive Sprachgebrauch wird zunehmend zum Gegenstand unterrichtlicher Betrachtung. Innerhalb des 2. Jahrganges sollen die Kinder erkennen, daß Tunwörter sagen, was Menschen, Tiere, Pflanzen und Dinge tun oder was mit ihnen geschieht. Eine Szene aus Grimms Märchen »Dornröschen« soll in leicht geänderter Fassung dieser Unterrichtsstunde als Ausgangstext dienen. Tunwörter erzählen hier, was Menschen, Tiere und Dinge auf dem Schloß »tun«, nachdem der Prinz Dornröschen wachgeküßt hat.
Von der Bedeutung her lassen sich die Verben in Tätigkeitsverben, Vorgangsverben und Zustandsverben einteilen. Bei den Tätigkeitsverben, die den Hauptteil der Verben bilden, wird beim Subjekt ein Tätigsein vorausgesetzt (z. B. schreien, springen), während mit den Vorgangsverben ein Prozeß oder ein Vorgang bezeichnet wird, den das Subjekt an sich selbst erfährt (z. B. blühen), und die Zustandsverben einen Zustand, ein Sein, eine Ruhelage bezeichnen (z. B. stehen). Es kommt bisweilen vor, daß sich Schüler im Zusammenhang mit Vorgangs- oder Zustandsverben an dem Begriff des Tunworts stoßen. Bei diesem Märchentext aber kommt das Tun, auch das Tun der Dinge, anschaulich zum Ausdruck.
Unterschiedlich sind die Verben auch in ihrer Verbindung mit Wörtern im Satze. Manche Verben stehen im Satz ohne Ergänzung (Dornröschen erwachte), andere mit einer (... rupfte das Huhn) oder auch zwei Ergänzungen (... gab dem Jungen eine Ohrfeige). Erfahrungsgemäß erkennen die Schüler solche Verben, die im Satz unbedingt einer Ergänzung bedürfen, erst mit der erforderlichen Ergänzung zusammen als Tunwort an.
Diese Unterrichtsstunde soll bereits Erarbeitetes ins Gedächtnis zurückrufen, üben und vertiefen. Der Begriff »Tunwort« und das Wissen um die Leistung des Tunwortes im obengenannten Sinn wird deshalb vorausgesetzt.

2. Lernziele

2.1 Grobziel
Die Schüler sollen in einem Ausgangstext die Tunwörter erkennen können.

2.2 Feinziele
Die Schüler sollen
- die Menschen, Tiere und Dinge entsprechend den im Ausgangstext genannten Tätigkeiten darstellen bzw. die dargestellten Menschen, Tiere und Dinge auf Grund ihrer Tätigkeiten erraten können;
- aus dem Ausgangstext diejenigen Wörter heraussuchen, die ihnen sagen, was die Menschen, Tiere und Dinge tun;
- den Begriff »Tunwort« mit eigenen Worten erklären können;
- erkennen, daß manche Tunwörter eine Ergänzung brauchen;
- die Begriffe »Namenwort« und »Tunwort« den im Spiel vorkommenden Mitspielern und den dargestellten Tätigkeiten zuordnen können.

2.3 Lernzielkontrollen
- Darstellung der Tunwörter im Spiel
- Heraussuchen der Tunwörter aus dem Ausgangstext in Gruppenarbeit

3. Lernhilfen

- Ausgangstext an der Tafel
- Wortkarten für die Darsteller im Spiel
- Übersicht an der Tafel

4. Unterrichtsverlauf

4.1 Hinführung
Ausgangstext an der Tafel:

> Der Königssohn bückte sich und gab ______ einen Kuß. Da schlug es die Augen auf, erwachte und blickte ihn ganz freundlich an. Der König und die Königin erwachten und sahen einander an. Und die Pferde im Hof standen auf und rüttelten sich, die Jagdhunde sprangen und wedelten, die Tauben auf dem Dach zogen das Köpfchen unter dem Flügel hervor, sahen umher und flogen ins Feld, die Fliegen an den Wänden krochen weiter, das Feuer in der Küche erhob sich, flackerte und kochte das Essen, der Braten brutzelte, und der Koch gab dem Jungen eine Ohrfeige, daß er schrie, und die Magd rupfte das Huhn fertig.

Die Schüler lesen still für sich den Text und stellen spontan fest, daß es sich um eine Szene aus »Dornröschen« handelt. Der Name »Dornröschen« wird eingesetzt.

4.2 Vorbereitung des Spieles
L: Wir wollen diese Szene aus »Dornröschen« spielen. Wer eine Rolle erhält, darf aber nur das spielen, was an der Tafel steht. Wer Zuschauer ist, soll herausbekommen, wen die an-

deren darstellen, und die Schüler sollen auch angeben, woran sie es erkannt haben.
Dornröschen wird bestimmt, die anderen Kinder erhalten eine Wortkarte, die ihnen die Person (das Tier, das Ding) nennt, die sie darstellen dürfen. Die Rolle des »Feuers« und des »Bratens« verlangt etwas Phantasie und schauspielerisches Talent. Dies sollte bei der Auswahl der Kinder entsprechend berücksichtigt werden.
Die Schüler stellen sich vor der Klasse auf, wobei der Lehrer darauf achtet, daß Dornröschen und der Prinz, König und Königin und Koch und Küchenjunge nebeneinander zu stehen kommen. Nun wird der Ausgangstext noch zweimal laut gelesen, damit jedes Kind weiß, was es spielen darf.

4.3 Erarbeitung
1. Teilziel: Erraten der in der Pantomime dargestellten Tätigkeiten bzw. Tunwörter
Auf ein Zeichen des Lehrers hin spielen die Schüler pantomimisch die Szene, und die »Zuschauer« erraten, was die Mitspieler darstellen wollen, und erzählen, woran sie es erkannt haben. Wird die Rolle eines Spielers erraten, beendet der betreffende Schüler seine Pantomime, und seine Wortkarte wird zur Kontrolle, zur Vorbereitung der Gruppenarbeit und der späteren Tafelanschrift an die Tafel geheftet.

2. Teilziel: Wiederholung des Begriffes »Tunwort«
L: Die Mitspieler haben immer ganz bestimmte Wörter unserer Geschichte gespielt, an denen ihr sie erkennen konntet. Vielleicht könnt ihr mir das Wort sagen, das man bei der Magd wissen mußte.
Die Schüler nennen das Wort »rupfte«, und der Lehrer unterstreicht es an der Tafel.
L: Vielleicht fällt dir jetzt auch wieder ein, daß wir uns solche Wörter schon einmal genauer angeschaut haben. Die Kinder nennen den Begriff »Tunwort« und erklären ihn noch einmal. Das Ergebnis wird als Überschrift an der Tafel über dem Ausgangstext festgehalten:

Tunwörter sagen uns, was Menschen, Tiere und Dinge tun.

3. Teilziel: Heraussuchen der Tunwörter aus dem Ausgangstext
Der Lehrer teilt die Klasse in Vierergruppen auf. Die Gruppen erhalten den Auftrag, für jede Rolle das entsprechende Tunwort oder die entsprechenden Tunwörter herauszusuchen. Ein Schreiber hält in der Gruppe die gefundenen Wörter fest. Um die Arbeit zu erleichtern, werden die an der Tafel festgehaltenen Rollen mit Nummern versehen, so daß nur noch die betreffende Nummer und das jeweilige Tunwort notiert werden müssen. Das schon gefundene Wort »rupfte« wird als Beispiel zur Erklärung der Arbeitsweise hergenommen.

4.4 Kontrolle der Ergebnisse
Nach einer angemessenen Zeit kann die Arbeit abgebrochen werden, auch wenn noch nicht alle Gruppen jedes Tunwort gefunden haben. Die gesuchten Wörter werden an die Tafel geschrieben. Die Schüler werden feststellen, daß bei manchen Tunwörtern etwas fehlt. Die notwendigen Ergänzungen können u. U. in Klammern angemerkt werden.
Dabei entsteht folgende Tafelanschrift:

1 Königssohn	bückte sich
	gab (einen Kuß)
2 Dornröschen	schlug auf (die Augen)
	erwachte
	blickte an
3 König	erwachten
Königin	sahen einander an
4 Pferde	standen auf
	rüttelten sich
5 Jagdhunde	sprangen
	wedelten
6 Tauben	zogen hervor (das Köpfchen)
	sahen umher
7 Fliegen	krochen weiter
8 Feuer	erhob sich
	flackerte
9 Braten	brutzelte
10 Koch	gab (eine Ohrfeige)
11 Küchenjunge	schrie
12 Magd	rupfte

4. Teilziel: Wiederholung der Begriffe »Namenwort« und »Tunwort«
L: Wir könnten für diese beiden Spalten auch Überschriften finden.
Die Tafelanschrift wird entsprechend ergänzt:

Wer spielt mit?	Was spielen sie?
Namenwörter	Tunwörter

4.5 Anwendung
– Falls noch Zeit ist, erhalten die Kinder die Aufgabe, aus je einem Namenwort und einem Tunwort, die an der Tafel gesammelt wurden, einen Satz zu bilden, ins Heft zu schreiben und dabei die Tunwörter zu unterstreichen. (z. B. Der Königssohn *bückte sich* und *gab* Dornröschen einen Kuß.)
– Ebenso wäre es möglich, die Szene des Märchens auszuweiten und die etwas schwierigere Aufgabe zu stellen, mit Hilfe von drei Wörtertafeln weitere Sätze zum Märchen »Dornröschen« zu finden.

Dornröschen	feiern	vergnügt bis an ihr Ende
Königssohn	sich stechen	mit einem bösen Spruch
die zwölf guten Feen	schlafen	Dornröschen
die dreizehnte Fee	leben	das Hochzeitsfest
die Hecke	beschenken	mit der Spindel
	rächen	100 Jahre lang
	wachsen	

Auch dabei sollten die Tunwörter unterstrichen werden.

Literatur
Seidl, E.: Unsere Welt in unserer Sprache. Sprachlehre und Rechtschreiben im 2. Schuljahr.
München: Bayerischer Schulbuch-Verlag
Der große Duden, Bd. 4: Grammatik. Mannheim: Bibliographisches Institut

Verfasserin: Renate Schuster

Bärbel Weinhold

Spielregeln befehlen uns etwas

1. Didaktische Information

1.1 Sachverhalt

Nach Duden werden die Sätze »nach der Art der Stellungnahme des Sprechenden zu einer besonderen Wirklichkeit unterschieden«. Liegt der Sprachäußerung die Intention der Information des Adressaten (z. B. über eine Sache, über Gefühle usw.) zugrunde, dient hierzu in der grammatikalischen Reinform der Aussage- oder Erzählsatz. Soll der Adressat zur Informationsäußerung veranlaßt werden, geschieht dies über einen Fragesatz. Der Befehlsatz – als Inhalt dieser Unterrichtseinheit – erscheint dabei als eine Unterform der Aufforderungssätze, die die »Erwartung auf Erfüllung oder Vollzug ausdrücken«. Es kann sich bei dieser Kategorisierung allerdings nur um eine Typisierung von Grundformen handeln, denn sprachlicher Kontext, Intonation, non-verbale Sprachäußerungen wie Mimik, Gestik usw. tragen einen wesentlichen Teil der Intention.

Der Befehlsatz kann – wie jede Sprachäußerung – nie losgelöst von der zugehörigen Kommunikationssituation gesehen und analysiert werden, denn sprachliches Handeln ist immer nur aus dem kommunikativ-sozialen Kontext verständlich. Für die befehlende Sprachform ist ein hierarchisch strukturiertes Sozialfeld einer Über- bzw. Unterordnung typisch; d.h. ein ›Mächtiger‹ kann einem ›Untergebenen‹ den Vollzug einer Handlung vorschreiben (z. B. Feldwebel – Rekrut, Eltern – Kind, Lehrer – Schüler). Zur Erarbeitung der Funktion des Befehlsatzes bieten diese Situationen m. E. allerdings wenig Motivation, weshalb besser Spielregeln wegen ihrer psychischen Nähe zum Schüler als sachliche Grundlage, die diese Sprachform ebenfalls zwingend erfordert, verwendet werden. Daß diese Kommunikationsform von den oben geschilderten typischen Befehlssituationen abweicht, da die hierarchische Struktur fehlt und zum weiteren der Sprecher bzw. Sender der befehlenden Sprachäußerung in der Kommunikation selbst nicht erkennbar ist, ist für die Erarbeitung in dieser Altersstufe unerheblich. Die Hauptintention der Deutschstunde liegt auf der Analyse der Redeabsicht. Darüber hinaus soll noch dargestellt werden, daß diese Redeabsicht durch ein entsprechendes Satzzeichen (›Ausrufezeichen‹) verdeutlicht werden kann.

Das Bewußtmachen und die zeichnerische Darstellung der Klanggestalt eines Befehlsatzes wird in dieser Stunde ausgeklammert. Unbewußt internalisiert der Schüler bereits durch häufiges Sprechen und Hören der Befehlsätze deren Klanggestalt. Ferner schreibt der »Duden« zum Problem der Klanggestalt von Sätzen: »Eine Grammatik der Klanggestalt des Deutschen kann es freilich nicht geben. In der lebendigen Rede verbinden sich unauflöslich die Wirkungen verschiedener Gestaltungskräfte, die die grammatischen Grundformen immer wieder überspielen«.

In den folgenden Stunden sollte der Befehlsatz unbedingt noch von der Form des Ausrufesatzes abgehoben werden.

1.2 Lernvoraussetzungen

Die Schüler sollten durch die Themen
– Kriterien für einen sinnvollen Satz (Sinneinheit der Sätze)
– Der Erzählsatz (Redeabsicht und Satzzeichen)
– Der Fragesatz (Redeabsicht und Satzzeichen)
bereits in die Analyse sprachlicher Baugesetze und damit in Sprachreflexionen eingeführt worden sein. Darauf aufbauend soll dem Schüler in dieser Stunde die Sprachform des Befehlsatzes, mit der er schon längst umgeht, bewußt gemacht, sowie durch gezielte Sprachübungen das Sprachgefühl gesichert und verfeinert werden. Intention dabei ist, daß der Schüler nach und nach Abstand von Spracherscheinungen gewinnt, selbst Gesetzmäßigkeiten entdeckt und die Leistungen einzelner Elemente erkennt. Damit gewinnt er auch sehr viel im Hinblick auf seinen eigenen Sprachgebrauch, weil er mehr und mehr Sprache kritisch betrachten und situationsadäquat anwenden lernt.

2. Lernziele

2.1 Grobziel

Erkenntnis, daß eine kommunikative Situation mit appellativem Sinnbezug auf den Hörer ein situationsadäquates Sprachverhalten verlangt

2.2 Feinziele

Die Schüler sollen
– die Spielregel als Beispiel einer kommunikativen Situation mit appellativem Sinnbezug kennen;
– das Ausrufezeichen als äußeres Merkmal einer befehlenden Sprachäußerung erkennen;
– appellatives Sprachverhalten im Transfer auf eine weitere Kommunikationssituation realisieren können.

3. Lernhilfen

OHP – Folie (mit Spielfeld) – Spielsteine – Würfel – Folie (mit Spielregeln) – Spielfelder (auf Karton) mit Würfeln und Steinen – Arbeitsblätter

4. Unterrichtsverlauf

4.1 Hinführung

Lehrer bittet vier vorbereitete Schüler zu sich an den OHP.
L: Diese Kinder spielen dir etwas vor. Paß gut auf!

Zwei Schüler spielen auf Folie (Spielfeld), die beiden anderen würfeln für die Spieler.

Spielfeld:

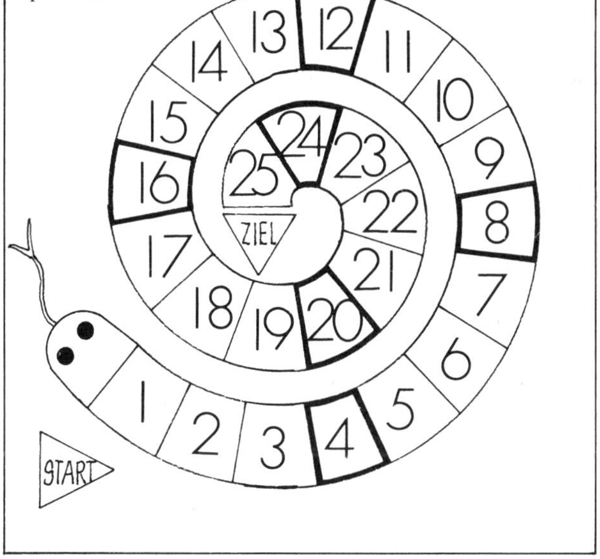

Anm.: Die Spieler halten sich bereits an gegebene Regeln, sprechen diese aber nicht aus, sondern zeigen sich nur erfreut (z. B. Prima!) oder unmutig (z. B. O je!).

L: Das ist ein schönes Spiel! Das könnten wir gleich miteinander spielen!

S: Wir kennen ja die Spielregeln nicht!

4.2 Sprachbegegnung

L: Ich gebe dir ein Blatt mit Spielregeln. Vielleicht können wir damit spielen! Lies zweimal durch! Wir lesen gemeinsam.

④ Rücke um 2 Kästchen vor!
⑧ Du darfst beim Würfeln einmal aussetzen.
⑫ Springe mit deinem Stein über 3 Kästchen!
⑯ Du kannst nach ⑬ zurückgehen.
⑳ Würfle noch einmal!
㉔ Du darfst 6 Kästchen zurückgehen.

Schüleräußerungen

4.3 Sprachbetrachtung

1. Teilziel: Herausarbeiten der Redeabsicht

L: Ist dir etwas aufgefallen? Können wir mit diesen Regeln spielen?

Wenn keine Reaktion:

L: Ich werde es auch mit dem XY einmal vorspielen.

Anm.: Lehrer hält beim Spielen die Regel ›Du darfst . . .‹ nicht ein. Auf die Frage ›Warum?‹ sagt Lehrer: Da steht doch ›Du darfst . . .‹.

S: Wir können diese Sätze als Spielregeln nicht gebrauchen. Das braucht man nicht zu machen, es heißt ja: Du kannst, du darfst. Da rückt ja keiner zurück!

L: Also nimm deinen Rotstift und streiche die Sätze heraus, die keine ›richtigen‹ Spielregeln sind!

Schüler streichen auf dem Arbeitsblatt aus; Lehrer hilft bei Gruppe C.

L: Wir lesen die drei Sätze, die übrigbleiben.

Lehrer legt Folie mit den drei richtigen Spielregeln auf, Schüler kontrollieren auf dem Arbeitsblatt.

L: Warum sind nun diese drei Sätze richtige Spielregeln? Was sagen dir diese Sätze?

S: Sie sagen, ich *muß* das tun, Sie befehlen mir etwas. Begriff: Befehlsätze

2. Teilziel: Verdeutlichung der Zeichensetzung

L: Schauen wir uns diese Sätze noch genauer an! Sie haben etwas gemeinsam.

S: Am Ende des Satzes steht ein Ausrufezeichen.

L: Wir malen das Zeichen ganz groß in die Luft und sagen dazu seinen Namen.

Nachfahren des Zeichens auf der Folie (mit Nachsprechen der Sätze und Nachahmen des Zeichens), auf dem Arbeitsblatt

– *Zusammenfassung:*

L: Du hast heute von besonderen Sätzen gehört. Erzähle mir!

4.4 Sprachanwendung

L: Jede Gruppe bekommt jetzt von mir ein Spielfeld. (s. Abb. 1) Dazu haben wir bereits drei richtige Spielregeln. Die anderen wandelst du um in richtige Befehlsätze. Besprecht euch zuerst! Dann schreibt jeder für sich (auf Arbeitsblatt bzw. auf Block)!

– *Kontrolle:*

L: Jetzt bekommst du noch Steine und Würfel. Wenn du bei einem roten Feld angelangt bist, sprich deinen Befehl laut vor! Achte darauf, daß alle ihre Spielregeln befolgen! Lehrer spielt mit Gruppe C.

4.5 Transfer

Die Schüler erhalten differenzierte Arbeitsblätter (kopierfähige Arbeitsvorlage)

Gruppe A: Du siehst Kinder am Pausehof. Einige verhalten sich falsch. Kreise diese Kinder ein und gib ihnen Befehle! Schreibe auf den Block!

Gruppe B: Auch auf deinem Arbeitsblatt verhalten sich Kinder im Pausehof falsch. Kreise ein! Gib ihnen Befehle! Die halben Sätze helfen dir.

Zusammensetzen von vorgegebenen Befehlsätzen auf dem Block

Folie für Gruppe B:

Wirf dein Papier – Jage anderen Kindern – Wirf nicht – Spritze nicht – Raufe	– nicht! – nicht weg! – nicht hinterher! – mit Wasser! – mit Steinen!

Gruppe C: Auf den einzelnen Bildern siehst du Kinder, die etwas falsch machen. Darunter stehen viele Befehlsätze. Schreibe die richtigen Sätze zu den passenden Bildern auf deinen Block!

Verfasserin: Bärbel Weinhold

Deutsch	**Name** ______________________
Blatt ________	**Datum** ______________________

Im Pausehof

Wir schreiben Befehlssätze:

Gruppe A/B:

Gib den Kindern, die sich im Pausenhof falsch verhalten, Befehle!

Gruppe C:

Gib diesen Kindern Befehle! Suche hier aus und ordne zu!

1. Spritze nicht mit Wasser!
2. Raufe nicht!
3. Wirf dein Papier nicht weg!
4. Jage anderen Kindern nicht hinterher!
5. Wirf nicht mit Steinen!

Siegrun von Kalben

Susi wünscht sich Rollschuhe

1. Didaktische Information

Der Unterricht im mündlichen Sprachgebrauch soll die Schüler befähigen, Kommunikationssituationen zu bewältigen.
»Einen Wunsch äußern« ist eine Kommunikationssituation, zu deren Bewältigung der Schüler nicht nur über die erforderlichen Redemittel (Redewendungen wie: Ich bitte . . . Ich hätte gern . . . Ich wünsche mir so sehr . . .) verfügen muß. Es ist auch wichtig, daß er paralinguistische (Tonfall, Tonhöhe) und außerverbale (Mimik, Gestik) Bedeutungsträger richtig einsetzt. Der Schüler muß außerdem geeignete Situationen für die Äußerung seines Wunsches erkennen und sich in die Rolle seines Geprächspartners versetzen, um Gegenargumente vorwegnehmen und entkräftigen zu können.
Am Thema »Susi wünscht sich Rollschuhe« wird die Äußerung eines Wunsches im Rollenspiel geübt. Die Übertragung in den »Ernstfall« kann bei alltäglichen Gelegenheiten des Schullebens erfolgen (z. B. den Hausmeister um die Reperatur des Kasperltheaters bitten . . .).

2. Lernziele

2.1 Grobziel
Die Schüler sollen einen Wunsch äußern können.

2.2 Feinziele
Die Schüler sollen
- geeignete Redemittel finden, um einen Wunsch zu äußern (z. B. »Ich wünsche mir . . .«, »Ich bitte um . . .«, »Ich hätte gern . . «);
- beim Äußern eines Wunsches auf geeignete Stimmführung achten (bittend, schmeichelnd, statt fordernd oder ärgerlich);
- aus einem Angebot bildlich dargestellter Situationen diejenige herausfinden, die zur Äußerung eines Wunsches am besten geeignet ist (z. B. wenn der Gesprächspartner Zeit und gute Laune hat);
- sich in die Lage des Gesprächspartners versetzen können und Gegenargumente vorwegnehmen können (z. B. Rollschuhe sind zu teuer, sie sind zu gefährlich . . .);
- Lösungsvorschläge anbieten können (z. B. einen Teil der Kosten vom Taschengeld zahlen, Rollschuhe zum Geburtstag wünschen . . .);
- das Gelernte auf eine andere Situation übertragen können (Gruppe A: Peter wünscht sich ein Aquarium);
- vor allem wenn sie zu Hause im Dialekt sprechen, einen Wunsch im Dialekt äußern können und erkennen, daß auch ihr Dialekt geeignete Mittel für die Äußerung von Wünschen besitzt.

2.3 Lernzielkontrollen
Die Transferphase beinhaltet gleichzeitig Aspekte einer Lernzielkontrolle.

3. Lernhilfen

- Für die Tafel: Bild Susi, Bild Mutter
- Für die Partnerarbeit Arbeitsblatt (Abb. 1)
- Für Gruppe A Arbeitsblatt mit Arbeitsanweisung
- Cassettenrecorder mit bespielter Cassette: Der Satz »Mutti, ich wünsche mir so sehr ein paar Rollschuhe« wird einmal ärgerlich, einmal ohne Betonung und einmal bittend gesprochen.
- Evtl. Folie mit geeigneten und ungeeigneten Redemitteln (Ich wünsche mir . . . Bitte kauf mir doch . . . Nun kauf mir aber endlich . . .).

4. Unterrichtsverlauf

4.1 Hinführung
Der Lehrer heftet das Bild eines Mädchens an die Tafel. Er schreibt den Namen »Susi« darunter. Die Schüler äußern sich dazu »Das Mädchen heißt Susi . . . es sieht traurig aus . . . Vielleicht ist es traurig, weil . . .« Die Kinder nennen Gründe, warum Susi traurig sein könnte.

4.2 Problemstellung
L: Susi hat den ganzen Nachmittag ihrer Freundin Moni beim Rollschuhlaufen zugeschaut. Zweimal hat Moni ihr auch die Rollschuhe geborgt. Nun weiß Susi, daß ihr das Rollschuhfahren Spaß macht. Du kannst dir nun denken, warum Susi traurig ist.
Gesprächsergebnis: Susi ist traurig, weil sie selbst keine Rollschuhe hat. Sie könnte sich aber von ihrer Mutti Rollschuhe wünschen.
Tafelanschrift: Susi wünscht sich Rollschuhe.

4.3 Problemlösung
1. Teilziel: Angemessene Redemittel finden
L: Du darfst uns Susi vorspielen. Überleg, was du zur Mutti sagen würdest!
Mehrere Kinder spielen Susi vor. Der Lehrer notiert an der Tafel angemessene Formulierungen (Ich wünsche mir . . . Ich hätte gern . . .). Sollten die Schüler beim Vorspielen nur immer die gleichen Redewendungen aufgreifen, kann der Lehrer eine Folie mit passenden und unpassenden (Willst du mir nicht endlich . . .) Redewendungen auflegen.

2. Teilziel: Beachtung der Stimmführung
L: Wir wollen Susi nun belauschen. Sie bittet dreimal um Rollschuhe. Schreibe auf, wann sie es am besten macht!
Der Lehrer spielt auf der Cassette drei Äußerungen vor. Die Schüler notieren die Nummer der besten Äußerung auf dem Block. Sie begründen anschließend ihre Meinung.
L: Du darfst nun noch einmal Susi vorspielen. Achte auf deine Stimme!
Die Schüler führen den Arbeitsauftrag aus und beurteilen sich gegenseitig.

3. Teilziel: Eine geeignete Situation erkennen
L: Susi weiß nun, wie sie der Mutter ihren Wunsch sagen soll. Sie wartet nur noch auf eine geeignete Gelegenheit. Hilf du ihr dabei!
Der Lehrer teilt Arbeitsblätter für Partnerarbeit aus:

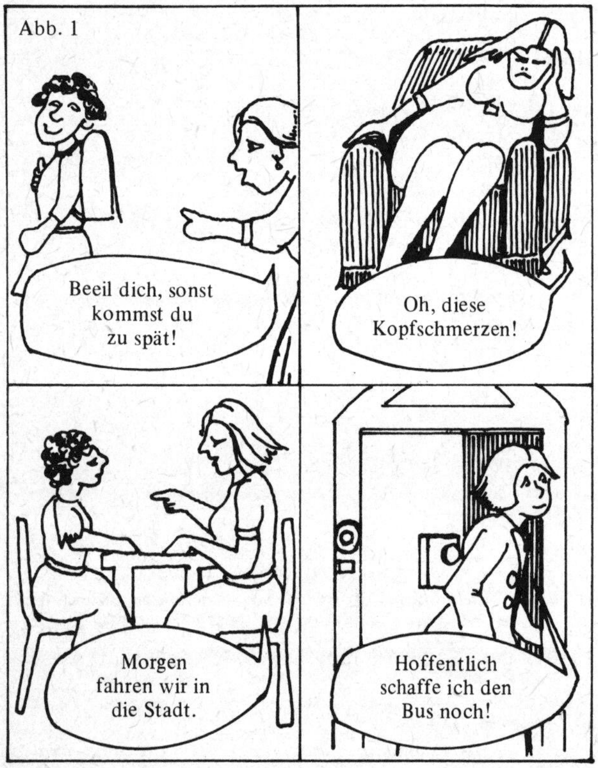

Die Schüler betrachten die Bilder und überlegen, bei welcher Gelegenheit Susi ihren Wunsch äußern soll. Das Bild, das die günstigste Gelegenheit zeigt, darf ausgemalt werden.
Das Ergebnis der Partnerarbeit wird besprochen. Die Kinder begründen ihre Meinung. Bild 3 wird an die Tafel geheftet.

4. Teilziel: Gegenargumente vorwegnehmen und Lösungen vorschlagen
L: Susi hat alles bedacht. Trotzdem sagt Mutter »Nein«. Welche Gründe könnte sie wohl dafür haben?
Die Kinder nennen verschiedene Gründe: Rollschuhe sind zu teuer . . . zu gefährlich . . . Susi hat während der Woche zu wenig Zeit zum Rollschuhfahren . . .
Der Lehrer notiert Stichpunkte an der Tafel.
L: Susi überlegt, was sie darauf antworten kann! Du sollst ihr dabei helfen.
Die Schüler arbeiten in Gruppen zusammen. Jede Gruppe erhält eine andere Aufgabe (z.B. Gruppe 1: Mutti sagt, Rollschuhe sind zu teuer. Welchen Vorschlag kann Susi machen?)
Jeweils zwei Schüler aus einer Gruppe (Susi und Mutter) spielen vor. Die Ergebnisse werden an der Tafel notiert:

4.4 Übertragung
Je nach vorhandener Zeit erfolgt die Übertragung in dieser oder in einer nachfolgenden Stunde.
– *Übertragung auf eine andere Situation:*
Die Schüler der Gruppe A erhalten dazu ein Informationsblatt. Sie sollen zu der neuen Situation selbständig eine Lösung suchen.
Klaus wünscht sich vom Vater ein Aquarium.
Vater sagt: Nein! Ein Aquarium macht zu viel Arbeit!
Was könnte Klaus antworten?
Spiele vor!
– *Übertragung in den Dialekt:*
Wenn in der Klasse sehr viele Schüler sind, die zu Hause vorwiegend Dialekt sprechen, so könnte die Situation »Ich wünsche mir ein paar Rollschuhe« im Dialekt durchgespielt werden. Die Schüler erfahren dabei, daß auch ihr Dialekt geeignete Mittel besitzt, um einen Wunsch zu äußern, daß man auch hier auf richtige Stimmführung und geeignete Redemittel achten muß.

4.5 Weiterführung
Das Gelernte soll auch im täglichen Umgang (Schüler – Lehrer, Schüler – Schüler) Anwendung finden: Wünsche und Bitten werden höflich geäußert – geeignete Redemittel, richtige Stimmführung, passende Situation. Bei Ablehnung eines Wunsches soll versucht werden, die Gründe des Partners zu verstehen und Lösungsvorschläge zu bringen.

Verfasserin: Siegrun von Kalben

Siegwart Berthold – Cornelia Beutler – Hildegard Böller

Telefonieren in Notfällen

1. Didaktische Information

1.1 Der vorgeschlagene Unterricht dient der handlungsorientierten Förderung der mündlichen Kommunikationsfähigkeit der Schüler am Beispiel von telefonischer Kommunikation mit öffentlichen Institutionen, hier Feuerwehr, Polizei und Notarzt. Es ist günstig, wenn im vorangegangenen Unterricht schon Telefonate, etwa mit Freunden, vorgekommen und in Rollenspielen dargestellt worden sind.

1.2 Allgemeindidaktisch sollen die Eigeninitiative und das Selbstwertgefühl der Schüler durch das Bewußtsein gesteigert werden, in Notfällen wirksam helfen zu können. Außerdem sollen die Kenntnis von öffentlichen Einrichtungen und eine positive Einstellung zu ihnen gefördert werden. Ferner soll der vorgeschlagene Unterricht die Fähigkeit der Schüler entwickeln, in einer Rolle vor der Klasse verständlich zu agieren; darauf kann späterer, komplexerer Rollenspielunterricht aufbauen. Fachdidaktisch soll die Fähigkeit der Kinder zum geordneten, sach- und situationsgerechten mündlichen Informieren gesteigert werden, hier besonders unter Streß in Notsituationen. Ferner motiviert der Unterricht die Schüler, mündlichen Erzählungen relevante Inhalte zu entnehmen und diese aktiv zu verwenden.
Im übrigen ist das Ziel des Unterrichts – in Notfällen telefonisch Hilfe herbeirufen können – für sich schon von Nutzen. Gerade das Handeln in Notfällen sollte man differenziert planen und simulierend üben; denn gegebenenfalls hat man kaum die Zeit und die psychische Verfassung, um sich das optimale Verhalten aus allgemeinen Regeln abzuleiten.

2. Lernziele

2.1 Grobziel
Die Schüler sollen befähigt werden, in Notfällen (Feuer, Unfall) telefonisch mit der richtigen Institution Kontakt aufzunehmen und ihr selbständig alle wichtigen Informationen zu übermitteln.

2.2 Feinziele
Die Schüler
- wählen die richtige Telefonnummer;
- geben von sich aus alle im jeweiligen Fall wichtigen Informationen.

2.3 Lernzielkontrollen
- Angemessenes Verhalten bei den simulierten Telefongesprächen und angemessene Kritik der Zuschauer bei den Rollenspiel-Telefonaten
- Schriftlicher Lernkontrolltest

3. Lernhilfen

Erzähltexte – Tafelanschriften – Rollenspiele (Requisiten: zwei Spielzeugtelefone) – Testblatt

4. Unterrichtsverlauf

4.1 Einstieg
Lehrererzählung von einem Notfall:
Klaus Pfiffig wohnt in (Schulort) in der (leicht merkbarer Straßenname) Nr. 1. In dem Haus wohnt außer Klaus und seiner Familie noch eine Familie. Gerade findet Klaus eine Postkarte von seinen Nachbarn im Briefkasten. Die Nachbarn sind verreist. Gerne würde Klaus seinen Eltern die Karte zeigen, doch außer seinem kleinen Bruder ist niemand zu Hause.
Plötzlich schnüffelt Klaus. Irgendwoher riecht es verbrannt. Klaus bekommt einen riesigen Schrecken. Hat sein kleiner Bruder mit Feuer gespielt? Der Bruder sitzt friedlich auf dem Fußboden und spielt mit Bauklötzen. Klaus läuft durch die ganze Wohnung. Er kann keine heiße Ofenplatte oder Brandstelle entdecken. Der Geruch wird immer stärker. Klaus stürmt zur Wohnungstür. Da, bei seinen Nachbarn! Unter der Tür tritt dichter Qualm hervor. Klaus erschrickt furchtbar. Die Tür ist abgeschlossen. Klaus weiß auch nicht, wie er in die Nachbarwohnung kommen könnte. Weit und breit ist kein anderer Mensch zu sehen. Klaus versucht sich zu sammeln. Er überlegt: »Was soll ich jetzt tun?« Da fällt ihm das Telefon ein. Vielleicht kann er mit dem Telefon Hilfe herbeischaffen. Was wird Klaus wohl tun?

4.2 Erarbeitung
1. Teilziel: Die richtige Telefonnummer wählen
Im Klassengespräch herausstellen: Hörer abnehmen, Nummer der Feuerwehr: 112 (an die Tafel schreiben) wählen.

2. Teilziel: Alle wichtigen Informationen geben
Im Klassengespräch den Ablauf der Notfallmeldung herausstellen:
Ich bin ... (Vorname, Name)
Ich bin hier ... (Adresse, Ort des Notfalles)
Ich rufe an, weil ... (Wesentliche Angaben über den Notfall. Verletzte?)
An der Tafel »Gliederung« der Notfallmeldung erarbeiten. Man kann dieser Unterrichtsphase folgenden (echten) Telefonzellen-Aufkleber zugrunde legen oder erst danach als verstärkende Wiederholung einführen (vorbereitete Tafelanschrift oder sonstige Präsentationsweise). (S. nächste Seite oben)
In etwa drei Rollenspielen wird das der Geschichte entsprechende Telefongespräch geübt.
Spieler: Klaus und der Mann von der Feuerwehr mit je einem Telefonapparat, in weiter Entfernung voneinander, ohne Sichtkontakt.

Notfallmeldung:
Wer meldet?
Name und Standort
Wo ist es passiert?
Genaue Bezeichnung des Notfallortes
Was ist passiert?
Zahl der Verletzten/Erkrankten.
Verletzte eingeklemmt?

»Klaus« soll alles Nötige von sich aus mitteilen; der »Feuerwehrmann« soll nur nachfragen, wenn eine wichtige Mitteilung fehlt, oder wenn er etwas nicht genau verstanden hat. Wichtig ist, daß die Meldung des jeweiligen »Klaus« alle wesentlichen Punkte ohne Überflüssiges enthält. Eine Abweichung von der an der Tafel erarbeiteten Reihenfolge der einzelnen Punkte ist nicht »falsch«.

Um den Lerneffekt des Unterrichts zu optimieren, und um die Spielfreude der Schüler zu entwickeln, sollte der Lehrer für möglichst ungetrübte »Erfolgserlebnisse« der Schüler sorgen. Er sollte zunächst sprech- und spielgewandte Schüler die Rolle des »Klaus« übernehmen lassen und darauf hoffen, daß später auch weniger spielfreudige Schüler Lust zum Spielen bekommen. Diese Entwicklung kann der Lehrer unterstützen, indem er ohne ausdrücklichen Hinweis nach dem Prinzip vorgeht, daß kein Schüler mehrmals spielt. Als Einstieg ins Spielen empfiehlt sich für schüchterne Schüler zunächst eine Rolle wie die des »Feuerwehrmannes«. Der Lehrer sollte die Klasse als »positiven Verstärker« einsetzen, etwa indem er die Klasse gerade dann fragt: »War die Meldung gut?«, wenn eine zustimmende Reaktion der Mitschüler zu erwarten ist.

Es folgt eine Lehrererzählung von einem anderen Fall:

Sabine Schlau spielt zu Hause in ihrem Zimmer. Sie wohnt in der Gartenstraße 32. Plötzlich hört sie Reifen quietschen und darauf einen lauten Krach. Sie stürzt zum Fenster und sieht, daß zwei Autos zusammengestoßen sind. Die Fahrer sind inzwischen aus ihren Autos gestiegen und beschimpfen sich gegenseitig. Einer der Fahrer klingelt bei Sabine und bittet sie, die Polizei anzurufen. Sabine ist einverstanden. Was tut sie jetzt?

Welche Nummer wählt Sabine? *Polizei: 110* (an die Tafel schreiben).

Was soll Sabine der Polizei sagen? – Klassengespräch und Rollenspiele wie vorher.

4.3 Besinnung

L: Welche anderen Möglichkeiten haben Klaus und Sabine, um Hilfe herbeizuschaffen, z.B. wenn sie kein Telefon in der Wohnung haben?

S: Telefonzelle, Notrufsäule; Nachbarn, Passanten.

4.4 Ergebnissicherung

Testblatt: Telefonieren in Notfällen

1. Du siehst, daß es in der Nachbarschaft brennt.
Wen rufst Du an? Welche Nummer wählst Du?
2. Vom Fenster aus beobachtest Du einen schweren Verkehrsunfall auf der Straße.
Wen rufst Du an? Welche Nummer wählst Du?
3. Was muß die Feuerwehr/Polizei von Dir wissen?
4. Wenn kein Telefon in der Wohnung ist, wie kannst Du dann Hilfe herbeiholen?

Das Testblatt kann in Einzel- oder Gruppenarbeit in der Klasse oder als Hausaufgabe bearbeitet werden; Beantwortung in Stichworten.

4.5 Weiterführung

Wiederaufnahme des Unterrichts in ähnlicher Weise wie in 4.2: Ein alter Mann bricht auf der Straße zusammen; den Notarzt telefonisch herbeirufen.

Von der Telefonzelle aus anrufen: Reihenfolge des Vorgehens beim Telefonieren an der Tafel erarbeiten, dann ohne schriftliche Stütze wiederholen lassen.

Projekt: Einige Schüler mit Telefon zu Hause lassen sich in einem verabredeten Zeitraum von den anderen Schülern von einer Telefonzelle aus anrufen; Zuordnung von den Schülern im Unterricht organisieren lassen.

Besprechung mißbräuchlicher Anrufe bei Feuerwehr und Polizei; eventuell Schülererzählungen (Geldstrafen)

Literatur

Emminger, Eckhard: Telefonische Auskünfte einholen und erteilen. 7. Jahrgangsstufe, in: Ehrenwirth Hauptschulmagazin 1979, Heft 11, S. 39

Jenchen, Inge: Wie man richtig telefoniert. 1. Jahrgangsstufe, in: Ehrenwirth Grundschulmagazin 1976, Heft 9, S. 11

Raab, Cornelie: Wir lernen das Telefonieren. 3./4. Jahrgangsstufe, in: Ehrenwirth Grundschulmagazin 1980, Heft 3, S. 29

Schönemeier, Karl: Unterrichtseinheit: Telefonieren in einer Notsituation. Thema: »Ein Telefongespräch mit der Feuerwehr«, in: Henning, Peter/Schönemeier, Karl (Hrsg.): Fachdidaktik Deutsch. Diskussion, Neuansatz, Unterrichtsmodelle. Braunschweig 1975: Westermann

»Wir telefonieren«; Unterrichtseinheit A 7 in »Sprache und Sprechen«, Hannover: Schroedel, Bd. 2, 1971. - In veränderter Form: »Telefonieren«; Unterrichtseinheit A 10 in »Sprache und Sprechen«, Hannover: Schroedel, Bd. 2, 1979

Informationen und Informationsmaterial sowie ausgediente Telefonapparate zu Unterrichtszwecken sind bei der Post erhältlich.

Verfasser: Dr. Siegwart Berthold – Cornelia Beutler – Hildegard Böller

Brigitte van den Daele

Wir schreiben einen Merkzettel

1. Didaktische Information

1.1 Die häufigste Schreibsituation, in die wohl ein Grundschulkind geraten mag, ist eine knappe Mitteilung, eine Notiz, ein Merkzettel. Um diese Schreibanlässe bewältigen zu können, bedarf es einer Hilfestellung, einer Anleitung und Schulung.
Die hier angebotene Unterrichtseinheit ist im Lehrplan der Darstellungsform »Briefe schreiben« zuzuordnen und dort speziell dem Bereich »informieren«. Informieren heißt, sich zunächst Klarheit über den zu vermittelnden Sachverhalt zu schaffen: Was will ich mitteilen? – die Aussagen sachlogisch zu ordnen: In welcher Reihenfolge teile ich mit? – und die Information in knapper, präziser Sprache weiterzugeben: Wie teile ich mit? Gerade bei der Sprachform wird der Unterschied zwischen »informieren« und »jemand an einem Erlebnis teilhaben lassen« besonders deutlich.

1.2 Das Schreiben des Merkzettels – hier handelt es sich um eine Gießanweisung – schließt sich unmittelbar an die Unterrichtsstunde »Wir pflanzen einen Ableger« an. Dem Schüler soll damit die Vielzahl der Möglichkeiten, kurzer, präziser Informationsweitergabe gezeigt werden. Da in der Schule meist der zwingende Schreibanlaß fehlt, ist es nützlich, die Unterrichtsstunde kurz vor Ferienbeginn zu legen.

2. Lernziele

2.1 Grobziel
Die Schüler sollen in der Lage sein, ihre Intention dem Sprachpartner sachgerecht zu vermitteln.

2.2 Feinziele
kognitive Ziele:
– Erkennen, daß ein Merkzettel genaue Informationen enthalten muß
– Erkennen, daß in einem Merkzettel nur knappe Aussagen stehen

instrumentale Ziele:
– Fähigkeit, richtige Fragen zu stellen
– Fähigkeit, Informationen knapp und präzise zu formulieren
– Fertigkeit, mündlich gewonnene Einsichten in schriftlichen Ausdruck umzusetzen

affektive Ziele:
– Sehen, daß man um Hilfe bittet und danach handeln

2.3 Lernzielkontrollen
Teilzusammenfassungen – Schreiben des Merkzettels – Übertragen auf eine neue Situation

3. Lernhilfen

Wortkarten – Bildkarten (teilweise aus der Biologiestunde verwendbar) – Tafelanschrift – Gießkanne – ein frisch gepflanzter Ableger der Grünlilie – ein Kaktus – Arbeitsblätter (zwei verschiedene, je nach Leistungsstand der Klasse)

4. Unterrichtsverlauf

4.1 Hinführung
Hinweis auf die bald beginnenden Ferien und die Notwendigkeit, auch in dieser Zeit die jungen Pflänzchen zu pflegen. Es folgt eine kurze Aussprache, wie das Problem gelöst werden könnte.
L: Du könntest die Pflänzchen auch in der Schule lassen.
Die Schüler finden im weiteren Gespräch heraus, daß in diesem Fall der Hausmeister der Schule um Hilfe gebeten werden muß.
L: Wir müßten aber aufpassen, daß er es richtig macht.
S: Wir müssen sagen, wie er gießen soll.
L: Wir könnten aber noch etwas tun, damit derjenige, der gießt, es bestimmt nicht vergißt, wie er es machen soll.
S: Wir schreiben ihm auf, wie er gießen soll.
Tafelanschrift – Stundenthema:
Wir schreiben einen Merkzettel

4.2 Erarbeitung
1. Teilziel: Wir stellen Fragen zur richtigen Pflege.
L: Ich hab dir schon einen Merkzettel vorbereitet.
Leises Lesen: Lies den Text bitte für dich!
Lautes Lesen: Lies bitte vor! (Schüler lesen satzweise.)

Tafeltext

> Wir haben so schöne Ableger gepflanzt. Das hat Spaß gemacht. Bitte gießen Sie die Pflänzchen. Auch der Kaktus muß gegossen werden.
> Vielen Dank! Klasse 2a

Aussprache: Man weiß hier nicht, wie man gießen soll. Wir müssen das viel genauer aufschreiben.
L: Dazu müssen wir aber vorher selbst noch etwas wissen.
S: Wir müssen wissen, wie die Pflanzen gegossen werden.
L: Du weißt, welche Pflanzen wir haben.
Schüler zeigt die Pflanze und spricht dazu: Wir haben die Ableger der Grünlilie. Wir haben einen Kaktus.
Fixierung an der Tafel: Bildkarten werden aufgehängt, die Pflanzen noch einmal benannt.
L: Du weißt jetzt genauer, was wir aufschreiben müssen.
S: Wir müssen aufschreiben, wie man die Grünlilie und den Kaktus gießen muß.

2. Teilziel: Wir beantworten die Fragen.
L: Du hast gelernt, wie oft die Ableger zu gießen sind.
Schüler steht mit der Pflanze vor der Klasse und spricht: Die Ableger der Grünlilie müssen täglich gegossen werden.
Fixierung an der Tafel: Schüler spricht und hängt Wortkarte richtig an die Tafel.
L (fragend): Beim Kaktus ist es schwerer.
S: Den Kaktus muß man nur einmal in der Woche gießen. Der Kaktus braucht nur wenig Wasser.
Fixierung an der Tafel: einmal in der Woche – wenig Wasser

Tafelbild

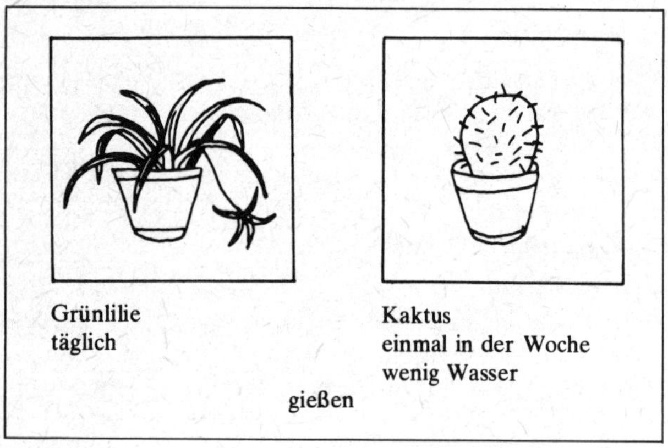

Teilzusammenfassung:
– mündlich bei geschlossener Tafel:
L: Jetzt wissen wir, was wir aufschreiben müssen!
– schriftlich:
L: Nimm dein *Arbeitsblatt!* Bei Nr. 1 kannst du jetzt aufschreiben, was im Merkzettel stehen muß.
Tafel ist aus rechtschriftlicher Erwägung geöffnet.

3. Teilziel: Wir sprechen den Text des Merkzettels.
L: Du kannst jetzt den Merkzettel schreiben. Denke daran, daß du um etwas bittest. Sage, was du schreibst!
S: Bitte gießen Sie die Grünlilien täglich! Der Kaktus braucht nur einmal in der Woche wenig Wasser. Vielen Dank!
(Drei Schüler formulieren vor der Klasse den Merkzettel. Dabei ist es ratsam, die besten Schüler zu nehmen.)
Hinweis: Du weißt, daß man »Sie« im Brief groß schreibt. Denke daran!

4. Teilziel: Wir schreiben den Merkzettel.
L: Schreibe nun den Merkzettel auf dein Arbeitsblatt bei Nr. 2 auf. Wenn du fertig bist, lege den Bleistift hin und schaue zu mir.
Differenzierung: Hier bieten sich gestaffelte Möglichkeiten:
– Einsetzen der Wörter: täglich, einmal in der Woche wenig Wasser
– Ordnen durcheinander gebrachter Satzteile
– Lehrer arbeitet mit den schwachen Schülern
Ergebnis:
L: Du darfst vorlesen, was du geschrieben hast.

4.3 Verarbeitung
L: Du kannst deinen Merkzettel bestimmt auswendig und du darfst tun, was im Merkzettel steht.
Schüler spricht den Merkzettel auswendig, während ein zweiter der Anweisung folgt.
L (Rückgriff): Warum mein Merkzettel wenig nützt, weißt du jetzt genau.
S: Es steht in dem Merkzettel nicht, wie man gießen soll.

4.4 Anwendung
In der Anwendungsphase soll das eben Gelernte auf die Situation des Kindes zu Hause übertragen werden. Mündlich wird ein Merkzettel für die Mutti formuliert:
L: Du könntest auch der Mutti manchmal einen Merkzettel schreiben, damit sie nicht Angst zu haben braucht, wenn sie nicht weiß, wo du bist.
Schüler tragen mündlich vor der Klasse vor.

4.5 Weiterführung
»Wir sammeln Spielvorschläge für ein Geburtstagsfest«
Dieses Thema erfüllt in ähnlicher Weise, jedoch unter einem völlig anderen Gesichtspunkt die Anforderungen, die an einen Merkzettel gestellt werden: Klarheit über den Sachverhalt, sachlogisch geordnete Aussagen, knappe, präzise Sprache.
Die notwendige Motivation liegt in der Themenstellung selbst. Jedes Kind hat Geburtstag und viele Kinder dürfen ihn mit anderen feiern. Je mehr Spiele man weiß, desto größer ist auch der Spaß.
Das Thema kann über mehrere Monate hinweg, immer unter neuem Aspekt bearbeitet werden.
Möglichkeiten:
– Befreundete Kinder proben als Hausaufgabe ein Spiel und führen es der Klasse vor.
– Eine Spielanleitung, die sachlogisch ungeordnete Aussagen enthält, wird nachgespielt.
– Aus dem Text einer Erlebniserzählung wird die Spielanleitung herausgearbeitet.
– Wir erweitern eine Spielanleitung zu einer Geschichte.
– Zu vorgegebenen Hilfsmitteln (z. B. Tafelbild: ein Schwein ohne Schwanz, bunte Bänder mit Klebestreifen, Tuch) überlegen wir uns ein Spiel.
Die schriftlich fixierten Spielanleitungen werden gesammelt und am Ende mit einem Deckblatt versehen. So hat jedes Kind ein kleines Spielbuch.

Verfasserin: Brigitte van den Daele

Gerd-Heinz Vogel

Die Zahlen bis 100 an Hunderterfeldern

1. Didaktische Information

1.1 Lernvoraussetzungen

Die Addition und Subtraktion im Zahlenraum bis 20 ist abgeschlossen. Gegenstände bzw. graphische Elemente sind gebündelt und die Anzahlen notiert worden. Mengen größerer Mächtigkeit sind gegliedert und das Verständnis für das Stellenwertsystem vorbereitet worden. Durch das Zusammenfassen von Gegenständen in Zehnerbündeln und die Notation ist die Fähigkeit erwachsen, Zahlen bis 100 dekadisch zu gliedern. Eine Grobstrukturierung des Zahlenraums bis 100 kann vorausgesetzt werden.

1.2 Sachverhalt

Der Schüler soll die Zahlen von 1 – 100 als Ordnungszahlen verwenden. Er ordnet die Nummern, hier Zimmerschlüssel, in eine graphische Darstellungsform ein, die es erlaubt, die Objekte nach ihrer Stellung in einer Reihe zu numerieren. Dies geschieht durch eine Anordnung in flächenhafter Weise, wobei anfangs das Hunderterquadrat verwendet wird. Wir entscheiden uns bereits in der einführenden Unterrichtseinheit dafür, die Darstellungsform zu wechseln. Gerade durch die Variation und Umstrukturierung kann erst die Einsicht erreicht werden, daß die Anordnung beliebig ist. Es ist Ziel, möglichst viele Ordnungsformen zu vergleichen, Unterschiede und Gemeinsamkeiten herauszufinden (keine Verfestigungen).

2. Lernziele

2.1 Grobziele

– Fähigkeit, die Zahlen von 1 bis 100 als Ordnungszahlen zu gebrauchen

Lerninhalt: Kennzeichnen von Objekten nach ihrer Stellung in einer geordneten Reihe (numerieren); Zuordnen von Nummern

– Fähigkeit, Vorgänger und Nachfolger einer Zahl zu benennen

Lerninhalt: Nachbarzahlen der Form $x \pm 1$, $x \pm 10$.

2.2 Feinziele

Die Schüler sollen

– ein Hunderterfeld (HF) aufbauen und Zahlen an die richtige Stelle einordnen können

– zunächst mit Hilfe des HF die Vorgänger und Nachfolger einer Zahl ($x \pm 1$; $x \pm 10$) nennen und aufschreiben können.

– erklären und begründen können, daß die Zahlen von 1 bis 100 auch in anderen Darstellungsformen geordnet werden können;

– die Zahlen bis 100 auch in den veränderten Darstellungsformen lokalisieren können.

3. Lernhilfen

Hunderterfeld aus farbigen Tonpapier zum Anheften auf die Kork-/Styroportafel (auch Tuchtafel verwendbar) – farbige Zahlenkärtchen zum Aufstecken auf das Hunderterfeld – Arbeitsblätter (differenziert nach A und B) – farbige Folien zur Kontrolle der Arbeitsblätter – Tafelanschriften (farbige Hunderterfelder mit verschiedenem Aussehen, jedoch ohne Zahleneintragungen)

4. Unterrichtsverlauf

4.1 Problemgewinnung

Lehrererzählung (Schüler um Seitentafel; den Spontanäußerungen während der Lehrererzählung Raum geben): Maxl war mit seinen Eltern im Urlaub. Sie wohnten in einem großen Hotel. Vieles war dort neu und aufregend für den Buben... Bald schloß er Freundschaft mit dem Portier ... Dieser bewahrt die vielen Zimmerschlüssel auf.

Schüler vermuten über die Aufbewahrungsmöglichkeiten.

L: Damit er sie gleich findet, hat er ein großes Schlüsselbrett hinter sich.

Schüler vermuten und berichten aus ihren Erfahrungen. Lehrer heftet auf Styropor-/Korktafel ein aus farbigem Tonpapier hergestelltes HF (Abb. 1; auf ausreichende Größe achten).

Sammeln der Spontanäußerungen der Schüler

L: Jetzt wissen wir zwar, wie das Schlüsselbrett aussieht, aber eine Frage haben wir noch nicht beantwortet.

Problemfrage (Fixierung): Wie sind die Zimmerschlüssel geordnet? (bzw. adäquate Formulierungen)

4.2 Problemlösung

– *Entwicklung von Lösungsstrategien:*

Nach dem nochmaligen Lesen der Problemfrage: Du kannst dir schon denken, wie die Zimmerschlüssel aufgereiht sein könnten.

Schüler sprechen und demonstrieren (Gespräch).

– *Auswertung der Lösungsstrategien:*

L: Du darfst jetzt dem Portier helfen und die Schlüssel aufhängen.

Freies Verbalisieren – Statt Schlüssel werden Kärtchen mit entsprechenden Nummern angeheftet.

Präzisierung der Sprechweise: Ich hänge den Schlüssel Nr. 4 in die 1. Reihe auf den 4. Platz (wird als Sprechmuster vom Lehrer eingestreut; die Wörter Reihe und Platz werden auf Wortkarten angeheftet).

Schüler verbalisieren nach dem Muster und hängen »Schlüssel« an. (Phase nicht zu lange ausdehnen!)

Schüler erhalten Kärtchen und stellen selbst Aufgaben: Hänge den Schlüssel Nr.... auf! (Tätigkeitswechsel, Lehrer tritt zurück.)

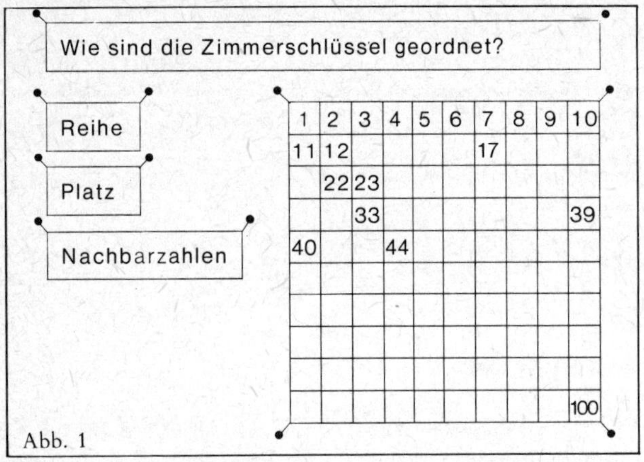

Abb. 1

L: Der Portier braucht nicht lange suchen, wenn ein Gast seinen Schlüssel wieder abholen will. Er weiß genau, in welcher Reihe und auf welchem Platz er hängt. Du weißt auch, welche Nummer der Schlüssel in der 3. Reihe am 4. Platz hat.
Lehrer stellt zwei bis drei Aufgaben obiger Art, dann übernimmt ein Schüler die Rolle des Lehrers.
Sicherung in Einzel-/Partnerarbeit mittels eines Arbeitsblattes (kopierfähige Arbeitsvorlage S. 36): Du darfst jetzt selbst Zimmerschlüssel an ein Brett hängen. Schau dir die Nr. 1 deines Arbeitsblattes an und erkläre, was du machen mußt!
Differenzierung: Gruppe A erhält ein HF mit mehreren Lücken in schwieriger Verteilung. Gruppe B erhält ein HF mit weniger Lücken, die aufgrund von Nachbarschaftsbeziehungen leichter zu füllen sind.
Betreuung und Überwachung der Arbeiten durch den Lehrer Kontrolle der Arbeiten mittels einer vorbereiteten farbigen Folie (entspricht dem Arbeitsblatt). An dieser Stelle im Unterricht hat jeder Schüler bereits ein vollständig ausgefülltes Hunderterfeld in Händen.
Festigen der Lösungsstrategie:
Schüler im Halbkreis um Seitentafel
L: Herr Meier hat das Zimmer 17. Seine beiden Freunde wohnen in den Nachbarzimmern. Weißt du ihre Zimmernummern?
L: Bestimme von allen roten Kärtchen, die ich jetzt anhefte, jeweils die Nachbarzahlen (Wortkarte)!
Sprechweise: Die Nachbarzahlen von 27 sind 26 und 28.
L: Herr Meier hat auch über und unter sich Nachbarn!
S: Das sind die Zimmer mit den Nummern 7 und 27.
L: Bestimme von allen roten Kärtchen die Nachbarn, die darunter- und darüber wohnen!
Sicherung zum Bereich Nachbarzahlen in Einzel-/Partnerarbeit (Wechsel der Arbeitstechnik und Sozialform)

L: Erkläre mir die Nr. 2 auf deinem Arbeitsblatt! (Kopierfähige Arbeitsvorlage S. 36)
Differenzierung:
Gruppe A bestimmt alle umliegenden Zahlen.
Gruppe B bestimmt die Nachbarzahlen wie im vorausgegangenen Unterricht.
Individuelle Betreuung und Hilfe durch den Lehrer – Kontrolle durch Folie
Ergebnisfeststellung:
L: Lies nochmals unsere Frage vor! ... Jetzt kannst du antworten. Besprich dich mit deinem Partner!
Schüler verbalisieren, wie die Zahlen im Hunderterfeld geordnet sind. Dabei stellen sie u.a. fest: In jeder Reihe sind 10 Nummern. Auf das Brett passen 100 Zahlen. Alle Zahlen sind fortlaufend numeriert (Reihung + 1). Auch die Zahlen, die untereinander stehen, sind verwandt (Reihung + 10).
L: Man kann das Brett auch anders basteln.

4.3 Problemverarbeitung

Entwicklung und Vergleich weiterer Lösungsmöglichkeiten (Variation): Schüler im Halbkreis um Tafel
L: Der Portier hätte die Schlüssel auch anders aufhängen können und sie doch leicht gefunden.
Schüler unterbreiten Vorschläge; hierzu sind an der Tafel einige Hunderterfelder vorbereitet (Abb.2), in denen sie einige Zahlen zur Unterstützung der Erklärung eintragen können. Zur Hilfe bzw. Verdeutlichung werden Pfeile angezeichnet (Abb.2) und die Bedeutung versprachlicht.
L: Überlege, ob das Brett, das ich jetzt zeichne, auch paßt! Begründe deine Meinung und zeige, wie die Nummern angeordnet werden könnten (Abb.2)!
Schüler begründen ihre Zustimmung, tragen einige Zahlen ein und erläutern, daß man anderweitig anordnen und auch andere Formen verwenden könnte (z.B. 5x20er Feld).
Spiel: Je ein Schüler steht vor den drei verschiedenen Hunderterfeldern die nur teilweise ausgefüllt sind. Lehrer nennt Zahlen, Schüler zeigen auf die entsprechenden Stellen. Die Klasse kontrolliert.
Variationen:
Lehrer zeigt eine Zahl im Hunderterfeld, diese ist in anderen Darstellungsvarianten aufzufinden. – Lehrer nennt eine Zahl; Schüler beschreibt, wo man sie in den einzelnen Feldern findet. – Lehrer nennt die Zahl; Schüler geben jeweils die darüber und darunter stehenden Zahlen in den verschiedenen Darstellungsformen an.

4.4 Übung

Arbeitsblatt Punkt 3 als Hausaufgabe

Verfasser: Gerd-Heinz Vogel

Tafelbild

Abb. 2

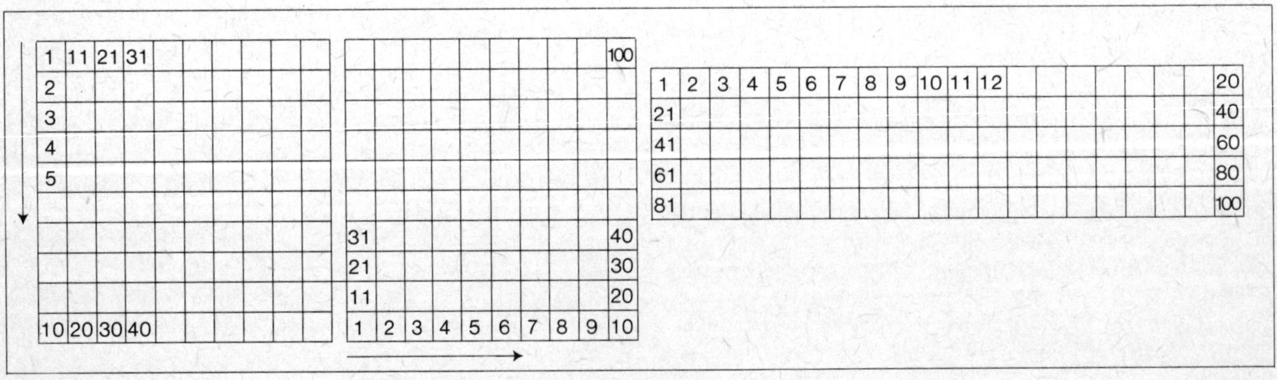

Silvia Regelein

Wir addieren vorteilhaft

1. Didaktische Information

1.1 Diese Unterrichtseinheit soll das denkende Rechnen fördern, also die Fähigkeit, ausgehend von »einfachen« Aufgaben schwierigere Aufgaben zu lösen. Während alle Aufgaben im Zahlenbereich bis 10 automatisiert sein sollten, also das Ergebnis ohne Nachdenken sofort abrufbar sein sollte, ist dies im Zahlenbereich bis 100 angesichts der zahlreichen Variationsmöglichkeiten nicht mehr möglich. Das denkende Rechnen als Voraussetzung für schnelles und sicheres Rechnen gewinnt deshalb nun an Bedeutung. Damit der Rechenvorteil auch tatsächlich von den Kindern angewendet wird, genügt keinesfalls ein vereinzelter, formaler Hinweis. Vielmehr muß die für die Kinder leicht zu durchschauende Umformung (Beispiel: $23 + 9 = 23 + (10 - 1) = (23 + 10) - 1$) wiederum automatisiert werden, damit sie auch die »schlechten« Rechner anwenden, die gerade solcher Hilfen bedürfen. Vor allem bei der Addition zweistelliger Zahlen wird der Rechenvorteil des genannten Verfahrens deutlich, indem es statt der nach dem traditionellen Zehnerübergang üblichen drei Schritte nur zwei Schritte erfordert:

23 + 19 =	23 + 19 =
23 + 10 = 33	23 + 20 = 43
33 + 7 = 40	43 − 1 = 42
40 + 2 = 42	

1.2 Bevor diese Unterrichtseinheit angesetzt wird, sollten folgende Lernvoraussetzungen erfüllt sein: Kenntnis der Zahlen bis 100, Rechnen ohne Zehnerübergang im Zahlenraum bis 100, einfache kooperative Arbeitsweisen. Die hier verwendete Operatordarstellung braucht nicht gesondert eingeführt zu werden. Erfahrungsgemäß wird sie von den Kindern schnell erfaßt und zeigt sich als wirkungsvolle Hilfe, die die umständliche und ausführliche Notation aller Teilschritte vermeidet und diese trotzdem übersichtlich darstellt.
Der Zehnerübergang wurde bereits im Zahlenraum bis 20 ausführlich erarbeitet. Zumindest guten Schülern dürfte deshalb die Übertragung nicht schwer fallen.

2. Lernziele

2.1 Grobziel

Umformen von Gleichungen mit dem Summanden 9

2.2 Feinziele

Die Schüler sollen
- erkennen, daß wir für die Zahl 9 den Term 10−1 setzen können;
- das Lösungsverfahren »10 dazu, 1 weg« anschaulich erklären können;
- das genannte Lösungsverfahren »im Kopf« vollziehen können;
- das Lösungsverfahren auf zweistellige Zahlen (19, 29 ...) übertragen können.

3. Lernhilfen

Zur Demonstration: Tafelanschriften – Rechenmaterial (Stäbe, Streifen), Overheadprojektor mit Folie
Für jedes Kind: Rechenmaterial – Arbeitsblätter

4. Unterrichtsverlauf

4.1 Wiederholungsphase

Kopfrechnen
1. Schritt: Zu jeder Zahl wird 10 dazugezählt.
2. Schritt: Von jeder Zahl wird 1 abgezogen.
Wegen der leichten Aufgabenstellung kann Partnerarbeit eingesetzt werden: Partner 1 nennt eine Zahl, Partner 2 addiert 10 bzw. subtrahiert im zweiten Durchgang 1. Nach richtiger Lösung stellt Partner 2 nun die Aufgabe auf. Bei falscher Lösung korrigiert Partner 1 und stellt eine neue Aufgabe.
Es kann auch halbschriftlich gerechnet werden: Beide Partner schreiben mit zwei verschiedenen Farbstiften auf ein Blatt. Partner 1 notiert die »Startzahl«, Partner 2 daneben die Lösungszahl und nach erfolgter Kontrolle durch Partner 1 die neue »Startzahl«.

4.2 Motivationsphase

Tafelanschrift: 23 + 9 = □ (s. Abb. 1)
Frank und Susi machen ein Wettrechnen. Sie rechnen diese Aufgabe auf zwei verschiedenen Wegen. Besprecht in der Gruppe mögliche Wege!
Gruppengespräch über Lösungsverfahren
Aussprache in der Klasse

4.3 Erarbeitungsphase

1. Teilziel: Lösungsverfahren »Zehnerübergang«
Vom Rechnen im Zahlenraum bis 20 ist den Kindern das Prinzip des Zehnerübergangs bereits bekannt. Vermutlich werden einige Kinder das Prinzip auf die gestellte Aufgabe übertragen. Dabei Erklärung durch Kinder und Lehrer mit gleichzeitiger Tafelanschrift (s. Abb. 2)
Sprechen: Wir rechnen in zwei Schritten.
Zuerst füllen wir den Zehner auf: 23 + 7 = 30
Dann legen wir den Rest dazu: 30 + 2 = 32
Wenn die Kinder den Zehnerübergang nicht als Lösungsverfahren anführen, kann der Lehrer ihn mit der Bemerkung »Frank rechnet so:« einbringen.

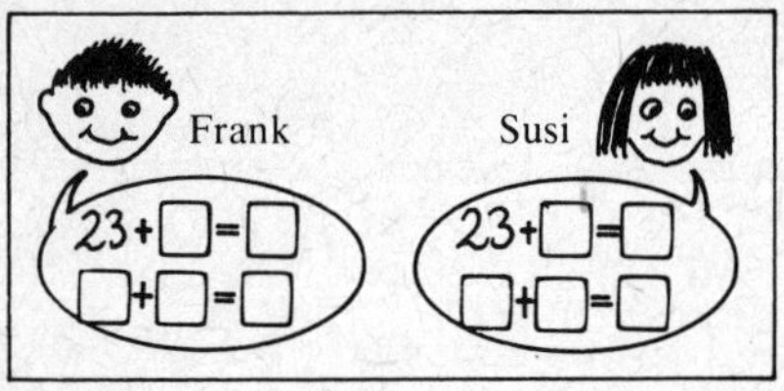

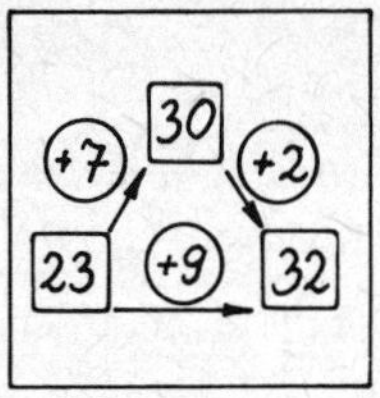

Abb. 1

Abb. 2

2. Teilziel: Vorteilhafte Addition
Je nach den in der Klasse gefundenen Verfahren, hakt der Lehrer ein: Ihr habt einen leichteren Weg als Frank gefunden. Oder : Susi hat noch einen leichteren Weg als ihr gefunden. Denkt an die Rechnungen, die ihr zu Anfang mit eurem Partner gerechnet habt!
Erklärung durch Kinder und Lehrer mit gleichzeitiger Tafelanschrift (s. Abb. 3)
Sprechen: Wir rechnen in zwei Schritten.
Zuerst legen wir 10 dazu: 23 + 10 = 33
10 ist um 1 größer als 9.
Das Ergebnis ist deshalb um 1 zu groß.
Wir müssen deshalb wieder 1 abziehen: 33 – 1 = 32
Vergleich der Ergebnisse von Susi und Frank
– Veranschaulichung mit dem verwendeten Rechenmaterial:
L: Susi erklärt Frank, wie sie rechnet. Wer kann es an der Flanelltafel zeigen und dazu sprechen?
Demonstration an der Flanelltafel (s. Abb. 4)

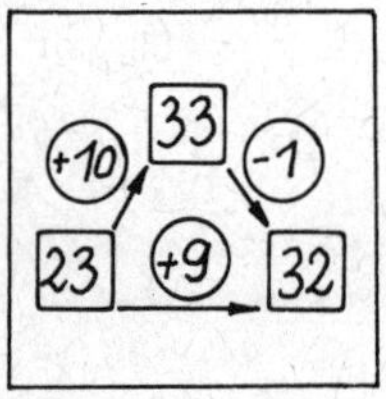

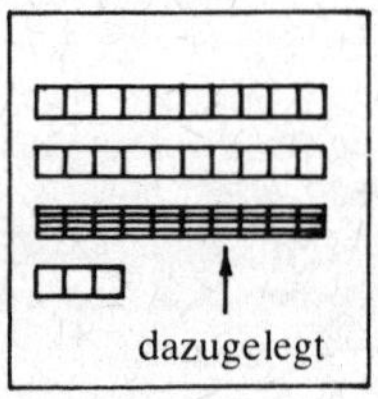

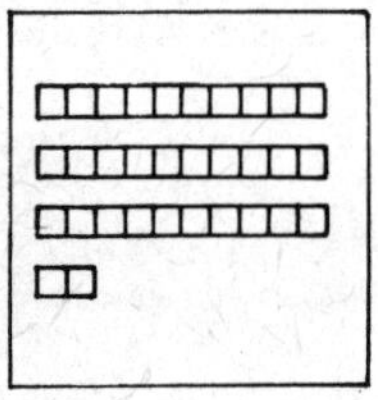

Abb. 3

Abb. 4

Abb. 5

1. Schritt: Wir legen 10 einen Zehner dazu. (s. Abb. 4)
2. Schritt: Wir nehmen einen Einer weg, aber nicht vom dazugelegten Zehner, sondern von den Einern. (Dabei den Dreier umknicken, abdecken oder um 1 vermindern.)

4.4 Sicherungsphase

– Partnerarbeit mit Rechenmaterial (Stäben/Streifen):
L: Sage deinem Nachbarn eine Zahl, zu der er 9 dazuzählen soll. Dein Nachbar soll die Aufgabe legen und dazu so sprechen, wie wir es vorhin gelernt haben.
Legen und Sprechen wie oben, dann löst Partner 2 ebenso eine Aufgabe von Partner 1.
– Bearbeitung eines Arbeitsblattes (Abb. 6) in Stillarbeit

4.5 Transferphase

Folie (Abb. 7)
L: Sicher wißt ihr nun, wie man auch diese Aufgaben schnell und sicher rechnen kann! Sprecht in der Gruppe darüber!
– Gruppenarbeit: Jede Gruppe erhält ein Folienstück (auf weißes Papier gelegt) mit je einer Aufgabe. Mit einem Folienstift trägt der Gruppensprecher nach gemeinsamer Beratung den Lösungsweg ein.
Zusammentragen der Ergebnisse: Ein freiwilliges Kind jeder Gruppe erklärt den Lösungsweg und zeigt die Folie auf dem Overheadprojektor.
– Einzelarbeit: Bearbeitung eines Arbeitsblattes (Abb. 8)

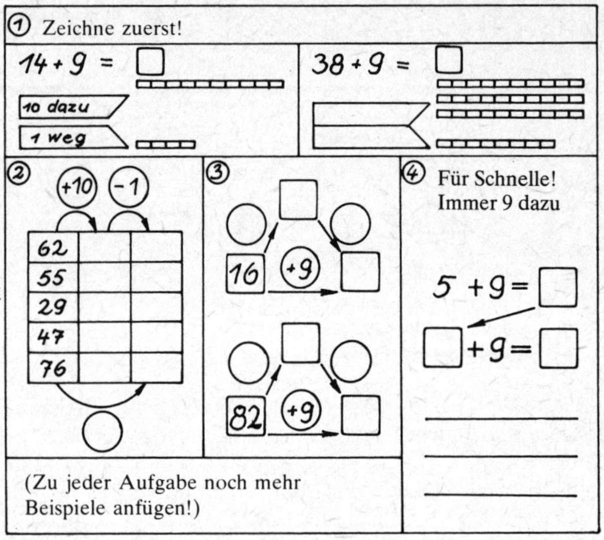

Abb. 6

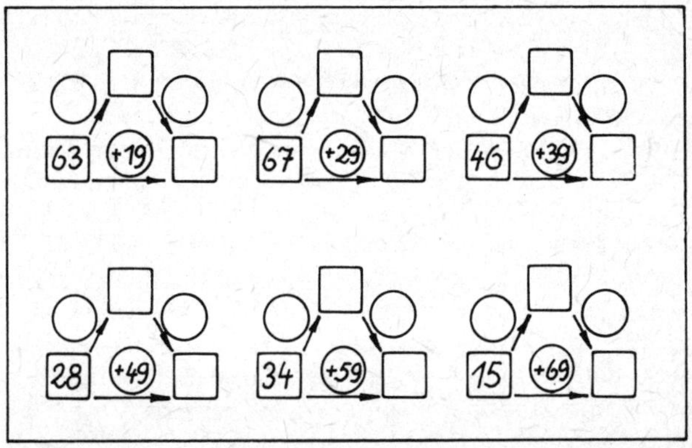

Abb. 7

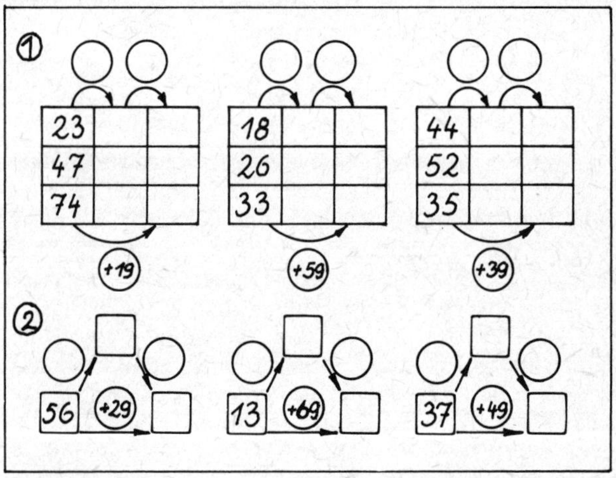

4.6 Weiterführung

Übertragung auf die Subtraktion (s. Abb. 9)
Legen und Sprechen: Wir rechnen in zwei Schritten.
1. Schritt: Wir nehmen einen Zehner weg.
2. Schritt: Weil wir aber nur 9 wegnehmen sollten, legen wir wieder einen Einer dazu.
Änderung des Operators; ggf. nur für die »gute« Rechengruppe

Verfasserin: Silvia Regelein

Johannes Eberle

Ergänzen und Subtrahieren im Hunderterraum an Hand von Preisvergleichen

– eine Übungsstunde

1. Didaktische Information

1.1 Allgemeine Vorüberlegungen

Ziel dieser Übungsstunde ist es, durch einen den Kindern vertrauten Sachverhalt (Preisnachlaß bei Umbau oder Schlußverkauf) eine schon erlernte mathematische Rechenform – Addition und Subtraktion im Hunderterraum mit Zehnerübergang – motivierend zu üben und dabei Rechenabläufe zu automatisieren. Dabei wird bei der Erarbeitung der Rechenoperationen (Addition oder Subtraktion) zunächst die operatorische Übungsform – Vergleichen, Kombinieren, Beziehungsdenken – mehr betont.

Nach Erarbeitung der Rechenstruktur an einem Beispiel wird automatisierend geübt mit dem Ziel, die verwendete Rechenoperation für den Schüler jederzeit verfügbar zu machen. Die Anlage der Übungsstunde eignet sich gut zur inneren Differenzierung. Jeweils nach der Besprechung einer Beispielaufgabe (siehe TA 1 und TA 2) kann diese Aufgabe mit der schwächeren Rechengruppe an Hand von leichten Zahlenbeispielen an der Tafel nachbesprochen werden. Die übrige Klasse trägt in Alleinarbeit das erarbeitete Beispiel ins Arbeitsblatt ein und kann die folgenden Übungsbeispiele lösen. Für besonders schnelle Rechner sollten Übungsaufgaben aus dem Mathematikbuch zur Verfügung stehen.

1.2 Fertigkeitsübungen

Da in einer Rechenübungsstunde viel und abwechslungsreich geübt werden soll, beginnt sie gewöhnlich mit Fertigkeitsübungen. Diese übenden oder vorbereitenden Fertigkeitsübungen können mündlich, halbschriftlich oder schriftlich erfolgen und sollen die Schüler durch schnell aufeinanderfolgende variierte Übungsformen »aufwärmen« und auf die nachfolgende Übungsstunde einstimmen. Für diese Phase können etwa zehn Minuten eingeplant werden.

1.3 Lernvoraussetzungen

Die Schüler sollten in der Lage sein, Additionsaufgaben und Subtraktionsaufgaben bis Hundert mit Zehnerergänzung und Zehnerüberschreitung zu rechnen.

2. Lernziele

2.1 Grobziel

Übungen zur Addition und Subtraktion im Hunderterraum mit Zehnerübergang an Hand von Preisvergleichen

2.2 Feinziele

Die Schüler sollen

- schon früher erlernte Rechenoperationen in Fertigkeitsübungen abwechslungsreich üben;
- an einem Sachfall (Umbau – Preisnachlaß) zwei Lösungsmöglichkeiten beim Ausrechnen von Preisunterschieden kennenlernen;
- die Begriffe »vorher«, »Preisnachlaß«, »jetzt« verstehen und jeweils richtig verwenden;
- Additionsaufgaben zum Preisvergleich nach Lösungsschema ausrechnen;
- Subtraktionsaufgaben zum Preisvergleich nach Lösungsschema ausrechnen.

3. Lernhilfen

- Folie für Tageslichtprojektor (siehe Abb.2)
- Aus Pappe hergestellte Kleidungsstücke (Hose, Mütze) und dazugehörige Preisschilder
- Wortkarten: vorher, jetzt, Preisnachlaß
- Kontrollfolie für Tageslichtprojektor
- Arbeitsblatt für jeden Schüler (kopierfähige Arbeitsvorlage)

4. Unterrichtsverlauf

4.1 Fertigkeitsübungen

– *übend:*

● mündlich: Zählen in Zahlenschritten (Zweier-, Vierer-, Fünferschritte), Verdoppeln, Halbieren, Verdoppelungsreihen (3, 6, 12 ..., 4, 8, 16...)

● halbschriftlich: Schüler rechnen nach Angabe des Lehrers Plus- und Minusrechnungen und schreiben nur das Ergebnis auf den Block.

schriftlich:

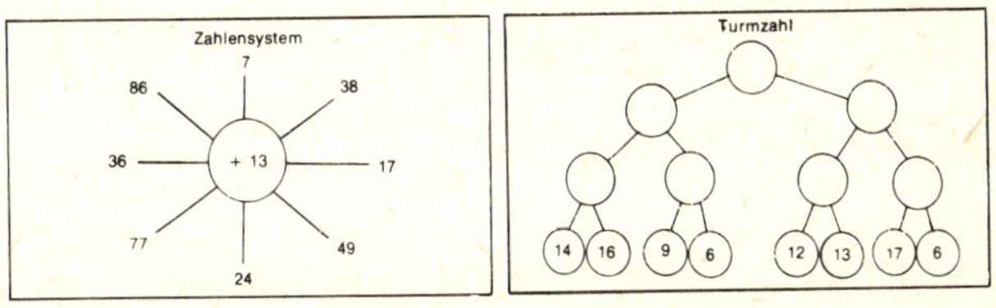

Abb. 1

– vorbereitend:

mündlich: Mutter kauft ein, wieviel muß sie bezahlen?

a) Kaffee 8DM, Vase 12DM, Schuhe 34 DM, Mütze 12 DM.

b) Hose 45 DM, Schal 15 DM, Handschuhe 13 DM.

Wieviel bekommt die Mutter jeweils von 100 DM zurück?

4.2 Einstieg

L: Diese Anzeige ist in der Zeitung erschienen.
Folie (kopierfähige Vorlage):

Abb. 2

Klärung des Sachverhalts: Umbau, Preisnachlaß
L: Du kannst etwas ausrechnen!
S: Wir können ausrechnen, um wieviel die Preise niedriger sind.
Zielangabe: Wir werden heute Preisvergleiche anstellen und den Preisnachlaß ausrechnen.

4.3 Erarbeitung

1. Teilziel: Ergänzen mit Zehnerübergang
L: Schauen wir uns die Hose mit den Preisen genau an.
TA: Bildkarte mit Hose, Preisschilder
L: Über die Preise kannst du etwas sagen.
Lehrer hält zwei Wortkarten hoch »vorher« und »jetzt«.
S: Die Hose hat vorher 57 DM gekostet, sie kostete jetzt 40 DM.
Schüler ordnen die Preise den Wortkarten »vorher« und »jetzt« richtig zu.
Lehrer zeichnet Operatorzeichen zwischen die Zahlen. Schüler errechnen den Preisnachlaß durch Ergänzen.
TA:

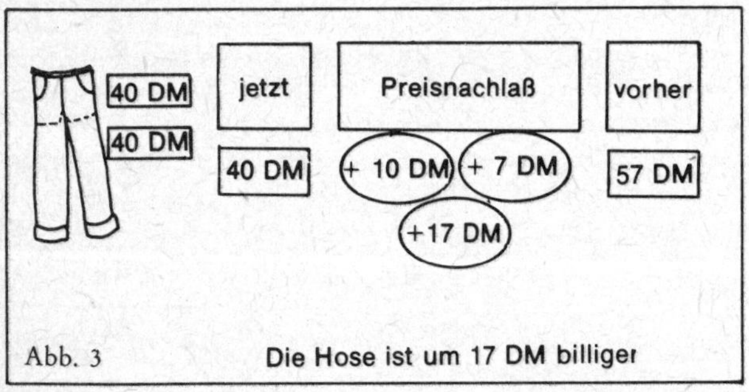

Abb. 3

Verständniskontrolle durch Arbeitsblatt; Tafel ist umgedreht.
L: Trage in die erste Rechnung die Zahlen richtig in die Platzhalter ein!
Differenzierung: Lehrer übt mit der schwächeren Rechengruppe an Hand von leichteren Zahlenbeispielen an der Tafel. Nach der Kontrolle des Übungsbeispiels durch Aufdecken der Tafel rechnen alle Schüler den Preisnachlaß durch Ergänzen auf dem Arbeitsblatt.
Kontrolle nach der Einzelarbeit:
Schüler lesen Rechnungen mit Zwischenschritten vor.
(Die Schüler können die Zwischenschritte beim Ergänzen auf den Block schreiben.)

2. Teilziel: Subtrahieren mit Zehnerübergang
L: Du kannst den Preisnachlaß noch anders ausrechnen. Sprich mit deinem Nebenmann!
Ergebnis: Schüler vertauschen die Wortkarten »vorher«, »jetzt« und »Preisnachlaß« so, daß die Wortkarte »Preisnachlaß« am Ende steht.
S: Wir können die Preise voneinander abziehen.
TA: Schüler heften Bildkarten »Mütze« und »Preise« an und ordnen die Preise den Wortkarten »vorher« und »jetzt« richtig zu. Sie errechnen mit Zwischenschritten den Preisnachlaß.
TA 2:

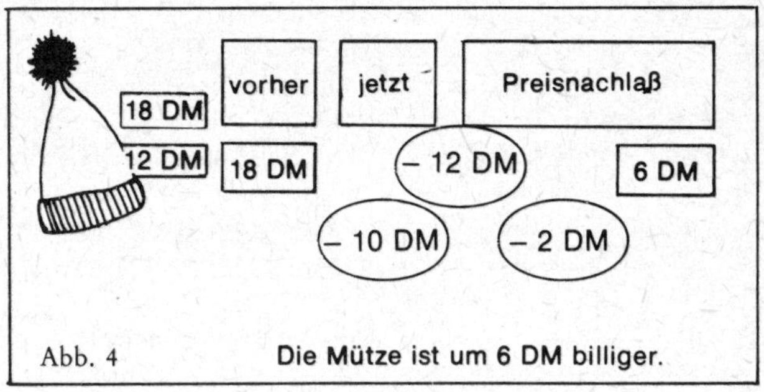

Abb. 4

Verständniskontrolle durch Arbeitsblatt
L: Trage im Arbeitsblatt unter Aufgabe 2 die Preise ein und errechne den Preisnachlaß!
Einzelkontrolle durch Folie

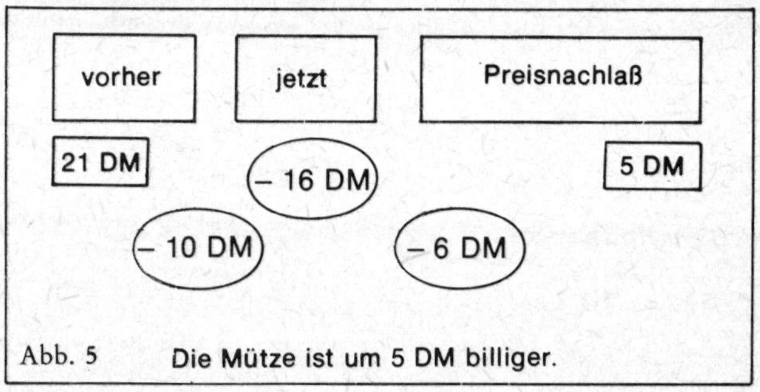

Abb. 5

Differenzierung: Lehrer übt mit der schwächeren Rechengruppe an Hand von leichteren Zahlenbeispielen an der Tafel. Die übrigen Schüler errechnen den Preisnachlaß durch Subtrahieren auf dem Arbeitsblatt.
Kontrolle des bearbeiteten Arbeitsblattes durch Vorlesen des errechneten Preisnachlasses. (Zwischenschritt bei Zehnerüberschreitung steht auf dem Block.)

4.3 Anwendung

Ähnliche Aufgaben als Hausübung aus dem Mathematikbuch oder durch Vorgabe eines zweiten Arbeitsblattes

Literatur beim Verfasser

Verfasser: Johannes Eberle

Mathematatik **Blatt** ______	**Name** ______ **Datum** ______

Kindermoden Müller mit großem Preisnachlaß

(1)

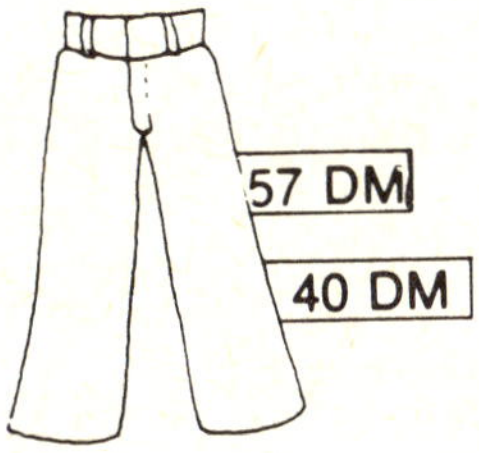

jetzt	Preisnachlaß	vorher

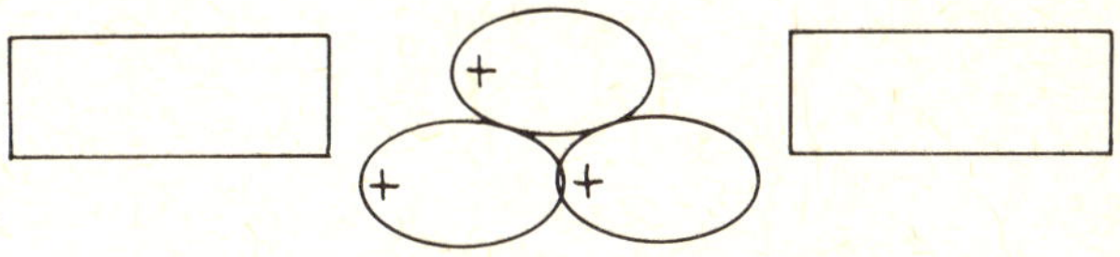

Die Hose ist um ______ DM billiger!

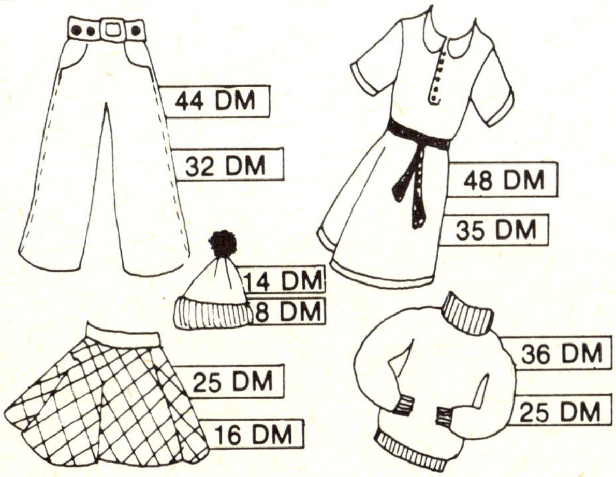

	jetzt	Preis-nachlaß	vorher
Hose			
Kleid			
Rock			
Mütze			
Pullover			

(2)

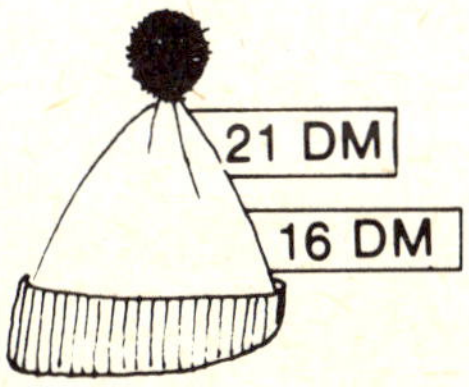

vorher	jetzt	Preisnachlaß

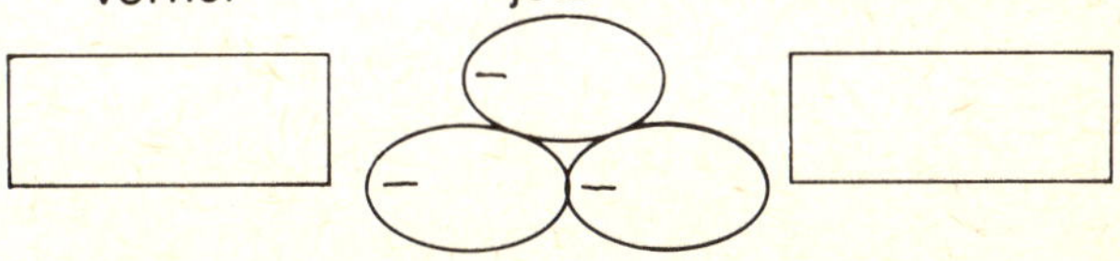

Die Mütze ist um ______ DM billiger!

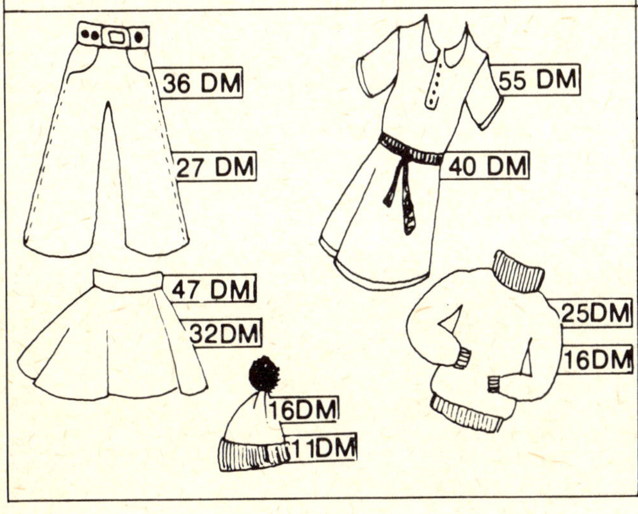

	vorher	jetzt	Preis-nachlaß
Hose			
Kleid			
Rock			
Mütze			
Pullover			

Silvia Regelein

Wie halbieren zweistellige Zahlen

1. Didaktische Information

1.1 Sachinformation

Verdoppeln und Halbieren sind in Umkehrung zueinanderstehende Operationen. Der Aufbau der Zahlen, Struktureinsichten in gerade und ungerade Zahlen und die Fundamentalbeziehungen für denkendes Rechnen gründen sich auf Verdoppeln und Halbieren.

Während im Bereich bis 20 das Halbieren von Zahlen bis zur Stufe der Automatisierung geübt werden muß, ist dies im Bereich bis 100 nicht mehr möglich und nötig. Um so wichtiger ist deshalb eine einsichtige Darstellung des Rechenwegs beim Halbieren, wie ihn das Operatorenschema in übersichtlicher Weise bietet:

```
64 = 60 + 4            64 = 60 + 4
(-30)↓   ↓(-2)         (:2)↓   ↓(:2)
     30 + 2 = 32            30 + 2 = 32
```

Auch verbal läßt sich der Weg gut beschreiben:
1. Schritt: Zerlegen der Zahl in Zehner und Einer
2. Schritt: Halbieren der Zehner
3. Schritt: Halbieren der Einer
4. Schritt: Addieren der Hälften

Fricke-Besuden verwenden als Operator ($\cdot\frac{1}{2}$), was aber nicht nur über die Lehrplanforderungen hinausgeht, sondern vor allem für viele Kinder nicht einsichtig ist.

Die Stufung der Schwierigkeiten erfordert folgende Reihenfolge der Einführung:
1. Halbieren von Zehnerzahlen (Einerstelle 0) mit gerader Ziffer an der Zehnerstelle (20, 40, 60, 80, 100)
2. Halbieren von Zehnerzahlen mit ungerader Ziffer an der Zehnerstelle (30, 50, 70, 90)
3. Halbieren von Zehner-Einerzahlen mit gerader Ziffer an der Zehnerstelle (22, 24, 26, 28 - 42...)
4. Halbieren von Zehner-Einerzahlen mit ungerader Ziffer an der Zehnerstelle (32, 34, 36, 38 - 52...)

Auch die beiden möglichen Rechenwege bei Aufgaben des zuletzt genannten Typs lassen sich gut im Operatorenschema darstellen:

```
32 = 30 + 2            32 = 20 + 12
(-15)↓   ↓(-1)         (-10)↓   ↓(-6)
     15 + 1 = 16            10 + 6 = 16
```

Auch vorteilhaftes Halbieren wird durch dieses Schema deutlich:

```
38 = 40 - 2
(-20)↓   ↓(-1)
     20 - 1 = 19
```

1.2 Lernvoraussetzungen

- Einsicht in den Begriff des Halbierens aufgrund anschaulicher Beispiele
- Sicheres Beherrschen des Halbierens im Bereich bis 20
- Sicheres Beherrschen des Halbierens von Zehnerzahlen im Bereich bis 100

2. Lernziele

2.1 Grobziel

Halbieren von zweistelligen Zahlen im Bereich bis 100

2.2 Feinziele

Die Schüler sollen
- die Hälfte einer mit Zehnerstreifen und Einerpunkten dargestellten Menge herstellen können;
- den Rechenweg verbalisieren können;
- den Rechenweg schriftlich darstellen können im Operatorschema;
- den Rechenweg »verinnerlichen« und die Hälfte von Zahlen ohne ausführliche Darstellung angeben können.

2.3 Lernzielkontrollen

Weitere Aufgaben entsprechend den angegebenen

3. Lernhilfen

Tafelanschriften – Streifen/Stäbe und Einerpunkte zur Demonstration (Flanelltafel) – Arbeitsblätter

4. Unterrichtsverlauf

4.1 Einstieg

Der Lehrer zeigt eine Packung, der Tierbilder beiliegen (z.B. Duplo): Immer wieder muß Petras Mutter dies kaufen wegen der Bilder. 46 Bilder hat Petra schon gesammelt.
Legen der Zahl mit Stäben oder Streifen (s. Abb. 1)
L: In der Schule zeigt Petra ihr Album mit den eingeklebten Tierbildern. Klaus sagt: »Toll. Ich habe erst halb so viele Bilder.»
Überprüfen der Begriffskenntnis »halb«
L: Schreibe auf, wie viele Bilder Klaus hat! Du hast vier Sätze zur Auswahl.
Tafel:
- Klaus hat genau so viele Bilder wie Petra.
- Klaus hat mehr Bilder als Petra.
- Klaus hat weniger Bilder als Petra.
- Klaus hat so viele Bilder wie Petra und noch einmal genau so viele dazu.

Statt verbal kann die Tafelanschrift auch symbolisch dargestellt werden (besonders für Leseschwache):

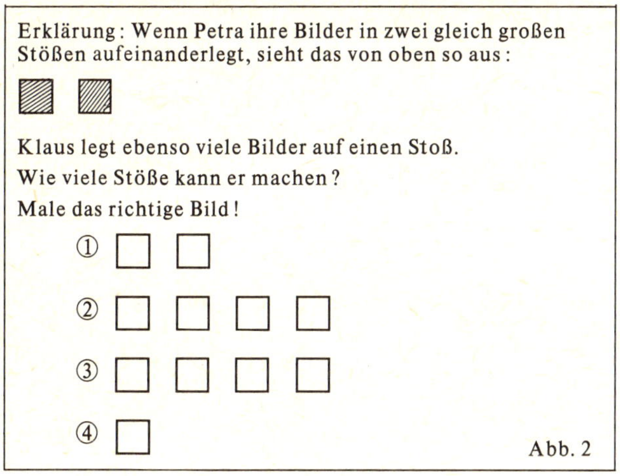

Abb. 2

4.2 Erarbeitung

1. Tag:

1. Teilziel: Halbieren und Verdoppeln »einfacher« ZE-Zahlen. Erläutern der richtigen Lösung im Klassengespräch

L: Klaus kann gut halbieren. Wie macht er das?

1. Schritt:

Von der Darstellung der Zahl 46 (vgl. Abb. 1) die Hälfte wegnehmen. Sprechen: 46 hat vier Zehner. Ich nehme zwei Zehner weg. Dann habe ich die Hälfte, nämlich zwei Zehner. Ich nehme drei Einer weg.

Die Hälfte von 46 ist 23.

2. Schritt:

Tafelanschrift mit gleichzeitiger Versprachlichung:

46 = 40 + 6
(−20)↓ ↓(−3)
20 + 3 = 23

Sicherung: Die Kinder bearbeiten ein Arbeitsblatt:

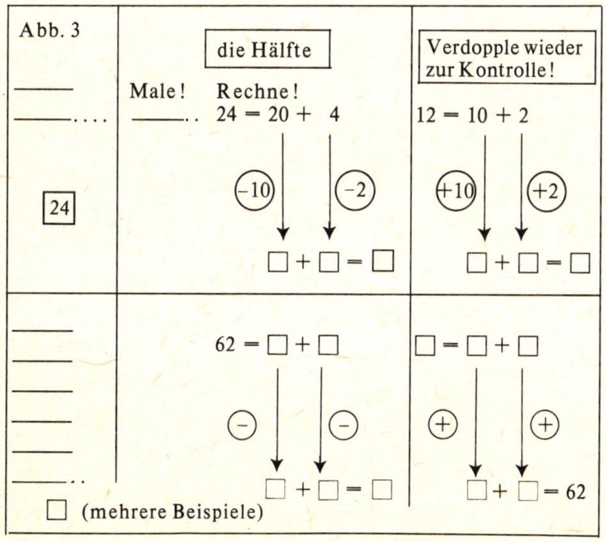

2. Tag:

2. Teilziel: Halbieren und Verdoppeln »schwieriger« ZE-Zahlen

L: Petra hat weiter gesammelt. Nach einigen Tagen berichtet sie: Heute habe ich das 52. Bild eingeklebt! Klaus staunt: Und ich das 26. Bild. Das ist wieder genau die Hälfte. – Stimmt das?

Nach einer spontanen Meinungsäußerung fragt der Lehrer: Wie können wir das überprüfen?

1. Schritt:

Mit Stäben legen (s. Abb. 4)

Dabei zeigt sich, daß das Halbieren dieser Zahl einen »Trick« erfordert: Entweder wird ein Zehnerstab in zwei Fünfer umgetauscht (Demonstration) oder es wird die letzte Reihe (12) in zwei Sechser umgetauscht (Demonstration).

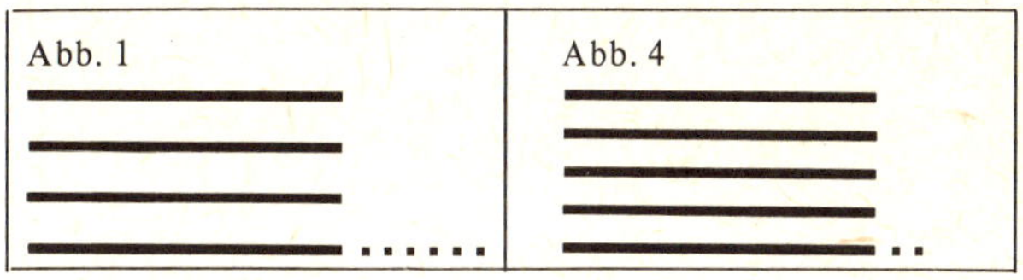

2. Schritt:

Schriftliche Darstellung an der Tafel:

1. Weg:	2. Weg:
52 = 50 + 2	52 = 40 + 12
(−25)↓ ↓(−1)	(−20)↓ ↓(−6)
25 + 1 = 26	20 + 6 = 26

Gemeinsame Darstellung mit Stäben und an der Tafel mit den Zahlen 38, 72, 54, 36. Die Kinder legen mit ihren Stäben mit und führen auch jeweils den Umtausch (beide Möglichkeiten) durch.

Sicherung: Die Kinder bearbeiten ein Arbeitsblatt

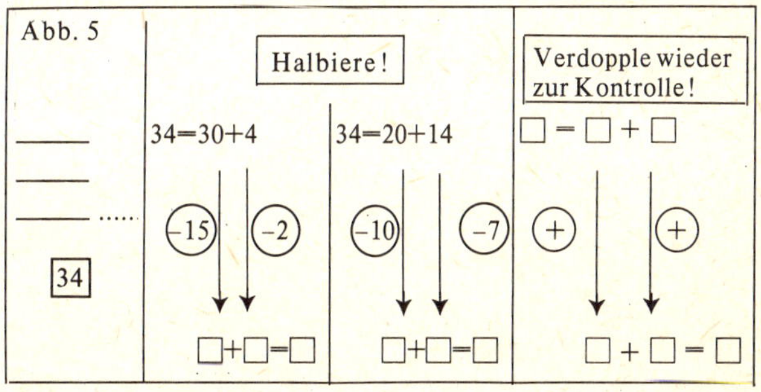

4.4 Weiterführung

Erzielen von Rechenvorteilen durch geschicktes Zerlegen beim Halbieren und Verdoppeln

Halbieren:	Verdoppeln:
78 = 80 − 2	39 = 40 − 1
(−40)↓ ↓(−1)	(+40)↓ ↓(+1)
40 − 1 = 39	80 − 2 = 78

Verfasserin: Silvia Regelein

Silvia Regelein

Von der Addition zur Multiplikation

1. Didaktische Information

1.1 Lernvoraussetzungen

– Die Vereinigung gleichmächtiger, disjunkter Mengen als Additionsgleichung darstellen können
– Mehrgliedrige Summen durch schrittweises Addieren ausrechnen können

1.2 Sachverhalt

Gemäß operativer Grundsätze wird die Multiplikation über die Vereinigung gleichmächtiger, disjunkter Mengen eingeführt. Ausgehend von der Mengendarstellung wird über die Addition mehrerer gleicher Summanden die zugehörige Multiplikationsaufgabe (Malaufgabe) gewonnen. Zur besseren Übersichtlichkeit wird die ungeordnete Mengendarstellung in die geordnete Darstellung eines Gruppenbildes oder Feldes übergeführt, die als Standardmodell für das Produkt verwendet wird.
In der folgenden Stunde wird vor allem der räumlich-simultane Aspekt der Multiplikation berücksichtigt. Deshalb sollte den Kindern nach dieser Einführung in den Malbegriff ausreichend Gelegenheit gegeben werden, durch Handeln auch den zeitlich-sukzessiven Aspekt zu erfahren.
Vor allem für schwächere Schüler ist es eine Hilfe, wenn die Bedeutung des zweiten Faktors durch einen Kreis signalisiert wird.

2. Lernziele

2.1 Grobziel

Einsicht in die Darstellung einer Additionsgleichung mit mehreren gleichen Summanden als Multiplikationsgleichung

2.2 Feinziele

Die Schüler sollen
– eine Additionsgleichung mit mehreren gleichen Summanden in eine Multiplikationsgleichung umformen können;
– eine Multiplikationsgleichung in eine Additionsgleichung umformen können;
– eine Multiplikationsgleichung anschaulich erklären können;
– erkennen, daß der erste Faktor die Anzahl der Mengen bezeichnet;
– erkennen, daß der zweite Faktor die Anzahl der Elemente jeder einzelnen Menge bezeichnet;
– erkennen, daß das Produkt die Anzahl der Elemente der Vereinigungsmenge angibt.

3. Lernhilfen

Zur Arbeit mit der gesamten Klasse: Halb so viele Reifen (Turnhalle) wie die Klasse Kinder hat – 5 Zahlkarten mit den Zahlen 4, 2, 5, 3, 6 – 5 Zeichenblätter – ebenso viele Gummiringe wie Reifen – so viele Halmafiguren wie die Klasse Kinder hat – 10 Kartonstreifen – einen dicken Filzstift
Für jedes Kind: Arbeitsblätter

4. Unterrichtsverlauf

4.1 Hinführung

Vorbereitung: In der Turnhalle oder im Hof liegen auf dem Boden halb so viele Reifen, wie die Klasse Kinder hat.
L: Was könnten wir mit den Reifen spielen?
Erinnerung an durchgeführte Spiele – Vorschläge sollten in einer der folgenden Stunden aufgegriffen werden.
L: Sicher wird euch mein Spiel, das Karussellspiel, gefallen. Es geht so:
Jeder Reifen ist ein Karussell. Später zeige ich eine Zahlkarte, zum Beispiel vier. Dann sausen immer vier Kinder zu einem Karussell, fassen den Reifen und drehen sich alle zusammen. Erst langsam, dann schnell und immer schneller. Nach dem Bremsen legen die Kinder den Reifen wieder hin und kommen zu mir. Wer keinen Platz im Karussell gefunden hat, bleibt bei mir.
L: Erkläre das Spiel, wenn ich die Zahlkarte sechs zeige!
Wiederholung der Spielregel
L: Beim Karussellfahren spielt immer Musik. Wir sprechen beim Spiel einen Vers:
Das Karussell fährt langsam an,
und immer schneller dreht sich's dann.
Und wenn die Fahrt zu Ende geht,
dann bremst es, bis es wieder steht.
Einüben des Verses

4.2 Erarbeitung

1. Teilziel: Zerlegen einer Menge in gleichmächtige Teilmengen
Durchführung des Spiels; der Lehrer zeigt nacheinander die Zahlkarten 4, 2, 5, 3, 6.
Wer »übrig« bleibt, stellt auf einem Zeichenblatt mit Gummiringen und Halmafiguren jeweils das Spiel nach.

Abb. 1

Die fünf benötigten Zeichenblätter liegen mit großem Abstand auf dem Boden, so daß sich nach jedem Spieldurchgang die Klasse um jedes Blatt versammeln kann.

2. Teilziel: Additive Beschreibung und Darstellung als Additionsgleichung
Nach jedem Spiel versammeln sich die Kinder um den Lehrer.
L: X hat euer Spiel nachgebaut. (Hinweis auf Zeichenblatt mit Figuren)
Freie Äußerungen
Problemstellung durch den Lehrer: Wie viele Kinder konnten bei diesem Spiel fahren? Es ist nicht nur wichtig, das Ergebnis zu finden. Es ist ebenso wichtig, daß du deinen Rechenweg erklären kannst!
Nennt ein Kind den Weg, schrittweise 4 zu addieren, hakt der Lehrer ein: Das ist ein guter Vorschlag. Ich will deinen Weg noch einmal zusammenfassen: In jedem Karussell sind 4 Kinder.
Der Lehrer schreibt mit Filzstift zu jedem Reifen die Zahl »4« (s. Abb. 2).

Abb. 2

L: Wir können deshalb rechnen: 4 + 4 + 4 + 4 + 4
Der Lehrer schreibt die Rechnung auf einen Kartonstreifen.
L: Diese lange Rechnung müssen wir schrittweise rechnen.

Markierung auf dem Streifen:	Sprechen:
4 + 4 + 4 + 4 + 4	4 + 4 = 8
4 + 4 + 4 + 4 + 4	8 + 4 = 12
4 + 4 + 4 + 4 + 4	12 + 4 = 16
4 + 4 + 4 + 4 + 4	16 + 4 = 20

L: Jetzt wissen wir, wie viele Kinder beim Vierer-Karussell mitfahren konnten.
Verschiedene Antwortsätze der Kinder; den genauesten im Chor wiederholen, z. B.: Beim Vierer-Karussell können von unserer Klasse 20 Kinder mitfahren.

3. Teilziel: Multiplikative Beschreibung und Darstellung als Multiplikationsgleichung
L: Unsere Rechnung 4 + 4 + 4 + 4 + 4 = 20 ist zwar richtig, aber sehr lang und umständlich. Man kann diese lange Rechnung auch ganz kurz aufschreiben.
Aufgreifen möglichen Vorwissens der Kinder
L: In jedem Karussel sind 4 Kinder.
Lehrer notiert auf einem Kartonstreifen: [④]
L: 5 Karussells sind besetzt.
Lehrer ergänzt: [5 ④]
L: Zusammen sind es fünf mal vier Kinder. (Deutet dabei auf die 5 Karussells.) Das sind zusammen 20 Kinder. Wir schreiben also kurz: Fünf mal vier ist gleich zwanzig.
Lehrer schreibt auf: [5 · ④ = 20]
Erarbeitung des 2. und 3. Teilziels wiederholen sich nach jedem Spieldurchgang mit jeweils neuen Zahlen.

4. Teilziel: Ergebnissicherung 1
Schüler bearbeiten Aufgaben 1 und 2 des Arbeitsblattes (s. Abb. 3)

4.3 Verarbeitung (am folgenden Tag)

5. Teilziel: Umformung einer Additionsgleichung in eine Multiplikationsgleichung
Der Lehrer zeigt den Kartonstreifen [4 + 4 + 4 + 4 + 4 = 20] (linker Tafelflügel): Berichte über dieses Spiel!
Schüleräußerungen (zugleich Verständniskontrolle)
Falls nötig, wird das Spiel an der Flanelltafel nachgestellt.
L: Schreibe auf, wie wir diese Aufgabe kurz aufschreiben können!
Kinder notieren auf dem Block; sofortige Kontrolle durch Anbringen des Kartonstreifens [5 · 4 = 20] (rechter Tafelflügel)
Analog etwa 5 bis 10 weitere Beispiele, dann Arbeitsblatt, Aufgabe 3

6. Teilziel: Umformung einer Multiplikationsgleichung in eine Additionsgleichung
Lehrer klappt linken Tafelflügel um, die Kinder notieren auf einem neuen Blatt zu jeder Malaufgabe eine Plusaufgabe.
Kontrolle: Aufklappen des rechten Tafelflügels
Arbeitsblatt, Aufgabe 4

7. Teilziel: Ergebnissicherung 2
Arbeitsblatt, Aufgabe 5
Empfehlen möchte ich dabei die »freiwillige« Differenzierung: Nach dem Durchlesen entscheiden die Kinder selbst, ob sie das Blatt völlig selbständig oder mit schrittweiser Hilfe des Lehrers lösen.

Arbeitsblatt:

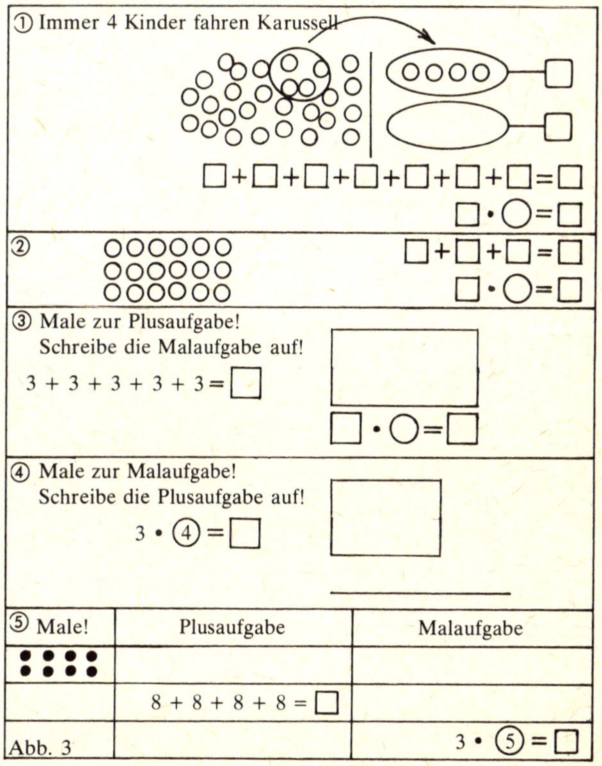

Abb. 3

Verfasserin: Silvia Regelein

Brigitte Widder

Wir lernen multiplizieren

1. Didaktische Information

1.1 Für die nachfolgende Unterrichtsstunde sollen die Kinder bereits daran gewöhnt sein, – von konkreten Sachverhalten ausgehend – mathematische Probleme zu erschließen. Der Abstraktionsprozeß vom konkreten Sachverhalt zur Darstellung auf verschiedenen Ebenen sollte im Zusammenhang mit der Addition und der Subtraktion immer wieder geübt worden sein: Darstellung der Sachsituation mittels eines Mengenbildes, mittels Längen (Stäbe) und mittels der Zahlengleichung. Den Kindern sollte auch geläufig sein, daß Mengen mit gleichmächtigen Teilmengen im ›Feld‹ dargestellt werden können.

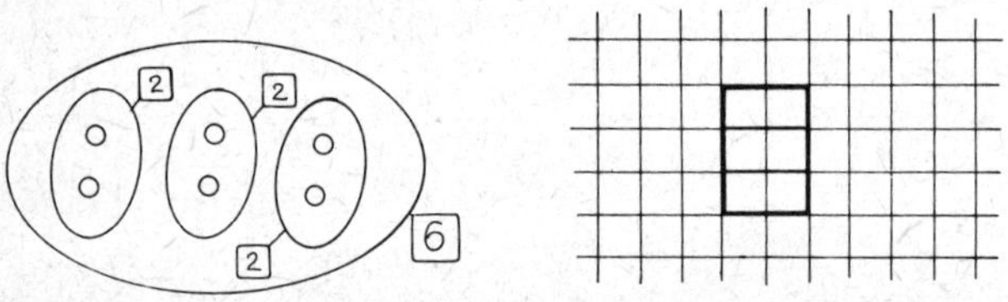

Abb. 1

1.2 Ein Mathematikunterricht, der in grundlegende mathematische Begriffe und Denkweisen einführen will, soll einerseits den Schüler befähigen, konkrete Situationen zu mathematisieren, elementare rechnerisch-mathematische Probleme zu erkennen und selbständig zu lösen und andererseits die Entwicklung rechnerischer Fähigkeiten und Fertigkeiten als eine zentrale Aufgabe des Mathematikunterrichtes ansehen. Die Stunde ›Wir lernen multiplizieren‹ bringt die Einführung in eine arithmetische Grundoperation. Die Multiplikation soll hier mengentheroretisch aus der Operation der Mengenvereinigung entwickelt werden. Ausgangspunkt ist die Mengenmenge oder Vielfachmenge, d.h. eine Menge, deren Elemente selbst (gleichmächtige) Mengen sind. Die Multiplikation ist als verkürzte Addition zu verstehen. Gleiche Summanden in einem mehrgliedrigen Term werden durch die multiplikative Schreibweise zusammengefaßt:

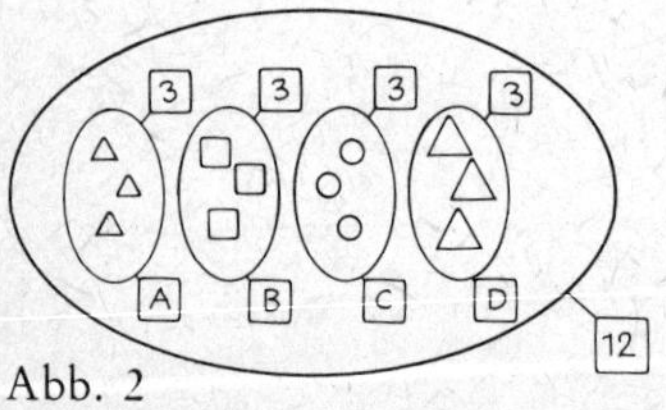

$$A \cup B \cup C \cup D = M$$
$$3 + 3 + 3 + 3 = 12$$
$$4 \cdot 3 = 12$$

Abb. 2

Ein anderer Weg – die Erklärung der Multiplikation als kartesisches Produkt und damit die mengentheoretische Erarbeitung über die Verbindungsmenge – ist ebenfalls möglich, im bayerischen Lehrplan aber nicht ausdrücklich gefordert und wird eher im Zusammenhang mit Sachaufgaben, sozusagen in der Anwendungsphase, aufgegriffen.

2. Lernziele

2.1 Grobziel

Die Kinder sollen die Operation des Multiplizierens in konkreter, ikonischer und symbolischer Darstellung verstehen, d.h., von konkreten Handlungen ausgehend sollen die Kinder erkennen, daß
– dem Vereinigen gleichmächtiger Mengen symbolisch die Multiplikation als verkürzte Form der Addition entspricht;
– der Anzahl der einzelnen Mengen der 1. Faktor, der Anzahl der Elemente pro Einzelmenge der 2. Faktor entspricht und das Produkt sich aus der Anzahl der Einzelelemente der Vereinigungsmenge ergibt.

2.2 Feinziele

Die Kinder sollen
– in der enaktiven Phase eine geschilderte Situation nachvollziehen und diese Handlung exakt verbalisieren;
– die dargebotene Situation mathematisieren können und die handelnd vollzogene Operation
- in einem Mengenbild darstellen
- an der Filztafel darstellen (ikonische Phase);

– den mathematischen Begriff Vereinigungsmenge zuordnen;
– den Abstraktionsschritt von mengentheoretischer Darstellung zu geometrischer Darstellung vollziehen und die Operation mit Rechenstreifen darstellen;
– diese Darstellung exakt verbalisieren;
– selbst die Symbolisation (hier Addition) finden (Symbolische Stufe) und den Begriff »Addition« wissen;
– die vereinfachte Notation = Multiplikation lernen und den Begriff einprägen;
– zu verschiedenen konkreten Darstellungen jeweils das Mengenbild, die geometrische Darstellung und die symbolische Darstellung selbst finden können und dabei die Multiplikation mit der bekannten Grundrechnungsart Addition verknüpfen;
– von einer gegebenen geometrischen Darstellung abstrahieren auf die zugehörige Rechenoperation (reversives Denken).

2.3 Lernzielkontrollen

Die Schüler arbeiten in der Schlußphase der Unterrichtsstunde selbständig mit einem Arbeitsblatt. Diese Phase der Übung und Anwendung dient dem Lehrer bei der Zusammenarbeit mit einzelnen Schülern gleichzeitig zur Lernzielkontrolle. Eine eigene Lernzielkontrolle ist in dieser Einführungsstunde nicht vorgesehen.

3. Lernhilfen

– Satzstreifen für die Flanelltafel (vgl. Abb. 3)
– 12 Tafeln Schokolade, Papier zum Einpacken, Tüte

– Notizblock in der Hand des Schülers
– Flanelltafelmaterial: Venndiagramm, Neutralelemente, Ziffernschildern
– Zahlstreifen (Schülermaterial)
– Zahlstreifen (Demonstrationsmaterial für die Flanelltafel)
– Wortkarten

Addition	Subtraktion

– Bilder, die eine Sachsituation verdeutlichen (vgl. Abb. 4)
– Arbeitsblatt, das analog der Tafelarbeit (vgl. Abb 4) gestaltet ist
–Bild einer konkreten Situation – Venndiagramm – Feld – Zahlengleichung

4. Unterrichtsverlauf

Wie üblich geht auch in dieser Mathematikstunde eine kurze Phase für Rechenfertigkeitsübungen voraus.

4.1 Hinführung

Frau Huber ist bei ihrer Freundin eingeladen. In letzter Minute denkt sie daran, daß die Freundin drei Kinder hat.
S: Da braucht Frau Huber etwas zum Mitbringen.
L: Sie will für jedes Kind vier Tafeln Schokolade kaufen.
Anheften des Satzstreifens an die Flanelltafel (vgl. Abb. 3)
L: Sie geht in ein Geschäft und bittet den Verkäufer: Bitte packen sie mir drei Päckchen, in jedes Päckchen vier Tafeln Schokolade. Alle Päckchen geben Sie mir bitte in diese Tüte.
Wiederholung dieser Szene durch Schüler

4.2 Erarbeitung

1. Teilziel: Enaktive Phase: Verarbeiten der konkreten Situation durch Rollenspiel
Beim Rollenspiel soll auf exakte Verbalisierung geachtet werden.
Jeweils zwei Kinder spielen oben beschriebene Situation.

2. Teilziel: Ikonische Phase: Mengentheoretische Darstellung
L: Überlege mit deinem Nachbarn, wie du das als Mengenbild malen kannst und probiere auf deinem Block aus.
Partnerarbeit
L: Bitte lege an der Filztafel!
Schüler arbeiten an der Filztafel (vgl. Abb. 3).
Verbalisierung: Wir brauchen drei Vierermengen, weil es drei Kinder sind und jedes vier Tafeln Schokolade bekommt. Insgesamt ist es eine Zwölfermenge. Die Menge heißt Vereinigungsmenge.
Auftrag an den Einzelschüler: Prüfe deine Zeichnung, bessere aus!

3. Teilziel: Abstraktionsschritt zur geometrischen Darstellung
L: Du kannst das auch mit deinen Stäben legen.
Stillarbeit
Kontrolle an der Filztafel (vgl. Abb. 3)
Verbalisierung: Weil es drei Kinder sind und jedes Kind vier Tafeln Schokolade bekommt.

4. Zeilziel: Abstraktionsschritt zur symbolischen Darstellung
L: Zu den Stäben und zum Mengenbild paßt die gleiche Rechnung.
S: $4 + 4 + 4 = 12$; das ist eine Addition
L: Du erfährst jetzt etwas Neues: Man kann das nämlich auch

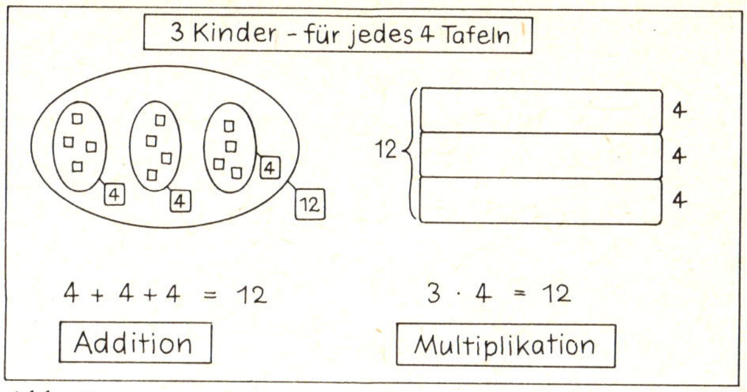

Abb. 3

einfacher aufschreiben: $3 \cdot 4 = 12$; diese Rechnung heißt Multiplikation.
Ergänzung des Flanelltafelbildes

4.3 Anwendung und Übung

In gemeinsamer Arbeit werden folgende Denkschritte vollzogen:
– Lehrer heftet Bild einer konkreten Situation an die Tafel. Schüler verbalisieren, zeichnen ein Mengenbild auf dem Block und erklären ihre Zeichnung. Ein Schüler zeichnet die Lösung an die Tafel.
– Schüler legen mit den Stäbchen in Partnerarbeit.
– Lehrer zeichnet im Feld.
– Schüler finden die zugehörige Addition und dazu die Multiplikation.
In dieser Weise werden zwei Beispiele durchgearbeitet (vgl. Abb. 4).

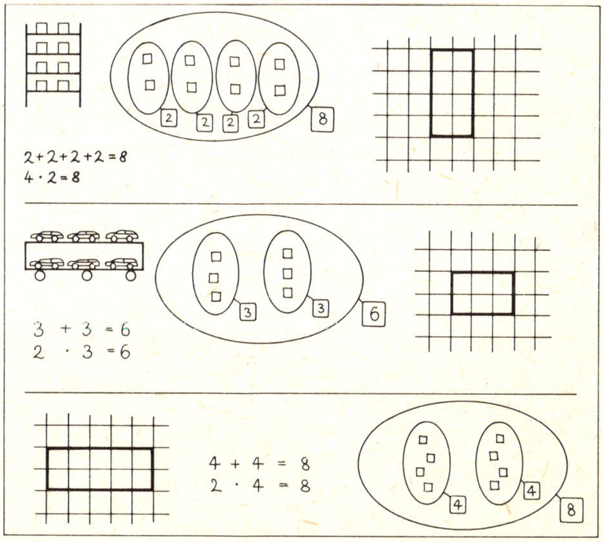

Abb. 4

Der folgende Übungsteil verlangt noch bessere Abstraktionfähigkeit:
– Lehrer zeichnet eine geometrische Darstellung.
– Schüler suchen dazu eine Zahlengleichung, überlegen dazu eine Situation und zeichnen das Mengenbild (vgl. Abb. 4).
Übung und Anwendung in Einzelarbeit
Schüler arbeiten in analoger Weise auf einem Arbeitsblatt: Im Venndiagramm sind die Teilmengen einzutragen, die Addition/Multiplikation ist zu finden, die Felddarstellung ist zu finden.

Literatur bei der Verfasserin

Verfasserin: Brigitte Widder

Silvia Regelein

Einführung der Division

1. Didaktische Information

1.1 Sachstruktur

In Sachaufgaben kann die Division einmal ein Aufteilen oder Verteilen im Sinne des Enthaltenseins und Messens bedeuten oder ein Verteilen im Sinne des Weggebens gleich großer Portionen. Da die Multiplikation als Zusammenfassung gleichmächtiger Teilmengen eingeführt wird ($a \cdot b = c$), ergibt sich als unmittelbare Umkehrung das Zerlegen einer Menge in gleichmächtige Teilmengen ($c : b = a$). Deshalb wird die Division hier im Sinne des Aufteilens eingeführt. Dabei ist die Anzahl der Elemente einer Menge und die Anzahl der Elemente einer Teilmenge bekannt; gesucht wird die Anzahl der Teilmengen.
Während sich die Aufteiloperation handelnd erfahren und begreifen läßt, kann die Versprachlichung Schwierigkeiten bereiten. Denn für Kinder liegt ein nicht zu unterschätzender Abstraktionsprozeß in der Ableitung von handlungsnahen Formulierungen wie z. B. »20 Äpfel aufgeteilt in Tüten mit je 4 Äpfeln« zur Divisionsgleichung »20 geteilt durch 4 ist gleich 5«. Deshalb sollte nach der Einführung auch das Umformen von Zerlegungsgleichungen wie $20 = \square \cdot 4$ in Aufteilungsgleichungen wie $20 : 4 = \square$ geübt werden, wobei die letzte Gleichung nur als andere Schreibweise für die erste vorgestellt und zugleich der Zusamenhang zwischen Multiplikation und Division dargestellt wird.

1.2 Lernvoraussetzungen

Vorausgehen sollte die Einführung der Multiplikation, wobei nicht nur die Multiplikationsgleichung ($5 \cdot 4 = 20$), sondern auch die Zerlegungsgleichung ($20 = 5 \cdot 4$) verwendet wird.

2. Lernziele

2.1 Grobziel

Verstehen der Aufteiloperation und der daraus abgeleiteten Divisionsgleichung

2.2 Feinziele

Die Schüler sollen
- das Aufteilen handelnd durchführen können;
- handelnd und zeichnerisch die Anzahl der Teilmengen ermitteln;
- die Aufteiloperation mit sich an der Handlung orientierenden Sprechweisen verbalisieren können;
- die Divisionsgleichung als symbolische Darstellung aufstellen und interpretieren können.

2.3 Lernzielkontrolle

Arbeitsblatt – Sprechreihen

3. Lernhilfen

– Von den Kindern mitgebrachte Spielsachen: 20 kleine Autos, 24 kleine Bälle, 18 Bausteine, 28 Schusser, 12 Tierfigürchen, 15 Schlümpfe
– 6 Schachteln zum Sammeln der Spielsachen – 29 durchsichtige Plastiktüten und 29 Clips (zum Verschließen von Tiefkühlbeuteln) zum Verpacken der Spielsachen – 24 Scheiben aus Flanelltafelpapier – 6 Wollfäden.
– Overheadprojektor und Folie – Arbeitsblatt

4. Unterrichtsverlauf

4.1 Motivationsphase

Ankündigung etwa eine Woche vor der geplanten Durchführung: Im Rechnen möchte ich euch etwas Neues lernen. Damit ich es euch gut erklären kann, brauche ich einige Spielsachen.

Tafelanschrift:

Autos	Schusser
kleine Bälle	Tierfigürchen
Bausteine	Schlümpfe

L: Später können wir mit den Spielsachen auch einen Spielzeugladen aufbauen und Verkaufen spielen – Sechs Schachteln zum Sammeln der Spielsachen aufstellen – Überprüfung des mitgebrachten Materials.

4.2 Erarbeitungsphase

1. Teilziel: Verstehen der Aufteiloperation
– Demonstration zur Einführung:
Der Lehrer nimmt z. B. die Schachtel mit den Bällen; ein Kind zählt die Bälle.
Tafelanschrift: 24 Bälle
L: Im Spielwarengeschäft »Kinderparadies« gibt es Sonderangebote. Allerdings werden im Sonderangebot die Bälle nicht einzeln verkauft, sondern immer gleich drei Bälle in einer Plastiktüte.
Der Lehrer nimmt drei Bälle aus der Tüte, packt sie in eine durchsichtige Plastiktüte und verschließt sie mit einem Clip.
L: Ich habe euch gezeigt, was der Lehrling Klaus im Kinderparadies tun muß.
S: Er muß die 24 Bälle in Tüten verpacken. Er muß immer drei Bälle in eine Tüte tun . . .
Tafelanschrift:

24 Bälle 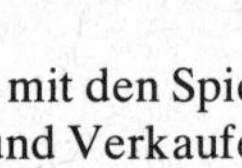 Abb. 1

L: Klaus möchte wissen, wie viele Tüten er braucht.
Während der Lehrer weiterhin je drei Bälle in eine Tüte

packt, nennen die Kinder die vermutete Ergebniszahl oder schreiben sie auf.
Festhalten des Ergebnisses: Klaus hat 24 Bälle verpackt. Er hat immer drei Bälle in eine Tüte gepackt. Er braucht acht Tüten.
Wiederholung an der Flanelltafel: 24 Bälle (Kreise); je ein Kind faßt mit einem Wollfaden je drei Bälle zusammen und spricht dazu: Klaus packt drei Bälle in eine Tüte. – Zum Schluß wird das Ergebnis wie oben wiederholt.
Sicherung: Bearbeitung eines Arbeitsblattes

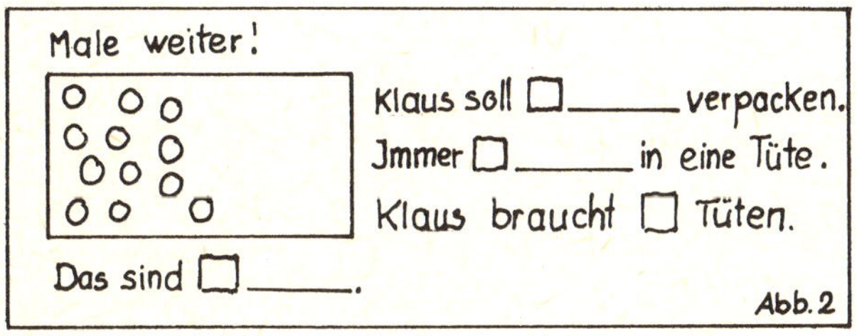

(Lösung: 12 Bälle dazumalen, jeweils 3 Bälle einkreisen; in die Lücken einsetzen: 24 Bälle, 24 Bälle, 3 Bälle, 8)
– Selbständiges Handeln in Gruppenarbeit:
Der Lehrer deutet auf die übrigen Schachteln mit Spielzeug: Ihr wißt sicher, was Klaus noch tun muß.
Sprechreihe: Klaus muß die Autos in Tüten verpacken . . .
L: An der Tafel steht, wie viele Autos Klaus in jede Tüte packen soll. (Siehe Abb. 3)
Sprechreihe: Klaus soll immer vier Autos in eine Tüte packen . . .
L: Spielt nun in Gruppen, was Klaus tun muß! Jedes Kind soll wenigstens einmal an die Reihe kommen. Die Kinder setzen sich in Gruppen zusammen (auch am Boden sitzend.) In der Mitte jeder Gruppe steht die Schachtel mit den Spielsachen und liegen Plastiktüten und Clips bereit.
Während die Kinder die Spielsachen abpacken, verteilt der Lehrer ein Arbeitsblatt, das jedes Kind im Anschluß bearbeitet.
Ein Kind jeder Gruppe berichtet.

2. Teilziel: Notieren der Aufteiloperation als Divisionsgleichung
L: Klaus ist froh, daß er mit seiner Arbeit fertig ist. Laßt uns noch einmal wiederholen, was er alles gemacht hat!
Folie (siehe Abb. 4)

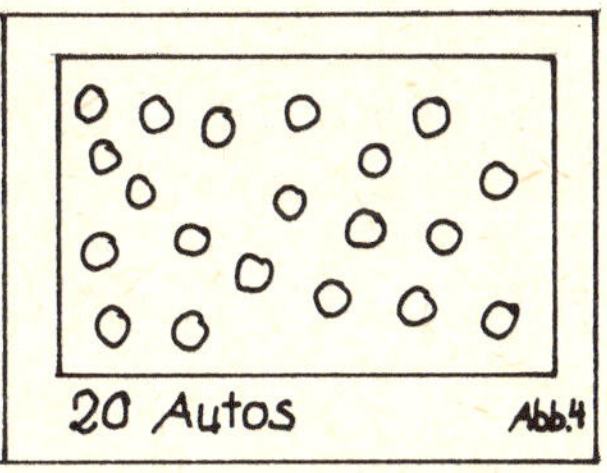

S: Er hat 20 Autos in Tüten verpackt. Immer vier Autos in eine Tüte . . .
Einkreisen auf der Folie
L: Richtig. Er hat 20 Autos in Tüten mit immer vier Autos verpackt. Er hat die 20 Autos in Vierergruppen/Vierermengen aufgeteilt. Wir sprechen kurz: 20 Autos geteilt durch 4 Autos. Wir schreiben:
Tafelanschrift: 20 : 4 = 5

Sprechen: Wenn Klaus 20 Autos in Tüten mit immer vier Autos verpackt, braucht er 5 Tüten. 20 geteilt durch 4 ist gleich 5 – Mehrmaliges Wiederholen
Analog werden zu den anderen Spielsachen Abbildungen auf Folie gezeigt, wobei die Sprechweise wiederholt und die Gleichung an der Tafel notiert wird.
Sicherung: Arbeitsblatt

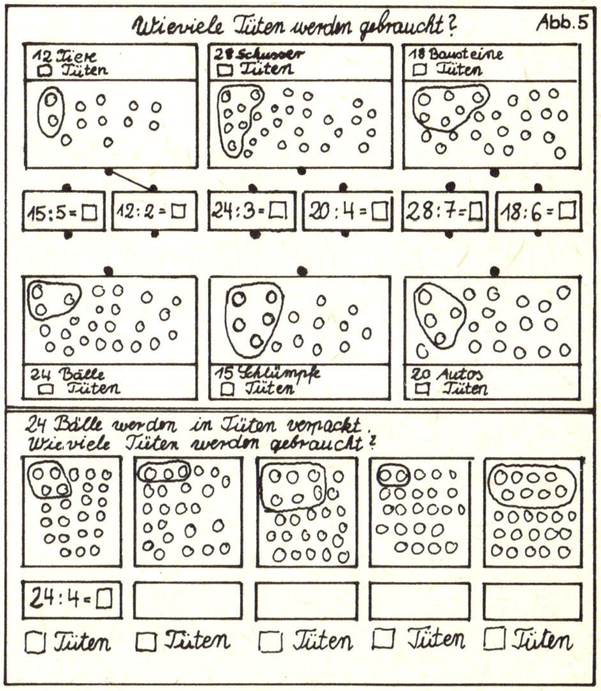

4.3 Vertiefungsphase

Tafelanschrift:

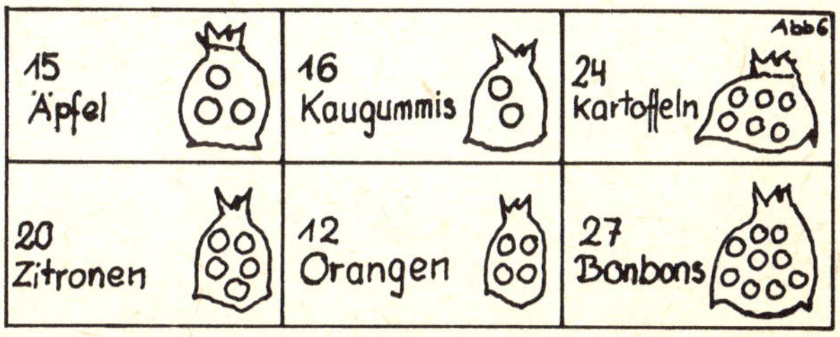

Die Kinder sprechen zu jeder Darstellung und formulieren die Gleichung. Das Ausrechnen kann guten Schülern überlassen bleiben oder entfallen.
Tafelanschrift:
20 : 4 = 5
12 : 3 = 4
15 : 5 = 3
L: Wähle dir eine Aufgabe aus und erzähle deinem Nachbarn eine passende Geschichte dazu!
Partnergespräch
L: Erzähle uns allen die Rechengeschichte, die dir dein Nachbar erzählt hat! Aber nur, wenn du meinst, daß dein Nachbar dir eine richtige Rechengeschichte erzählt hat!

Verfasserin: Silvia Regelein,

Ilse Kasperek

Das arithmetische Mittel

1. Didaktische Information

1.1 Aufbauend auf Addition und Subtraktion im Hunderterraum einerseits und auf Halbieren und Verdoppeln andererseits, soll das Operieren mit dem arithmetischen Mittel eingeführt werden.
In dieser Einführungsstunde soll sich auf die Bildung des arithmetischen Mittels aus zwei Zahlen beschränkt werden.
Um das arithmetische Mittel zu errechnen, gibt es verschiedene Möglichkeiten:
– Zunächst die aufwendigste Art: Annäherung an das arithmetische Mittel durch schrittweises Addieren und Subtrahieren. Diese Möglichkeit liegt dem kindlichen Probierverhalten am nächsten.
– Ermitteln der Differenz aus den beiden Zahlen, danach die Differenz halbieren und zur kleineren Zahl addieren bzw. von der größeren der beiden Zahlen subtrahieren.
– Aus beiden Zahlen die Summe bilden und diese danach halbieren.

1.2 Die Schüler der 2. Jahrgangsstufe können im Hunderterraum addieren und subtrahieren und geläufig zweistellige Zahlen halbieren und verdoppeln. Dies sind die notwendigen mathematischen Voraussetzungen, um das arithmetische Mittel aus zwei Zahlen errechnen zu können.

2. Lernziele

2.1 Grobziel
Die Schüler sollen erkennen und erarbeiten, daß zwei verschieden große Zahlen am vorteilhaftesten in zwei gleich große umgewandelt werden können, indem man ihre Summe halbiert.

2.2 Feinziele
Die Schüler sollen
– einen gegebenen Sachfall mathematisieren;
– aus dem Sachfall eine Problemfrage formulieren;
– mit Hilfe von Spielgeld Lösungswege ausprobieren und verbalisieren;
– erkennen und versprachlichen, daß diese probierenden Lösungsversuche umständlich und unrationell sind;
– die vorteilhafteste Strategie entwickeln, nämlich aus zwei Zahlen die Summe bilden und diese halbieren und die Strategie zunächst graphisch und danach abstrakt ausdrücken;
– die gewonnenen Erkenntnisse in differenzierter Arbeitsform auf andere Zahlenbeispiele anwenden.

2.3 Lernzielkontrolle
Folie übereinstimmend mit Arbeitsblättern

3. Lernhilfen

Tafelbild – Flanellspielgeld – passend abgezähltes Spielgeld für jedes Kind – differenzierte Arbeitsblätter – Tafelanschrift – Folie mit Ergebnissen aus den Arbeitsblättern

4. Unterrichtsverlauf

4.1 Hinführung

Abb. 1

Freie Äußerungen der Schüler
L: Die beiden Kinder heißen Jürgen und Monika. Sie spielen Karten und haben sogar schon etwas gewonnen.
Der Lehrer heftet folgende Geldbeträge zu den Kindern des Bildes: Jürgen 40 Pf – Monika 26 Pf

1. Teilziel:
Die Schüler äußern sich zu der Bildsituation: Jürgen hat am meisten gewonnen, Monika hat um 14 Pf weniger . . .
L: Monika ist sehr traurig, deshalb macht Jürgen einen sehr kameradschaftlichen Vorschlag: Wir werden das Geld gerecht teilen.

4.2 Problemstellung
2. Teilziel:
Erarbeitendes Unterrichtsgespräch mit dem Ergebnis:
Wie können die Gewinne gerecht geteilt werden?
Tafelanschrift – Gemeinsames Lesen der Problemfrage

4.3 Erarbeitung
L: Du darfst nun zusammen mit deinem Nachbarn herausfinden, wie die Kinder geteilt haben.

3. Teilziel:
Die Kinder bekommen abwechselnd den Spielgeldbetrag von Jürgen und Monika.
Die Banknachbarn versuchen, durch Probieren zu einer gerechten Teilung zu kommen, und geben ihre Lösungsvorschläge bekannt. Die Schüler verbalisieren ihre Versuche:
Ich habe zuerst von Jürgens Gewinn 5 Pf weg und zu Monika dazugelegt. Dann hatte Jürgen 35 Pf und Monika 31 Pf. Nun habe ich

von Jürgen noch einmal 4 Pf weggenommen. Jetzt hatte er 31 Pf und Monika dafür 35 Pf. Zum Schluß habe ich von Monikas Betrag 2 Pf zu Jürgens hinübergelegt, dann hatten beide 33 Pf.

Mehrere Schüler versprachlichen so ihre Probierversuche. Einige Lösungswege werden an die Tafel geschrieben:

40 Pf − 5 Pf = 35 Pf	26 Pf + 5 Pf = 31 Pf
35 Pf − 4 Pf = 31 Pf	31 Pf + 4 Pf = 35 Pf
31 Pf + 1 Pf = 32 Pf	35 Pf − 1 Pf = 34 Pf
32 Pf + 1 Pf = 33 Pf	34 Pf − 1 Pf = 33 Pf

2. Versuch der zum Erfolg führte:

40 Pf − 10 Pf = 30 Pf	26 Pf + 10 Pf = 36 Pf
30 Pf + 2 Pf = 32 Pf	36 Pf − 2 Pf = 34 Pf
32 Pf + 1 Pf = 33 Pf	34 Pf − 1 Pf = 33 Pf

4. Teilziel:

Die Schüler lesen die entstandenen Rechnungen noch einmal vor und äußern sich dazu. Sie kommen durch das Gespräch zu dem Ergebnis, daß die Rechenwege, wie sie sie nun ausprobiert haben, recht umständlich und aufwendig sind.

5. Teilziel:

Die Schüler überlegen nun, wie sie zu einer einfacheren Lösungsstrategie gelangen könnten, besprechen ihre Vorschläge in der Gruppe und schreiben sie auf.

Falls die gesuchte, vorteilhafteste Strategie nicht bei den gefundenen Möglichkeiten dabei ist, gibt der Lehrer einen Hilfsimpuls: Ich gebe euch einen Rat, legt eure Geldbeträge zuerst zusammen. Jetzt könnt ihr gerecht teilen.

Tafelanschrift:

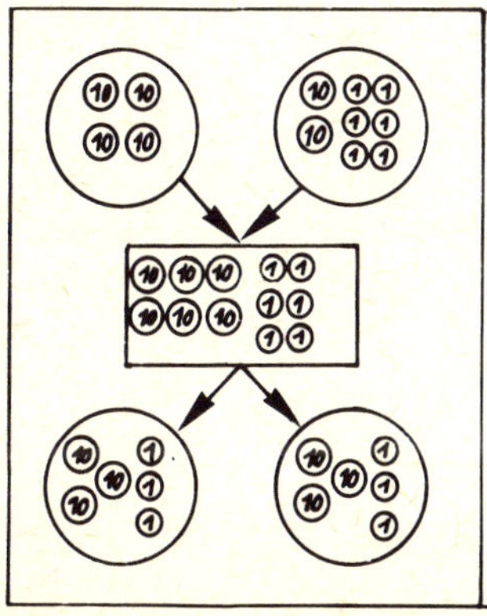

Abb. 2

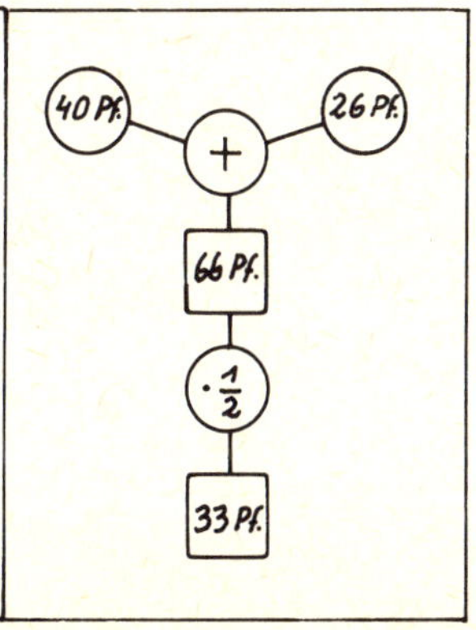

Abb. 3

Finde zu diesem Bild die passenden Rechnungen!

Die Schüler schreiben diese in Stillarbeit auf.

Tafelanschrift:

40 Pf + 26 Pf = 66 Pf $\frac{1}{2} \cdot 66$ Pf= 33 Pf

oder: s. Abb. 3

L: Wieviel mußte nun Jürgen von seinem Gewinn an Monika abgeben?

Tafelanschrift:

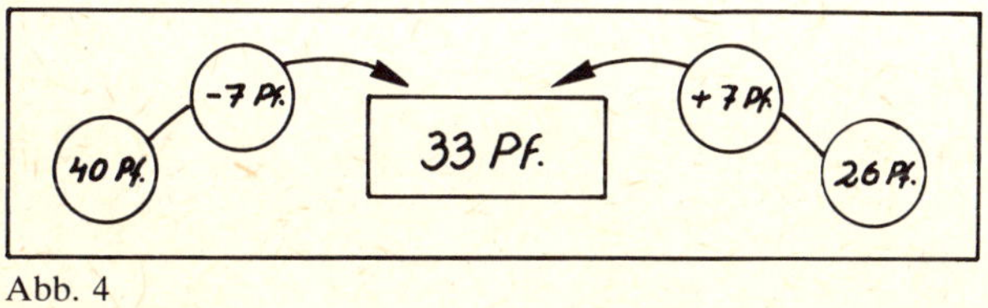

Abb. 4

Die Schüler versprachlichen die Situation:

Jürgen hat 7 Pf an seine Schwester abgegeben, hatte dann 33 Pf. Monika hat diese 7 Pf dazubekommen und hatte dadurch ebenfalls 33 Pf.

– *Erkenntnisgewinnung:*

Die Schüler fassen nun die entwickelte Lösungsstrategie noch einmal in Worte: Wir haben die beiden Beträge zuerst zusammengelegt und dann halbiert.

Tafelanschrift:

Wenn wir aus zwei verschiedenen großen Beträgen zwei gleich große machen wollen, addieren wir die beiden Zahlen und halbieren die Summe.

4.4 Verarbeitung

6. Teilziel:

Diese Erkenntnis soll nun in differenzierter Arbeitsweise auf andere Zahlenbeispiele übertragen werden.

Die Schüler bearbeiten in Stillarbeit die ausgeteilten Arbeitsblätter.

Arbeitsblatt A

Mache aus diesen Beträgen jeweils zwei gleich große:

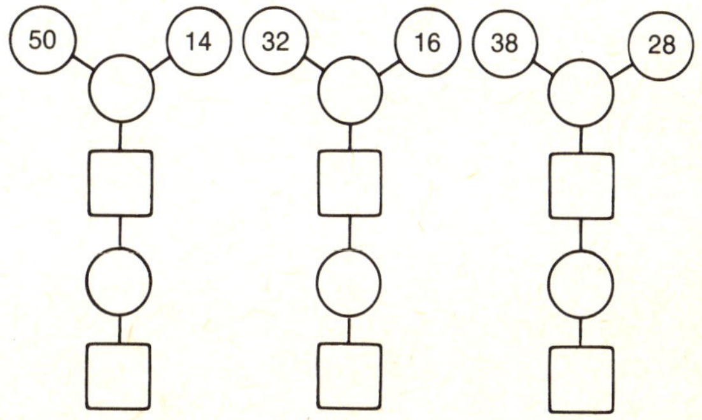

Arbeitsblatt B   Wir teilen gerecht

Finde zu diesen Zeichnungen die passenden Rechnungen!

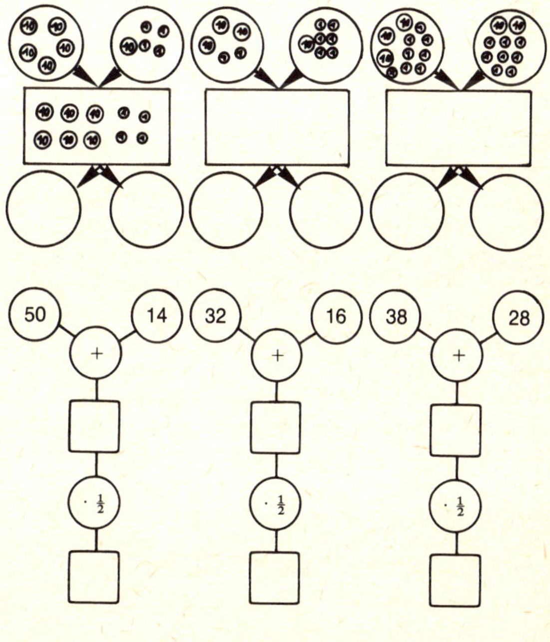

Abb. 5

Verfasserin: Ilse Kasperek

Heinz Uchronski

Das Einmaleins mit 2 – Übungsstunde

1. Didaktische Information

1.1 Voraussetzung für nachfolgende Übungsstunde ist ein Verständnis von seiten der Schüler für die Operation des Multiplizierens allgemein. Im Besonderen muß die Einführung des 1 · 2 vorausgegangen sein und zwar mit Hilfe
- des mengentheoretischen Modells
- des Längenmodells
- des Operatormodells

Hingewiesen sei in diesem Zusammenhang auf GRUNDSCHULMAGAZIN 1979, Heft 1; B. Widder: Wir lernen multiplizieren.

1.2 Da das Erlernen mathematischer Prozesse in mehreren Etappen geschieht, soll in dieser Unterrichtsskizze das Einmaleins mit 2 in einem Sachzusammenhang anschaulich dargestellt, geübt und gefestigt werden und zwar im Sinn der operativen Übung. Diese will die gewonnenen Einsichten und Fähigkeiten vertiefen und ausweiten, die vielfältigen Zusammenhänge und Bezüge durchleuchten und somit größere Beweglichkeit und Sicherheit in der Bewältigung mathematischer Probleme schaffen. Dies ist insofern von besonderer Bedeutung, da das 1 · 2 Grundlage für das 1 · 4 und das 1 · 8 ist.

1.3 Auf dieser Lernstufe ist es vorteilhafter, in Sinnbezügen zu üben, statt viele, in ihrer Struktur aber gleichartige Aufgaben zu lösen. So soll auch im Rahmen der Übung Mathematik ein Mittel zur sachgerechten Bewältigung konkreter Lebensprobleme bleiben. Damit wird einem unverstandenen Mechanismus vorgebeugt.
Nachdem operative Übungen notwendige Voraussetzungen geschaffen haben, schließen sich Fertigkeitsübungen an, die ihrer Substanz nach Anwendungsübungen sind. Wenn die Arbeit innerhalb der dargestellten Stufen abgeschlossen ist, werden operative Übungen und Fertigkeitsübungen Inhalte und Formen des Kopfrechnens bzw. Inhalt der Phase der Kurzübung. Auch in dieser Phase ist es wichtig, beim Schüler Lernbereitschaft hervorzurufen und ihn über offene Lernsituationen zu denkendem, kreativem Arbeiten zu führen. Deshalb ist ein Wechsel der Darstellungsformen erforderlich.
In Punkt 4.3 werden einige Beispiele angeführt, die für alle Einmaleinsbehandlungen gelten können.

2. Lernziele

2.1 Grobziel

Beherrschen des Einmaleinssatzes mit 2 als Grundlage des Einmaleins mit 4 und des Einmaleins mit 8

2.2 Feinziele

Die Schüler sollen
- zu Zahlbildern Einmaleinsaufgaben finden;
- aus verschiedenen Zahlen die zum 1 · 2 passenden finden und damit Malaufgaben bilden;
- den Begriff »Paar« richtig gebrauchen lernen;
- mathematische Beziehungen aufdecken;
- aus Bildern Aufgaben zum 1 · 2 suchen und lösen;
- verschiedene Lösungsmöglichkeiten bei der additiven Zusammenfassung von Aufgaben zum 1 · 2 kennenlernen;
- rechnerisches Tun verbalisieren.

2.3 Lernzielkontrollen

Das möglichst rasche Lösen verschiedener Aufgaben im Bereich des 1 · 2 stellt ebenso eine Lernzielkontrolle dar, wie die selbständige Anwendung und Übung des Gelernten in Alleinarbeit.

3. Lernhilfen

Für den Lehrer: »Zahlbilder«, das sind auf Folien oder Karteikarten aufgeklebte Farbpunkte – Luftballons mit Zahlen, auf Plakatkarton aufgeklebt – Bild von zwei Kindern im Schuhgeschäft – 10 Schuhkartons (mit Schuhen aus der Garderobe) – Zahlenstreifen
Für den Schüler: Zahlstreifen (Zweierstäbe)

4. Unterrichtsverlauf

– Kurzübung:

a) Zahlbilder zum Einmaleins mit 2:

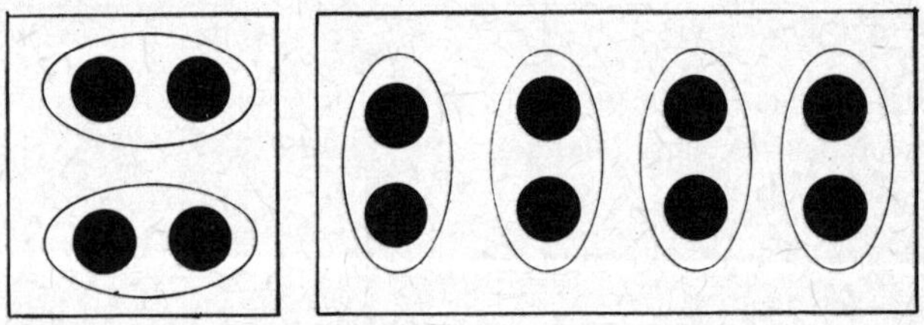

Abb. 1

Schüler formulieren die passenden Malaufgaben.
Beispiel: 2 · 2 = 4   4 · 2 = 8
Durch Abändern der Mengenschleifen könnte an dieser Stelle bereits ein erstes Verständnis für andere Einmaleinsreihen angebahnt werden (nach dem Kommutativgesetz).
Beispiel: 4 · 2 = 2 · 4
b) »Luftballon abschießen«:
Nur solche Luftballons dürfen »abgeschossen« (= durchgestrichen) werden, zu denen sich Einmaleinsaufgaben mit 2 bilden lassen.

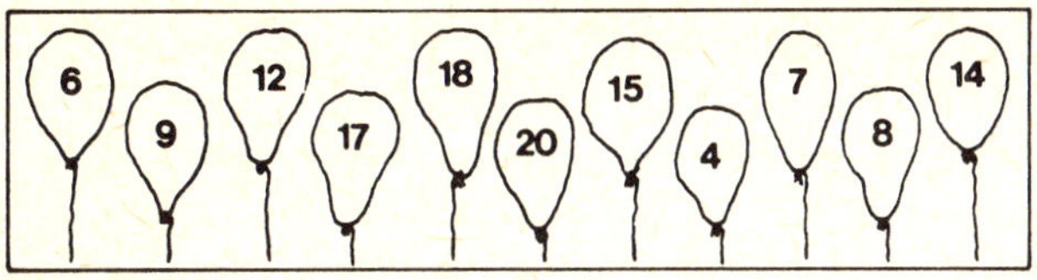

Abb. 2

Schüler schreiben die Aufgaben auf den Block.

– Hauptübung:

4.1 Hinführung

Bild: Zwei Kinder, Heidi und Rolf, in einem Schuhgeschäft; Tafel:

Abb. 3

Schüler erzählen zu dem Bild.
L: Du weißt, was sich in den Kartons befindet!
S: In einem Karton sind immer 2 Schuhe, ein linker und ein rechter.
Klärung des Begriffes »Paar«.
TA: Ein Paar Schuhe sind zwei Schuhe.
L: Aus dem Bild können wir mehrere Aufgaben zum 1 · 2 herausfinden!
Schüler formulieren folgende Problemfragen (TA):
– Wie viele Schuhe kann Heidi anprobieren?
– Wie viele Schuhe kann Rolf anprobieren?
– Wie viele Schuhe können beide zusammen anprobieren?

4.2 Erarbeitung

1. Teilziel: Wie viele Schuhe kann Heidi anprobieren?
a) Verarbeiten der Situation durch ein Rollenspiel:
Die Verkäuferin bringt Heidi 5 Kartons mit Schuhen. Schuhe werden ausgepackt.
b) Zeichnerisches Darstellen der Situation und zwar sowohl mengentheoretisch als auch nach dem Längenmodell. (Zahlstreifen)

Abb. 4

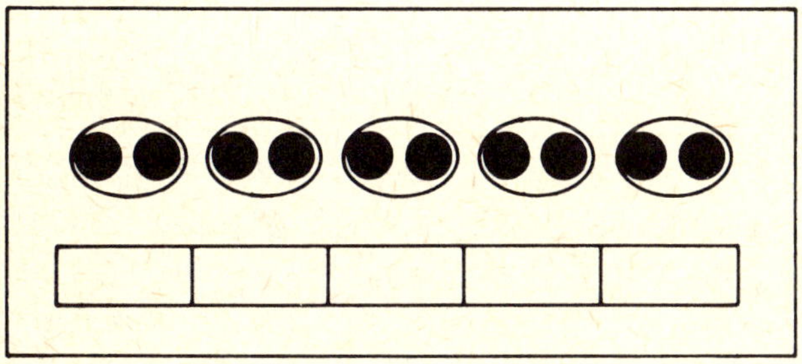

c) Formulieren der Rechenaufgabe mit Zahlen.
Beispiel: 5 · 2 = 10
d) Erarbeiten eines Antwortsatzes zur Rechenfrage (TA):
Heidi kann 10 Schuhe anprobieren.

2. Teilziel: Wie viele Schuhe kann Rolf anprobieren?
Das 2. Teilziel wird analog dem 1. durchgeführt. Deshalb kann die Rechengruppe A die Teile b,c,d, selbständig lösen, während Rechengruppe B zusammen mit dem Lehrer an der Tafel rechnet. Die Tafelanschrift bildet gleichzeitig die Kontrolle für Gruppe A.

3. Teilziel: Wie viele Schuhe können beide zusammen anprobieren?
– Schüler versuchen in Alleinarbeit, die Situation mengentheoretisch darzustellen.
Zur Kontrolle Vergleich mit *Tafelbild:*

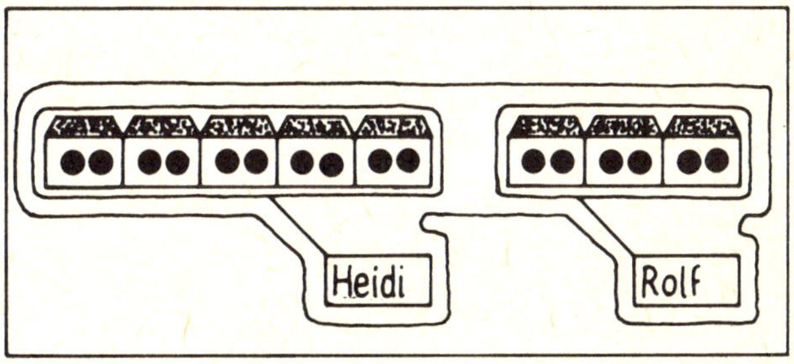

Abb. 5

– Verschiedene Lösungsmöglichkeiten der additiven Zusammenfassung von Multiplikationsaufgaben.
TA: 5 · 2 + 3 · 2 = 10 + 6 = 16
5 · 2 + 3 · 2 = 8 · 2 = 16
– Formulieren eines Antwortsatzes zu Teilziel 3
TA: Heidi und Rolf probieren zusammen 16 Schuhe an.

4.3 Anwendung und Übung

Statt Kartons werden folgende Zahlenstreifen neben Rolf und Heidi geheftet.
Tafel:

6	2
4	5
3	3
8	2
5	5

Die unter 4.1 genannten Fragen werden mit dem neuen Zahlenmaterial nochmals ausgerechnet und zwar im differenzierenden Verfahren: Gruppe A Alleinarbeit, Gruppe B unter Mithilfe des Lehrers.
– *Weiterführende Übungsformen:*
a) Ergänze immer auf 20 : 8 · 2 + _ = 20
b) Subtrahiere vom Ergebnis 5 : 6 · 2 – 5 =
c) Karteikarten (DIN A 5) mit Malaufgaben:
Lehrer zeigt Malaufgabe, Schüler geben die Antwort mittels selbsterstelltem Ergebnisanzeiger (kleiner Spiralblock) an.
d) Rechenlotto: Je Vierergruppe eine Legetafel (Plakatkarton) mit Malaufgaben, auf die Deckkärtchen mit dem Ergebnis gelegt werden
e) Würfelspiel: Partnerarbeit. Jeder Schüler würfelt, die Augen werden zusammengezählt und · 2 genommen.

Verfasser: Heinz Uchronski

Silvia Regelein

Wir legen und wechseln Geldbeträge bis 100 DM

1. Didaktische Information

1.1 Lernvoraussetzungen

– Erarbeitung des Zahlenraums bis 100
– Kenntnis des Wertes der Münzen und Scheine bis zum 100-DM-Schein (Ordnen von Münzen und Scheinen nach ihrem Wert in aufsteigender und abfallender Folge; Beziehungen zwischen Münzen bzw. Scheinen herstellen wie z. B. »ein 20-DM-Schein ist doppelt so viel wert wie ein 10-DM-Schein«; Münzen und Scheine in höher- oder geringerwertige Einheiten umtauschen)

1.2 Sachverhalt

Im ersten Schuljahr werden die Kinder mit Münzen von 1 Pf. bis 1 DM vertraut gemacht und hierbei in den Umgang mit Größen eingeführt (vgl. »Wir rechnen mit Geld« 1. Jgst. in: Ehrenwirth Grundschulmagazin 1978, Heft 7). Die vorliegende Unterrichtseinheit kann nach einer systematischen Einführung in die Zahlungsmittel gehalten werden zur Sicherung und Vertiefung. Es wird dabei an lebensnahe Gegenstände und Preise angeknüpft. Dabei werden vor allem zwei Darstellungsmöglichkeiten von Geldbeträgen herausgearbeitet: Einmal die Darstellung mit 10-DM-Scheinen und 1-DM-Münzen in Analogie zu Zehnern und Einern; zum andern die Darstellung von Geldbeträgen mit möglichst wenig Scheinen und Münzen. Die Darstellung verschiedener Möglichkeiten eines Geldbetrags stellt an das Kombinationsvermögen der Kinder hohe Anforderungen.

2. Lernziele

2.1 Grobziel

Geldbeträge bis 100 DM darstellen können

2.2 Feinziele

Die Kinder sollen
– Geldbeträge in aufsteigender Folge ordnen können;
– Geldbeträge mit 10-DM-Scheinen und 1-DM-Münzen darstellen können;
– Geldbeträge mit möglichst wenig Scheinen und Münzen darstellen können;
– Geldbeträge auf verschiedene Art darstellen können.

2.3 Lernzielkontrollen

Aus den angegebenen Aufgaben können Lernzielkontrollen zusammengestellt werden.

3. Lernhilfen

Spielgeld – (bei Sparkassen und Banken kostenlos erhältlich) – Tafelanschrift – Arbeitsblätter

4. Unterrichtsverlauf

4.1 Motivationsphase

Vorbesprechung einer Hausaufgabe
L: Kinder haben viele Wünsche. Nimm zu Hause einen Katalog her! Denk dir, du dürftest dir etwas heraussuchen, was bis zu hundert Mark kostet! Schneide diesen einen Gegenstand aus, klebe ihn auf ein Blatt Papier und schreibe den Preis in Mark dazu! Laß die Pfennigbeträge weg! Du kannst deinen Wunsch auch malen. (Evtl. zeigt der Lehrer »seinen Wunsch« als Beispiel.)

4.2 Erarbeitungsphase (am folgenden Tag)

1. Teilziel: Vergleichen der Preise
Die Kinder treten nacheinander vor die Klasse, zeigen ihr Blatt und sprechen dazu: . . . kostet . . . DM.
L: Wir wollen eure Wünsche nach ihrem Preis ordnen!
Tafelanschrift (= TA):

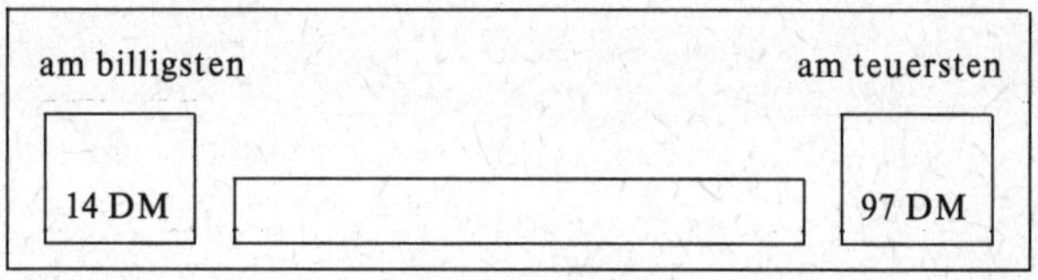

Abb. 1

Der Lehrer klebt zwei Bilder an die Tafel. Die Kinder stellen sich zwischen den beiden Bildern geordnet auf. (Bei Schwierigkeiten: Kostet dein Wunsch weniger als 20 DM? Dann komm vor! . . . zwischen 20 und 30 DM? . . .)
Jedes Kind schreibt »seinen« Preis an die Tafel (vgl. Abb. 1 Kasten) und setzt sich auf seinen Platz.

2. Teilziel: Darstellen der Preise mit Zehnern und Einern
Wer auf seinem Platz ist, legt »seinen« Preis mit Spielgeld, und zwar nur mit Zehnmarkscheinen und Einmarkstücken. Dann zeichnet er an die Tafel (Abb. 2), kreist auf einem Arbeitsblatt die benötigten Scheine und Münzen ein und malt sie farbig an (Abb. 3).

Abb. 2

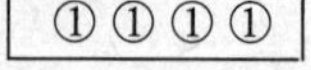

Abb. 3

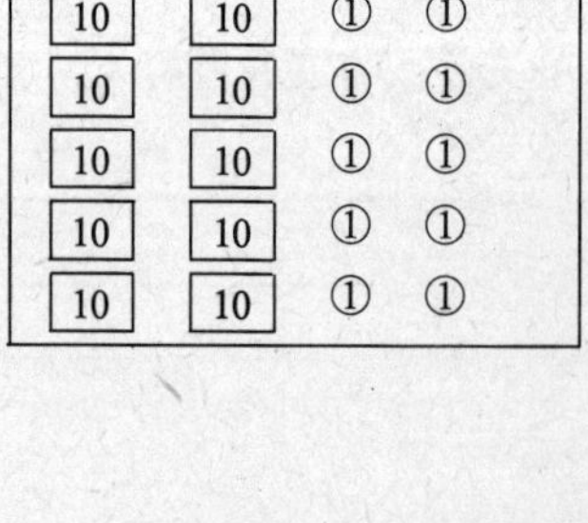

3. Teilziel: Zusammenfassen von Einerbeträgen
L: Bei manchen Preisen ist es sehr umständlich, mit Einmarkstücken zu bezahlen. Suche diese Preise heraus! Kinder nennen Preise mit hohen Einerbeträgen.
Tafel:

Bezahle mit möglichst wenig Münzen!
9 DM ① ① ① ① ① ① ① ① ①

L: Dein Auftrag steht an der Tafel. Lege mit Spielgeld! Verdeutlichung an der Tafel (s. Abb. 5) mit gleichzeitigem Sprechen durch die Kinder: Fünf einzelne Markstücke kann ich in ein Fünfmarkstück umtauschen. Zwei . . .
Einzelarbeit: Die Kinder bearbeiten analog der gemeinsamen Arbeit an der Tafel eine Aufgabe auf dem Arbeitsblatt.

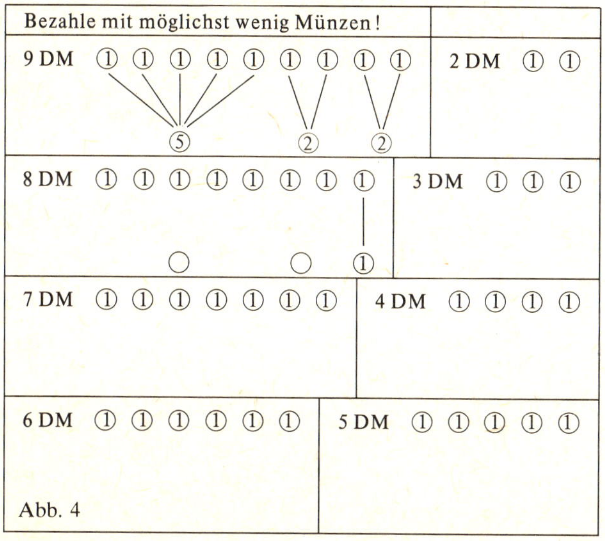

Abb. 4

4. Teilziel: Zusammenfassen von Zehnerbeträgen
L: Ebenso umständlich ist es bei manchen Preisen, mit Zehnmarkscheinen zu bezahlen. Suche diese Preise heraus! Kinder nennen Preise mit hohen Zehnerbeträgen.
Tafel:

Bezahle mit möglichst wenig Scheinen!
90 DM [10] [10] [10] [10] [10] [10] [10] [10] [10]

Gemeinsame Arbeit an der Tafel (vgl. 3. Teilziel)
Arbeitsblatt (Abb. 5)

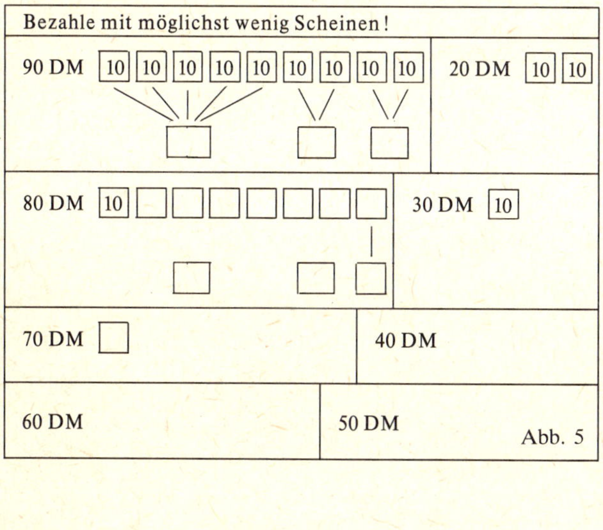

Abb. 5

5. Teilziel: Zusammengefaßte Darstellung der Preise
L: Nun kannst du den Preis deines Wunsches mit möglichst wenig Scheinen und Münzen legen.
Kinder legen mit Spielgeld und zeichnen nach Kontrolle an die Tafel. (s. Abb. 6)

L: Trage in die Tabelle auf dem Arbeitsblatt ein, wie die anderen Kinder ihre Wünsche bezahlen, mit möglichst wenig Scheinen und möglichst wenig Münzen! (s. Abb. 7)

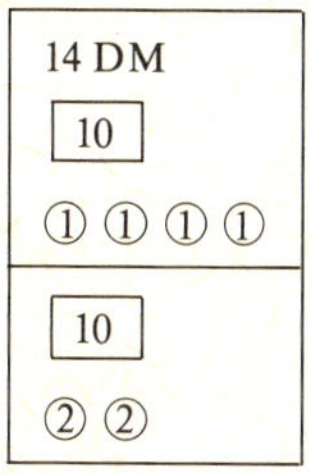

Abb. 6

Preis	[50]	[20]	[10]	⑤	②	①
14 DM	–	–	1	–	2	–

Abb. 7

Fertige Kinder beteiligen sich an der Zeigeübung: An die Tafel hat der Lehrer jede DM-Münze und jeden DM-Schein gezeichnet (oder Demonstrationsmaterial angeklebt). Er tippt ein- oder mehrmal auf jeden Wert, die Kinder nennen den Preis. (Beispiel: Lehrer tippt einmal auf 50 DM, zweimal auf 20 DM, einmal auf 5 DM, dreimal auf 1 DM → 98 DM).

6. Teilziel: Verschiedene Darstellungsmöglichkeiten eines Preises
L: Es gibt viele verschiedene Möglichkeiten, wie du deinen Wunsch bezahlen kannst. Male sie auf der Rückseite deines Blattes! (Kontrolle: Einsammeln der Blätter) Hat ein Kind Möglichkeiten nicht gezeichnet, ermuntert der Lehrer zum weiteren Suchen. Fertige Kinder zeichnen je eine Darstellungsmöglichkeit eines Preises an die Tafel und kontrollieren die folgenden Kinder (Beispiel: Wie kannst du 86 DM bezahlen? 1. Kind zeichnet 50 DM, 20 DM, 10 DM, 5 DM, 1 DM. 2. Kind: 4 mal 20 DM, 3 mal 2 DM usw.)

4.3 Weiterführung
100 DM

– Verschiedene Darstellungsmöglichkeiten für 100 DM mit Spielgeld legen und zeichnen

– Zusammenfassen von Scheinen und Münzen zum Betrag 100 DM

– Ergänzen von Fehlbeträgen auf 100 DM

– Systematisches Zerlegen

– Wechseln eines 100-DM-Scheins

Verfasserin: Silvia Regelein

Siegrun von Kalben

Wir arbeiten mit Mengenmodell, Flächendiagramm und Rechenplan

1. Didaktische Information

1.1 Dieser Stunde gingen folgende Themen aus dem Bereich des Sachrechnens voraus:
– Arbeit am Text: Texte mit eigenen Worten wiedergeben, wesentliche und unwesentliche Angaben unterscheiden
– Arbeit an der Frage: Fragen zum Text suchen, Fragen in die richtige Reihenfolge bringen
– Ableitung von Rechenoperationen aus Sachoperationen: Geld kommt hinzu – wir rechnen »plus«, Geld wird ausgegeben – wir rechnen »minus«
– Lösen eingliedriger Aufgaben, Darstellen dieser Aufgaben im Mengenmodell, Flächendiagramm, als Rechenplan
Bei der Arbeit mit eingliedrigen Aufgaben wurden bereits Begriffe wie »mitgenommenes Geld«, ausgegebenes Geld«, »Restgeld« eingeschult.

1.2 In dieser Stunde geht es um die Behandlung einer mehrgliedrigen Sachaufgabe.
Ob eine Aufgabe eingliedrig oder mehrgliedrig ist, hängt davon ab, wie viele Simplexe aus ihr entnommen werden können. »Ein Simplex ist der Zusammenhang dreier Zahlengruppen, von denen jede durch die beiden anderen eindeutig bestimmt wird.« (Meier)
Eingliedrige Aufgabe:

Buch-Preis ——— Ball-Preis
Gesamtpreis

Bei der zu behandelnden Aufgabe erhalten wir einen zweiten Simplex, der mit dem ersten in Zusammenhang steht:

Buch-Preis ——— Ball-Preis
mitgenommenes Geld ——— Gesamtpreis
Restgeld

Während früher bei der Behandlung von Sachaufgaben vor allem der rechnerische Aspekt im Vordergrund stand, sollen sie heute »auch Mittel zur Aktivierung operativen, logischen und problemlösenden Denkens« sein.
In dieser Stunde sollen die Schüler durch Darstellung der Aufgabe in drei verschiedenen Modellen und durch intensive Übung am Flächendiagramm befähigt werden, die operativen Zusammenhänge zu erkennen. (GS-Lehrplan)
Für das Flächendiagramm stellt der Lehrer Kartonstreifen zur Verfügung. Der längste Streifen wird für das mitgenommene Geld benötigt. Die drei Streifen »Buch-Preis«, »Ball-Preis« und »Restgeld« sind zusammen genauso lang wie der Streifen für das »mitgenommene Geld«. Unter die Streifen »Buch-Preis« und »Ball-Preis« kann der Streifen »Gesamtpreis« geklebt werden, der genauso lang ist wie die Streifen »Buch-Preis« und »Ball-Preis« zusammen.

2. Lernziele

2.1 Grobziel
Die Schüler sollen mit Hilfe des Mengenmodells, des Flächendiagramms und (Gruppe A) des Rechenplans eine Sachaufgabe lösen können.

2.2 Feinziele
Die Schüler sollen
– den Text der Sachaufgabe lesen und mit eigenen Worten wiedergeben können;
– wichtige Informationen im Text nennen und unterstreichen können;
– Fragen zum Text formulieren können;
– die mathematische Struktur der Aufgabe durch Mengenmodell, Flächendiagramm und Rechenplan darstellen können;
– die einzelnen Modelle miteinander vergleichen können (z. B. nach den Gesichtspunkten: Bei welchem Bild sind die Rechenzeichen gegeben? – Nach welchem Bild kann man am besten rechnen? – Bei welchem Bild sieht man, daß das mitgenommene Geld der größte Betrag ist? . . .);
– in die einzelnen Modelle die entsprechenden Zahlen einsetzen können;
– aus dem Mengenmodell und dem Flächendiagramm verschiedene Gleichungen ableiten und lösen können;
– Antwortsätze formulieren können.

2.3 Lernzielkontrollen
Die in Gruppenarbeit hergestellten Modelle werden an die Tafel geheftet und gemeinsam auf ihre Richtigkeit hin kontrolliert.

3. Lernhilfen

– Buch, Ball, Geldbörse, Spielgeld
– Abbildungen: Buch, Ball, Geldbörse
– Wortkarten für die Arbeit in den Gruppen und an der Tafel (siehe Tafelbild 1 und 2)
– Kartonstreifen, Tesafilm und feste Unterlagen zum Aufkleben des Streifenbildes
– Große Zeichenblätter und Stifte für das Mengenbild
– Vorgegebene Kästchenreihen zum Zeichnen des Kästchenbildes

4. Unterrichtsverlauf

4.1 Problemstellung – Ausbreitung der Rechensituation
1. Schritt: Begegnung mit dem Text

Der Lehrer öffnet die Tafel. Die Schüler lesen den Text (siehe Tafelbild 1) zunächst leise, dann laut. Sie geben den Sachverhalt mit eigenen Worten wieder.
2. Schritt: Hervorhebung der wichtigsten Angaben
L: Einige Zahlen und Wörter sind für unsere Rechengeschichte besonders wichtig.
Die Schüler unterstreichen die wichtigen Angaben mit farbiger Kreide.
3. Schritt: Wir wissen
Lehrer heftet die Wortkarte »Wir wissen« an.
Die Schüler nennen Angaben, die ihnen aus der Rechengeschichte bekannt sind und heften die entsprechenden Bilder und Wortkarten an.
S: Wir wissen, daß der Ball 6 DM kostet . . .
(TA: Bild vom Ball, Wortkarte Ball-Preis 6 DM)
4. Schritt: Wir fragen
L: Du weißt, wie unsere Rechengeschichte weitergeht.
Schüler heften Wortkarte »Wir fragen« an und suchen passende Fragen, die vom Lehrer an die Tafel geschrieben werden.

Tafelbild 1:

Mutti kauft für Peter zum Geburtstag ein Buch für 12 DM und einen Ball für 6 DM. 35 DM nimmt sie mit.

Wir wissen:

12 DM
6 DM
35 DM

Wir fragen:
Wieviel Geld gibt sie aus?
Wie viel Geld hat sie noch?
Wie hoch ist der Gesamtpreis?
Wie hoch ist das Restgeld?

Abb. 1

4.2 Problemlösung
1. Schritt: Wiederholung der wichtigsten Angaben
L: Ich habe für unsere Rechengeschichte Wortkarten vorbereitet. Du weißt, was auf diesen Wortkarten steht.
Schüler nennen und heften an: Ball-Preis, Buch-Preis, mitgenommenes Geld, ausgegebenes Geld, Restgeld.
Beziehungen werden erkannt und an der Tafel verdeutlicht: Das ausgegebene Geld und der Gesamtpreis sind gleich. Buch-Preis und Ball-Preis ergeben den Gesamtpreis . . .
L: Auf zwei Kärtchen müssen wir ein rotes Fragezeichen heften.
S: Das Restgeld und den Gesamtpreis wissen wir noch nicht.
2. Schritt: Lösungshilfen auf graphischer Ebene
Differenzierung:
Die Schüler der Gruppe A erstellen nun in Gruppenarbeit ein Mengenbild, ein Streifenbild und ein Kästchenbild.
3. Schritt: Lösungshilfen auf konkret manipulierender Basis
Differenzierung:
Die Schüler der Gruppen B/C spielen die Rechengeschichte mit Spielgeld durch. Sie kommen zu der Erkenntnis, daß das mitgenommene Geld der größte Betrag ist. Vom mitgenommenen Geld gehen der Ball-Preis und der Buch-Preis ab. Das Restgeld ist weniger als das mitgenommene Geld.
4. Schritt: Lösungshilfe auf graphischer Ebene
In Gruppenarbeit erstellen die Schüler der Gruppe B nun ein Mengenbild und ein Streifenbild. Die Schüler der Gruppe C erarbeiten mit dem Lehrer an der Tafel ein Mengenbild.

4.3 Problemverarbeitung
– Durchdringung der mathematischen Struktur
Die verschiedenen Modelle werden nun an die Tafel geheftet. Die Schüler sprechen dazu und erklären, wie sie anhand der Modelle Gesamtpreis und Restgeld ausrechnen können.
Die drei Modelle werden miteinander verglichen nach Gesichtspunkten wie: Welches Modell ist am leichtesten zu malen? – Bei welchem Modell erkennt man am besten, wie man rechnen muß? – Bei welchem Bild sind Rechenzeichen angegeben? – Wo siehst du am besten, daß das mitgenommene Geld der größte Betrag ist?
Anhand des Streifenbildes werden mathematische Beziehungen zwischen den einzelnen Angaben nochmals verdeutlicht.
Die Schüler erkennen, daß das mitgenommene Geld genauso groß ist wie das ausgegebene Geld und das Restgeld zusammen, daß das ausgegebene Geld so groß ist wie der Ball-Preis und der Buch-Preis zusammen, daß es weniger ist als das mitgenommene Geld, daß es mehr ist als der Ball-Preis, daß mitgenommenes Geld minus Restgeld minus Buch-Preis den Ball-Preis ergibt . . .
– Arbeit an der Schreibform:
Durch Anheften der Fragezeichen kehren wir nun wieder zur eigentlichen Aufgabe zurück. Die Schüler schreiben die entsprechenden Zahlen zu den einzelnen Angaben und lösen die Aufgabe. Falls nicht genügend Zeit vorhanden ist, kann die rechnerische Lösung der Aufgabe in einer nachfolgenden Stunde erfolgen. Die Schüler sollen zu den einzelnen Darstellungen möglichst viele Gleichungen suchen und lösen (siehe Tafelbild).
Zum Abschluß werden aus den errechneten Angaben Antwortsätze gebildet und angeschrieben.

Tafelbild 2:

Buch-Preis } Gesamtpreis?
Ball-Preis }
mit gen. Geld
Restgeld

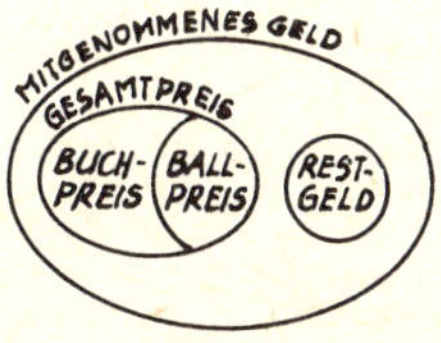

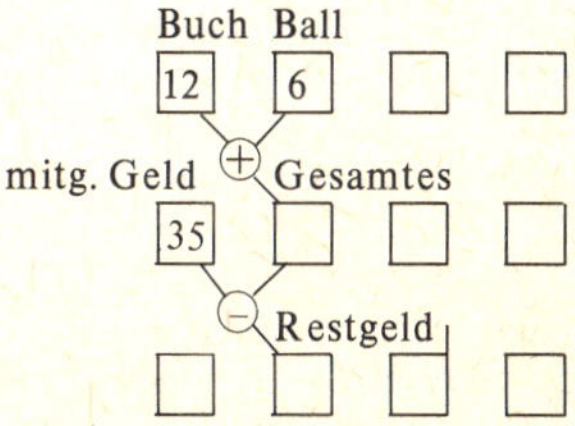

mitgenommenes Geld		
Buchpreis	Ball	Restgeld
Gesamtpreis		

12 + 6 = 18   35 − 12 − 6 = ___
18 +   = 35   35 − 6 − 12 = ___
35 − 18 = ___   35 = 18 + ___
Wir antworten: Mutti hat noch 17 DM.
. . . 17 DM bleiben übrig . . .

Literatur bei der Verfasserin

Verfasserin: Siegrun von Kalben

Bärbel Weinhold

Wir lösen eine Rechengeschichte mit dem Rechenbaum

1. Didaktische Information

1.1 Lernvoraussetzungen

– Additions- und Subtraktionsaufgaben mit zweistelligen Zahlen im Zahlenraum bis 100
– Vorgehen beim Lösen einer Textaufgabe: Lesen, Strukturieren, Zeichnen (Mengendiagramm, Längendarstellung, Rechenplan), Rechnen und Antworten

1.2 Sachverhalt

Die vorliegende Mathematikstunde ist in den Bereich des Sachrechnens im Mathematikunterricht einzugliedern.
Der Aufgabentyp der Textaufgabe ist zunächst zu unterscheiden von eingekleideten Aufgaben und Sachaufgaben. Textaufgaben haben ein rein mathematisches Ziel, nämlich die »Quantifizierung von Sachverhalten«, d.h. nach Maier das Übersetzen der »durch den Text angegebenen Beziehungen in Rechenausdrücke«. In der vorliegenden Stunde geht es zunächst um eine Aufgabe mit einfacher Struktur, die dann aber für Gruppe A und B zu einer zweigliedrigen Aufgabe erweitert wird.
Der Rechenplan oder -baum soll hier als eine weitere Lösungshilfe (neben Mengendiagramm und Längendarstellung) bei der Lösung von Textaufgaben Verwendung finden. Der mathematische Inhalt wird zunächst gekürzt und in Worten auf den Rechenplan übertragen. Diesem wird dann später ein ›Zahlenbaum‹ zugeordnet. Der Rechenplan als Strukturschema kann eine Hilfe sein, den gesamten operationalen Zusammenhang einer Textrechnung simultan zu erfassen.

2. Lernziele

2.1 Grobziel

Fähigkeit, Textaufgaben mit Hilfe des Rechenplans als Lösungshilfe zu bearbeiten

2.2 Feinziele

Die Schüler sollen
– die Textaufgabe (Rechengeschichte) in Simplexdarstellung auf den mathematischen Inhalt reduzieren;
– aus der Simplexdarstellung durch operative Verknüpfung den Rechenbaum herstellen;
– den Simplexen die entsprechenden Zahlen zuordnen und die Zahlenoperation aus der Baumschreibweise ableiten;
– den erarbeiteten Rechenbaum durch eine zweite Operation erweitern.

3. Lernhilfen

Tafelanschrift mit Satzkarten und Zahlenkarten – Flanelltafel mit ausgeschnittenen Dingsymbolen und Mengenschleifen – Arbeitsblätter verschiedenen Schwierigkeitsgrades für Gruppe A, B und C

4. Unterrichtsverlauf

4.1 Vorbereitendes Kopfrechnen

L: Streng deinen Kopf an! Wer ist ein Schnellrechner?
– Wer macht mit bei der ›Rechenreise‹?
Etwa fünf Schüler stellen sich in einer Reihe nebeneinander auf. Das Kind, das zuerst das richtige Ergebnis sagt, geht einen Schritt vor. Wer zuletzt die ›weiteste Reise‹ gemacht hat, ist Sieger.
– Gr. A: mit Lehrer schwierige Additions- und Subtraktionsaufgaben
Gr. B: Zahlentreppe: TA 8 + 7 = auf den Block
Gr. C: bekommt einen Würfel. Jedes Kind würfelt fünfmal und addiert dabei.

4.2 Ausbreiten der Rechensituation

L: Bald ist Ostern, bestimmt bekommst du wieder viele Schleckereien! Erinnerst du dich an letztes Jahr?
L: Auch der Supermarkt in unserem Ort hat vorgesorgt. Herr XY hat viele Osterhasen da. Aber die gehen weg wie die warmen Semmeln!
Lehrer klappt Tafel auf – Rechengeschichte erscheint (TA 1). Lies die Geschichte still durch!
Einige Schüler lesen laut vor.
Lehrer schließt die Tafel: Hast du dir die Geschichte gemerkt?

4.3 Problemstellung

L: Die Geschichte erzählt dir wichtige Dinge!
Farbiges Unterstreichen der wichtigen Information (erster Satz: rot, zweiter Satz: grün)
L: Die Geschichte stellt dir auch eine Frage!
Unterstreichen (gelb) und Anbringen der Satzkarte mit der Frage an der Tafel

4.4 Problemlösung

Gruppe A macht auf einem Arbeitsblatt selbständig weiter
Gruppe B bekommt auch das Arbeitsblatt (s. nächste Seite oben): Klebe die Satzkarten in den Rechenbaum und mache selbständig weiter!
Gruppe C:
– Veranschaulichung der Aufgabenstruktur:
Nachlegen der Rechengeschichte mit Dingsymbolen an der Flanelltafel – Verbalisieren und Darstellen der zu vollziehenden Operation (Vereinigung)
– Darstellen der Lösungsstruktur:
Schüler ordnen dem Mengendiagramm die jeweiligen Satzkarten zu und erstellen daraus den Rechenbaum an der Tafel.

Wir lösen eine Rechengeschichte
Im Supermarkt . . . stehen nur noch 16 Osterhasen im Regal. Deshalb holt Herr . . . 25 Osterhasen aus dem Lager und stellt sie im Regal auf.
Wie viele Osterhasen stehen jetzt im Regal?
(mit farbiger Strukturierung)

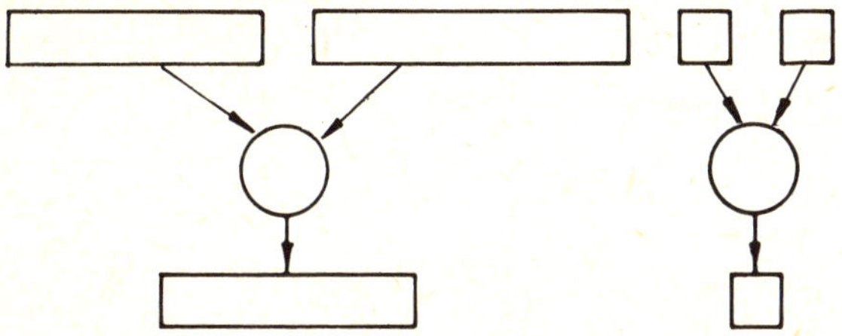

Antwort: ____________________

Hasen im Regal	Hasen aus dem Lager	Hasen im vollen Regal

(nur für Gruppe B)

Wir üben weiter!
In Herrn . . . Laden liegen nur noch 19 große Ostereier im Regal. Er holt 30 Eier aus dem Lager und füllt damit das Regal auf. Wie viele Ostereier liegen jetzt im Regal?

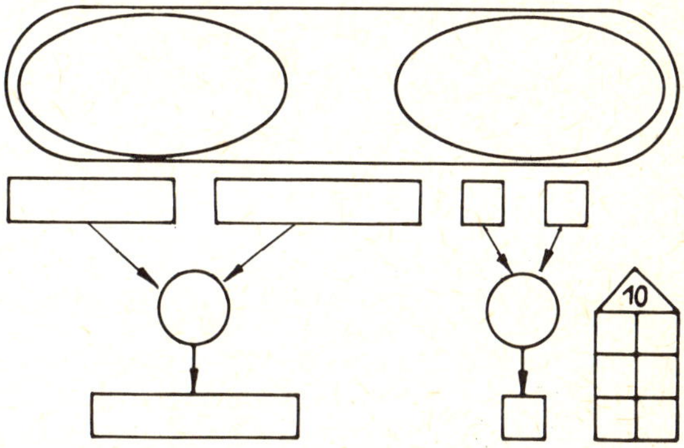

Antwort: Es liegen ____________________

Daraus ergibt sich der Rechenbaum mit Zahlen und die Zahlengleichung (TA 2).
– Lösungsvollzug:
Schüler rechnen im Bündelhaus aus.
Formulieren der Antwort (TA 2)
Gruppe A und B können nun ihre Lösung mit der an der Tafel vergleichen.
Gruppe C bekommt nun ein Arbeitsblatt (Aufgabe mit gleicher mathematischer Struktur – s. nächste Spalte oben)
– Problemerweiterung für *Gruppe A und B:*
L: Unsere Geschichte geht noch weiter! Inzwischen sind einige Tage vergangen!
Lehrer nimmt Papier von der Tafel ab, TA 3 erscheint.
Lesen mit Strukturierung (farbiges Unterstreichen – Herausarbeiten der Frage)
L: Seltsam, bei dieser Geschichte haben wir nur eine Angabe. Sonst sind es immer zwei Angaben! Da können wir ja gar nicht rechnen!
S: Die zweite Angabe steckt in der Aufgabe von vorhin. Schüler erweitern Rechenbaum mit einer zweiten Operation. Daraus ergibt sich wieder der Rechenbaum mit Zahlen und die Zahlengleichung (TA 4). – Antwort

4.5 Verarbeitung
L: Wir schauen uns unseren Lösungsbaum noch einmal an! Er sieht anders aus als sonst! Erkläre ihn noch einmal!
– Differenzierte Anwendungsaufgaben als Hausaufgabe für Gruppe A/B.:
Gruppe A löst Aufgabe mit veränderter mathematischer Struktur. Die Aufgabe hat folgenden Text:
In Herrn . . . Laden liegen 61 Ostereier im Regal. Nach einer Woche hat er davon 36 verkauft. Wie viele Ostereier sind noch übrig? Bald kommt eine neue Lieferung mit 50 Eiern. Wie viele Eier sind nun wieder im Regal?
Gruppe B löst Aufgabe mit gleicher math. Struktur:
In Herrn . . . Laden liegen nur noch 27 Ostereier im Regal. Er holt einen Karton mit 35 Eiern aus dem Lager und füllt damit das Regal. Wie viele Eier sind jetzt im Regal?
Nach ein paar Tagen sind schon wieder 43 Eier verkauft. Wie viele Eier bleiben übrig?

Verfasserin: Bärbel Weinhold

Tafelbild:

TA 1:
Im Supermarkt . . . stehen nur noch 16 Osterhasen im Regal. Deshalb holt Herr XY 25 Osterhasen aus dem Lager und stellt sie im Regal auf.
Wie viele Osterhasen stehen jetzt im Regal?

TA 3: (verdeckt)
Nach ein paar Tagen sind schon wieder 33 Hasen verkauft.
Wie viele Osterhasen bleiben übrig?

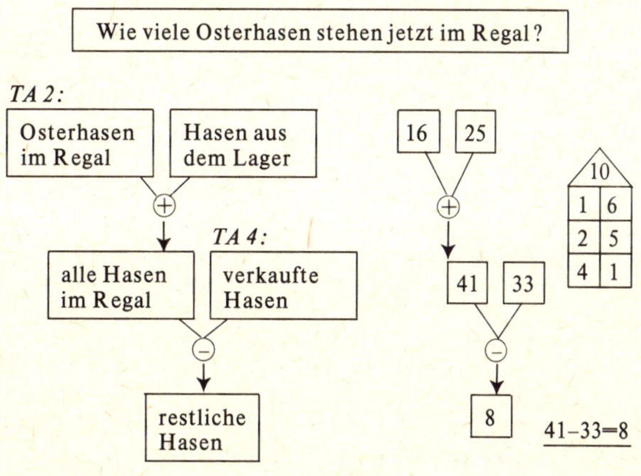

Anmerkung: Die zur Strukturierung der Aufgabentexte verwendeten Farben (siehe Stundenverlauf) sollten bei der Darstellung des Rechenplans ebenfalls verwendet werden, um durch diese optische Unterstützung die Umsetzung des Aufgabentextes in die Rechenoperation zu erleichtern.

Antwort: Im Regal stehen jetzt 41 Osterhasen.

Antwort: Es bleiben 8 Osterhasen übrig.

Silvia Regelein

Eintrittspreise im Schwimmbad

1. Didaktische Information

1.1 Lernvoraussetzungen

Durch Versprachlichen von geeigneten Handlungen, von bildlichen Darstellungen und durch Nachspielen von vom Lehrer vorgetragenen oder erlesenen »Rechengeschichten« wurden die Kinder angeleitet, Zusammenhänge aus ihrer Umwelt unter dem quantitativen Aspekt zu betrachten und herausgelöste Fragestellungen zu beantworten.

1.2 Sachverhalt

Die »Schwimmbadaufgaben« sind der unmittelbaren Wirklichkeit der Kinder entnommen. Sie zeichnen sich somit durch Realitätsbezug und Informationsgehalt aus und geben weiterhin Hilfen zur Realitätsbewältigung. Von der Preistafel ausgehend lassen sich folgende Aufgabenstellungen ableiten:

- Errechnen des Gesamtpreises für mehrere Personen bei gleichem Einzelpreis (Multiplikation) – bei verschiedenem Einzelpreis (Addition, Multiplikation)
- Errechnen des Rückgabe- oder eines Fehlbetrags (Subtraktion)
- Errechnen der Ausgaben für mehrere Besuche (Multiplikation)
- Vergleichen der Preise für 5/10 Einzelkarten und für eine Fünfer-/Zehnerkarte (Multiplikation, Subtraktion)
- Feststellen, für wie viele Besuche ein vorgegebener Betrag reicht (Division).

Das Lösen solch unterschiedlicher Aufgaben wird nur möglich, weil mit einfachen Zahlen gerechnet wird (reine DM-Beträge – Falls die Preise des örtlichen Schwimmbads gemischte DM/Pf-Beträge sind, kann man auch von Preisen eines fiktiven Schwimmbads ausgehen.) Somit liegt der Schwerpunkt dieser Unterrichtseinheit eindeutig in der Förderung des Sachrechnens.

Je nach in der Klasse auftretenden Schwierigkeiten müssen bei der Lösungsstrategie einzelne Stufen mehr oder weniger betont werden:

- Klären des Sachverhalts (Leitfrage für die Kinder: Was erfahren wir? Was wissen wir nun?)
- Selbständiges Wiedergeben evtl. unterstützt durch Leitfragen und Impulse des Lehrers – Hervorheben der Zahlen – Erstellen einer Skizze
- Formulieren der Rechenfrage (Was wissen wir noch nicht? Was sollen wir ausrechnen? Wir fragen . . .)
- Erfassen der mathematischen Struktur (Wie heißt die Aufgabe, die wir rechnen müssen? Wir rechnen . . .) – Aufschreiben des Ansatzes, der Gleichung mit Platzhalter
- Rechnerisches Lösen der Gleichung
- Beantworten der Rechenfrage (Wir antworten . . .)

Wurde bisher dieses Stufenschema konsequent beachtet, so dürften sich am Ende der 2. Jahrgangsstufe daraus keine Schwierigkeiten ergeben.

2. Lernziele

2.1 Grobziel

Lösen von Sachaufgaben unter Verwendung der vier Grundrechnungsarten

2.2 Feinziele

Die Schüler sollen

- selbständig mögliche Rechenfragen und dazu Rechnung und Antwort nennen;
- zu vorgegebenen Situationen Rechenfragen, Rechnung und Antwort nennen.

2.3 Lernzielkontrollen

Arbeitsblatt – Anwendungsaufgaben

3. Lernhilfen

Preistafel – ein Arbeitsblatt

4. Unterrichtsverlauf

4.1 Anknüpfung

Im Anschluß an die Behandlung des Themas »Schwimmbad« (Heimat- und Sachkundeunterricht: Baderegeln, Deutsch: Erlebnisse im Schwimmbad) wird eine Preistafel mit den Angaben des örtlichen Schwimmbads ausgeteilt, allerdings ohne Preise (Arbeitsblatt):

Eintrittspreise	
Erwachsene	3,00 DM
ermäßigt (Kinder, Studenten)	2,00 DM
Fünferkarte	
Erwachsene	12,00 DM
ermäßigt	8,00 DM
Zehnerkarte	
Erwachsene	23,00 DM
ermäßigt	15,00 DM

Besprechen der Aufgabe: Die Kinder sollen beim Schwimmbadbesuch die Preise ablesen und eintragen. Besprechen der Begriffe: Eintrittspreis, ermäßigter Preis (örtliche Angaben beachten)

4.2 Erarbeitung (an einem der folgenden Tage)

1. Teilzeil: Informationsentnahme

Die Kinder legen ihre ausgefüllten Preistafeln herauf und überprüfen die Angaben.

Sprechreihe: Ein Erwachsener/ein Kind . . . muß . . . DM bezahlen.

Der Lehrer trägt die Preise in eine Preistafel an der Tafel oder auf Folie ein.

2. Teilziel: Zusammenstellen von Rechenfragen
L: Du warst am . . . im Schwimmbad. Dazu hast du Geld gebraucht. Berichte, was du zu Hause überlegt hast!
Freie Schüleräußerungen
Der Lehrer notiert relevante Stichpunkte an der Tafel, z. B.:

Eintrittspreis	für 1 Person für 2 Personen . . .
Geld für Eis Geld für Getränke . . .	
Preis – Zahlung – Rückgabe	

Partnergespräch: Je zwei Kinder denken sich eine Rechengeschichte aus, anknüpfend an den eigenen Schwimmbadbesuch.
Sammeln der Ergebnisse im Klassengespräch und Notieren an der Tafel oder Folie, z. B.:

1. Peter nimmt 5 DM mit.
   Er bezahlt den Eintrittspreis.
   Wieviel Geld bekommt er zurück?
2. Moni will sich noch ein Eis für 1 DM kaufen.
   Wieviel Geld muß sie mitnehmen?
3. Klaus geht mit seinem Bruder und seiner Mutter ins Schwimmbad. Wieviel Eintrittsgeld müssen sie zusammen bezahlen?

Es sollen möglichst viele Vorschläge der Kinder aufgegriffen werden.

3. Teilziel: Lösen der Aufgaben
Partnergespräch: Jedes Paar wählt eine Aufgabe aus. Die Kinder lesen sich gegenseitig die Aufgabe vor. Gemeinsam überlegen sie die zugehörige Rechnung und notieren sie auf den Block. Dann schreiben sie mit schwarzem Filzstift das zugehörige Operationszeichen groß auf ein Blatt und kleben das Blatt an die Tafel hinter die zugehörige Aufgabe.
Gemeinsame Überprüfung der Operationszeichen
Vorlesen der Aufgabe und der Rechnung
Formulieren der Antwort
In der Tafelanschrift ersetzt der Lehrer einige Angaben durch andere Angaben, z. B. Peter nimmt 3 DM mit. Partnerarbeit: Jedes Paar wählt wiederum eine Aufgabe aus, notiert die Gleichung und formuliert die Antwort.
Gemeinsame Überprüfung

4. Teilziel: Bearbeiten neuer Aufgabenstellungen
Arbeitsblatt:

Eintrittspreise im Schwimmbad

1. Am Samstag geht Klaus mit seinen Eltern und seinem Bruder ins Bad.
2. Im Juni war Klaus zehnmal im Schwimmbad.
Sein Bruder meint: Wenn du dir gleich eine Zehnerkarte gekauft hättest, hättest du Geld gespart!
3. Klaus will eine Fünferkarte kaufen. Er hat von seinem Taschengeld 3 DM gespart. Seine Mutter gibt ihm das fehlende Geld.
4. Moni bekommt 8 DM »Schwimmbadgeld«. Mutter sagt: »Das reicht für den Eintritt einige Male!«
Frage: ....
Rechnung: ....
Antwort: ....

Gruppe 1 bearbeitet die Aufgaben selbständig. Für die anderen Kinder (Gruppe 2, 3) gibt der Lehrer schrittweise Lernhilfen:
– Vorlesen der ersten Aufgabe und gemeinsames Aufschreiben der Frage – selbständiges Aufschreiben der Rechnung – Kontrolle – gemeinsames Formulieren der Antwort (dabei möglichst die gleichen Wörter der Frage verwenden als Rechtschreibhilfe)
– Gemeinsames Aufschreiben der Fragen zu den anderen Aufgaben – selbständiges Aufschreiben von Rechnung und Antwort zu den Aufgaben (Gruppe 2)
– Während Gruppe 2 nun auch selbständig arbeitet, liest der Lehrer mit Gruppe 3 nochmals die zweite Aufgabe und die bereits formulierte Frage. Die Kinder legen vier Karten mit den Zeichen +, −, ·, : herauf und tippen auf die Karte mit der richtigen Operation. – Selbständiger Versuch, die Rechnung aufzuschreiben – Kontrolle – selbständiges Lösen der Rechnung – Kontrolle
– Wer von Gruppe 3 nun auch alleine weiterarbeiten kann, tut dies. Mit den anderen Kindern arbeitet der Lehrer wie vorher weiter.
Zusatzaufgabe für Gruppe 1, Arbeitsblatt:

Eine Klasse geht ins Schwimmbad.
Die Lehrerin bezahlt für alle.

Anzahl der Kinder	23	26	. . .
Gesamtpreis			
gegeben (Zahlung)	50 DM	40 DM	. . .
zurück (Rückgabe)			

4.3 Weiterführung

Bearbeiten von »offenen« Aufgaben, wie z. B.:
– Peter muß 2 DM Eintritt bezahlen. Er legt mehrere Münzen hin. Die Kassiererin sagt: »Das ist zu wenig.« Partnerarbeit: Kind 1 legt einen Betrag mit Spielgeld. Wenn er der Aufgabe entspricht, bestätigt Kind 2 mit der Äußerung der Kassiererin.
Zusammenstellen der gefundenen Möglichkeiten an der Tafel (Vollständigkeit der Lösungen nicht erforderlich)
– Moni will mit ihren zwei Geschwistern ins Schwimmbad gehen. Mutter gibt ihr Geld. Moni sagt: »Das reicht aber nicht für uns drei!«
Partnerarbeit wie beim vorausgehenden Beispiel
– Susi geht mit ihren Eltern ins Schwimmbad. Susi darf bezahlen. Sie bezahlt mit einem Zwanzigmarkschein. Die Kassiererin legt den Rückgabebetrag hin. Susi sagt: »Sie haben mir, glaub ich, zu wenig Geld herausgegeben.«

Literatur

Bernhard Engel/Christa Erichson: An der Sache rechnen, in: Die Grundschule 1978, Heft 4, S. 176–180

Verfasserin: Silvia Regelein

Heinz Uchronski

Einführung in das Messen mit Längenmaßen

1. Didaktische Information

1.1 Der Gebrauch von Maßen und Gewichten zur Größen- und Gewichtsbestimmung von Gegenständen ist uns heute selbstverständlich. Deshalb sollten elementare Meßfertigkeiten möglichst frühzeitig erlernt werden, haben sie doch fundamentale Bedeutung für die naturwissenschaftlichen Unterrichtsfächer.
Für den Begriff der Länge besitzt der Schulanfänger bereits ein Vorverständnis. Auch ist der direkte sowie der indirekte Vergleich der Länge zweier Gegenstände, verbunden mit der Verwendung von Aussagen wie »ist gleich lang – größer als – kleiner als« schon geübt worden. Auf diesen, in der 1. Jahrgangsstufe erworbenen, sprachlichen und verfahrenstechnischen Fertigkeiten, baut die vorliegende Unterrichtseinheit (Doppelstunde) auf. Sie beschränkt sich neben dem Gebrauch von Körpermaßen auf die Einführung der Längeneinheiten Zentimeter und Meter. Die Behandlung weiterer Längenmaße (Dezimeter, Millimeter) bleibt nachfolgenden Unterrichtsstunden vorbehalten. Wie bei jeder Einführung muß auch hier das Gelernte in einigen weiteren Stunden angewandt und gefestigt werden.

1.2 Jeder Meßvorgang beruht auf dem Vergleich von Größen, die derselben Dimension (Länge, Masse, Zeit) angehören, und auf der Einführung einer Maßeinheit, deren Vielfaches als Bezugsgröße dient. Körpereigene Maße wie Fuß, Fingerbreite, Klafter etc., wie sie auch häufig von Kindern spontan angewandt werden, stellen in dem historischen Prozeß der Erfindung von Meßverfahren zur Längenbestimmung eine Zwischenlösung dar. Sie sind nämlich so unterschiedlich, daß man ein allgemein verbindliches, einheitliches Maßsystem mit festgesetzten Einheiten ersann. Ein solches ist das metrische System, das bei uns seit 1872 verwendet wird. Grundlage desselben ist das Meter, von dem die anderen Einheiten abgeleitet werden. Ein Meter ist der 40-millionste Teil eines Erdmeridians. Er ist durch den Abstand zweier Eichstriche auf dem sog. Urmeter bestimmt. Seit einigen Jahren nimmt man zur genauen Meterbestimmung Vakuum-Wellenlängen der orange-roten Spektrallinie eines Kryptonisotops.

2. Lernziele

2.1 Grobziel
Kennenlernen von Meßverfahren und Maßeinheiten zur Bestimmung von Längen

2.2 Feinziele
Die Schüler sollen
– die Länge eines Gegenstandes mit Körpermaßen und anderen selbstgewählten Maßeinheiten bestimmen;
– Alternativen zum metrischen System kennenlernen;
– die Länge eines Gegenstandes durch wiederholtes Anlegen einer geeigneten Maßeinheit ausmessen;
– die gegenläufige Abhängigkeit zwischen Maßeinheit und Größe der Maßzahl erkennen;
– einsehen, daß die Maßeinheit frei gewählt werden kann, daß jedoch die Vereinbarung bestimmter Maßeinheiten zweckmäßig erscheint;
– die beiden Längeneinheiten cm und m kennenlernen und mit ihnen die Länge eines Gegenstandes ausmessen;
– einen skalierten Maßstab zum Ausmessen verwenden;
– Längen abschätzen lernen.

2.3 Lernzielkontrollen
Ausmessen verschiedener Gegenstände – eine weitere Lernzielkontrolle zeigt sich im richtigen Umgang mit Meßgeräten.

3. Lernhilfen

Unskalierte Meterstäbe – Lineale, Zentimeterabschnitte (Klett-Mathekästen) – Tafelzeichnung – Tesaband als Trennlinie

4. Unterrichtsverlauf

4.1 Stufe der Problemgewinnung
Lehrer erzählt von Karl und Hans, die oft um den Platz auf der Schulbank streiten und deshalb eine Trennlinie gezogen haben.
TA: Die Tischplatte in Originalgröße mit Trennlinie
L: Heute, während der Lesestunde, behauptet Hans wieder, daß Karl mehr Platz habe. Karl meint, das müsse Hans erst beweisen.
– *Problemfrage:* Hat Karl mehr Platz?

4.2 Stufe der Meinungsbildung
L: Du kennst vielleicht einige Möglichkeiten, die Hans hat, um den Beweis zu erbringen!
Schüler machen Vorschläge; u.a. ausmessen

4.3 Stufe der Problemlösung
1. Teilziel: Schätzen der Längen
L: Vielleicht kannst du sehen, ob der Platz gerecht verteilt ist!
Klärung des Begriffes »schätzen«
Festhalten der Schätzungsergebnisse an der Tafel
Ergebnis: Durch Schätzen kann man die Länge nicht genau bestimmen.

2. Teilziel: Messen mit körpereigenen Maßen
L: Der Lehrer soll nicht merken, daß Hans und Karl nicht aufpassen. Lineal und Meterstab wären zum Ausmessen zu auffällig. So sucht Hans nach einer anderen Möglichkeit.

Schüler finden nun geeignete »Körpermaße«, die benannt werden und als Tafelanschrift erscheinen.
Klärung des Begriffes »Körpermaß«
Die beiden Tischhälften werden nach vorherigem Erklären des Meßvorgangs mit »Körpermaßen« (Handbreite, Spanne, Elle) von einigen Schülern ausgemessen.
Festhalten der Ergebnisse an der Tafel
Erkenntnisse:
1. Die Bankhälfte von Karl ist tatsächlich etwas größer.
2. Ein Vergleich der Ergebniszahlen zeigt, daß mit kleinerem »Körpermaß« die Messung genauer wird, die Maßzahl aber größer.
3. Das Meßergebnis ist bei »Körpermaßen« von der messenden Person abhängig.

3. Teilziel: Messen mit einheitlichem Maß
L: Wir bekommen wohl alle das gleiche Meßergebnis?
S: Wir brauchen ein einheitliches Maß, einen Stab, Schnur, etwas, das von allen messenden Kindern benutzt wird.
Lehrer zeigt einen Zentimeterabschnitt vor (Einerstab). Die Erwachsenen haben für diese Länge das Wort Zentimeter gefunden. Da das Wort sehr lang ist, kürzt man es ab.
TA: 1 Zentimeter = 1 cm
L: Versucht herauszufinden, welchem »Körpermaß« der Zentimeterabschnitt in etwa entspricht!
S: 1 cm entspricht der Fingerbreite.
Suchen von Gegenständen mit 1 cm. Nachdem die Technik des Ausmessens besprochen ist, bestimmen einige Schüler die Länge der Plätze von Hans und Karl.
Ergebnis: Alle Schüler erhalten dasselbe Meßresultat.
Wiederholung: Die Kinder messen in gleicher Weise ihre Plätze nach vorherigem Schätzen aus.

4. Teilziel: Messen mit skaliertem Maßstab
L: Das Messen mit 1 cm ist recht umständlich!
Schüler schlagen Lineal vor. Dann legen sie mit Einerstäben verschiedene Strecken am Lineal und bestimmen so die Gesamtlänge. Dabei ist die Lage des Nullpunktes zu beachten.
Nachdem der Umgang mit dem Lineal auf diese Weise geübt wurde, messen einige Schüler wieder die Platzhälften an der Tafel aus. Das Ergebnis erscheint als Tafelanschrift.
Ergebnis: Mit dem Lineal mißt man am genauesten und schnellsten.
Wiederholung:
Jeder Schüler mißt seinen Platz entlang der Tischkante aus.

5. Teilziel: Messen mit Meterstäben
L: Nachdem wir jetzt die Länge unseres Platzes kennen, interessiert uns die Länge unseres Zimmers!
Erarbeitung der neuen »Körpermaße«, die wieder benannt werden und als Tafelanschrift erscheinen.
Schüler messen das Klassenzimmer mit Fußlänge, Schritt- bzw. Spannweite aus. Ergebnisse werden an der Tafel festgehalten.
Dabei wird die Ungenauigkeit bzw. Unzweckmäßigkeit dieses Meßvorgangs wieder deutlich.
L: Ihr seht, »Körpermaße« sind zu ungenau, Zentimeterabschnitte sind für lange Strecken zu umständlich, deshalb hat man eine größere Maßeinheit erfunden.
Lehrer zeigt unskalierten Meterstab vor.
TA: 1 Meter = 1 m
Schüler erkennen, daß ein Meter ungefähr dem »Körpermaß« der Spannweite entspricht.
L: Ihr dürft so viele eurer Zentimeterabschnitte legen, bis ihr die Länge des Meterstabes erreicht habt!
TA: 1 m = 100 cm

4.4 Stufe der Anwendung
Ausmessen des Klassenzimmers mit Meterstäben je nach Zeit können weitere Dinge (Schrank, Regal, Fenster, Tür, ...) gemessen werden.
Ergebnis als Tafelanschrift

Literatur
M. Griebel: Weg in die Naturwissenschaften. Stuttgart 1971: Klett
Fricke, Besuden: Mathematik in der Grundschule, Lehrerband. Stuttgart 1973: Klett

Verfasser: Heinz Uchronski

Tafelbild

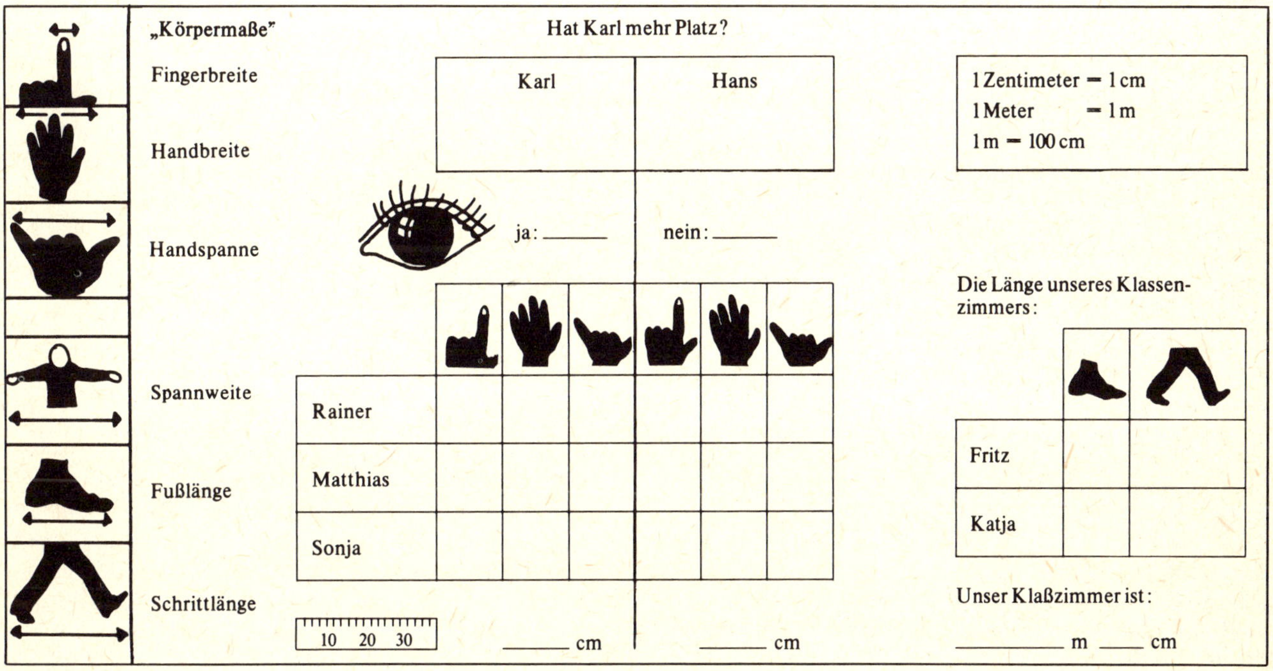

Ursula Hitz

Lagebeziehungen unter Verwendung topologischer Begriffe

1. Didaktische Information

1.1 Die Schüler kennen die Eigenschaften geometrischer Formen: rund, eckig, kurz, lang, hoch, tief, dreieckig, viereckig, quadratisch. Sie können mit geometrischen Lagebeziehungen umgehen: vor, hinter, über, unter, neben, rechts, links. Die topologischen Begriffe für Linieneigenschaften »gekrümmt, gerade – offen, geschlossen – gekreuzt (Kreuzungen) und Gebiete« sind bekannt.
Diese Unterrichtsstunde dient dazu, den Stoff der 1. Jahrgangsstufe zu wiederholen und zu vertiefen bzw. auf ein höheres Niveau zu transformieren.

1.2 Diese Mathematikstunde faßt die erarbeiteten topologischen Grundbegriffe wie »offen – geschlossen – Linie – Kurve – Kreuzung – Gebiet« zusammen und fügt darüber hinaus zur Vertiefung der Zusammenhänge von »Linie – Fläche und Punkt« andere Grundbegriffe aus der Topologie hinzu: »innen (innerhalb – das Innere) – außen (außerhalb – das Äußere) – auf dem Rand (auf der Grenze)«.
Die angegebenen Begriffe stehen in einer ursächlichen Beziehung zueinander. Nur eine geschlossene Linie kann ein Gebiet umschließen und nur bezüglich eines Gebietes kann von innen und außen oder auf dem Rand befindlich gesprochen werden. Das Aussehen einer geschlossenen Linie ist dabei unwesentlich, da es sich ja um ein topologisches Problem handelt und diese Lagebeziehung bezüglich jeglicher Verformung invariant sind. Die geschlossene Linie kann also ein Kreis sein, das dazugehörige innere Gebiet hat eine kreisförmige Begrenzung. Innen und außen sind in diesem Fall klar ersichtlich, oder aber die geschlossene Linie kann jede x-beliebige Form annehmen, z.B.

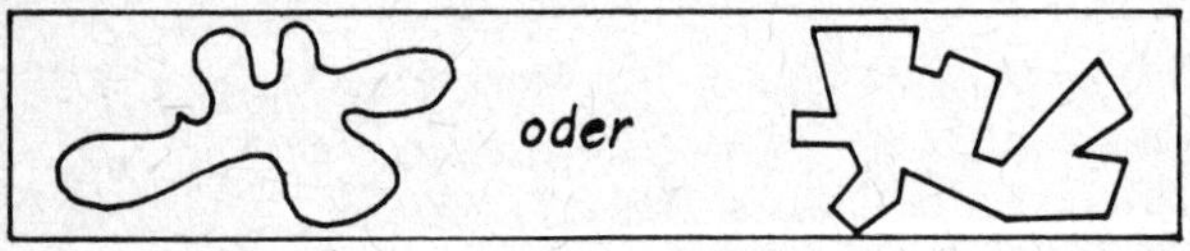

Abb. 1

Bei diesen beliebig geformten geschlossenen Linien kann es daher unter Umständen schwieriger werden, das begrenzte Gebiet und damit das Innen und Außen zu bestimmen.

2. Lernziele

2.1 Grobziel

Die Schüler sollen topologische Grundbegriffe wie innen, außen, auf dem Rand, Gebiet in unterschiedlichen Sachsituationen anwenden.

2.2 Feinziele

Die Schüler sollen
– durch spielerischen Umgang für bestimmte Lagemöglichkeiten die verschiedenen Begriffe finden:
a) . . .liegt innerhalb (innen)
b) . . .liegt außerhalb (außen)
c) . . .liegt auf dem Rand (auf der Grenze);
– die Lage von Punkten genau beschreiben
a) bezüglich eines Gebietes
b) bezüglich mehrerer Gebiete;
– die Lagebeziehungen »innen«, »außen«, »auf dem Rand« unterscheiden;
– den Schritt von der bildhaften Darstellung zur Symboldarstellung (Merkmalkärtchen) vollziehen und selbständig Symbole zu den eingeführten Begriffen finden;
– die Symbole anwenden, d.h., sie sollen Symbole zuordnen und umgekehrt, Symbolen Fälle zuordnen
Lernziele für Ausländerkinder: Diese sollen an konkreten Beispielen (Gegenständen) weitere Begriffe: innen, außen, auf dem Rand kennenlernen und verstehen (Begriffsbildung)

2.3 Lernzielkontrollen

Arbeitsblatt: Symbole zuordnen, Symbolen Fälle zuordnen (kopierfähige Arbeitsvorlage siehe S. 35)
Arbeitsblatt: Beschreibung der Beziehung mehrerer Punkte zu mehreren Gebieten

3. Lernhilfen

Stryroporplatte mit Zielscheibe (verschiedenfarbige Ringe) 3 Spicker – für jedes Kind: 3 Wollfäden, 3 Gummiringe, 3 Plättchen – Tageslichtprojektor, Folien – Kartons mit aufgezeichneten Gebieten – Wattebällchen

4. Unterrichtsverlauf

4.1 Hinführung

1. Teilziel: Durch spielerischen Umgang für bestimmte Lagemöglichkeiten die verschiedenen Begriffe finden
L: Ich habe Kindern beim Spielen zugeschaut. Dieses Spiel habe ich euch mitgebracht. Du darfst es heute selbst ausprobieren. Einige von euch kennen es sicher schon.
Tafel: »Zielscheibe« auf Styroporplatte (s. Abb. 2a)
Schüler erklären das Spiel und sagen, was man dazu braucht. Schüler werfen die Spicker auf Zielscheibe und sprechen dazu.
Konfliktfall:
L: Ich habe gesehen, daß ein Kind auch so getroffen hat!

Spicker steckt zwischen schwarzem und weißem Feld (s. Abb. 2b)
Schüler versuchen zu erklären, wo der Spicker getroffen hat.
Lehrer legt roten »Rand« auf. (s. Abb. 2c)
S: Der Spicker sitzt auch nicht im schwarzen Feld.
Er sitzt nicht im weißen Feld. Der Spicker sitzt »auf dem Rand« (bzw. . . . Grenze, Linie)

Abb. 2

– *Teilzusammenfassung:*
L: Es gibt drei Möglichkeiten, wo der Spicker hinfliegen kann!
S: . . . ins Schwarze treffen, . . . ins Weiße treffen, . . . auf den Rand treffen bzw. Der Spicker kann »innen« sitzen . . . kann »außen« sitzen . . . kann »auf dem Rand« sitzen.

4.2 Erarbeitung
2. Teilziel: Die Lage von Punkten bezüglich eines Gebietes genau beschreiben
L: Du darfst jetzt in der Gruppe ausprobieren und aufschreiben, wo die Watte hinfliegen kann, wenn du pustest! Vielleicht findest du auch hier drei Möglichkeiten!
Schriftführer notiert die Lage der Watte durch Kreuze in einer Tabelle. Jedes Kind bläst zweimal.

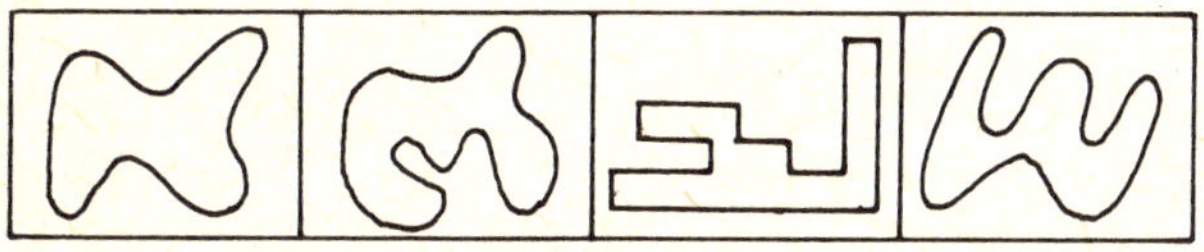
Abb. 3

Schriftführer liest Ergebnisse vor

3. Teilziel: Die Lagebeziehungen »innen,« »außen«, auf dem Rand« unterscheiden
L: Lege jetzt mit deinem Nachbarn aus Wollfäden drei Gebiete so, daß die drei Merkmale dazupassen! Nehmt ein kleines Plättchen dazu!
Währenddessen ggf. Lehrer mit Ausländerkinder:
Gefäße: Schüssel, Dose, Tasse, Wortkarten, Wollfäden und Plättchen
TA (Kontrolle): Drei schnelle Schüler malen je eine Figur (Gebiet) an die Tafel.

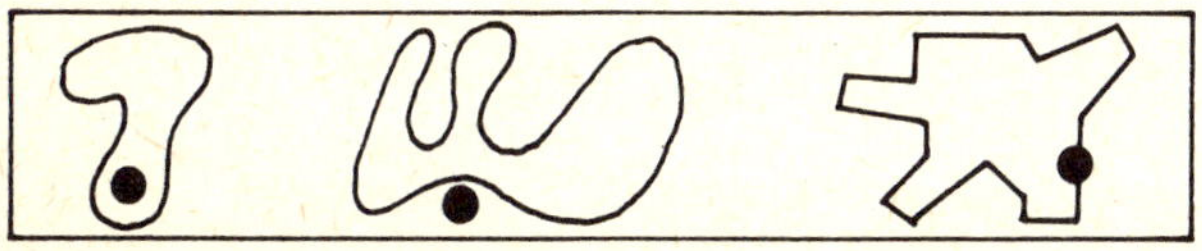
Abb. 4

4. Teilziel: Den Schritt von der bildhaften Darstellung zur Symboldarstellung (Merkmalskärtchen) vollziehen und selbständig Symbole zu den eingeführten Begriffen finden
L: Du darfst für jede Figur ein Merkmal finden. Probiere auf deinem Block!
Schüler ordnen den »Gebieten« an der *Tafel* die Merkmalskärtchen zu:

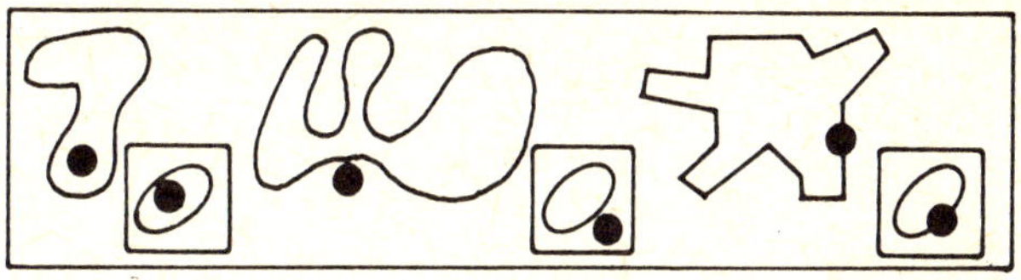
Abb. 5

Folie:

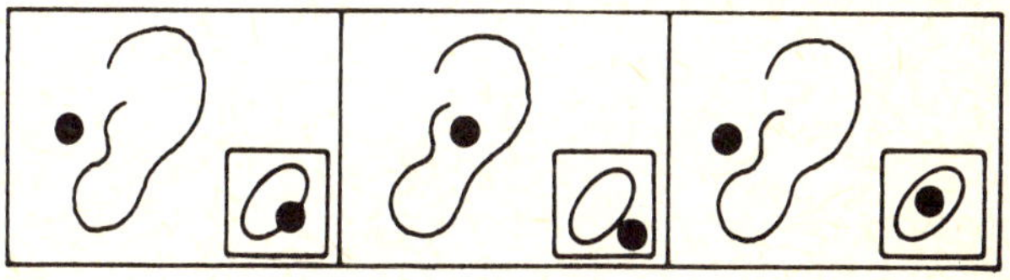
Abb. 6

L: Schließe die Linie so, daß das Merkmalkärtchen stimmt!

5. Teilziel: Symbole anwenden, d. h. die Symbole zuordnen und umgekehrt, Symbolen Fälle zuordnen
Arbeitsblatt 1 (kopierfähige Arbeitsvorlage)

6. Teilziel: Die Lage von Punkten bezüglich mehrerer Gebiete beschreiben
L: Wir haben jetzt herausgefunden, ob die Punkte innen, außen oder auf dem Rande liegen, bei *einem* Gebiet.
Jetzt wollen wir ausprobieren wie es ist, wenn wir mehrere Gebiete haben! Du hast vorhin mit einem Wollfaden *ein* Gebiet gelegt. Du kannst jetzt mit *zwei* Gummiringen *mehrere* Gebiete legen!
Schüler experimentieren mittels Faden und Tageslichtprojektor.
S: Ich kann drei Gebiete legen. – Ich kann vier Gebiete legen.
L: Auch bei mehreren Gebieten können Punkte innerhalb, außerhalb und auf dem Rand liegen!
Lehrer hält ein Plättchen hoch: Überlege dir eine Möglichkeit, wo das Plättchen liegen kann!
Schüler legt Plättchen auf und versprachlicht z.B.:
Das Plättchen liegt im roten Gebiet. Es liegt nicht im grünen Gebiet. Es liegt nicht auf dem Rand.
Weitere Beispiele je nach Zeit

4.3 Verarbeitung
Lehrer deutet auf Gebiet (s. Abb. 7a)
Lehrer dreht Platte herum. Jetzt schau mal auf unsere Zielscheibe, die ist ein Stück gewachsen! (s. Abb. 7b)
Unser Spiel ist schwieriger geworden!
S: Es sind Gebiete dazugekommen!

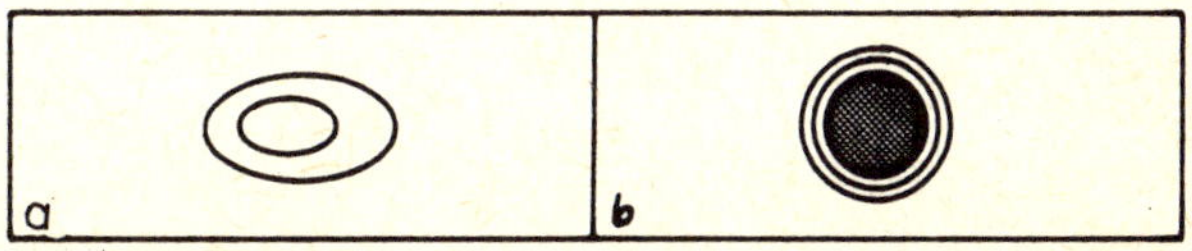

Abb. 7

L: Jetzt darf das Kind herauskommen, das genau sagen kann, wo der Spicker hinfällt!
S: Mein Spicker sitzt im roten Feld, aber außerhalb vom blauen und außerhalb vom weißen Feld usw.

Verfasserin: Ursula Hitz

Mathematik | **Name** ______________________

Blatt ____________ | **Datum** ______________________

Lagebeziehungen

Gib die richtigen Merkmalskärtchen an!

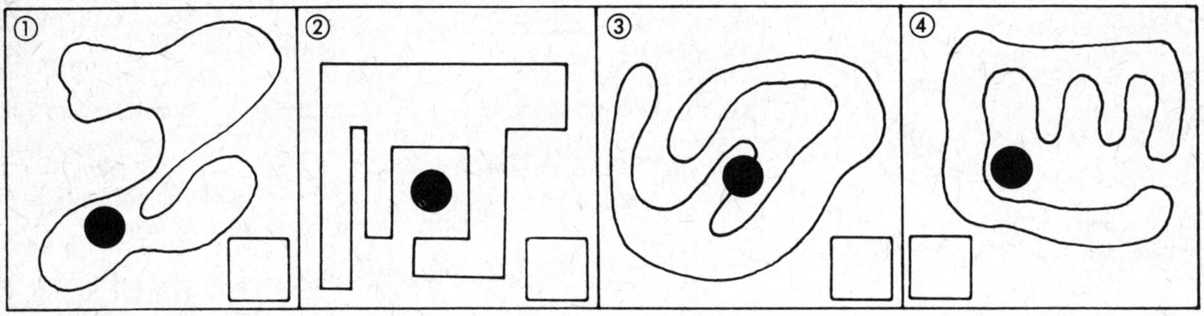

Die Merkmalskärtchen zeigen, wie du die Linien ziehen sollst!

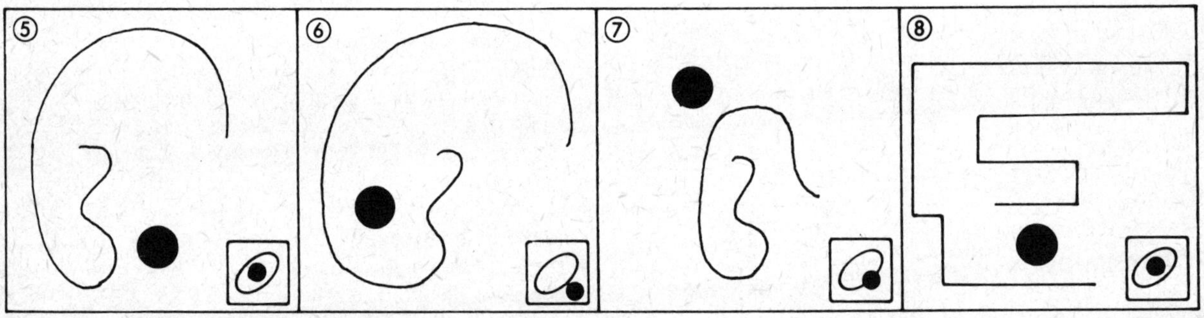

Wo liegt das Plättchen innen? ① ② ③ ④ ⑤ ⑥ ⑦ ⑧

Wo liegt das Plättchen außen? ① ② ③ ④ ⑤ ⑥ ⑦ ⑧

Wo liegt das Plättchen auf dem Rand? ① ② ③ ④ ⑤ ⑥ ⑦ ⑧

Kreuze an!

Für Schnelle! Paß auf, jetzt sind es mehr Plättchen!

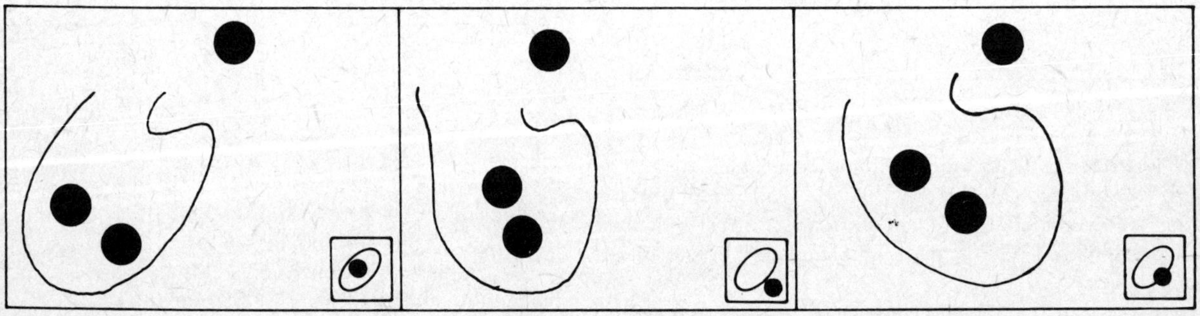

Siegrun von Kalben

Sich kreuzende und sich nicht kreuzende Linien

1. Didaktische Information

1.1 Die nachfolgende Stunde ist dem Mathematikunterricht der 2. Jahrgangsstufe zuzuordnen: Die Schüler sollen die Fähigkeit erwerben, offene, geschlossene, sich kreuzende und sich nicht kreuzende Linien auf einer ebenen Fläche zu unterscheiden und zu zeichnen.
Nachdem in den vorangegangenen Stunden gerade und krumme, offene und geschlossene Linien behandelt wurden, geht es nun um den Erwerb der Begriffe Kreuzungspunkt, sich kreuzende, sich nicht kreuzende Linien.

1.2 Die topologische Geometrie, um die es sich hier handelt, ist ein verhältnismäßig junger Bereich der Mathematik, der erst seit der Auffassung der Mathematik als der Lehre von den Strukturen größere Bedeutung erlangt hat. Die Topologie beschäftigt sich mit Figuren, die bei elastischen Bewegungen (wie Dehnen, Stauchen, Verbiegen, Verwinden) die Eigenschaften innen : außen, offen : geschlossen, schneiden : berühren, Grenze/Rand/Gebiet beibehalten. Die Figuren liegen gewissermaßen auf einer idealelastischen Gummihaut.
Die Linientopologie untersucht die Eigenschaften von Kurven. Unter Kurven versteht man – anders als in der Umgangssprache – sowohl krumme als auch gerade verlaufende Linienzüge. Auch eine Strecke ist im topologischen Sinne eine Kurve. Man unterscheidet einfache und nicht einfache Kurven. Nicht einfache Kurven besitzen Kreuzungspunkte oder Doppelpunkte. Das sind Punkte, die beim Durchlaufen mehrmals berührt werden. Bei den einfachen Kurven unterscheidet man wiederum geschlossene und nicht geschlossene, je nachdem ob man beim gleichsinnigen Durchlaufen an den Ausgangspunkt zurückkommt oder nicht.
Da der Begriff Kurve, so wie er von der Linientopologie her zu verstehen ist, die Schüler verwirren würde und auch im Lehrplan nicht verlangt wird, sprechen wir hier von offenen und geschlossenen Linien mit und ohne Kreuzungspunkt.
Um den Erwerb dieser Begriffe zu erleichtern, müssen Prinzipien des operativen Geometrieunterrichts berücksichtigt werden:

- konkretes Operieren: Die Schüler setzen Pappstreifen zu einer Rennbahn zusammen, sie legen Rennbahnen aus Seilen.
- Variation der Veranschaulichung: Linien mit und ohne Kreuzungspunkt werden veranschaulicht durch Pappmodelle, Gymnastikseile, Zeichnung und Laufspur.
- Variation der Darstellungsebenen: Die Darstellung erfolgt im enaktiven und im ikonischen Bereich.
- Übertragung von einer Darstellungsebene in eine andere: vom Seil zur Tafelzeichnung, von der Tafelzeichnung in die Laufspur.

2. Lernziele

2.1 Grobziel
Die Schüler sollen sich kreuzende und sich nicht kreuzende Linien unterscheiden können.

2.2 Feinziele
Die Schüler sollen
- den Kreuzungspunkt am Pappmodell erkennen und markieren können;
- bei vorgegebenen Linien mit mehreren Kreuzungspunkten die einzelnen Kreuzungspunkte markieren und ihre Anzahl angeben können;
- geschlossene Linien mit einem oder zwei Kreuzungspunkten legen können und dabei verschiedene Lösungsmöglichkeiten finden können;
- sich kreuzende Linien aus einer Darstellungsebene in eine andere übertragen können (vom Seil zur Tafelzeichnung, von der Zeichnung in die Laufspur).

2.3 Lernzielkontrolle
Ausfüllen eines Arbeitsblattes

3. Lernhilfen

- Pappmodell einer Rennbahn in Form einer geschlossenen Linie ohne Kreuzungspunkt

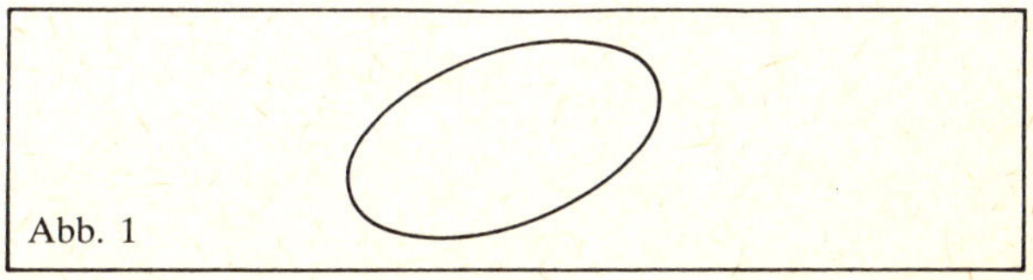

Abb. 1

- Je nach Anzahl der Gruppen in Teile zerschnittene Pappmodelle von Rennbahnen in Form von geschlossenen Linien mit einem Kreuzungspunkt

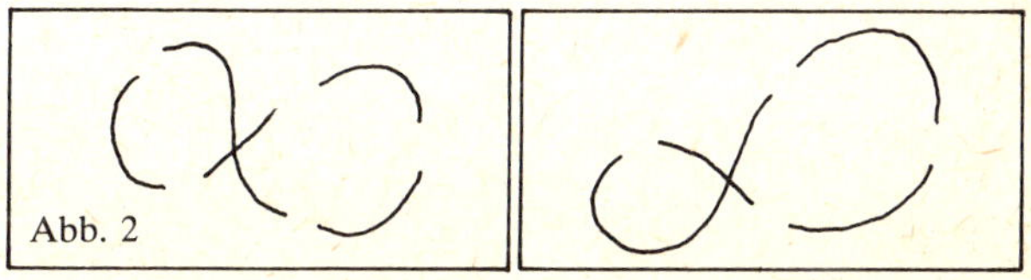

Abb. 2

- Feste Unterlagen zum Aufkleben der Bahnen
- Tesafilm
- Zusammengeknotete Gymnastikseile
- Arbeitsblatt
- Folie

4. Unterrichtsverlauf

4.1 Hinführung

Mit Hilfe einer Autorennbahn, die, um das Abgleiten ins Spielerische zu vermeiden, nur als Pappmodell in Form einer geschlossenen Linie ohne Kreuzungspunkt vorhanden ist, führt der Lehrer zum Problem hin. Klaus hat diese Bahn geschenkt bekommen. Anfangs macht ihm das Spielen Spaß; immer nur im Kreis herumzufahren, wird ihm aber bald langweilig. Der Lehrer fordert die Schüler auf, doch eine andere Rennbahn für Klaus zu bauen. Die Schüler setzen sich dazu in Gruppen zusammen. Jede Gruppe erhält eine in mehrere Teile zerschnittene Rennbahn mit einem Kreuzungspunkt. Die Schüler kleben die einzelnen Teile auf einer großen Unterlage (Zeichenkarton, Rückseite eines Tapetenbuches o.ä.) zusammen. Die Ergebnisse der Gruppenarbeit werden neben die ursprüngliche Bahn an die Tafel geheftet.

4.2 Erarbeitung

1. Teilziel: Erkennen, Benennen und Markieren der Kreuzungspunkte

Die Schüler umfahren die verschiedenen Bahnen (Auto, Finger) und vergleichen sie miteinander. Sie erkennen, daß sich die neuen Bahnen überschneiden. Der Punkt wird markiert, der Name Kreuzungspunkt läßt sich ableiten. Durch mehrfaches Umfahren kommen die Schüler zu der Erkenntnis, daß der Kreuzungspunkt der Punkt ist, der beim Befahren der Bahn zweimal passiert wird. Das bisher Gelernte wird nun mit Begriffen aus der Geometrie noch einmal zusammengefaßt: Bei der ursprünglichen Bahn handelt es sich um eine geschlossene Linie ohne Kreuzungspunkt, die neuen Bahnen sind geschlossene Linien mit Kreuzungspunkt.

2. Teilziel: Bei Linien mit mehreren Kreuzungspunkten die Kreuzungspunkte markieren und ihre Anzahl notieren

L: Rennbahnen mit Kreuzungspunkten gefallen dem Klaus besonders gut. Er hat dir aufgemalt, welche Rennbahnen er sich gern bauen möchte. Male die Kreuzungspunkte rot und schreibe dazu, wieviel Kreuzungspunkte jede Bahn hat.

Die Schüler erhalten dazu ein Arbeitsblatt. Die Ergebniskontrolle erfolgt durch Vergleich mit einer Folie.

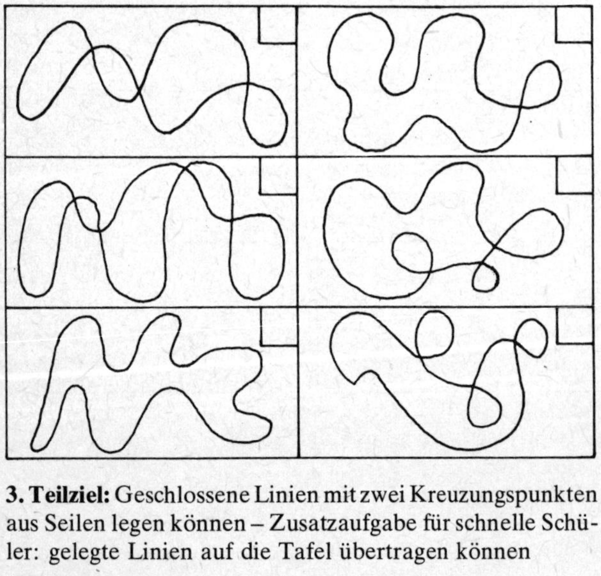

3. Teilziel: Geschlossene Linien mit zwei Kreuzungspunkten aus Seilen legen können – Zusatzaufgabe für schnelle Schüler: gelegte Linien auf die Tafel übertragen können

L: Klaus merkt bald, daß er mit seinem Baukasten höchstens Bahnen mit zwei Kreuzungspunkten bauen kann. Auch du darfst nun aus einem Seil eine Bahn mit zwei Kreuzungspunkten legen.

Die Schüler arbeiten auf dem Boden in Gruppen zusammen. Jede Gruppe erhält zwei Gymnastikseile und soll daraus zwei möglichst verschiedene Bahnen mit jeweils zwei Kreuzungspunkten legen. Diese Phase wird gewöhnlich etwas lauter verlaufen, da die Schüler ihre Bahnen natürlich auch umfahren müssen. Anschließend werden zwei oder drei Bahnen von guten Schülern an die Tafel gezeichnet. Die übrigen Schüler sollen erraten, welche Bahn dargestellt wurde.

4. Teilziel: Linien mit einem, zwei oder drei Kreuzungspunkten um festgelegte Punkte herum zeichnen

L: Klaus hat zu seiner Rennbahn zwei Bäume gebastelt. Er will nun seine Bahn um die Bäume herum bauen.

Die Schüler der Gruppe A erarbeiten dazu auf der rückwärtigen Tafel, im Gruppenraum oder auf einem großen Bogen Papier selbständig verschiedene Lösungen. Mit den Kindern der Gruppen B/C arbeitet der Lehrer an der Tafel.

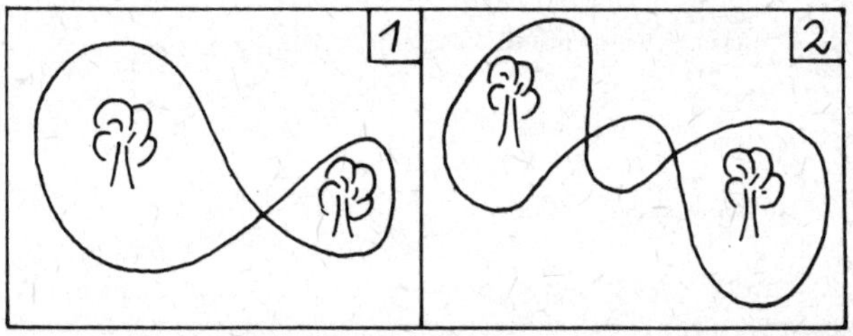

5. Teilziel: Übertragung vom ikonischen in den enaktiven Bereich

Falls nun noch genügend Zeit vorhanden ist, kann hier eine Übertragung vom ikonischen Bereich in den enaktiven Bereich erfolgen. Zwei Stühle stellen die Bäume dar. Die Schüler erhalten den Auftrag, eine gezeichnete Bahn um die Stühle herum zu laufen. Die Klasse vergleicht mit der Tafelzeichnung. Die Schüler stehen dazu im Halbkreis vor der Tafel, so daß sie die Tafelzeichnung und die Laufspur gut im Blick haben.

4.3 Weiterführung

In einer folgenden Stunde wird der erworbene Begriff »Kreuzungspunkt« zusammen mit den bereits bekannten Begriffen »offen – geschlossen«, »gerade – krumm« anhand einer Matrix angewandt. Dabei sollen die Schüler im 1. Teil der Aufgabe die Kreuze in die entsprechenden Spalten eintragen, im 2. Teil die richtigen Linien zeichnen.

	geschlossen	offen	gerade –	krumm	mit Kreuzpunkt	ohne Kreuzpunkt
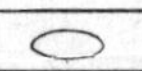						

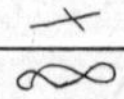						
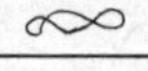						
	×			×		×
		×		×	×	
	×			×	×	
		×	×		×	

Verfasserin: Siegrun von Kalben